INTELIGÊNCIA ARTIFICIAL E PROPRIEDADE INTELECTUAL

Organização
Márcia Santana Fernandes
Cristina Maria de Gouveia Caldeira

INTELIGÊNCIA ARTIFICIAL E PROPRIEDADE INTELECTUAL

Prefácio de Jorge Luis Nicolas Audy

GZ EDITORA

Rio de Janeiro
2023

1ª edição – 2023

Diagramação: *Olga Martins*

CIP-BRASIL. CATALOGAÇÃO NA PUBLICAÇÃO
SINDICATO NACIONAL DOS EDITORES DE LIVROS, RJ

I48

Inteligência artificial e propriedade intelectual / organização Márcia Santana Fernandes, Cristina Maria de Gouveia Caldeira. - 1. ed. - Rio de Janeiro : GZ, 2023.
408 p. ; 24 cm.

Inclui bibliografia e índice
ISBN 978-65-5813-075-8

1. Propriedade intelectual - Brasil. 2. Inteligência artificial. 3. Inovações tecnológicas - Legislação - Brasil. I. Fernandes, Márcia Santana. II. Caldeira, Cristina Maria de Gouveia.

23-84797 CDU: 347.78:004.8(81)

Meri Gleice Rodrigues de Souza - Bibliotecária - CRB-7/6439

29/06/2023 05/07/2023

contato@editoragz.com.br
www.editoragz.com.br
Estrada do Capuava, nº 1325 - Box Q - CEP 06715-410
Bairro Barro Branco - Município de Cotia - SP
Tels.: (0XX21) 99585-0737 / 99755-0737

Impresso no Brasil
Printed in Brazil

APRESENTAÇÃO

A obra ***Inteligência Artificial e Propriedade Intelectual*** trata de temáticas envolvendo a relação entre a Inteligência Artificial (IA) e a Propriedade Intelectual (PI).

A IA é um sistema baseado em máquina que pode fazer previsões, recomendações ou decisões que influenciam ambientes reais ou virtuais, para um determinado conjunto de objetivos definidos por humanos. Os sistemas de IA são projetados para operar com níveis variados de autonomia, conforme define OCDE, Council on Artificial Intelligence (2019)[1]. Os sistemas de IA são utilizados em inúmeras áreas da atividade humana, entre elas da tecnologia, automação e robótica, linguagem, gestão, saúde, agricultura, sustentabilidade e os sistemas financeiro e educacional. O caráter disruptivo e o potencial da IA exige do Direito refletir sobre seu impacto na sociedade para construção de modelos jurídicos adequados.

A área dos direitos de propriedade intelectual (PI) está afetada diretamente pelo desenvolvimento tecnológico e pelos sistemas de IA, pois têm como objeto central a criação humana nas suas diversas formas de expressão, sejam artísticas, literárias ou técnicas.

Da mesma forma, a internacionalização atinge a regulação e utilidade dos sistemas de IA e PI. A internacionalização da PI, além de tratativas governamentais, intensifica-se na sociedade da informação e comunicação, momento em que IA está posta como uma tecnologia possível, popular, utilizada e aplicada em várias áreas da indústria. Os bens jurídicos imateriais inerentes às diversas espécies de PI, entre elas direitos autorais, patentes, segredo industrial, direito de concorrência, indicações geográficas, entre outras, apesar do princípio da territorialidade, são geridas, além das leis nacionais, por meio de tratados administrados pela Organização Mundial da Propriedade Intelectual (OMPI)[2] e o Acordo da Organização Mundial do Comércio (OMC) sobre Aspectos de Direitos de Propriedade Intelectual – TRIPS[3].

---

1 OCDE. Artificial intelligence. https://www.oecd.org/digital/artificial-intelligence

2 OMPI. Convenio que estabelece la Organización Mundial de la Propriedad Intelectual. Estocolmo, 1967.

3 Organização Mundial do Comércio (OMC). Agreement on trade-related aspects of intellectual property rights – TRIPs: multilateral trade negotiations the Uruguay round. Genebra, 1994. Ver também, da mesma Organização: Public heath, innovation and intelectual property rights: report of the Comission on Intellectual Property Rights, Innovation, and Public Heath. Geneva, 2006. O TRIPS é o tratado-contrato harmonizador das legislações dos países signatários, isto é, a legislação

Neste contexto, a obra se propõe a estabelecer conexões e enfrentar alguns dos temas que conectam a Inteligência Artificial (IA) à Propriedade Intelectual (PI), com foco nas criações humanas e na geração de dados e informações, pressionados pelo progresso da transformação digital, do aumento da capacidade computacional, da disponibilidade de dados e da evolução dos algoritmos.

As reflexões apresentadas pelos autores, destacam os domínios da propriedade intelectual numa incursão pelos direitos industriais e pelos direitos autorais, mas também evidenciam o impacto ético e jurídico da IA para os direitos humanos, direitos fundamentais, da concorrência e dos contratos.

Os autores são provenientes de universidades, centros de pesquisa, escritórios de advocacia do Brasil, Portugal, Estados Unidos e Austrália. A diversidade e interdisciplinaridade, inerente à obra, possibilita que o tema central, ***Inteligência Artificial e Propriedade Intelectual,*** seja tratado criticamente e em diferentes perspectivas. Os textos estão encadeados a partir da análise técnica, conceitual, ética, filosófica e jurídica, seguida da perspectiva do direito nas diferentes temáticas apresentadas. A obra está organizada em uma nota introdutória e 16 capítulos[4], a seguir sistematizados.

O texto de abertura são notas introdutórias sobre **«a utilidade da IA para aperfeiçoar o sistema de propriedade intelectual»**, Márcia Santana Fernandes e Carolina Fernández Fernandes apresentam um panorama de como as organizações internacionais, OMPI (WIPO), OMC (WTO), entre outras estão posicionadas para incluir a AI para aperfeiçoar e agilizar os sistemas de busca, registro e controle de patentes, marcas, desenho industrial, direitos autorais. O texto tem caráter informativo e para sistematizar pontos centrais nas discussões nesta área.

«Inteligência Artificial: os computadores podem ser criativos?», Sidnei Renato Silveira e Antônio Rodrigo Delepiane de Vit tratam a temática na perspetiva da ciência da computação, desenvolvendo um conjunto de perspectivas e conceitos envoltos na IA e refletem sobre a criatividade e o processo de criação. No interessante artigo intitulado os autores realçam o avanço das tecnologias digitais, da informação e da comunicação (TDICs), trazendo ao debate algumas indagações relacionadas com a IA, quer relativamente à imparcialidade da tecnologia, quer quanto à imprevisibilidade dos resultados de uma IA que pode aprender autonomamente, sem supervisão humano. Os autores intro-

nacional deve regular a matéria observando princípios do TRIPs e algumas de suas regras, apesar do princípio da territorialidade – princípio orientador à soberania dos países nesta área.

4 Nota das organizadoras: As referências nos textos poderão estar no formato autor-data ou em citação em notas de rodapé, todos com referências ao final. As organizadoras entendem que o formato interfere na lógica e desenvolvimento dos argumentos, por esta razão a decisão dos autores foi soberana no processo de editoração.

duzem também a questão filosófica do conhecimento do cérebro como a base da mente, defendendo o juízo crítico e de uma perspectiva que se aproxima da alma, que não tem como base o funcionamento cerebral do ser humano.

«Aspectos Éticos, legais e Sociais Associados à Inteligência Artificial», Márcia Santana Fernandes e José Roberto Goldim apresentam, em uma perspectiva histórica, os desafios da inteligência artificial (IA), desde da década de 1960. Esta preocupação tem sido crescente na medida em que o seu desenvolvimento tem assumido algumas funções antes tidas como específicas da inteligência humana. As fronteiras entre ambas - inteligência humana e artificial - têm ficado cada vez mais difíceis de estabelecer, para a maioria das pessoas. Como todo e qualquer avanço científico, existem reações de deslumbramento ou de medo associadas à novidade. Os autores avaliam diferentes implicações de questões éticas, legais e sociais associadas. A reflexão da adequação das ações associadas ao uso da inteligência artificial é que permite uma visão prudencial desta questão.

«Propriedade Intelectual e a intenção criativa de AI», Maria Cláudia Mércio Cachapuz analisa se é possível atribuir a um produto de inteligência artificial a titularidade de obra intelectual quando lhe for reconhecida "intenção criativa". Para introduzir o tema, parte-se de uma "conversa" informal realizada, por meio de entrevista, com o Chat GPT, em que a ferramenta é indagada quanto à própria possibilidade de reconhecimento de titularidade de obra autoral. Em um primeiro momento, na esteira das conclusões preliminares do Parlamento Europeu em resolução sobre Robótica e Responsabilidade Civil, a autora questiona se há possibilidade para estender direitos de propriedade intelectual a produtos de IA, considerando a tese das pessoas naturais, quanto aos seguintes aspectos: (i) a racionalidade autônoma, (ii) a capacidade reflexiva e (iii) o desenvolvimento de emoções. Em um segundo momento, a autora analisa a construção normativa para fins de estabelecimento de mecanismos de controle, em termos de ilicitude e responsabilidade civil, para o enfrentamento do tema.

«As plataformas comerciais de partilha em linha de conteúdos digitais e os direitos de autor», de autoria de Alexandre Libório Dias Pereira, apresenta uma reflexão sobre os desafios que os direitos de autor enfrentam na era digital. No seu artigo sublinha a necessária autorização por parte dos titulares dos direitos, sempre que as plataformas digitais partilhem obras protegidas por direitos de autor. Destaca, no entanto, a necessária responsabilização das plataformas e a efetiva implementação das melhores práticas no sentido de prevenir e impedir infrações, designadamente através de filtros informáticos de controlo de conteúdos. O autor trata de distintas perspectivas sobre o papel de direitos de autor na era digital e também enfrenta o tema dos limites da exequibilidade destes direitos em face ao direito à liberdade de expressão dos utilizadores de mídias digitais.

«Direitos autorais e sociedade de informação e conhecimento: por um direito de uso», Lisiane Feiten Wingert Ody enfatiza a mudança da sociedade, verificada nas últimas décadas, através do ambiente digital. Os recursos tecnológicos, através da oferta de conteúdos *on line,* que são utilizados pelos indivíduos, não apenas de forma passiva, mas também de forma ativa, na medida em que são autores da produção de conteúdos, designadamente através das redes sociais (*user-generated content*), não se restringindo a produção apenas a profissionais. A autora ressalta as alterações promovidas pela IA para opções de estudo, de trabalho, de entretenimento, impactando os direitos clássicos de personalidade, o direito à imagem, o direito à privacidade, bem como o direito à autodeterminação informativa, recentemente constitucionalizado no Brasil, e o direito ao esquecimento.

«Artificial intelligence, digital images, copyrights and NFTs: A case analysis of the US Copyright Office's denial of "A Recent Entrance to Paradise," a work created by an algorithm», Natalia de Campos Aranovich, em texto em inglês, analisa a decisão do *Review Board of the United States Copyright Office*, de 2022, relativa à IA e à proteção dos direitos de autor, destacando o impacto para os direitos de autor, das vendas de imagens digitais por meio de NFT (*"Non-fungible Token"*). A autora conceitualiza os NFT e alude aos pedidos de registo de autoria por Steven Thaler, da imagem digital intitulada *"A Recent Entrance to Paradise"*, concebida através de um algoritmo, em nome da "*Creativity Machine*". O registo foi recusado pelo *US Copyright Office*, por falta de autoria humana essencial à atribuição de um direito de autor. O argumento de que a IA não gera um trabalho sujeito a direitos de autor é questionado pela autora, que com este texto procura destacar uma nova faceta no mundo da comercialização de arte, o qual o Direito precisa de tutelar.

«NFT – Non Fungible Tokens de Obras Autorais: O que se compra quando se compra o NFT?», Fernanda Borghetti Cantali e Kelly Lissandra Bruch, seguindo o tema da tokenização da economia aplicada ao investimento em criações intelectuais, "obras" protegidas por direitos autorais, pretendem saber quais os direitos que poderão ser exercidos pelo proprietário do *token*. Tratam o tema na perspetiva geracional, isto é, os boomer e a geração Z, demonstrando que, a opção por um ativo analógico no campo da arte ou a representação digital desse investimento, está dependente da familiarização dos indivíduos com as novas tecnologias. Referem-se aos *tokens* como sendo os principais protagonistas da Web 3.0, que são viabilizados pela blockchain, e que por se tratar de uma nova tecnologia com um grande potencial, "reflete também uma nova forma de ter – e ser – no mundo".

«Para além do Anthropos e as Criações *Ex Machinae*: É possível que agentes artificiais sejam titulares de suas obras e invenções?», Edson Pontes Pinto apresenta o potencial tecnológico e económico da IA e dos sistemas algorítmicos, que assumem hoje atividades que no passado se restringiam à capacidade física e intelectual do ser humano. As novas tecnologias vieram substituir tarefas repetitivas e, hoje, também evoluíram para um processo criativo em diversas atividades e áreas da sociedade. O autor a partir da análise do panorama legislativo nacional e internacional e de algumas decisões judiciais, aborda os níveis de reconhecimento jurídico no que concerne às criações geradas por algoritmos. Contudo defende, numa perspectiva fática, a necessária adequação regulatória em conformidade com o real avanço tecnológico, sem descurar das diretrizes de responsabilidade pela inovação.

«Ecossistema Industrial, Saúde e Novas Tecnologias», Cristina Maria de Gouveia Caldeira aborda o aumento da capacidade computacional e da disponibilidade de dados, bem como da evolução dos algoritmos, em especial aplicada à área da saúde. Ressalta em particular, o forte crescimento da informação gerada pela ciência médica, relacionada aos avanços em *data science*, *machine learning*, com a tutela dos direitos industriais, em especial as patentes. O texto relaciona a área da Saúde, as Tecnologias e o Direito; refere que o uso da IA nesta área pode constituir uma grande promessa para auxiliar diagnósticos médicos, enquanto os programas de *machine learning* são apresentados como uma ferramenta para produzir resultados fidedignos. A partir da análise do panorama legislativo europeu, o Regulamento Geral de Proteção de Dados (RGPD) e a proteção dos dados de saúde como dados sensíveis, complementando com segmentos da *Artificial Intelligence Act*, (ainda em fase de Proposta).

«Trade secrets do not impair transparency and explainability on AI-based medical devices (if regulators act as robust gatekeepers)», texto em inglês, Tatiana Aranovich apresenta, exemplificado por meio de casos judiciais, a proteção de sistemas, algoritmos e tecnologias baseadas em IA, na área da saúde, por meio do Segredo Industrial. A autora, constata que os sistemas de IA aplicados ao setor da saúde acrescentam um nível superior de complexidade, pois em razão do Segredo Industrial, podem afetar os princípios da transparência e de explicabilidade. Em particular, os profissionais da saúde, que devem deter o conhecimento clínico, ficam limitados para avaliar, conferir e confirmar, em grau de certeza e confiabilidade, resultados originados de dispositivos médicos com AI, dada a falta de especialização adequada ou limitações técnicas, fator que pode interferir na informação adequada aos pacientes. A autora concluiu que os sistemas de IA devem contemplar três objetivos: a confiança, a avaliação custo-benefício e a responsabilidade civil.

«Segredo Industrial e seu Impacto em Tecnologias da Informação, Inteligência Artificial e Algorítmicas», Flavia Mansur Murad Schaal explora o valor do *trade secret* e sua importância para os sistemas de AI. A autora trata dos limites e do necessário equilíbrio que deve ser observado nas situações envolvendo o segredo industrial de tecnologias organizadas por estes sistemas. Neste contexto, aborda as características do segredo industrial de algoritmos que, a princípio devem ser guarnecidos, porém com o estabelecimento de condições de explicabilidade e de salvaguardas para evitar danos. Da mesma forma, a autora ressalta a complexidade inerente aos negócios jurídicos e direito de concorrência que o sistema de propriedade intelectual deverá observar e estar ajustado para tratar de situações envolvendo as tecnologias e sistemas que utilizam a AI.

«**Segredo Industrial e Inteligência Artificial: Difusão do Conhecimento e a Proteção de Dados Pessoais**», Cíntia Teresinha Burhalde Mua realiza uma revisão normativa e de diretrizes envolvendo a AI e o segredo industrial. Aponta alguns desafios relativos à equalização entre o segredo industrial – densificação do direito de propriedade – e as declinações da proteção de dados pessoais, com foco nos limites do caráter sigiloso do segredo industrial em IA no Brasil, tendo por balizas a Diretiva Instituto Nacional do Patrimônio Industrial (INPI); a Resolução do Parlamento Europeu nº 2021/2015; a Comunicação nº 218/2019 da Comissão ao Parlamento Europeu e a Lei Geral de Proteção de Dados.

«**Os Segredos Comercial e Industrial e sua (In) compatibilidade com o Princípio da Transparência na LGPD**», Carina Gassen Martins Clemes trata sobre os desafios da interpretação do princípio da transparência previsto no artigo 6º, inciso VI da Lei Geral de Proteção de Dados (LGPD) e sua compatibilização com o segredo industrial. A autora observa que muitas empresas preferem, nas economias baseadas no mercado digital, proteger seus códigos de programação, fonte de dados e algoritmos por meio do segredo comercial ou industrial. A preferência fica fortalecida, também, pela proteção ao segredo industrial pela LGPD, tomando como perspectiva os modelos de negócios baseados em tratamento de dados e com a utilização da IA. O objetivo do texto, igualmente, é tratar alternativas jurídicas para garantir o desenvolvimento econômico e tecnológico, a inovação, a livre iniciativa e a livre concorrência nesta área.

«**Patentes e Inteligência Artificial: Desafios (Inteligentes) Transponíveis**», Milton Lucídio Leão Barcellos trata de como o sistema de patentes recepciona soluções técnicas relacionadas aos sistemas de IA. Trata sobre a importância e a possibilidade de proteção da IA via o sistema de patentes, quando aplicado em produtos ou programas de computador. O autor destaca que o sistema de patentes está constantemente sendo testado, mas entende que apesar dos desafios impostos pela sociedade de informação, este poderá abarcar novas tecnologias. Quanto à proteção das invenções baseadas em IA, o sistema de patentes tem despertado o interesse crescente, em vez de segredo industrial. Ressalva o autor, contudo, os desafios impostos à propriedade intelectual, pelas situações em que a AI é geradora de conhecimento e/ou geradora de informações.

«**IA e o licenciamento de patentes essenciais (SEPs): condições FRAND e o exemplo da tecnologia 5G**», Márcia Santana Fernandes aborda como ponto central as situações envolvendo as SEPs (*standards-essential patente*) e as condições FRAND (*=fair, reasonable, and non-discriminatory*), em um contexto de tecnologias que utilizam IA. O texto aborda as características gerais das patentes e das patentes essenciais - SEPs, sua função social e sua conexão com a IA. Ainda, trata de como as SEPs são indispensáveis para a produção de produtos de um mesmo nicho de mercado e de tecnologia, como é o caso do 5G, onde os produtos similares são produzidos por titulares de SEPs licenciadas por empresas concorrentes. As condições FRAND (=*fair, reasonable, and non-discriminatory*) são inerentes às negociações e aos contratos de licenciamento de SEPs; contudo, não há uma harmonização ou consenso na interpretação jurídica do seu significado e conteúdo. Por fim, estas dificuldades com a aplicação das condições FRAND são ilustradas por meio de casos judiciais, recentemente decididos, no país e no exterior.

«La Promoción de la Justicia Social: Las Potencialidades de la Propiedad Intelectual y las Tecnologías de la Información y la Comunicación (Tics) y la Inteligencia Artificial (IA)», em texto em espanhol, Lucas Reckziegel Weschenfelder e Luiz Gonzaga Silva Adolfo apresentam aspectos envolvidos na natureza jurídica da propriedade, em particular da propriedade intelectual. Nesta linha, na perspectiva teórico-constitucional, os autores questionam o papel da dogmática na área da propriedade intelectual, balizadas pela discussão da justiça social e pela IA no que concerne às bases de dados. Por fim, os autores questionam como se IA poderá colaborar ou impactar neste sistema.

Estratégias para o desenvolvimento da capacidade de IA e medidas regulatórias e normativas em IA, em âmbito nacional e internacional, são prementes. Em particular, as diversas perspectivas em que a IA afeta o sistema de PI demanda estudo e ousadia para ajustes necessários. Esperamos que este livro possa contribuir para estas reflexões.

Márcia Santana Fernandes
Cristina Maria de Gouveia Caldeira

PREFÁCIO

A publicação deste livro Inteligência Artificial e Propriedade Intelectual, organizado pelas Doutoras Márcia Santana Fernandes e Cristina Gouveia Caldeira, vem a reafirmar a importância que cada vez mais esse tema da Inteligência Artificial assume na sociedade. O desejo de um futuro melhor acompanha a humanidade ao longo da história. A construção desde futuro foi mudando ao longo dos anos a partir da emergência e de novos agentes do processo de desenvolvimento. Nesta trajetória, a ciência e a tecnologia têm tido papel crescente nas transformações, não só econômicas, mas também sociais e ambientais.

A Inteligência Artificial e as diversas tecnologias associadas significam um salto exponencial com relação aos patamares tecnológicos vigentes, com fortes impactos nas organizações, nas artes e na criatividade, na própria ciência, na educação, na saúde, na justiça, na filosofia e no campo da ética, nas relações sociais, enfim em todos os aspectos da vida em sociedade.

Este livro estabelece as bases para uma compreensão mais profunda da importância da Inteligência Artificial e suas relações com o campo do direito da propriedade intelectual, abordando está relação de forma interdisciplinar visando refletir, sob diferentes perspectivas, sobre os impactos gerados por estas tecnologias disruptivas que estabelecem novos patamares de estudo, pesquisa e prática nas organizações e na sociedade em geral. Esta reflexão é muito bem articulada pelos organizadores do livro, ao encadear textos elaborados por autores especialistas em campos como o Direito, a Filosofia, Direitos Humanos e Ciência da Computação.

Os organizadores do livro reúnem autores de diferentes países (Estados Unidos, Austrália, Brasil e Portugal), de diferentes Universidades e escritórios de advocacia, buscando oferecer perspectivas teóricas e práticas articuladas em temas instigantes e centrais para o entendimento da relação interdisciplinar da Inteligência Artificial e a Propriedade Intelectual, como a criatividade, os aspectos éticos e legais, os direitos autorias, o segredo industrial, as patentes, a proteção de dados e promoção da justiça social.

Convido a ler e aplicar as lições e experiencias relatadas neste livro para todos aqueles envolvidos com as temáticas da Inteligência Artificial e da Propriedade Intelectual, que desejam refletir e entender como usar as novas tecnologias na construção de um futuro próspero, inclusivo e sustentável.

Porto Alegre, 10 de julho de 2023.

Prof. Dr. Jorge Luis Nicolas Audy[1]

1 Doutorado na área de Sistemas de Informação pela UFRGS (2001), com Pós-Doutorado na IASP (Associação Internacional de Parques Científicos e Áreas de Inovação), na Tsinghua University, China e Universidade de Málaga, Espanha (2016). Professor Titular da Escola Politécnica e do Programa de Pós-Graduação em Ciência da Computação. É Superintendente de Inovação e Desenvolvimento da PUCRS e do TECNOPUC. É membro de diversos Conselhos, como o Conselho de Diretores do Parque Científico e Tecnológico do Qatar (Qatar Foudation, Doha), Conselho Consultivo do Parque Tecnológico do Bio-Bio (Universidade de Concepcion, Chile), Conselho de Diretores da Triple Helix Association (THA, Stanford, USA), Conselho Deliberativo Nacional do SEBRAE e Conselho Consultivo da FINEP (CTS - Fomento). Foi Presidente da IASP (Associação Internacional de Parques Científicos e Tecnológicos e Áreas de Inovação, LATAM), da ANPROTEC, do FOPROP (Fórum de Pró-Reitores de Pesquisa e Pós-Graduação das Universidades Brasileiras) e da Comissão Nacional de Acompanhamento do PNPG 2011-2022 (MEC/Capes). Pesquisador nas áreas de Engenharia de Software e Sistemas de Informação. Tem experiência em Gestão de Ciência, Tecnologia & Inovação, nas áreas de Negócios de Impacto Social e Ambiental, Ecossistemas de Inovação (Parques Científicos e Tecnológicos) e Interação Universidade, Empresa & Governo. Autor de diversos livros nas áreas de Sistemas e Gestão da Inovação, como As Cidades e o Futuro (Bookman, 2022) e Ecossistemas de Inovação: Metamodelos para Orquestração (Via, 2021). Dentre outros reconhecimentos, recebeu a Ordem Nacional do Mérito Científico na categoria Comendador e o título de Cidadão Emérito de Porto Alegre. CV Lattes: 1458307550844901.

SOBRE AS ORGANIZADORAS E AUTORES

ORGANIZADORAS

Márcia Santana Fernandes

Advogada. Sócia do Santana Fernandes Advocacia e Consultoria. Realizou pesquisa em Pós-Doutorado pelo Programa de Pós-Graduação de Medicina em Ciências Médicas, da Faculdade de Medicina da UFRGS e pela Pontifícia Universidade Católica do Rio Grande do Sul - PUCRS. Doutora em Direito pela UFRGS, PPG-Faculdade de Direito. Especialista em Direito Internacional pela Universidade de São Paulo - USP. Graduada em Ciências Jurídicas e Sociais pela Pontifícia Universidade Católica de São Paulo-PUCSP. É Professora e Coordenadora Adjunta do Mestrado Profissional em Pesquisa Clínica do HCPA. É Pesquisadora Associada do Laboratório de Pesquisa em Bioética e Ética na Ciência do Centro de Pesquisas do Hospital de Clínicas de Porto Alegre-LAPEC/HCPA. É Professora Colaboradora no Programa de Pós-Graduação de Direito, da Escola de Direito (PPGDir) da PUCRS. Membro do Conselho do Instituto de Estudos Culturalistas (IEC). Pesquisadora em Pós-Doutorado (research fellow) no UZH Digital Society Initiative - Universidade de Zurique, Suíça. É Associada e membro da Direção do Instituto de Estudos Culturalistas - IEC. É membro da Direção da Áxios - Educação e Consultoria em Ética LTDA. Membro da Associação Brasileira de Propriedade Intelectual (ABPI). Autora tem várias publicações e é pesquisadora nas áreas de Direito da Propriedade Intelectual e Inovação; Proteção de Dados Pessoais, Bioética, Saúde e Direito. Contato: marcia@santanafernandes.com

Cristina Maria de Gouveia Caldeira

Doutorado em Direito na Especialidade em Ciências Jurídicas e Políticas pela Universidade Autónoma de Lisboa (UAL) e Programa Doutoral em Ciência Política na especialidade de políticas públicas, Universidade Católica Portuguesa. Bolseira da Fundação Gulbenkian na Universidade de Oxford, St Antony's College. Realizou pesquisa em Pós-Doutorado na área da Propriedade Intelectual, Universidade Nova de Lisboa. Investigadora de Pós-Doutoramento na PUC RS; Brasil. Colabora no Laboratório de Pesquisa em Bioética e Ética na Ciência do Hospital de Clínicas de Porto Alegre (LAPEC/HCPA), RS, Brasil, como investigadora na área de proteção de dados biomédicos. Desempenhou funções de Adjunta da Secretaria de Estado do Ministério da Ciência, Tecnologia e Ensino Superior. Coautora de projetos de diplomas legais. Foi Vice-Reitora do IADE-U - Instituto de Arte, Design e Empresa - Universitário. Atualmente é vogal da Comissão Técnica para a Proteção de Dados, CT 215, do Instituto Português da Qualidade, IP. Portugal.

É Coordenadora do *Privacy and Data Protection Centre* - Universidade Europeia, Lisboa. É DPO do Munícipio de Lisboa, Portugal. Autora de várias publicações e participante regular em iniciativas públicas de Direito da Propriedade Intelectual e Proteção de Dados.

CO-AUTORES

Alexandre Libório Dias Pereira

Professor Associado na Faculdade de Direito da Universidade de Coimbra, Doutor em Direito pela Universidade de Coimbra e Mestre e Licenciado em Direito pela mesma Universidade. Investigador e professor na Universidade de Coimbra e em outras instituições em Portugal e no exterior. Professor convidado de Direito empresarial no Coimbra Business School (ISCAC). Investigador visitante, em sabático, no Max-Planck Institute for Innovation and Competition (Munique, Alemanha). Diretor da Imprensa da Universidade de Coimbra – Coimbra University Press (IUC).

Antônio Rodrigo Delepiane de Vit

Doutor em Ciência da Computação pela PUCRS – Pontifícia Universidade Católica do Rio Grande do Sul. Mestre em Ciência da Computação pela UFRGS e Bacharel em Informática pela Unijuí.Professor Adjunto do Departamento de Tecnologia da Informação da UFSM – Universidade Federal de Santa Maria – Campus Frederico Westphalen/RS. Tem experiência na área de Ciência da Computação, com ênfase em Segurança da Informação, Redes de Computadores e Sistemas Distribuídos, atuando principalmente nos seguintes temas: Programação de Computadores (C, C++ e Java), Computação de Nodos Móveis, Sistemas Distribuídos, Redes Ad Hoc Móveis (MANETs) e Delay or Disruption Tolerant Networks (DTNs). Atua também em Aprendizado de Máquinas (Machine Learning) com ênfase em classificação e predição de encontros de nodos móveis para ambientes de MANETs e DTNs; e classificação e sumarização de documentos textuais não-estruturados.

Carina Gassen Martins Clemes

Doutoranda em Direito pela Pontifícia Universidade Católica do Rio Grande do Sul (PUCRS). Mestre em Direito pela PUC/PR e Faculdade Católica de Rondônia (FCR), Pós-graduação em Direito Tributário com extensão em Metodologia pela UNAMA – Universidade da Amazônia, Curso de Mediação – Resolução Consensual de Conflitos envolvendo Políticas Públicas pela Escola Nacional Conciliação (ENAN). Atualmente é Professora de Direito Civil e Direito Processual Civil na Graduação e Pós- Graduação na Faculdade Católica de Rondônia – FCR, e exerce a advocacia.

Carolina Fernández Fernandes

Advogada-Sócia do Escritório Santana Fernandes Advocacia e Consultoria. Graduada em Direito pela PUC-RS e Mestre em Direito pela Universidade do Vale do Rio dos Sinos – UNISINOS. Professora convidada da Pós Graduação em Família e Sucessões da Faculdade do Ministério Público (FMP). Coordenadora do Curso de Direito e Professora da Verbo Jurídico. Experiência profissional na área de Direito Civil, com ênfase em Direito de Família, Sucessões, Contratos, Responsabilidade Civil e Bioética. Desenvolve pesquisas na interface de Direito e Bioética

Cíntia Teresinha Burhalde Mua
Doutoranda e Mestre em Direito – PUCRS, Juíza de Direito. Docente, Pesquisadora da ENFAM. Docente convidada no PPGD da PUCRS. Docente no PPGD da FMP/RS. Coordenadora do Núcleo de Processo Coletivo ESM/AJURIS. Membro do Núcleo de Inovação e Administração Judiciária da ESM/AJURIS. Membro da *AI Robotics Ethics Society* (AIRES) – PUCRS. Coordenadora dos Núcleos de Estudos sobre Processo Coletivo e Neurociência Aplicada ao Direito, ambos na Escola Superior da Magistratura da AJURIS. Docente na Escola Nacional de Formação de Magistrados. Docente no Centro de Formação de Pessoas do Tribunal de Justiça do RS. Membro do Instituto Brasileiro de Direito Processual (IBDP). Membro do grupo de pesquisa CNPq – Interpretação Constitucional e Direito Administrativo, da Pontifícia Universidade Católica do Rio Grande do Sul. Autora de livros e artigos jurídicos.

Edson Pontes Pinto
Advogado. Doutorando em Direito na Pontifícia Universidade Católica de Rio Grande do Sul (PUCRS). Doutorando em Ciências Jurídicas na Universidad de Granada, Espanha. Mestre em Direito Pontifícia Universidade de São Paulo (PUCSP). Professor Universitário. Membro do conselho consultivo da The AI Robotics Ethics Society – AIRES/PUCRS. Diretor-Geral da Escola Superior da Advocacia da OAB/RO.

Fernanda Borghetti Cantali
Advogada. Doutora em Direito pela UNISINOS. Mestre em Direito pela PUC/RS. LLM em Direito Empresarial pelo CEU Law School, São Paulo/SP. Professora do curso de graduação em Direito da UNISINOS. Professora da ESMAFE – Escola Superior da Magistratura Federal do Rio Grande do Sul. Membro da Comissão Especial de Propriedade Intelectual da OAB/RS.

Flavia Mansur Murad Schaal
Advogada Sócia Fundadora de Mansur Murad Advogados. Atuação em Direito Empresarial com ênfase em Propriedade Intelectual. Possui doutorado em Droit Privé et Sciences Criminelles – Université de Lorraine. Diploma de especialização em Direito da Propriedade Intelectual: Franklin Pierce Law Center, Concord, New Hampshire, EUA. Mestre em Direito – Diplôme d'Etudes Supérieures Spécialisées: Droit des Affaires Internationales, Université René Descartes, Paris V, Paris, França (1997). Coordenadora do curso Propriedade Intelectual no Centro de Extensão Universitária (CEU) – Law School e professora em cursos de pós-graduação. Professora do curso de Introdução à Propriedade Intelectual no Brasil na INTA (International Trademark Association). Coordenadora de propriedade intelectual e direito digital. Conselheira *Alternative Dispute Resolution Center* da Associação Brasileira de Propriedade Intelectual (ABPI).

José Roberto Goldim
Biólogo, Doutor em Medicina e Consultor em Bioética. Chefe do Serviço de Bioética do HCPA. Professor Titular da Escola de Medicina da PUCRS. Professor Colaborador da Faculdade de Medicina da UFRGS. Coordenador do Comitê de Bioética do HCPA. Assessor da Diretoria de Pesquisa do HCPA. Pesquisadora em Pós-Doutorado (research fellow) no UZH Digital Society Initiative – Universidade de Zurique, Suíça. Presidente da Associação dos Amigos do Theatro São Pedro, Porto Alegre – RS. Associado-fundador do Instituto de Estudos Culturalistas (IEC). Autor e criador, há mais de 25 anos, do site www.bioetica.ufrgs.br

Kelly Lissandra Bruch
Doutora em Direito pela UFRGS/Université Rennes I, France, com estágio pós doutoral em Agronegócios no CEPAN/UFRGS. Mestre em Agronegócios pelo CEPAN/UFRGS. Professora Adjunta do Departamento de Direito Econômico e do Trabalho, da Faculdade de Direito da UFRGS. Professora do Programa de Pós-graduação do Centro em Estudos e Pesquisas em Agronegócios e Vice-Diretora do CEPAN/UFRGS. Professora do PROFNIT (Mestrado Profissional em Rede Nacional em Propriedade Intelectual e Transferência de Tecnologia para Inovação) no Ponto Focal IFRS. Membro da Comissão de Ensino Jurídico e da Comissão Especial de Propriedade Intelectual da OAB/RS.

Lisiane Feiten Wingert Ody
Professora Associada da Faculdade de Direito da UFRGS e docente permanente do Programa de Pós-graduação (PPGDir – UFRGS). Doutora e Mestre em Direito Privado, conta também com especializações em Direito Ambiental Nacional e Internacional, em Direito do Consumidor e Direitos Fundamentais e em Direito Processual Civil. É autora do livro pioneiro na área do Direito da Arte, publicado pela editora espanhola Marcial Pons, intitulado "Direito e Arte: o direito da arte brasileiro sistematizado a partir do paradigma alemão", e da obra "Einführung in das brasilianische Recht", que introduz o direito brasileiro como direito estrangeiro ao público jurídico alemão, que foi publicada pela prestigiosa editora alemã C.H. Beck, Alemanha. É membro da Associação Luso-Alemã de Juristas (Deutsch-Lusitanische Juristenvereinigung - DLJV), do Instituto alemão para Direito e Arte (Institut für Kunst und Recht - IFKUR e.V.) e membro-fundadora do Centro de Estudos Europeus e Alemães – CDEA (UFRGS/PUCRS), subsidiado pelo Diretório Alemão de Intercâmbio Acadêmico (DAAD). Líder do Grupo de Pesquisas de Direito Comparado da UFRGS, certificado no CNPQ. É também docente dos programas de especialização e LLM da Universidade Presbiteriana Mackenzie de São Paulo, na área de Propriedade Intelectual e Fashion Law.

Lucas Reckziegel Weschenfelder
Doutorando em Direito, com bolsa CAPES/PROEX, na Pontifícia Universidade Católica do Rio Grande do Sul, possuindo Mestrado em Direito pela Universidade

de Santa Cruz do Sul (UCS), e Pós-Graduação em Direito pela Universidade Federal do Rio Grande do Sul (UFRGS). Advogado.

Luiz Gonzaga Silva Adolfo
Doutor em Direito e Mestre em Direito pela Universidade do Vale do Rio dos Sinos. Realizou pesquisa em Pós-Doutorado, na área do Direito - PPG/Dir, na Pontifícia Universidade Católica do Rio Grande do Sul. Atualmente é Professor dos Cursos de Direito da Universidade Luterana do Brasil. Tem reconhecida experiência no ensino da propriedade intelectual, com atuação e experiência docente em pesquisa, extensão, prática jurídica e pós-graduação (em nível de Especialização e Mestrado). Membro da Associação Portuguesa de Direito Intelectual (APDI); da Associação Brasileira de Direito Autoral (ABDA) e da Comissão Especial de Propriedade Intelectual da Ordem dos Advogados do Brasil (OAB/RS). É Segundo Vice-presidente da Comissão de Estágio e de Exame de Ordem da Ordem dos Advogados do Brasil (OAB/RS). Consultor jurídico nas áreas de Direitos Autorais, Direitos de Propriedade Industrial e de proteção de dados pessoais. É Perito credenciado junto ao Tribunal de Justiça do Estado do Rio Grande do Sul para ações de Propriedade Intelectual.

Maria Cláudia Mércio Cachapuz
Doutora e Mestre em Direito Civil pela Universidade Federal do Rio Grande do Sul (UFRGS). Magistrada integrante do Tribunal de Justiça do Estado do Rio Grande do Sul. Professora da Faculdade de Direito e do PPG/Dir da UFRGS. Graduada em Comunicação Social/Jornalismo pela Pontifícia Universidade Católica do Rio Grande do Sul (PUCRS).

Milton Lucídio Leão Barcellos
Advogado e Agente da Propriedade Industrial sócio da Leão Propriedade Intelectual e da Leão, Correa e Rocha Sociedade de Advogados. Especialista em Direito Internacional pela UFRGS. Mestre e Doutor em Direito pela PUCRS. Professor da disciplina de Propriedade Intelectual em diversos cursos de extensão e pós-graduação. Parecerista e Perito Judicial na área de Propriedade Intelectual. Diplomado pela FICPI no Membro da Comissão Especial de Propriedade Intelectual da OAB/RS. Membro das seguintes associações nacionais e internacionais na área da propriedade intelectual: Associação Brasileira dos Agentes da Propriedade Industrial - ABAPI, Associação Brasileira da Propriedade Intelectual - ABPI, Instituto Brasileiro de Propriedade Intelectual - IBPI, International Association for the Advancement of Teaching and Research in Intellectual Property - ATRIP, Asian Patent Attorneys Association - APAA (Observer), Association Internationale pour la Protection de la Propriété Intellectuelle - AIPPI e Ligue Internationale du Droit de la Concurrence - LIDC. Caso com a Camila, pai da Isis e do Antônio.

Natalia de Campos Aranovich
Advogada Empresarial e Propriedade Intelectual em Los Angeles – Aranovich Law Firm, PC. Licenciada no Brasil, Califórnia e Distrito de Columbia nos EUA. É fundadora da Aranovich Law Firm, PC em Los Angeles e advogada com mais de 23 anos de experiência em Propriedade Intelectual e Direito Empresarial. Advogada licenciada pela OAB/RS. Mestre em Direito pela Universidade Federal do Rio Grande do Sul (UFRGS). Sua habilidade como advogada foi reconhecida nos Estados Unidos, por meio de Visto de habilidades extraordinárias e green card pelo trabalho que realizou no Brasil na interpretação da Lei sobre os conflitos entre marcas e nomes de domínio durante a fase Web 1.0. Pesquisadora no uso de NFTs, Smart Contracts e questões relacionadas à Web 3.0 têm impactado à Propriedade Intelectual. Ela participou recentemente das mesas redondas do USPTO (escritório americano de patentes) sobre o impacto da NFTs na Propriedade Intelectual que serão enviadas ao Congresso dos EUA. Foi diretora da *Copyright Society for the LA Chapter* e presidente dos Comitês de Negócios e Direito Internacional da Ordem dos Advogados de Beverly Hills.

Sidnei Renato Silveira
Doutor em Ciência da Computação pela UFRGS – Universidade Federal do Rio Grande do Sul. Professor Associado do Departamento de Tecnologia da Informação da UFSM – Universidade Federal de Santa Maria – Campus Frederico Westphalen/RS, atua como Coordenador do Curso de Licenciatura em Computação a distância (UAB- Universidade Aberta do Brasil) e Presidente do NDE do mesmo curso. Tem vasta experiência na gestão acadêmica e ensino da docência universitária. Atuou como Pró-Reitor de Pesquisa, Pós-graduação e Extensão do Centro Universitário Ritter dos Reis – UniRitter, como Coordenador da Faculdade de Informática e como Professor Titular da Faculdade de Informática. Foi Professor e Coordenador do Curso de Tecnologia em Sistemas de Informação da Faculdade de Tecnologia do SENAC (2004), tendo elaborado o projeto para implantação do referido curso. Tem experiência na área de Ciência da Computação, atuando principalmente nos seguintes temas: Desenvolvimento de Sistemas de Informação, Sistemas de Informação para Web, Informática na Educação, Educação a Distância, Jogos Educacionais Digitais, e Ferramentas de Autoria Multimídia, Computação Móvel, M-Learning, Sistemas Especialistas, Sistemas de Recomendação. Participou de inúmeros projetos e/ou processos de autorização, reconhecimento e renovação de cursos de graduação na área de Informática (Bacharelado e/ou Tecnológico), além da elaboração de projetos de cursos de Especialização Lato Sensu e de Programas de Pós-graduação Stricto Sensu.

Tatiana Aranovich
Doutoranda em Direito na Universidade de Macquarie (Sydney, Austrália) na área de inteligência artificial e saúde. Mestre em Direito pela Universidade

Federal do Rio Grande do Sul (UFRGS). Especialista em Políticas Públicas e Gestão Governamental (EPPGG) de carreira do Ministério da Economia. Graduada em Direito (PUC-RS) e em Economia (UFRGS). Ex-assessora da Direção de Normas e Habilitação da Agência Nacional de Saúde Suplementar (ANS) do Brasil.

SUMÁRIO

A utilidade da AI para aperfeiçoar o sistema de propriedade intelectual

Márcia Santana Fernandes
Carolina Fernández Fernandes

As organizações internacionais, Organização Mundial da Propriedade Intelectual (OMPI/ WIPO), Organização Mundial do Comércio (OMC/WTO), são centrais na implementação e organização de tratados internacionais na área da Propriedade Intelectual em todos os Estados-membros. Estas organizações têm desenvolvido relatórios e estudos sobre o uso da Inteligência Artificial (IA) para aperfeiçoar e agilizar os sistemas de busca, registro e controle de propriedade intelectual – patentes, marcas, desenho industrial, direitos autorais.

A IA se tornou uma capacidade estratégica para muitos governos em todo o mundo. Estratégias para o desenvolvimento da capacidade de IA e medidas regulatórias de IA estão sendo adotadas com crescente frequência por todos os Estados Membros. Assim, o presente texto tem objetivos informar e sistematizar pontos centrais nas discussões nesta área pela OMPI e OMC, com base nas seguintes referências:

– o Relatório *United Nations Activities on Artificial Intelligence (AI)*, 2023[1];

– o livro Trade in Knowledge - Intellectual Property, Trade and Development in a Transformed Global Economy, editado por Edited by Antony Taubman e Jayashree Watal, Cambridge University Press: Cambridge, UK, 2022.[2]

1 ONU – *United Nations Activities on Artificial Intelligence (AI)*, International Telecommunication Union (ITU), 2023. Acessível em https://www.itu.int/hub/publication/s-gen-unact-2022/, p. 247-250. (tradução livre das autoras com apoio do sistema DeepL Translator (https://www.deepl.com).

2 Acesso digital da obra: https://www.cambridge.org/core/books/trade-in-knowledge/310203EBBFE94182502B01F77D7800B1 - https://doi.org/10.1017/ 978 1108780919

1. Organização Mundial da Propriedade Intelectual (OMPI/ WIPO)

O Relatório *United Nations Activities on Artificial Intelligence (AI)*, 2023, apresenta oito projetos junto à OMPI, entre outros projetos que estão sendo desenvolvidos com IA na ONU.[3] Este Relatório, realizado em parceria entre ONU e a *International Telecommunication Union* (ITU), abrangente o estudo de projetos e iniciativas desenvolvidas em parceria, 40% de entidades da ONU, 25% com o meio acadêmico e governos e 20% com o setor privado. Estes percentuais traduzem o esforço conjunto entre a ITU e 46 agências e órgãos da ONU, todos parceiros da *AI for Good* e de membros do Grupo de Trabalho Interagências da ONU sobre IA. Ele apresenta casos e projetos administrados pelo sistema da ONU, em áreas que abrangem todos os 17 Objetivos para o Desenvolvimento Sustentável (ODS), que abrangem desde a agricultura inteligente e sistemas de alimentação para transporte, serviços financeiros e de saúde.

Este Relatório não se destina a produzir um inventário exaustivo do trabalho do sistema da ONU sobre IA. Ao invés disso, é uma ferramenta para colaborar e construir um entendimento comum em torno de tecnologias emergentes de IA e soluções. Entretanto, ele reflete o compromisso contínuo da ONU para garantir que a IA seja desenvolvida e implantada através da colaboração de múltiplas partes interessadas. Os oito (8) projetos envolvendo a Inteligência Artificial (AI) e a Propriedade Intelectual são:

> Projeto 1 – WIPO *Translate: "WIPO Translate* é um software de tradução líder de mercado para texto especializado. Originalmente criada para traduzir documentos de patentes, este sistema pode também ser adaptado e personalizado para outros domínios técnicos do projeto. Uma vez treinados em área temática específica, a *WIPO Translate* demonstrou ter um desempenho superior ao de outros serviços pagos e gratuitos ferramentas de tradução".
>
> Projeto 2 – *WIPO Speech-to-Text (S2T)*: "A WIPO *speech-to-text (S2T)* é uma ferramenta de transcrição para conferências. Ela

3 ONU – *United Nations Activities on Artificial Intelligence (AI)*, International Telecommunication Union (ITU), 2023. Acessível em https://www.itu.int/hub/publication/s-gen-unact-2022/, p. 247-250. (tradução livre das autoras com apoio do sistema DeepL Translator (https://www.deepl.com).

gera uma transcrição automática, que fica disponível em poucos minutos após a reunião. Esta transcrição pode ser ainda mais em cascata através da *WIPO Translate* em ordem para gerar relatórios em idiomas UN-6 (sempre sincronizados com o vídeo original). Tem sido utilizado com sucesso em outras organizações.

Projeto 3 – *WIPO Brand Image Search:* "Realizar uma pesquisa de marca por texto ou imagem nos dados da marca múltiplas fontes nacionais e internacionais, incluindo marcas registradas, denominações de origem e emblemas oficiais.

Projeto 4 – *International Patent Classification (IPC):* "A Classificação Internacional de Patentes (CIP) prevê um sistema hierarquizado de idiomas e símbolos independentes para a classificação de patentes e modelos de utilidade, de acordo com as diferentes áreas da tecnologia."

Projeto 5 – *WIPO Conversation on IP and Frontier Technologies:* "O objetivo deste sistema é fornecer aos Estados Membros a oportunidade de trocar opiniões sobre vários tópicos relativos às tecnologias de fronteira, incluindo a IA, e formular perguntas com respeito ao possível impacto destas tecnologias sobre o sistema IP."

Projeto 6 – *AI and IP Strategy Clearing House:* É um sistema que permite a OMPI reunir, com a ajuda dos Estados-Membros, os principais instrumentos governamentais de relevância para a IA e a PI. Os Estados-Membros são convidados a informar a OMPI sobre quaisquer atualizações em suas políticas.

(https://www.wipo.int/about-ip/en/artificial_intelligence/policy.html#clearing_house)

Projeto 7 – *WIPO Technology Trends (WITT) on AI :* Realiza análise de mais de 340.000 pedidos de patentes relacionadas com IA e 1,6 milhões de trabalhos científicos publicados desde os anos 1950, e comentários e sugestões feitas por 27 líderes mundiais na área.

Projeto 8 – *WIPO Virtual AI Exhibition:* Uma exposição virtual, organizada pela OMPI, a fim de ajudar as partes interessadas a compreender melhor as questões envolvendo a PI devido à

IA. Ver a exposição: https://www.wipo.int/about-ip/en/frontier_technologies/ ai_and_ip.html#virtual

2. Organização Mundial do Comércio (OMC/WTO)

A OMC organizou um Workshop de Treinamento da OMC sobre Comércio de Produtos do Conhecimento, em 2018.[4] Este encontro tem como objetivo uma publicação conjunta entre a OMC e a Cambridge University Press: o livro Trade in Knowledge - Intellectual Property, Trade and Development in a Transformed Global Economy, editado por Edited by Antony Taubman e Jayashree Watal, Cambridge University Press: Cambridge, UK, 2022.[5]

Igualmente, a OMC organizou um Webinar TRIPS@25 sobre o TRIPS e o Comércio do Conhecimento em 2021.[6]

A OMC, assim como a OMPI, considera que os formuladores de políticas tenham uma boa compreensão da transformação tecnológica do comércio de propriedade intelectual (PI) para que possam desenvolver políticas comerciais que respondam a uma economia do conhecimento digitalmente transformada, incluindo a IA.

Podemos destacar cinco aspectos, sem menosprezar outros, por nos parecerem centrais:

1. Na área da PI o princípio da territorialidade, básico no sistema de PI, deverá ser objeto de reflexão na sociedade de informação;

2. As licenças envolvendo PI devem ser tratadas além fronteiras e incorporadas como elementos centrais nas relações de comércio internacional;

3. As tecnologias da informação e da comunicação, entre elas a IA, alteram a forma de realizar comércio internacional, razão pelo qual os estados membros deverão refletir sobre políticas e normas que

4 Acesso a conferência: https://www.wto.org/english/tratop_e/trips_e/progtradeinknowledge22_e.htm

5 Acesso digital da obra: https://www.cambridge.org/core/books/trade-in-knowledge/310203EBBFE94182502B01F77D7800B1 - https://doi.org/10.1017/9781108780919

6 Acesso ao seminário: https://www.wto.org/english/tratop_e/trips_e/trips25_trade_in_knowledge_e.htm

atendam esta realidade, a proliferação do comércio além fronteiras e dos *free-trade agreements (FTAs)*;

4. Os tratados internacionais na área de PI deverão ser ajustados à sociedade da informação e também a proliferação dos *free-trade agreements (FTAs);*

5. Há muito trabalho e estudo para se chegar a um consenso sobre os impactos da IA e PI.

6. Os países em desenvolvimento ainda são excluídos dos investimentos em R&D, advindos de fomentos externos para o desenvolvimento em tecnologias de ponta, além fronteiras.

3. Notas conclusivas

A partir da leitura dos documentos e seminários organizados pela OMPI e OMC, referentes ao impacto das tecnologias digitais e IA na propriedade intelectual, observa-se que há muito por fazer. Há o reconhecimento, no entanto, da urgência em adaptar o sistema de PI, tanto no âmbito normativo (nacional e internacional), como nas suas ferramentas e processos. A perspectiva a ser tomada como ponto central deve ser global, além fronteiras, para contemplar os desafios impostos pela sociedade da informação e pelo impulso gerado para o *trade in knowledge.*

Os desafios dos impactos da IA ao sistema de PI também são evidentes nos aspectos éticos e de distribuição equânime entre os Estados Membros do desenvolvimento econômico e social de forma sustentável, como são expectados pelos 17 ODS, ONU.

Estamos no início de uma jornada que já iniciou a passos acelerados e os acadêmicos e pesquisadores têm muito estudo a fazer. Esperamos que esta obra, possa contribuir de alguma forma com este intento.

Inteligência Artificial: os computadores podem ser criativos?

Sidnei Renato Silveira
Antônio Rodrigo Delepiane de Vit

1. Introdução

O avanço das tecnologias, especialmente das TDICs (Tecnologias Digitais da Informação e da Comunicação), traz à tona algumas indagações, especialmente quando se trata da IA (Inteligência Artificial). Uma IA pode criar coisas novas? Uma IA pode realmente aprender? Além disso, também existem as questões éticas por trás dessas indagações. Se uma IA for utilizada, por exemplo, para julgar alguém, o julgamento será imparcial? Como prever os resultados de uma IA que aprende?

Atualmente não existe uma definição consensual sobre o que é inteligência e os cientistas ainda não têm certeza de como a adquirimos, ou como a aperfeiçoamos. Assim, a IA fica bastante comprometida, visto que ainda não conseguimos desvendar todos os mistérios do cérebro humano, muito menos modelar o funcionamento da mente no computador. A ideia de modelar o funcionamento da mente está ligada à tentativa de simular a atividade dos neurônios. Para alguns cientistas, simulando a atividade dos neurônios seria possível simular redes de neurônios e, com isso, simular a produção do pensamento (Lorenzi; Silveira, 2011). As RNAs (Redes Neurais Artificiais), por exemplo, são uma técnica de IA que simula uma rede de neurônios, imitando o funcionamento do cérebro (Barone, 2003); a aprendizagem de máquina (machine learning) é um subcampo da inteligência artificial, que é amplamente definido como a capacidade de uma máquina para imitar o comportamento humano inteligente (Faceli et al., 2011).

Quando estudamos IA podemos compreender duas linhas de pesquisas distintas: a IA Fraca e a IA Forte. Os pesquisadores da IA Fraca não acreditam que o computador pode criar coisas novas, ou seja, acreditam que o computador apenas segue os algoritmos criados pelos programadores. Assim, a criatividade é do ser humano, dos programadores que criaram os algoritmos de IA. A IA Forte é a linha de pensamento contrária, que acredita que os computadores podem aprender e criar coisas novas (Barone, 2003).

Antes de modelarmos o funcionamento da mente no computador, precisamos entender como o cérebro humano funciona e como a inteligência é adquirida. Tem-se, a princípio, uma questão: o que é inteligência?

Inteligência é a capacidade de solucionar problemas abstratos. Inteligência pode ser conceituada, também, como a capacidade que o ser humano possui de criar e/ou modificar coisas; a capacidade de extrair a essência de um determinado conteúdo e, ainda, refletir e discutir sobre o mesmo. Para Gardner (2000, p. 21), "Uma inteligência implica na capacidade de resolver problemas ou elaborar produtos que são importantes num determinado ambiente ou comunidade cultural". Será que uma IA pode ser considerada inteligente de acordo com os conceitos apresentados? Uma IA pode extrair a essência de um conteúdo, refletir e discutir sobre o mesmo?

Até bem pouco tempo a inteligência era medida por meio de uma série de testes psicométricos, como o teste de QI (Quociente de Inteligência). A maioria dos testes privilegia o raciocínio lógico-matemático, e os indivíduos que possuem boa capacidade de memorização e raciocínio rápido são mais bem qualificados. Basicamente, uma pessoa é considerada inteligente quando possui raciocínio rápido, boa capacidade de memorização e tira boas notas na escola. Atualmente este pensamento vem se modificando, mas boa parte do ensino ainda se baseia na avaliação da memorização. O método tradicional de ensino é baseado em aulas expositivas e exercícios de fixação, muitas vezes focados apenas na memorização. Quem decora com mais facilidade (decoreba) tem mais chance de alcançar uma boa nota. Os processos de ensino e aprendizagem giram em torno da avaliação e das notas. As metodologias ativas de aprendizagem, tais como a Sala de Aula Invertida, a Aprendizagem baseada em Problemas e Estudos de Caso, entre outras, são uma alternativa atual para romper com a decoreba (Silveira Et Al, 2020; Silveira et al., 2021).

Por outro lado, acredita-se que uma pessoa inteligente é aquela que consegue "se dar bem na vida", obtendo sucesso profissional e financeiro. Entretanto, esse conceito de "se dar bem na vida" é bastante subjetivo e individual. Com relação aos testes, Gardner (2002, p. 13) coloca que "...os testes apresentam poder de previsão para o sucesso acadêmico, mas relativamente pouco poder preditivo fora do contexto escolar...". A inteligência é muito mais ampla do que os testes conseguem medir, até mesmo porque a maioria dos testes mede apenas o conhecimento lógico-matemático dos indivíduos, não conseguindo avaliar, por exemplo, suas capacidades de criação (Gardner, 2000). Os testes de QI não enfatizam nenhuma visão de processo (como se resolve um problema); existe apenas a questão de encontrar a resposta correta. Gardner (2002) coloca, ainda, como limitações destes testes: são compostos, na maioria das vezes, por tarefas desconexas, distantes da vida cotidiana; raramente avaliam a habilidade de assimilar novas informações e revelam pouco sobre o potencial do indivíduo para crescimento adicional.

Os estudos de Jean Piaget surgiram como um contraponto à moda estabelecida pelos testes de inteligência. Para Piaget o importante não são as respostas, mas, sim, as linhas de raciocínio desencadeadas para chegar até elas, inclusive as linhas que levam à uma conclusão errônea (Franco, 2004). Os SEs (Sistemas Especialistas - Expert Systems) são uma das áreas da IA que apresentam as linhas de raciocínio empregadas para chegar a uma determinada resposta. Essa característica é conhecida como explanação do conteúdo (Lorenzi; Silveira, 2011). Gardner (2002) também destaca a importância do raciocínio (processamento de informações) em contraponto à memorização. O processamento de informações visa descrever as etapas mentais envolvidas para a resolução de um problema (ou até mesmo quando não se encontra a solução ou encontra-se uma solução errada). "De fato, a meta final da psicologia de processamento de informações é descrever, tão exaustiva e escrupulosamente quanto possível, as etapas do desempenho de um indivíduo que possam ser simuladas num computador" (Gardner, 2002, p. 17).

Para Piaget, o conhecimento não está no sujeito nem no objeto, mas ele se constrói na interação do sujeito com o objeto. À medida em que o sujeito interage com os objetos é que ele produz a capacidade de conhecer e produzir o próprio conhecimento (FRANCO, 2004). E como seria a construção de conhecimento por uma IA? Uma IA, se for considerada como sujeito, pode interagir e produzir conhecimento? E como o conhecimento produzido por uma IA pode ser armazenado? Para dar conta dessas possibilidades existem uma série de técnicas de IA.

Gardner (2002) coloca que as abordagens de QI, de Piaget e de processamento de informações são falhas no que tange à Biologia, ou seja, todas focalizam um determinado tipo de resolução de problemas lógicos e/ou linguísticos, privilegiando os indivíduos que possuem estas características mais desenvolvidas. Gardner (2000, 2001, 2002) defende a abordagem dos sistemas simbólicos, abrangendo sistemas de símbolos mais amplos do que apenas os lógicos, linguísticos e numéricos, envolvendo também símbolos musicais, corporais, espaciais e até mesmo pessoais. Esta perspectiva é a base da Teoria das Inteligências Múltiplas.

Outra noção errônea de inteligência é a suposição de que alguém que possui muito conhecimento automaticamente pode ser considerado inteligente. O que torna alguém inteligente não é a quantidade de conhecimento que possui, mas, sim, a habilidade de adquirir novos conhecimentos, o chamado aprender a aprender constantemente. Se apenas o fato de possuir muito conhecimento fosse o bastante para ser considerada inteligência, o computador seria inteligente com certeza. Os computadores armazenam muitas informações e permitem o acesso às informações com uma velocidade muito maior do que o cérebro humano. Atualmente a nossa memória está na nuvem, pois guardamos as informações na Internet, por meio de várias ferramentas. Não precisamos nos preocupar em decorar datas, nomes, etc... tudo está na nuvem. Basta acessar o Google ou outra ferramenta de busca e as respostas estão lá. Nossos textos, arquivos, documentos estão no Google Drive e/ou no DropBox; nossas fotos estão no Facebook e/ou no Instagram. Estamos conectados o tempo todo.

Neste contexto nos perguntamos: É possível modelar o funcionamento do cérebro de forma que o computador possa criar coisas novas, assim como os seres humanos? Segundo o filósofo e biólogo Leo Szilard (apud Damásio, 2012), o processo criativo envolve muito mais do que o pensamento lógico e a capacidade analítica, envolve também a intuição. A intuição pode ser definida como um misterioso mecanismo por meio do qual chegamos à solução de um problema sem raciocinarmos. Segundo Szilard (apud Damásio 2012, p. 222), "O cientista criador tem muito em comum com o artista e o poeta. O pensamento lógico e a capacidade analítica são atributos necessários a um cientista, mas estão longe de ser suficientes para o trabalho criativo. Aqueles palpites na ciência que conduziram a grandes avanços tecnológicos não foram logicamente derivados de conhecimento preexistente: os processos criativos em que se baseia o progresso da ciência atuam no nível do subconsciente". Se a intuição é um mecanismo misterioso, como uma IA pode ser intuitiva? Os programadores conseguiriam implementar um algoritmo que poderia imitar um comportamento intuitivo?

Além disso, existe também a questão filosófica de conceber o cérebro como a base da mente. Damásio (2012) coloca que o juízo crítico, por exemplo, é uma perspectiva muito próxima da alma e não se pode supor que a alma tem como base o funcionamento cerebral do ser humano. Lévy (1998, p. 136) coloca que: "Não se trata (...) de saber o que as máquinas podem fazer ou não, mas sim de reconhecer o que, no homem, não é da ordem do fazer. Se perdêssemos a lembrança dessa dimensão do humano, está mais do que certo de que ficaria efetivamente aniquilada a noção de humanidade, pois nossa espécie, histórica e culturalmente, decide em parte sobre o que se torna. Assim como os que não sabem mais que estão livres acabam mesmo sendo escravos, talvez nos tornemos processadores de informação quando tivermos esquecido quem éramos". Aqui temos outra questão: um robô, dotado de IA mesmo sendo considerado inteligente, não pode ter sentimentos humanos – uma alma.

Outra questão quanto à inteligência é a possibilidade de existirem mecanismos que possam aumentá-la ou aperfeiçoá-la. Para Drummond (1999) é possível estimular a inteligência por meio do uso de vitaminas, exercícios físicos (segundo este autor, alguns exercícios aeróbicos quando realizados moderadamente possibilitam uma melhor retenção de informações) e exercícios mentais, tais como leitura de livros e jogos de palavras-cruzadas, entre outros. Isso demonstra que o ambiente influencia diretamente a capacidade intelectual. Mesmo com a incrível perda de neurônios que temos diariamente, podemos ter um raciocínio mais ágil e flexível. Mas como modelar isto artificialmente? Como modelar um ambiente que possibilite a "expansão artificial" da inteligência? A IA é uma das áreas que busca entender a mente humana e imitar o seu funcionamento por meio do computador, como veremos na seção seguinte.

2. Uma Introdução à Inteligência Artificial

Antes de iniciarmos o estudo de técnicas que permitam o desenvolvimento de Sistemas de Informação Inteligentes vamos estudar algumas definições para o termo Inteligência Artificial (Artificial Intelligence).

Existem inúmeras definições para Inteligência Artificial. Destacamse, entre elas:

> "Inteligência Artificial é o estudo dos sistemas que agem de um modo que a um observador qualquer pareceria ser inteligente. (...) Inteligência Artificial envolve utilizar métodos baseados no comportamento inteligente de humanos e outros animais para solucionar problemas complexos" (COPPIN, 2013, p. 5).
>
> "O termo Inteligência Artificial (IA) constitui vários procedimentos computacionais cujas funções realizadas, caso um ser humano as executasse, seriam consideradas inteligentes" (LIMA; PINHEIRO; SANTOS, 2014, p. 1).
>
> "O termo 'inteligência artificial' representa um software diferente dos demais, pois é inteligente e visa fazer os computadores realizarem funções que eram exclusivamente dos seres humanos, por exemplo, praticar a linguagem escrita ou falada, aprender, reconhecer expressões faciais (...)" (SILVA et al., 2019).

A Inteligência Artificial fundamenta-se na ideia de que é possível modelar o funcionamento da mente humana por meio do computador. Segundo Damásio (2012), o corpo proporciona uma referência fundamental para a mente. Segundo este autor, os aspectos neurais e químicos da resposta do cérebro provocam uma alteração profunda no funcionamento dos tecidos e sistemas, tais como: disponibilidade de energia, taxa metabólica, resposta do sistema imunizador e contração da musculatura. Os sinais de todas essas alterações são retransmitidos ao cérebro (cérebro e corpo atualizam constantemente as informações).

Neste sentido, não se pode pensar em uma atividade mental plena fora do corpo, visto que o meio ambiente influencia o cérebro por meio das percepções humanas. Quando um ser humano vê, ouve, toca, saboreia, cheira... o corpo e o cérebro interagem juntos com o meio ambiente. Segundo Damásio (2012), perceber é atuar sobre o meio como também dele receber sinais. A mente surge da atividade nos circuitos neurais, que representam o organismo continuamente, à medida que é perturbado pelos estímulos do meio ambiente físico e sociocultural, e à medida que atua sobre esse meio. Este é um dos pontos críticos da IA, a questão filosófica que envolve corpo, alma e mente.

Segundo Lévy (1998), os fundadores da Inteligência Artificial (Herbert Simon, John McCarthy e Marvin Minsky) acreditavam firmemente que a inteligência é um mecanismo. O cérebro, nesta visão, é uma máquina e os neurônios são processadores de informação. Segundo esta visão, de que o cérebro é uma máquina, seria perfeitamente possível modelá-lo dentro do computador (Russell; Norvig, 2021). Mas o mundo em que vivemos, o mundo real, é muito maior e mais complexo do que o micromundo digital do computador, construído por nós mesmos.

A Inteligência Artificial levanta questões do tipo: Como ocorre o pensar? Como o homem extrai conhecimentos do mundo? Como a memória, os sentidos e a linguagem ajudam no desenvolvimento da inteligência? Como surgem as ideias? Como a mente processa informações e tira conclusões decidindo por uma coisa ao invés de outra? (Lima; Labidi, 1999 Apud Lorenzi; Silveira, 2011). Essas questões são fundamentais para que se possa simular o raciocínio humano e para que a simulação do funcionamento da mente possa ser implementada por meio do computador.

Um dos principais pontos de discussão que se pode colocar é a capacidade de criar coisas novas. Alguma técnica de IA, existente atualmente, possibilita ao computador criar? Nesse contexto, Lévy (1998, p. 110) destaca que: "A inteligência artificial depara-se na simulação do raciocínio científico com o mesmo tipo de problemas teóricos do que em suas outras aplicações. Para programas autônomos, deveriam ter a capacidade para aprender e aplicar uma hierarquia indefinida de conhecimentos sobre o conhecimento (metaconhecimento), capacidade essa à qual ainda não chegou nenhum programa. Por outro lado, as simulações automatizadas de raciocínios científicos funcionam no marco de uma problemática fixa. Não se conhece nenhuma que saiba formular novas perguntas, embora isso pareça ser a principal vocação do pesquisador".

Marvin Minsky e Seymour Papert lançaram as bases para o surgimento do paradigma simbólico na IA. Este paradigma aborda a simulação da inteligência não por meio da construção de hardware específico, mas no desenvolvimento de programas computacionais que operam sobre dados ou representações (Teixeira, 1998). Este paradigma envolve a mudança de definição do que é inteligência. Ao invés de definir a inteligência como a capacidade para solucionar problemas, a inteligência é resultante da representação mental, que não é nada mais do que uma atividade simbólica. Segundo Teixeira (1998, p. 44), "O que nos distingue dos outros animais menos inteligentes é nossa capacidade de produzir e manipular símbolos". Ainda assim, a noção de que a inteligência é a capacidade para resolver problemas continua existindo. Para resolver um problema precisa-se um caminho (um algoritmo) que permita a manipulação adequada de símbolos (atividade simbólica). Dentro deste paradigma a mente é vista como um processador de informação; esta informação pode ser representada na forma de símbolos; estes símbolos combinam-se entre si por meio de regras. O processamento simbólico envolve a simulação da inteligência por meio da criação de programas computacionais que operam sobre dados ou representações, baseando-se em uma abordagem cognitiva, imitando a forma como o ser humano raciocina (descendente).

Além do paradigma simbólico que enfatiza os processos cognitivos, a IA também pode ser abordada do ponto de vista conexionista. Na abordagem conexionista a ênfase é o modelo de funcionamento do cérebro, dos neurônios e das conexões neurais (Lorenzi; Silveira, 2011). Esta abordagem baseia-se nos aspectos biológicos (ascendentes). Uma das técnicas de IA que utiliza a abordagem conexionista são as Redes Neurais Artificiais (HAYKIN, 2007).

3. Aplicação de Técnicas de IA no Desenvolvimento de Sistemas de Informação

Sistemas de Informação Inteligentes, ao contrário de Sistemas de Informação tradicionais, processam conhecimento, não dados. Os dados são facilmente armazenados em bancos de dados (por exemplo: nome de uma pessoa, data de nascimento, endereço etc.). O conhecimento é volumoso, de difícil caracterização, organizado e é individual (Lorenzi; Silveira, 2011).

Dados são elementos puros e quantificáveis sobre um determinado evento. Por exemplo, o número de alunos matriculados em um curso de graduação representa um dado. Uma informação envolve a interpretação de um conjunto de dados: por exemplo, comparar as matrículas de acordo com o semestre e verificar se houve ou não aumento no número de alunos. O conhecimento envolve a habilidade de criar um modelo mental que descreva o objeto e indique as decisões que devem ser tomadas. Por exemplo: decidir, de acordo com o número de alunos matriculados, quais turmas/disciplinas devem ou não ser ofertadas no semestre (Rezende, 2005).

Para desenvolver Sistemas de Informação Inteligentes pode-se aplicar uma técnica de IA, que pode ser compreendida como um método que explora o conhecimento e deve ser representado de tal forma que: i) capture generalizações; ii) seja compreendido pelas pessoas que o fornecem; iii) seja facilmente modificado; iv) seja usado em inúmeras situações e v) permita limitar as possibilidades a serem consideradas (Lorenzi; Silveira, 2011).

O conhecimento processado por Sistemas de Informação Inteligentes precisa ser representado de forma computacional. Esta representação pode ser realizada de diferentes formas (Fernandes, 2005; Rezende, 2005):

> 1) Conhecimento procedural: conhecimento representado por procedimentos e/ou funções, similarmente à programação procedimental. Por exemplo, como deve ser o comportamento de um profissional de uma determinada área, de acordo com uma situação estabelecida;
>
> 2) Redes Semânticas: grafos onde os nós representam conceitos e entidades e os arcos representam as relações entre entidades e conceitos. Segundo Rezende (2005), uma rede semântica é um grafo rotulado e direcionado formado por

um conjunto de nós representando os objetos (indivíduos, coisas, conceitos e situações). Nas redes semânticas podem ser utilizados conceitos de classificação (arcos "membro-de" e "instância-de"), generalização (arcos "é um" ou "é uma") e agregação ("parte-de");

3) Árvores de Decisão: envolve uma representação gráfica de uma tabela de decisão. Por exemplo, supondo que para escolher um curso superior de informática o aluno utilizasse os critérios tempo de duração e ênfase do curso, o conhecimento para tomar esta decisão poderia ser representado de acordo com a Figura 1.

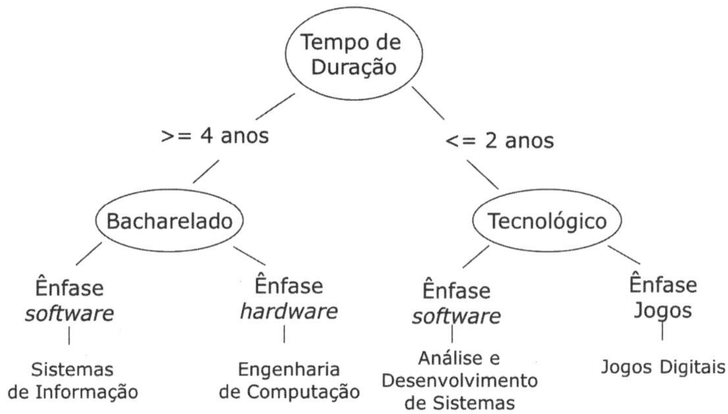

Figura 1: Exemplo de Árvore de Decisão (Lorenzi; Silveira, 2011)

4) Conhecimento Estatístico: o conhecimento é representado utilizando-se fatores de certeza. Desta forma é possível utilizar condições que não sejam binárias (verdadeiro/falso, sim/não), utilizando formas para manipular a incerteza (talvez). Uma destas formas envolve a utilização da teoria probabilística de Bayes (Barone, 2003);

5) Regras de Produção: utilizando regras de produção, o conhecimento é representado por meio de pares condição-ação, na forma de regras se... então. Por exemplo: Se o paciente está com dor de cabeça e a temperatura está alta então o paciente está com febre;

6) Processamento Paralelo Distribuído: neste caso, a representação do conhecimento utiliza modelos conexionistas, tais como as Redes Neurais Artificiais (Haykin, 2007);

7) Casos (Raciocínio Baseado em Casos): utilizando raciocínio baseado em casos, o conhecimento é representado por meio de situações ocorridas no passado (Richter; Weber, 2013);

8) Esquemas Híbridos: os esquemas híbridos envolvem a utilização de mais de um método de representação do conhecimento de forma combinada.

Fávero e Santos (2011 apud Lorenzi; Silveira, 2011) apresentam, de forma resumida, as principais diferenças entre o conhecimento humano e o conhecimento artificial (Quadro 1).

Quadro 1: Diferenças entre o conhecimento humano e o conhecimento artificial

Conhecimento Humano	Conhecimento Artificial
Perecível	Permanente
Difícil de transferir	Fácil de transferir
Difícil de documentar	Fácil de documentar
Imprevisível	Consistente
Caro	Razoável
Discriminatório	Imparcial
Social	Individualizado
Criativo	Sem inspiração
Adaptável	Inflexível
Enfoque amplo	Enfoque restrito
Baseado em senso comum	Técnico

De acordo com o Quadro 1, verifica-se que o conhecimento artificial possui algumas vantagens em relação ao conhecimento humano: é permanente, fácil de transferir e de documentar, possui custo razoável e é imparcial. Entretanto, tratando-se de um conhecimento artificial, não é flexível, nem mesmo criativo.

4. Algumas áreas da IA

A pesquisa em Inteligência Artificial envolve uma série de subáreas, entre elas os Sistemas Especialistas (Sistemas Baseados em Conhecimento), Robótica, Redes Neurais Artificiais, Vida Artificial, Sistemas Multiagentes, Raciocínio Baseado em Casos e Algoritmos Genéticos, entre outras (Barone, 2003; Russell; Norvig, 2021). A Figura 2 apresenta um resumo das áreas da IA que serão abordadas neste capítulo.

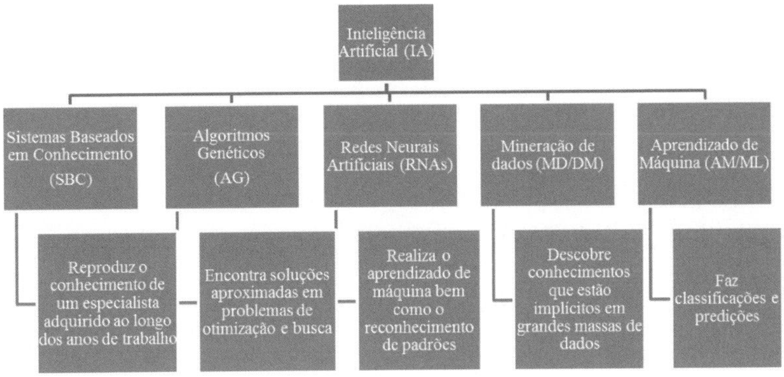

Figura 2: Algumas Áreas da IA (Fonte: Os autores, 2022)

Sistemas Baseados em Conhecimento

Sistemas Baseados em Conhecimento (SBC) são sistemas que aplicam mecanismos automatizados de raciocínio para a representação e inferência de conhecimento. Um Sistema Baseado em Conhecimento, conhecido como Sistema Especialista (SE), é um sistema que reproduz o conhecimento de um especialista adquirido ao longo dos anos de trabalho. O conhecimento especialista envolve uma combinação de um entendimento teórico do problema com uma coleção de regras heurísticas para resolvê-lo, que demonstrou ser efetiva no domínio em questão. Durante o desenvolvimento de um SE, a aquisição e definição da forma de representação do conhecimento constituem-se em importantes fases, que são desenvolvidas pelo Engenheiro do Conhecimento, que é o profissional da área de Tecnologia da Informação responsável por estas atividades (Fernandes, 2005; Rezende, 2005; Lorenzi; Silveira, 2011).

Os SEs, para Teixeira (1998, p. 51), são "...solucionadores de problemas acoplados a imensos bancos de memória onde conhecimento humano acerca de uma determinada área ou disciplina encontra-se estocado". A construção de um SE parte do princípio de que a memória é condição necessária para a inteligência. Os SE encontram-se dentro do paradigma simbólico da IA, pelo fato de que é muito mais fácil construir um SE cujo domínio pode ser expresso através de símbolos.

Um dos problemas dos SEs é de como armazenar o conhecimento sobre uma determinada área de estudo. Devido a este problema surgiu o Engenheiro de Conhecimento, que é responsável pela interação entre o desenvolvimento do sistema e os especialistas humanos envolvidos. Segundo Teixeira (1998), a tarefa do Engenheiro de Conhecimento é a de extrair dos especialistas humanos seus procedimentos, estratégias e raciocínios, codificando-os de forma a gerar uma base de conhecimento. Esta base de conhecimento é o conhecimento acerca de uma área específica. A resolução de problemas é denominada mecanismo de inferência (ou máquina de inferência) (Lorenzi; Silveira, 2011).

Algumas críticas aos SEs envolvem a capacidade que este tipo de sistema teria de criar novos conhecimentos ou ideias. Gardner (2000, p. 51) coloca que "Existe uma tensão entre criatividade e perícia: certamente uma pessoa pode ser perita sem ser criativa; e, possivelmente, certa criatividade pode manifestar-se antes de ser determinado que aquela pessoa atingiu o nível de um mestre". Isto se reflete em um SE: um SE pode possuir o conhecimento de um perito em uma determinada área específica, mas esse volume de conhecimento armazenado não possibilita a criação de novas ideias a partir das já existentes, ou seja, um SE não aprende e precisa ser, constantemente, alimentado com novos conhecimentos (Lorenzi; Silveira, 2011).

Uma das maiores dificuldades no desenvolvimento de um SE é a interpretação do conhecimento do especialista, para que o mesmo possa ser representado de forma adequada. Além disso, faz-se necessária a implementação de uma base de conhecimento dinâmica, que permita a inserção e alteração das informações por parte dos especialistas, sem que sejam necessárias modificações no código-fonte, já que essas modificações dependem da ação de um desenvolvedor de software (Lorenzi; Silveira, 2011).

Um SE é geralmente composto por (Barone, 2003; Fernandes, 2005):

– Base de Conhecimento: armazena os fatos e regras que compõem o processo de inferência (raciocínio) do especialista. A base de conhecimento deve ser composta por regras e procedimentos que o especialista utiliza para a solução dos problemas a que o sistema se propõe a solucionar. O conhecimento contido na BC deve ser de fácil manutenção para futuras modificações, já que o mesmo é um módulo separado da máquina de inferência;

- Máquina de Inferência: dispositivo que efetua consultas na base de conhecimento em busca de respostas, decidindo a ordem em que as inferências serão consideradas. Suas principais características dizem respeito às seguintes funcionalidades: método de raciocínio, estratégia de busca, resolução de conflitos, e representação de incertezas. As funções fundamentais da máquina de inferência são a inferência e controle. Quando o sistema é iniciado a máquina deve buscar na base de conhecimento fatos e regras e compará-los com as informações que foram fornecidas pelo usuário. A máquina de inferência utiliza-se de uma estratégia de controle que pode ser 1) bottom-up ou 2) top-down.

1) *Raciocínio para frente (bottom-up)* - compreende a aplicação de operadores sobre as estruturas da base de conhecimento que descrevem a situação do domínio de uma tarefa para produzir uma situação modificada. Por exemplo:

Se o paciente está com dor de cabeça
e a temperatura está alta
Então o paciente tem febre

Esta estratégia também é conhecida como forward chaining; partindo-se de um ponto inicial chega-se a uma conclusão.

2) *Raciocínio para trás (top-down)* - aplicação de operadores sobre as metas para reduzi-las às submetas. Por exemplo:

Se o paciente tem febre
Então a temperatura está alta e, provavelmente, ele está com dor de cabeça

- *Subsistema de Aquisição de Conhecimento:* componente responsável pela inserção e manutenção do conhecimento;

- *Subsistema de Explicações:* deve informar e explicar ao usuário a linha de raciocínio utilizada pelo SE para chegar à conclusão do problema em questão. Por exemplo, em determinada parte do caminho percorrido para resolução de um problema o sistema poderá solicitar ao usuário uma pergunta extra, o sistema de explicações deverá responder ao usuário o motivo pelo qual ele solicitou aquela informação;

- *Interface do usuário*: módulo que oferece comunicação e interação com o usuário. A interface exibe as perguntas, respostas e conclusões sobre o problema do domínio do sistema.

Algoritmos Genéticos

A corrente da IA denominada Vida Artificial (A-Life - Artificial Life) surgiu pelo fato de que modelar o funcionamento da mente também envolve aspectos da interação com o meio ambiente, tais como locomoção e percepção. A observação de alguns comportamentos de seres vivos (como formigas, moscas e gatos, entre outros) sugeria a hipótese de que o sistema nervoso desses seres deveria ter grande capacidade mental (Teixeira, 1998).

Dentro desta corrente encontra-se a Computação Evolutiva, que trata de sistemas que resolvem problemas por meio de modelos computacionais que se baseiam na teoria da evolução natural (Barone, 2003).

John von Neumann foi o grande precursor dos estudos nessa área, tendo projetado um organismo que se reproduzia como uma criatura real, um autômato capaz de se reproduzir. Para este pesquisador, a natureza produz máquinas automáticas incríveis, que poderiam ser simuladas por meio computacional. No final da década de 80 surgiu o movimento denominado Vida Artificial, protagonizado por Christofer Langton. Langton projetou programas computacionais para simular a evolução biológica. Um grande passo foi dado por John Holland, que criou o denominado Algoritmo Genético, representando um passo decisivo para a consolidação da Vida Artificial (Barone, 2003; Linden, 2012; Lorenzi; Silveira, 2011).

Os Algoritmos Genéticos (AGs) são uma técnica de busca baseada na teoria da evolução de Darwin. Esta técnica baseia-se nos mecanismos de seleção de indivíduos utilizados na natureza, onde apenas os indivíduos mais aptos de uma população sobrevivem, adaptando-se mais facilmente às mudanças que se produzem no meio ambiente (Davis, 1996; Goldberg, 1989; Linden, 2012; Mitchel, 1998). Esses algoritmos são utilizados para resolução de problemas do mundo real, onde cada indivíduo da população corresponde a uma possível solução para o problema. Um mecanismo de produção baseado no processo evolutivo é aplicado sobre a população atual para explorar o espaço de busca, tentando encontrar melhores soluções para o problema.

Foram inicialmente propostos pelo Prof. John Holland, em 1975, na Universidade de Michigan. A ideia de Holland foi tentar imitar algumas etapas do processo de evolução natural das espécies incorporando-as a um algoritmo computacional. O ponto de referência foi gerar, a partir de uma população de cromossomos, novos cromossomos, com propriedades genéticas superiores às de seus antecedentes, onde os cromossomos são as possíveis soluções de um problema.

Os AGs têm se mostrado como uma técnica eficaz de resolução de problemas de otimização. Na sociedade humana, apenas os indivíduos mais aptos sobrevivem, principalmente pela escassez de recursos necessários. Sendo assim, os algoritmos genéticos modelam, ou imitam, um comportamento inteligente, que é a busca pela sobrevivência. O ser humano busca a continuidade da sua espécie e é o que a técnica dos algoritmos genéticos tenta fazer, utilizando-se de um algoritmo computacional, fazendo com que os indivíduos mais aptos da população gerem os novos indivíduos, descartando os indivíduos menos aptos. Baseado nesta analogia com o processo de evolução biológica das espécies, chamada de metáfora biológica, os AGs são métodos adaptativos que podem ser usados para resolver problemas de busca e otimização. Dado um determinado problema, o conjunto de todas as possíveis soluções é chamado de espaço de busca e o AG tenta encontrar a melhor solução neste espaço de busca.

Computacionalmente, os indivíduos são representados por meio de cromossomos que contêm a representação das informações necessárias para solucionar um problema, ou seja, cada cromossomo de uma população de indivíduos representa uma possível solução para o problema proposto (Barone, 2003; Goldberg, 1989; Linden, 2012).

Os algoritmos genéticos são muito eficientes na busca de soluções "ótimas". Os AGs são utilizados em diversas áreas, tais como: mercado de ações (definir que ações devem ser compradas ou vendidas), indução e otimização de bases de regras, simulação de modelos biológicos, evolução interativa de imagens, composição musical e análise de trajetória, entre outros.

Redes Neurais Artificiais

As Redes Neurais Artificiais (RNAs), ou também chamados de sistemas conexionistas, foram inspiradas em sistemas biológicos, onde um grande número de células nervosas funciona individualmente de forma lenta e perfeita. No entanto, coletivamente são capazes de realizar tarefas que muitos computadores não têm capacidade de fazê-

-las. As RNAs são normalmente formadas por diversos processadores simples, interconectados com vários elementos de memória, cujos pesos das conexões são ajustados por experiência. Este ajuste de pesos caracteriza a capacidade de aprendizado das RNAs. Existem diversos tipos de RNAs, tais como, Perceptron, Adaline, Redes de Hopfield e Mapas de Kohonen.

Entre as características mais importantes das RNAs destacam-se:

1. Treinamento: normalmente as redes são treinadas para realizar uma determinada tarefa (e não programadas);

2. Interligação: os neurônios são amplamente interligados, de forma que o estado de um neurônio afeta o potencial de um grande número de neurônios;

3. Conexões: os pesos das conexões são adaptativos, se ajustam à medida que a rede aprende;

4. Funções: as unidades de processamento contêm funções de ativação do tipo não linear.

Os neurônios artificiais foram inspirados nos neurônios biológicos. É comum encontrar na literatura diferentes tipos de modelos de neurônios artificiais. A Figura 3 mostra algumas semelhanças entre um neurônio biológico e um neurônio artificial. Os dendritos correspondem às entradas, a soma corresponde ao somatório e os axônios correspondem às saídas do neurônio artificial.

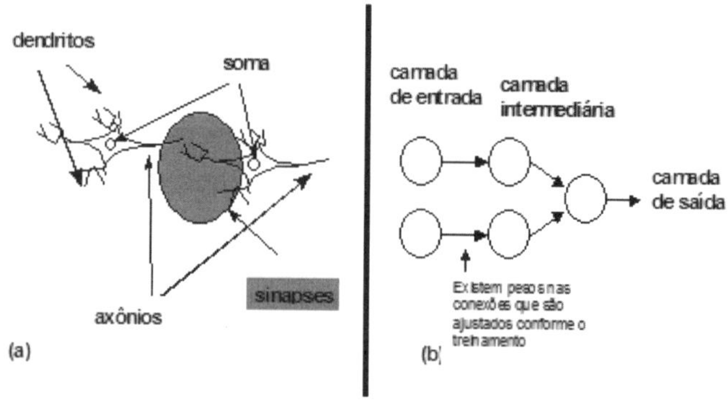

Figura 3 – (a) Neurônios biológicos e (b) Neurônios artificiais
(Fonte: Lorenzi; Silveira, 2011)

A maior diferença entre um neurônio biológico e um neurônio artificial está nas sinapses, pois nos neurônios biológicos não existe uma ligação física (as trocas de informações são realizadas por meio de neurotransmissores), enquanto nos neurônios artificiais existe uma ligação física e o armazenamento das informações depende dos pesos sinápticos.

Assim como nos sistemas biológicos, em uma RNA não é possível determinar exatamente em quais neurônios as informações estão armazenadas, elas encontram-se distribuídas ao longo da rede.

A Figura 4 ilustra um modelo de neurônio artificial simples, composto por três entradas denominadas x_0, x_1 e x_2, onde x_0 pode ser considerada uma polarização de valor 1. Aos pesos sinápticos w_0, w_1 e w_2, inicialmente são atribuídos valores aleatórios entre -0.1 e 0.1. Estes valores normalmente são ajustados ao longo do treinamento. O somatório (Σ) é calculado por meio da soma das entradas multiplicadas pelos pesos de cada, para gerar o resultado de saída (ativação) (Lorenzi; Silveira, 2011).

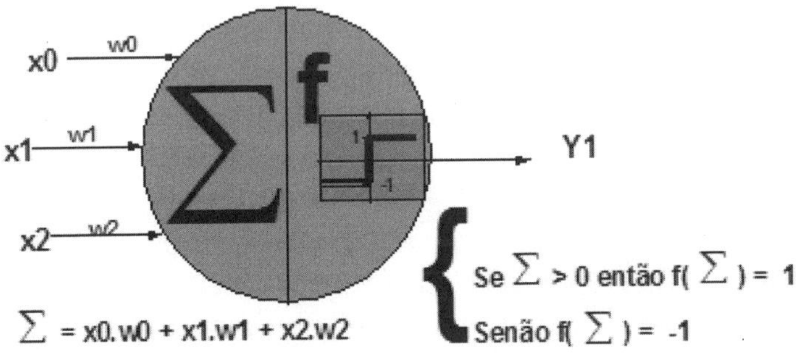

Figura 4 – Neurônio artificial e seus componentes (Fonte: Lorenzi; Silveira, 2011)

A saída, denominada Y_1 dependerá da função de ativação f, que no exemplo da Figura 4 está representada por uma função bipolar. Estas funções são determinadas no início de um projeto da RNA e, na maioria dos casos, são utilizadas funções sigmóides[1] (Lorenzi; Silveira, 2011).

1 O nome "*sigmóide*" vem da forma em S do seu gráfico. É definida como fx= 11+e-x, ∀x∈R.

As entradas (x) são os locais onde serão apresentados os valores correspondentes aos padrões que serão classificados pela rede neural. Os pesos (w) assumem valores tais que, ao aplicar um padrão na entrada, pode-se obter uma saída Y. Os pesos representam o aprendizado da rede e seus valores são obtidos mediante um processo de treinamento (Lorenzi; Silveira, 2011).

Mineração de Dados

A mineração de dados (Datamining) é uma das etapas do processo de Descoberta de Conhecimento em Bancos de Dados (KDD - Knowledge Discovery in Databases). Segundo Carvalho (2005), a Mineração de Dados envolve um conjunto de técnicas de Inteligência Artificial, com apoio da Estatística, com o objetivo de descobrir conhecimentos que estão implícitos em grandes massas de dados.

Segundo Goebel e Gruenwald (1999), o termo KDD é usado para representar o processo de tornar dados de baixo nível em conhecimento de alto nível, enquanto que a mineração de dados pode ser definida como a extração de padrões ou modelos de dados observados.

Conforme Fayyad (Fayyad; Shapiro; Smith, 1996) "o KDD - Knowledge Discovery in Databases - é um processo, de várias etapas, não trivial, interativo e iterativo, para identificação de padrões compreensíveis, válidos, novos e potencialmente úteis a partir de grandes conjuntos de dados".

De acordo com Han; Kamber e Pei (2012), o termo mineração de dados ou data mining deveria ter um nome mais apropriado, indicando conhecimento por meio da mineração de dados. No entanto, por ser este um termo longo não é tão utilizado. Mas, ainda segundo Han; Kamber e Pei (2012), a descoberta de conhecimento em bases de dados é um processo mais amplo que a mineração de dados. Envolve várias etapas onde a mineração de dados é parte deste processo. Segundo Carvalho (2005), a mineração de dados é o "conjunto de técnicas reunidas da Estatística e da Inteligência Artificial, com objetivo específico de descobrir conhecimento novo que porventura esteja escondido em grandes massas de dados..." (p. VII).

De acordo com Fayyad, Shapiro e Smith (1996), as seguintes atividades são necessárias para o desenvolvimento da mineração de dados:

- Conhecimento do domínio da aplicação: faz-se necessária a participação de um especialista do domínio;

- Seleção de dados: definir quais dados serão aplicados na mineração;
- Limpeza dos dados e pré-processamento: esta fase envolve os esforços para agregar as informações em um formato único. Por exemplo, se um dos atributos a ser utilizado na mineração de dados envolve o sexo de uma pessoa, a informação não pode estar armazenada de diferentes formas (M/F, masc/fem/ masculino/feminino etc.). Esta fase é bastante demorada e pode envolver até 60% do esforço na tarefa de mineração;
- Escolher as técnicas de mineração de dados que serão aplicadas (classificação, associação, entre outras);
- Escolher os algoritmos de mineração que serão aplicados e as ferramentas que serão utilizadas;
- Avaliar os resultados, ou seja, analisar os padrões descobertos;
- Utilizar o conhecimento que foi descoberto.

A mineração de dados permite que se definam regras de negócio para auxiliar nas tomadas de decisões. Busca-se, com isso, criar um planejamento das atividades que podem ser desenvolvidas e pensadas a médio e longo prazo, tentando fazer assim uma previsão de tendências futuras baseadas no passado (Groth, 1998; Lorenzi; Silveira, 2011).

A mineração de dados é a técnica que permite buscar informações que estejam, aparentemente, escondidas e ajudam a agilizar e/ou fortalecer as tomadas de decisões. As empresas que empregam mineração de dados (data mining) estão muito à frente das outras, pois são capazes de: i) criar parâmetros para entender o comportamento dos consumidores; ii) identificar afinidades entre as escolhas de produtos e serviços; iii) prever hábitos de compras e v) analisar comportamentos habituais para se evitar fraudes (Lorenzi; Silveira, 2011).

Aprendizado de Máquina

O Aprendizado de Máquina, em inglês Machine Learning (ML), deu origem a aplicações nas áreas de robótica e controle de veículos autônomos, processamento da fala e de linguagem natural, pesquisa em neurociência, aplicações em visão computacional, abrangendo áreas diversas como as da saúde, educação, mercado financeiro, segurança e marketing. Esta tendência de popularidade do ML é impulsionada por melhorias na coleta e armazenamento de dados e no avanço no poder de computacional (processamento, armazenamento e comunicação) na última década (Jordan; Mitchell, 2015).

Na época em que a Internet era composta de aproximadamente 200 nodos, Peter Denning, ex-presidente da ACM (Association for Computing Machinery) já falava em sobrecarga de informação. Em 2006, ele cunhou o termo "Infoglut", para caracterizar o problema da informação excessiva (Denning, 2006). Em 2017, Witten et al. (2016) destacaram que a sociedade está sobrecarregada de dados e, a fim de dar conta de seu tratamento, se faz necessário dispor de algum método de ML.

ML provê a base técnica para a mineração de dados, vista anteriormente neste capítulo. A ideia é criar programas de computador que filtrem bases de dados automaticamente, buscando regularidades ou padrões (Witten et al., 2016).

Na minuciosa abordagem que fazem sobre ML, Faceli et al. (2011) dissertam detalhes envolvidos no processo de DM. Os autores discorrem que computadores são programados para aprender por meio de experiências passadas, usando princípios nos quais obtém conclusões genéricas a partir de um conjunto particular de exemplos. Em suma, os algoritmos aprendem a induzir uma função ou hipótese capaz de resolver um problema a partir de dados que representam instâncias do problema a ser resolvido.

O funcionamento deste paradigma é baseado na hipótese de indução, que em ML pode ser exemplificada abstraindo um conjunto de dados (dataset) de um grupo de veículos (ônibus) de uma cidade qualquer. Esta base de dados teria, em cada registro, as informações de identificação do veículo, rota (executada pelo ônibus), tempo e coordenadas geoespaciais; isto resultaria em um conjunto de pontos .

Um algoritmo de ML utilizado para aprender uma hipótese (e.g., uma regra) capaz de diagnosticar os ônibus que perfazem determinadas rotas, possibilitaria a geração de mapas de encontros entre estes veículos. O objetivo deste tipo de algoritmo seria aprender, a partir de um subconjunto de dados, denominado conjunto de treinamento, um modelo ou hipótese capaz de relacionar os atributos de entrada (de um objeto do conjunto de treinamento) com os atributos de saída (Faceli et al., 2011). O objetivo é o de induzir uma hipótese capaz de fazer cálculos de encontros corretos para novos veículos diferentes daqueles que foram utilizados para aprender a regra de decisão. Assim, uma vez induzida uma hipótese, é desejável que ela também seja válida para outros objetos do mesmo domínio ou problema que não fazem parte do conjunto de treinamento, por meio da generalização da hipótese.

Neste processo, deve-se estar atento para duas situações indesejadas às hipóteses obtidas: o overfitting e o underfitting. No primeiro caso, a hipótese memorizou os dados de treinamento e, por isto, apresenta uma baixa capacidade de generalização. No segundo caso, que ocorre quando os exemplos disponíveis são pouco representativos ou o modelo está falho, se tem a situação inversa.

Quando um algoritmo de ML está aprendendo a partir de um conjunto de dados de treinamento, ele está procurando uma hipótese, daquelas possíveis, capaz de descrever as relações entre os objetos e que melhor se ajusta aos dados de treinamento. Cada algoritmo utiliza uma forma ou representação para descrever a hipótese indutiva: uma árvore de decisão, um conjunto de regras ou uma matriz de pesos. A representação utilizada define o viés (bias) do algoritmo e pode restringir o conjunto de hipóteses que podem ser induzidas pelo algoritmo (Faceli Et Al., 2011). Mitchell (Mitchell, 1980 apud Dietterich; Kong, 1995) descreve bias como "qualquer base para escolher uma generalização (hipótese) sobre outra, além da consistência rigorosa com as instâncias de treinamento observadas". Com isso, faz entender que o aprendizado envolve a capacidade de generalizar a partir de experiências passadas para lidar com novas situações "relacionadas" a essa experiência. O tempo indutivo necessário para lidar com novas situações parece ser possível somente sob certos pré-conceitos – biases – para escolher uma generalização da situação em relação a outra. Cada algoritmo possui dois biases: um de representação e outro de busca. Este último define a forma como o algoritmo busca a hipótese que melhor se ajusta aos dados de treinamento. Bias é necessário para restringir as hipóteses a serem visitadas no espaço de busca; sem bias não haveria aprendizado/generalização (Faceli et al., 2011).

Em ML o aprendizado pode ser indutivo, processo pelo qual são realizadas as generalizações a partir dos dados ou supervisionado, cujas tarefas se distinguem pelo tipo dos rótulos dos dados: discreto, no caso de classificação e contínuo, no caso de regressão. O termo supervisionado considera um "supervisor externo", que conhece a saída (rótulo) desejada para cada exemplo (conjunto de valores para os atributos de entrada). Um caso especial de regressão é a previsão de valores em séries temporais, quando os valores apresentam uma relação de periodicidade.

5. Considerações Finais

O computador, que antes servia apenas para automatizar tarefas rotineiras, passou a ocupar um lugar muito mais expressivo no dia a dia das pessoas e das empresas, especialmente com o grande número de smartphones utilizados atualmente. Temos um computador ao alcance das mãos o tempo todo e estamos conectados 24 horas por dia. Com o grande avanço da tecnologia houve também um grande aumento no número de informações que são armazenadas. O avanço da tecnologia tornou relativamente fácil o acúmulo de dados e, ao mesmo tempo, a informação é valorizada como nunca antes na história.

Nesse contexto, a IA tem ganhado força com o desenvolvimento de Sistemas de Informação Inteligentes, em especial os assistentes virtuais. Várias empresas estão criando assistentes virtuais (muitas vezes denominados de IAs) para atender os clientes, seja em lojas virtuais, bancos e serviços de telefonia, entre outros.

As questões que compreendem a criatividade, o aprendizado e a ética são as mais latentes no desenvolvimento de ferramentas de IA. Como vimos neste capítulo, essas questões ainda não possuem respostas, pois compreendem assuntos muito complexos e subjetivos.

Com relação ao aprendizado de máquina (considerando que aprender é uma característica que demonstra inteligência), alguns autores não concordam que as técnicas de Machine Learning possam ser consideradas IA. Nesse contexto a IA compreenderia a simulação do comportamento natural (o raciocínio humano, por exemplo) para solucionar problemas complexos, enquanto que ML compreenderia aprender com os dados (usando Mineração de Dados) para maximizar o desempenho em uma determinada tarefa (Sharma, 2022).

Esse capítulo não esgota o assunto, até mesmo porque existem muitas outras áreas e técnicas de IA que não foram abordadas (como o Raciocínio Baseado em Casos, por exemplo) (RICHTER; WEBER, 2013). A intenção foi a de instigar o leitor a refletir sobre o avanço da IA atualmente, e conhecer algumas das principais técnicas que fazem parte desse campo de pesquisa.

6. Referências

BARONE, D. A. C. Sociedades Artificiais. Porto Alegre: Bookman, 2003.

CARVALHO, L. A. V. Datamining: a mineração de dados no Marketing, Medicina, Economia, Engenharia e Administração. Rio de Janeiro: Ciência Moderna, 2005.

COPPIN, B. Inteligência Artificial. Rio de Janeiro: LTC, 2013.

DAMÁSIO, A. O Erro de Descartes: emoção, razão e cérebro humano. São Paulo: Companhia das Letras, 2012.

DAVID, L. Handbook of Genetic Algorithms. New York: Van Nostrand Reinhold, 1996.

DIETTERICH, T.; KONG, E. Machine learning bias statistical bias and statistical variance of decision tree algorithms. Department of Computer Science, Oregon State University, 1995.

DRUMMOND, T. Elixirs for your Memory. Time, September 13, 1999.

FACELI, K.; LORENA, A.; GAMA, J.; CARVALHO, A. Inteligência Artificial: uma abordagem de aprendizado de máquina. Rio de Janeiro: LTC, 2011.

FAYYAAD, U.; SHAPIRO, G. P.; SMYTH, P. Knowledge Discovery and Data Mining: towards a unifying framework. Proceedings of the Second International Conference on Knowledge Discovery and Data Mining – KDD 96. Portland, Oregon. Disponível em: https://www.aaai.org/Papers/KDD/1996/KDD96-014.pdf. Acesso em: 26 jan. 2022.

FERNANDES, A. M. R. Inteligência Artificial: noções gerais. Florianópolis: Visual Books, 2005.

FRANCO, S. R. K. O Construtivismo e a Educação. Porto Alegre: Mediação, 2004.

GARDNER, H. Inteligências Múltiplas: a teoria na prática. Porto Alegre: Artmed, 2000.

GARDNER, H. A Criança Pré-Escolar: como pensa e como a escola pode ensiná-la. Porto Alegre: Artmed, 2001.

GARDNER, H. Estruturas da Mente: a teoria das inteligências múltiplas. Porto Alegre: Artmed, 2002.

GOEBEL, M.; GRUENWALD, L. A Survey of Data Mining and Knowledge Discovery Software Tools. ACM SIGKDD Exploration Newsletter, 1999.

GOLDBERG, D. E. Genetic Algorithms in Search, Optimization and Machine Learning. Addison Wesley Longman, 1989.

GROTH, R. Datamining: a hands on approach for business professionals. Prentice-Hall, 1998.

JORDAN, M.; MITCHELL, T. Machine Learning: trends, perspectives, and prospects. Science, v. 349, Jul 2015, pp. 255-260.

HAN, J.; KAMBER, M.; PEI, J. Datamining: concepts and techniques. 3. ed. USA: Elsevier. 2012.

HAYKIN, S. Redes Neurais: princípios e prática. Porto Alegre: Bookman, 2007.

LÉVY, P. A Máquina Universo: criação, cognição e cultura informática. Porto Alegre: Artmed, 1998.

LIMA, I.; PINHEIRO, C. A. M.; SANTOS, F. O. Inteligência Artificial. Rio de Janeiro: Elsevier, 2014.

LINDEN, R. Algoritmos Genéticos. Rio de Janeiro: Ciência Moderna, 2012.

LORENZI, F.; SILVEIRA, S. R. Desenvolvimento de Sistemas de Informação Inteligentes. Porto Alegre: Editora UniRitter, 2011.

MITCHELL, M. An Introduction to Genetic Algorithms. Bradford Book, 1998.

REZENDE, S. O. Sistemas Inteligentes: fundamentos e aplicações. Barueri, SP: Manole, 2005.

RICHTER, M. M.; WEBER, R. O. Basic CBR Elements. In Case-Based Reasoning: A Textbook (pp. 17-40). Berlin, Heidelberg: Springer Berlin Heidelberg, 2013. Disponível em: https://link.springer.com/book/10.1007/978-3-642-40167-1. Acesso em: 15 out. 2021.

RUSSELL, S.; NORVIG, P. Inteligência Artificial. Rio de Janeiro: LTC, 2021.

SHARMA, A. Difference between Machine learning and Artificial Intelligence. Disponível em: https://www.geeksforgeeks.org/difference-between-machine-learning-and-artificial-intelligence/. Acesso em: 02 fev. 2022.

SILVA, F. M.; LENZ, M. L.; FREITAS, P. H. C.; SANTOS, S. C. B. Inteligência Artificial. Porto Alegre: Sagah, 2019.

SILVEIRA, S. R.; VIT, A. R. D.; FORTES, P. R.; FRANCISCATTO, R. Sala de Aula Invertida: um relato de experiência em um curso de Bacharelado em Sistemas de Informação. Brazilian Journal of Education, Technology and Society - BRAJETS, v.13, n.2, Apr.-Jun., p.201-215, 2020.

SILVEIRA, S. R.; VIT, A. R. D.; BERTOLINI, C.; PARREIRA, F. J.; CUNHA, G. B.; BIGOLIN, N. M.; RIBEIRO, V. G. Aplicando a metodologia da sala de aula invertida no ensino remoto emergencial em meio à pandemia de COVID-19. In: Educação Contemporânea, v. 31, 2021. Disponível em: https://poisson.com.br/2018/produto/educacao-contemporanea-volume-31/. Acesso em: 26 jan. 2022.

TEIXEIRA, J. F. Mentes e Máquinas: uma introdução à ciência cognitiva. Porto Alegre: Artes Médicas, 1998.

WITTEN, I.; FRANK, E.; HALL, M.; PAL, C. Data mining: practical machine learning tools and techniques. Morgan Kaufmann Publishers Inc., 2016.

Aspectos éticos, legais e sociais associados à inteligência artificial

Márcia Santana Fernandes
José Roberto Goldim

1. Introdução

O estudo em inteligência Artificial (IA) não é algo novo ou mesmo irreverente ou disruptivo do século XXI, entretanto, atualmente, em razão das potencialidades oportunizadas pelo acelerado desenvolvimento das Tecnologias de Informação e Comunicação (TICs), internet, Big Data, estudos espaciais, uso de satélites, entre outros avanços, este impacto está presente no nosso cotidiano (Fernandes and Goldim 2022).

Em uma perspectiva histórica, estudamos os desafios da inteligência artificial (IA), desde da década de 1960. Esta preocupação tem sido crescente na medida em que o seu desenvolvimento tem assumido algumas funções antes tidas como específicas da inteligência humana. As fronteiras entre ambas - inteligência humana e artificial - têm ficado cada vez mais difíceis de estabelecer, para a maioria das pessoas.

Como todo e qualquer avanço científico, existem reações de deslumbramento ou de medo associadas à novidade. Os autores avaliam diferentes implicações de questões éticas, legais e sociais associadas. A reflexão da adequação das ações associadas ao uso da inteligência artificial é que permite uma visão prudencial desta questão. Nesta perspectiva, o capítulo tem natureza ensaística e pretende abordar os seguintes temas: As Origens da Inteligência Artificial; a Inteligência Humana e Artificial; Diferentes Reações à Inteligência Artificial; Na Busca da Adequação e Considerações finais.

2. As Origens da Inteligência Artificial

A origem da Inteligência Artificial está associada ao Instituto de Tecnologia de Massachusetts (MIT). Em 1956, um pesquisador chamado John McCArthy utilizou pela primeira vez esta expressão para designar programas de computador que poderiam simular funções antes realizadas por humanos. Dois anos depois, ele criou a linguagem LISP, que revolucionou a programação ao permitir o processamento de listas. Esta foi a primeira linguagem de computador a permitir criar processos semelhantes a inteligência humana (Mccarthy 1958).

Na mesma instituição, em 1966, Joseph Weizenbaum conseguiu estruturar um programa, escrito em MAD-LISP, que permitia simular uma interação do usuário com um terapeuta não-diretivo, na perspectiva de Carl Rogers. Este programa, chamado ELIZA, foi o primeiro a permitir uma interação humana-máquina. Esta interação era feita por meio de um terminal impressora de um computador IBM 7094, de 2a geração.

Este programa permitia que o usuário fizesse uma pergunta e o programa retornava uma resposta que recolocava a questão novamente. A rigor, era um diálogo que fluía bastante bem. Esta interação era tão realística, que a própria secretária de Weizenbaum utilizava o programa ELIZA para estabelecer um diálogo tido como "terapêutico" (Weizenbaum 1966).

Em 1972, no Laboratório de Inteligência Artificial da Universidade de Stanford, o psiquiatra Kenneth Colby, conseguiu montar um programa que simulava o comportamento de uma pessoa com comportamento paranoide. Este programa, que também utilizou a linguagem MAD-LISP, foi denominado de PARRY. Ele também era uma interação entre humano-máquina, utilizando computadores de terceira geração. Um teste de verificação da consistência deste programa envolveu a avaliação de relatos escritos de interações entre terapeutas como PARRY e com pacientes com diagnóstico semelhante. Estes relatos foram avaliados por 33 psiquiatras experientes. O índice de acerto de que o relato era entre um terapeuta com um paciente humano foi de 48%. O que demonstrou o quanto a simulação era adequada (Colby 1975).

Em setembro de 1972 foi feita uma simulação muito interessante. Os dois programas foram colocados em interação: ELIZA e PARRY. Os dois computadores foram colocados em contato por meio da ARPANET, que foi a primeira rede de integração entre universidades, ou seja, a precursora da Internet. O resultado foi muito interessante. Houve um diálogo bastante estruturado durante um bom período, mas que por uma peculiaridade linguística, que os programas não tinham condições de lidar, devido a sua ambiguidade, o diálogo acabou ficando sem sentido (Cerf 1973).

A liberação para acesso público do ChatGPT3, em novembro de 2022, causou um grande impacto, devido ao seu grau de interação de linguagem e a aparente qualidade de suas respostas. O número de acessos que o programa teve é impressionante. No primeiro mês de liberação, mais de 100 milhões de pessoas acessaram o sistema (g1 2023).

O desenvolvimento do ChatGPT teve início em 2019, com o primeiro modelo tendo sido disponibilizado em junho de 2020. Porém, já tinha sido questionada a validade de seus conteúdos desde a versão 2, que permitia escrever textos bastante elaborados, porém nem sempre coerentes com a realidade (McLuhan 1969). Vale lembrar que a desenvolvedora do ChatGPT, a OpenAI, foi criada como sendo uma empresa sem fins lucrativos, porém com uma subsidiária para fins lucrativos.

A tecnologia do ChatGPT é explicada pela sua própria sigla: G de generativa, ou gerativa; P de pré-treinado; e T de transformador (*transformer)*. Estas são as características essenciais deste enorme modelo matemático que prediz, com base em probabilidades, a possibilidade de uso adequado de letras, palavras e sentenças para responder a alguma questão que lhe é apresentada (Bhatia 2023).

O impacto potencial de programas como o ChatGPT pode ser equiparado a outros anteriores, como o lançamento dos computadores pessoais, da criação e liberação da internet, da criação dos mecanismos de busca, entre outros. É uma nova estrutura de conhecimento que gera uma série de desafios éticos, legais e sociais à própria humanidade.

3. A Inteligência Humana e Artificial

No Relatório publicado pelo mesmo MIT sobre as repercussões do uso de computadores na sociedade, a pedido do governo francês, publicado em 1980, já era afirmado que o "computador auxiliará com a inteligência artificial, a qual modificará nossa relação com o conhecimento" (Nora and Minc 1980).

A construção da inteligência, seja ela natural ou artificial, se dá pelo estabelecimento de conexões. Humboldt, já havia afirmado que a linguagem faz um uso infinito de meios finitos (Humboldt 1836). Esta foi a base da gramática generativa, proposta por Noam Chomsky, que se baseava no pressuposto de que a linguagem se estabelece por meio de competências e desempenhos (Chomsky 2015). Esta foi a base de conhecimentos necessários para permitir a programação necessária para que um computador assumisse esta possibilidade de interação por meio de linguagem. O ChatGPT é um exemplo deste tipo de aplicação. A letra "G" da sua sigla é justamente a referência do seu caráter gerativo, isto é, de poder estruturar linguagem a partir de elementos de uma base de conhecimento.

A inteligência artificial pode ser classificada de acordo com o grau de complexidade de seu processamento e com a abrangência dos processos envolvidos, de acordo com uma categorização proposta por Fjelland. Pode ser fraca ou forte, estreita ou geral. É considerada como sendo fraca (weak) quando o processamento de dados não tenta simular o raciocínio humano. Por sua vez, a inteligência artificial é denominada de forte (strong) quando tenta substituir funções antes restritas a humanos. Quanto à abrangência, pode ser estreita (narrow) ou geral (general). A inteligência artificial estreita pode até ser forte, porém com abrangência restrita de atuação (Fjelland 2020).

A distinção entre o que é artificial e o que é natural, parece imediata e sem ambiguidade. Porém, esta diferenciação não é nem imediata, nem estritamente objetiva (Monod 1989).

Han afirma, que apesar de todo o seu desempenho computacional, o computador é burro, na medida em que lhe falta justamente esta capacidade de hesitar, que é tipicamente humana (Han 2015). Em 2018, um outro programa, o Google Duplex, gerou alguma discussão ética, ao introduzir no seu algoritmo, a falsa impressão de estar hesitando, com a finalidade de dar maior interatividade com o usuário humano. O programa, que interage por voz com o usuário, introduz algumas pausas, ou outras formas de demonstrar uma hesitação, mas que na verdade é só uma programação prévia, e não uma situação de reconhecimento de uma incerteza ou perplexidade perante uma pergunta ou situação (Hern 2018).

Talvez o que venha a distinguir a inteligência humana da artificial é o conhecimento tácito. É o reconhecimento de que a experiência humana só é inteligível quando organizada em termos de uma situação na qual a relevância e a significância já são dadas anteriormente. A inteligência humana é que permite estar-em-uma-situação, é estar-no-mundo (Dreyfus 1992).

Estar-no-mundo é viver, que é ter uma biografia, é ter uma inserção na realidade, é ter singularidade (Agamben 2002). É isto que nos diferencia dos computadores. Segundo Dreyfus, os computadores não estão no mundo-em-que-vivemos (Dreyfus 1992).

4. Diferentes Reações à Inteligência Artificial

Alguns autores, como Anderson, afirmam que a inteligência artificial superará a inteligência humana. Assumem que as correlações são suficientes para explicarem a realidade. A partir do processamento de um grande volume de dados é possível estabelecer correlações entre múltiplas variáveis. Este reconhecimento de padrões é suficiente para explicar o mundo. O método científico e os modelos e testes de causalidade se tornaram obsoletos. É o fim das teorias, sendo apenas importante o cruzamento de dados. As correlações superam as relações de causalidade, e a ciência pode avançar mesmo sem nenhum modelo coerente (Anderson 2008).

Uma posição aparentemente prudente foi a proposta do estabelecimento de uma moratória para o desenvolvimento de Inteligência Artificial Generativa. Porém, a proposta mais parece um freio de competição econômica (Žižek 2023), que uma questão prudencial.

A moratória dos estudos na área de manipulação do DNA, então chamada Engenharia Genética, foi prudencial. Os próprios cientistas, como Paul Berg e David Baltimore, voluntariamente, propuseram um período de tempo para pensar sobre as consequências previsíveis de suas pesquisas. Pararam durante seis meses, discutiram com várias pessoas de outras áreas e estabeleceram um conjunto de diretrizes para que as pesquisas fossem consideradas adequadas (Berg et al. 1975).

O Projeto Genoma Humano, um dos maiores esforços científicos da história da ciência, incluiu, como uma de suas atividades a discussão dos aspectos éticos, legais e sociais, comumente chamados de ELSI (Ethical, Legal and Social Issues). Ao longo do Projeto Genoma Humano esta avaliação acompanhou todas as suas etapas, propondo e atualizando as diretrizes de adequação (Human Genome Organization (HUGO) 1996).

Por outro lado, existem outros autores que assumem este desenvolvimento como um risco à própria humanidade. Harari destacou os riscos de uma possível união entre a biotecnologia e algoritmos, que poderão gerar corpos, cérebros e mentes para dominação humana. Na sua visão a inteligência artificial poderá estabelecer o final da civilização humana (Harari 2023). Žižek, por sua vez, salientou o risco de transformarmos a inteligência artificial em algo supernatural (Žižek 2023). Esta perspectiva alarmista, talvez seja, apenas, uma estratégia para ter um grande destaque na mídia leiga, pois alimenta as fantasias do "apocalipse" causado pelas máquinas. Nesta perspectiva não temos mais uma distopia, mas sim uma realidade que está sendo construída e instalada entre nós.

Outra importante questão é a do acesso a estes programas. Grande parte da humanidade ainda não tem acesso ao ChatGPT. O fato de estar disponível na internet não significa acesso universalizado. A maioria dos países da Ásia e da África não tem este acesso permitido a este sistema. São diferentes formas de marginalização que se apresentam à humanidade.

O maior medo associado ao uso acadêmico e escolar do ChatGPT era o relacionado a possibilidade de plágio. Este foi o motivo alegado pelo Instituto de Ciências Políticas de Paris - SciencesPo (SciencesPo 2023), e escolas de Nova York, para proibirem o uso do ChatGPT. Porém, vários levantamentos foram realizados e não foram constatados plágios (Gao et al. 2022). A caracterização de plágio não foi constatada pela própria característica do modelo utilizado no desenvolvimento do programa do ChatGPT, isto é, o fato de ser generativo. O programa não copia um texto preexistente, mas reconstrói novos textos com base em dados previamente disponibilizados e estruturas de linguagem para as quais foi treinado. Este é um novo desafio ético e legal: caracterizar se uma reconstrução de conhecimentos pode ou não ser considerada como uma apropriação indevida.

Da mesma forma, as escolas e universidades queriam diferenciar, utilizando ferramentas de inteligência artificial, se os textos produzidos eram oriundos de pessoas ou de máquinas. Estes programas de verificação também não conseguiram diferenciar os textos de acordo com a sua origem (Gao et al. 2022). É bom relembrar que nos primórdios da inteligência artificial, na década de 1970, um teste semelhante foi feito com as respostas do PARRY, que também não teve um resultado que permitisse diferenciar as respostas humanas e as geradas pelo programa (Colby 1975).

Ainda faltam ferramentas para checagem para as referências citadas como fontes utilizadas na produção de textos pelos diferentes programas de inteligência artificial generativa. Esta é uma questão que merece ser avaliada com muita cautela. Vários estudos detectaram que as referências fornecidas não existem ou não estão adequadas ao contexto do conteúdo gerado ("ChatGPT Produces Made-up Nonexistent References" 2023; Merz 2023).

Se retirarmos o medo e o preconceito, substituindo por uma perspectiva de prudência, a inteligência artificial pode ser um enorme aliado na geração de conhecimentos. A questão é saber utilizar adequadamente estes recursos na área de educação. Uma questão bem simples é reenquadrar o problema. Enquanto a preocupação for com o tipo de resposta gerada, o problema só irá aumentar. Porém, se o foco for alterado para as perguntas, e não para as respostas, muda totalmente a configuração.

Voltaire já havia proposto que uma pessoa "deve ser julgada mais pelas suas perguntas do que por suas respostas". Mais recentemente, Peter Drucker ressaltou que o trabalho mais importante e mais difícil não é encontrar a resposta correta, mas fazer a pergunta certa. Finalmente, Hal Gregersen, professor vinculado ao INSEAD, afirmou que "perguntas são as chaves que abrem portas em nossas vidas e trabalho. O desafio é encontrar a chave certa para a porta correta" (Gregersen 2018). Foi sugerido que a melhor maneira de integrar a inteligência artificial é por meio de "fazer perguntas inteligentes para ser inteligente" (Yeo 2023).

5. Na Busca da Adequação

No início da computação, como entendemos atualmente, já houve uma preocupação com a adequação do uso das máquinas e dos programas. A maneira mais simples, de abordar a adequação do uso de computadores, é dividir em três componentes: entradas, processos e saídas. As entradas são as fontes de dados utilizados, os processos envolvem os programas e as saídas são os resultados gerados. Em 1957 foi cunhada a expressão Garbage In, Garbage Out, habitualmente representada pela sua sigla GIGO (*The Hammond Times* 1957). Ou seja, se entradas e ou os processos tiverem problemas, os resultados também os terão.

As fontes de dados a serem utilizadas devem ser avaliadas com bastante atenção, para evitar que o aprendizado das máquinas possa ser baseado em amostras tendenciosas. Dados com vieses podem exacerbar diferenças de poder, diferenças sociais ou outro tipo de possibilidade de discriminação (Chen et al. 2021). As empresas que estão produzindo os programas de inteligência artificial generativa não estão permitindo acesso às bases de conhecimento utilizadas para treinar os seus algoritmos, o que dificulta a avaliação da adequação das mesmas (McLuhan 1969).

Mais recentemente, alguns autores incluíram a questão da própria seleção do problema como mais um fator a ser utilizado na verificação da adequação desta situação. Seleção do problema: pode haver discriminação na seleção do problema, que pode ser influenciada por disparidades de fundos acessíveis para a realização do projeto (Chen et al. 2021).

Os algoritmos, além de erros decorrentes de sua própria elaboração, que são inerentes a qualquer procedimento, também podem sofrer a influência de outros fatores. Mesmo que de forma não intencional, o sistema de crenças e valores dos desenvolvedores responsáveis pela sua elaboração poderá influenciar na elaboração do modelo. O algoritmo é executado em uma máquina, mas o seu desenvolvimento foi feito por pessoas humanas, e como tal, pode ter a influência dos seus desenvolvedores (Chen et al. 2021; Fernandes and Goldim 2023b).

Muitos desenvolvedores têm desconhecimento, quando lidam com grandes programas baseados em redes neurais complexas, sobre os desdobramentos do aprendizado do próprio programa (McLuhan 1969). Alguns resultados inesperados podem ocorrer, assim como falhas não previstas na sua construção. Por este motivo, os fabricantes estão oferecendo valores bem significativos para as pessoas que descobrirem alguma falha ou desvio. O produto liberado ainda não tem plenamente conhecidas as suas potencialidades e possibilidades de utilização (McLuhan 1969).

A influência das características da elaboração dos algoritmos podem ser evidenciadas por vários estudos que estão sendo divulgados. Um simulador de moléculas, chamado MEGASYN, teve alterada um de seus filtros. O simulador deveria desenvolver "moléculas não tóxicas". Ao invés disto alteraram para "moléculas tóxicas". O resultado foi a proposta da molécula da substância VX, que é a mais tóxica conhecida até a atualidade, inclusive indicando moléculas precursoras, até então desconhecidas (Ventura 2023).

A utilização de inteligência artificial já é uma realidade na área da saúde. Muitos equipamentos realizam exames e procedimentos com auxílio de ferramentas e algoritmos baseados em inteligência artificial. A reconstrução de imagens, a realização de cirurgias com o auxílio de equipamentos que permitem melhorar o desempenho dos profissionais já estão disponíveis. Os riscos e os benefícios da utilização da inteligência artificial na área da saúde estão sendo continuamente avaliados (Fernandes and Goldim 2023a).

Por outro lado, os algoritmos podem ser desenvolvidos para dar respostas educadas e empáticas. O ChatGPT é extremamente cordial em suas respostas. Gera estas respostas, não por ser "bem educado", mas por que foi programado para tal. Um estudo recente comparou as respostas dadas por médicos a perguntas encaminhadas por pacientes em uma rede social. As mesmas perguntas foram submetidas ao ChatGPT. Um painel de médicos experientes avaliou ambas respostas, chegando a alguns resultados muito interessantes. As respostas dadas pelo ChatGPT foram mais empáticas que as dadas pelos médicos, assim como a qualidade das informações fornecidas (Ayers et al. 2023). Mais do que problematizar apenas as questões da inteligência artificial, é importante pensar na formação dos profissionais. Este resultados nos remetem à discussão sobre a falta de capacitação na área de humanidades e de como comunicar adequadamente os conhecimentos que os pacientes solicitam.

Os resultados gerados pela inteligência artificial também podem gerar problemas éticos. Resultados obtidos em grandes volumes de dados populacionais podem gerar situações discriminatórias em subpopulações com características diferentes das verificadas na população como um todo (Chen et al. 2021). Algumas características peculiares de pessoas ou grupos podem ser não reconhecidas ou até mesmo discriminadas por sistemas de inteligência artificial (Fernandes and Goldim 2023b).

Isto também pode gerar problemas em relação à privacidade das pessoas. A proteção de identidade das pessoas, assim como de seus dados pessoais, de sua imagem e voz, por exemplo, merecem especial atenção, no sentido de evitar que os programas de inteligência artificial possam fazer exposições indevidas ou até mesmo manipulação destas informações (Fernandes and Goldim 2023b). A questão do risco à privacidade, associado ao uso indiscriminado do ChatGPT e a coleta de dados pessoais decorrentes de seu uso é que levou o governo da Itália a proibir a sua utilização (g1 2023).

Após a implantação dos sistemas é fundamental realizar auditorias com objetivos específicos, buscando verificar eventuais discrepâncias entre o que foi projetado e o que foi efetivamente implementado. Um problema adicional, pode ser a falta de documentação adequada de qualquer um dos elementos, sejam as bases utilizadas, os algoritmos planejados e desenvolvidos ou os desfechos esperados e obtidos (Chen et al. 2021). Os sistemas de inteligência artificial devem ser passíveis de serem auditados e sofrerem contínuo acompanhamento e prestação de contas (Fernandes and Goldim 2023b). Este é um dos problemas atuais mais desafiadores, pois as empresas desenvolvedoras dos programas de inteligência artificial, alegando questões associadas à proteção de seus produtos, têm impedido qualquer forma de auditoria externa (Hern 2019). Paradoxalmente, a empresa desenvolvedora do ChatGPT é chamada de OpenAI.

Uma preocupação também associada ao uso de programas de inteligência artificial é a disseminação de notícias falsas e de desinformação. O potencial para esta utilização é real, porém, as próprias empresas se associaram a instituições acadêmicas para estabelecer algumas medidas de precaução e de mitigação de riscos (Goldstein et al. 2023).

Uma questão social que está sendo objeto de preocupação é a redução do número de empregos decorrentes da utilização de sistemas de inteligência artificial (Kelly 2023). Esta questão vem acompanhando o desenvolvimento da informática desde a década de 1960. Marshall McLuhan já havia questionado: "o que você vai fazer quando esta máquina aprender a fazer seu trabalho?" (McLuhan 1969).

Esta é uma questão social extremamente delicada e recorrente. A cada grande mudança nos meios de produção é uma questão que gera discussão, pois muitas ocupações e até mesmo profissões podem deixar de existir. É claro que as novas tecnologias trazem novos e diferenciados empregos, porém a questão central é o que fazer com as pessoas que foram retiradas do mercado de trabalho, qual a garantia de sua requalificação, se é que é possível. Um paradoxo, cada vez mais atual, é que a incorporação destas novas tecnologias têm tido um alto custo social, em função das perdas de emprego e salário, porém gerando lucros trilionários para as empresas (Kelly 2023). Este é um desafio para a Economia, que deve busca, em conjunto com a Ética e a Ecologia, argumentos que sejam válidos para toda a humanidade, e não apenas para uma mínima parcela, especialmente em termos de longo prazo (Georgescu-Roegen 1971).

6. Considerações Finais

Algumas considerações podem ser feitas no sentido de possibilitar uma reflexão sobre os diferentes fatos e circunstâncias associadas à inteligência artificial deve ser continuada e o mais abrangente possível.

Sugerimos alguns pontos que podem orientar esta reflexão:

- Definir padrões eticamente adequados que orientem a criação e a utilização responsável de conteúdos gerados por estes sistemas;
- Estabelecer estratégias de monitoramento dos conteúdos gerados pela inteligência artificial, como forma de verificar a sua veracidade e consistência;
- Criar diretrizes que permitam a realização de auditorias constantes e frequentes nos processos desses programas, principalmente visando impedir que os seus processos possam ser utilizados para fins contrários aos interesses das pessoas, das sociedades e da humanidade;
- Analisar os modelos jurídicos e normas existentes, como a Lei Geral de Proteção de Dados (LGPD), Marco Civil da Internet, Leis relacionadas à Propriedade Intelectual, Código Civil, os Códigos de Conduta e Integridade profissionais e institucionais, com a finalidade de garantir a segurança jurídica associada ao uso destas novas tecnologias (Fernandes and Goldim 2023b);
- Repensar as nossas práticas de pesquisa e de educação visando a incorporação adequada destas novas ferramentas, não como temor, mas sim como um novo desafio;
- Abordar a questão do impacto econômico e social das novas tecnologias de forma ampla e não focando apenas em pontos isolados do sistema econômico mundial vigente.

7. Referências

AGAMBEN, Giorgio. 2002. *Homo Sacer: O Poder Soberano e a Vida Nua*. Belo Horizonte: UFMG.

ANDERSON, Chris. 2008. "The End of Theory: The Data Deluge Makes the Scientific Method Obsolete." *Wired Magazine* 16 (07): 1–2. http://www.wired.com/print/science/discoveries/magazine/16-07/pb_theory.

AYERS, John W., Adam Poliak, Mark Dredze, Eric C. Leas, Zechariah Zhu, Jessica B. Kelley, Dennis J. Faix, et al. 2023. "Comparing Physician and Artificial Intelligence Chatbot Responses to Patient Questions Posted to a Public Social Media Forum." *JAMA Internal Medicine*, April. https://doi.org/10.1001/jamainternmed.2023.1838.

BERG, P, D Baltimore, S Brenner, R O Roblin, and M F Singer. 1975. "Summary Statement of the Asilomar Conference on Recombinant DNA Molecules." *Proceedings of the National Academy of Sciences of the United States of America* 72 (6): 1981–84. http://www.pubmedcentral.nih.gov/articlerender.fcgi?artid=432675&tool=pmcentrez&rendertype=abstract.

BHATIA, Aatish. 2023. "Watch an A.I. Learn to Write by Reading Nothing but Shakespeare." *The New York Times*, April 27, 2023. https://www.nytimes.com/interactive/2023/04/26/upshot/gpt-from-scratch.html?unlocked_article_code=gF4oX7MOmGhPpN2dYuYIEGZZj3y3RHXYUfnC85PC0nW0-CvL3AV5jkaH-Mg7vFf7tnFwCd4ktFvTLhmkJn-xZcXz4LOcotCH5up4ujq5obUXMoXGcyozKvQthARJsETy3yUEjOQ0i5PvWcnfkJ0bel20jS4PmK.

CERF, Vinton. 1973. "PARRY Encounters the DOCTOR." *Network Working Group*. https://doi.org/10.17487/rfc0439.

CHATGPT Produces Made-up Nonexistent References. 2023. 2023. https://news.ycombinator.com/item?id=33841672%0A.

CHEN, Irene Y., Emma Pierson, Sherri Rose, Shalmali Joshi, Kadija Ferryman, and Marzyeh Ghassemi. 2021. "Ethical Machine Learning in Healthcare." *Annual Review of Biomedical Data Science* 4: 123–44. https://doi.org/10.1146/annurev-biodatasci-092820-114757.

CHOMSKY, Noam. 2015. *Aspects of the Theory of Syntax*. Cambridge, MA: The MIT Press.

COLBY, Kenneth M. 1975. *Artificial Paranoia: A Computer Simulation of Paranoid Processes*. New York: Pergamon.

DREYFUS, Hubert L. 1992. *What Computers Still Can't Do: A Critique of Artificial Reason*. Cambridge, MA: MIT Press. https://terrorgum.com/tfox/books/whatcomputersstillcantdo_acritiqueofartificialreason.pdf.

FERNANDES, Márcia Santana, and GOLDIM, José Roberto . 2022. "Brasil e a Inteligência Artificial Na Área Da Saúde - Parte I." Migalhas. 2022. https://www.migalhas.com.br/coluna/migalhas-de-protecao-de-dados/376189/brasil-e-a-inteligencia-artificial-na-area-da-saude--parte-i.

FERNANDES, Márcia Santana, and GOLDIM, José Roberto . 2023a. "Artificial Intelligence and Decision Making in Health: Risks and Opportunities." In *Artificial Intelligence, Law and Beyond*, edited by Henrique Sousa Antunes and Arlindo Oliveira. Zurich: Springer.

FERNANDES, Márcia Santana, and GOLDIM, José Roberto . 2023b. "Implicações Éticas e Inteligência Artificial (AI) Generativa." Migalhas. 2023. https://www.migalhas.com.br/coluna/migalhas-de-protecao-de-dados/382002/implicacoes-eticas-e-inteligencia-artificial-generativa--parte-ii.

FJELLAND, Ragnar. 2020. "Why General Artificial Intelligence Will Not Be Realized." *Humanities and Social Sciences Communications* 7 (1): 1–9. https://doi.org/10.1057/s41599-020-0494-4.

G1. 2023. Rede Globo. "Itália Bloqueia ChatGPT Após Suspeita de Violação de Regras de Coleta de Dados." G1. 2023. https://g1.globo.com/tecnologia/noticia/2023/03/31/italia-bloqueia-chatgpt-apos-agencia-de-protecao-de-dados-abrir-investigacao-sobre-privacidade.ghtml.

GAO, Catherine A., Frederick M. Howard, Nikolay S. Markov, Emma C. Dyer, Siddhi Ramesh, Yuan Luo, and Alexander T. Pearson. 2022. "Comparing Scientific Abstracts Generated by ChatGPT to Original Abstracts Using an Artificial Intelligence Output Detector, Plagiarism Detector, and Blinded Human Reviewers." *BioRxiv*, 2022.12.23.521610. https://www.biorxiv.org/content/10.1101/2022.12.23.521610v1%0Ahttps://www.biorxiv.org/content/10.1101/2022.12.23.521610v1.abstract.

GEORGESCU-ROEGEN, Nicholas. 1971. *The Entropy Law and the Economic Process.* 1st ed. Cambridge: Harvard University Press.

GOLDSTEIN, Josh A., Girish Sastry, Micah Musser, Renee DiResta, Matthew Gentzel, and Katerina Sedova. 2023. "Generative Language Models and Automated Influence Operations: Emerging Threats and Potential Mitigations." *ArXiv.* https://doi.org/10.48550/arXiv.2301.04246.

GREGERSEN, Hal. 2018. *Questions Are the Answers.* New York: Harper Collins. https://www.amazon.com.br/Questions-Are-Answer-Breakthrough-Approach/dp/0062844768?asin=B076H27PRJ&revisionId=47f86cf9&format=1&depth=1.

HAN, Byung-Chul. 2015. *Sociedade Do Cansaço.* Petrópolis: Vozes.

HARARI, Yuval Noah. 2023. "Yuval Noah Harari Argues That AI Has Hacked the Operating System of Human Civilisation." *The Economist,*

April 2023. https://web.archive.org/web/20230428214558/https://www.economist.com/by-invitation/2023/04/28/yuval-noah-harari-argues-that-ai-has-hacked-the-operating-system-of-human-civilisation.

HERN, Alex. 2018. "Google's 'deceitful' AI Assistant to Identify Itself as a Robot during Calls." *The Gardian*, May 11, 2018. https://www.theguardian.com/technology/2018/may/11/google-duplex-ai-identify-itself-as-robot-during-calls.

HERN, Alex. 2019. "New AI Fake Text Generator May Be Too Dangerous to Release, Say Creators." *The GArdian*, February 14, 2019. https://www.theguardian.com/technology/2019/feb/14/elon-musk-backed-ai-writes-convincing-news-fiction.

HUMAN GENOME ORGANIZATION (HUGO). 1996. "Ethical, Legal, and Social Issues Committee. Principled Conduct of Genetics Research." *Bulletin of Medical Ethics* 121 (12): 10–11. http://www.ncbi.nlm.nih.gov/pubmed/11654574.

HUMBOLDT, Wilhelm. 1836. Über *Die Verschiedenheit Des Menschlichen Sprachbaues: Und Ihren Einfluss Auf Die Geistige Entwicklung Des Menschengeschlechts*. Berlin: Druckerei der Königlichen Akademie der Wissenschaften.

KELLY, Jack. 2023. "Goldman Sachs Predicts 300 Million Jobs Will Be Lost Or Degraded By Artificial Intelligence." *Forbes*, March 2023. https://www.forbes.com/sites/jackkelly/2023/03/31/goldman-sachs-predicts-300-million-jobs-will-be-lost-or-degraded-by-artificial-intelligence/?sh=1668d9b4782b.

MCCARTHY, John. 1958. "Programs with Common Sense." In *The Mechanization of Thought Processes*. Teddington: National Physical Laboratory. https://stacks.stanford.edu/file/druid:yt623dt2417/yt623dt2417.pdf.

MCLUHAN, Marshall. 1969. *Os Meios de Comunicação Como Extensões Do Homem*. São Paulo: Cultrix.

MERZ, Jon F. 2023. "ChatGPT Just Makes Stuff Up : A Conversation on a Controversial Topic." Hastings Center Report - Bioethics Forum Essay. 2023. https://www.thehastingscenter.org/chatgpt-just-makes-stuff-up-a-conversation-on-a-controversial-topic/.

MONOD, Jacques. 1989. *O Acaso e a Necessidade*. 4th ed. Petrópolis: Vozes.

NORA, Simon, and Alain Minc. 1980. *The Computerization of Society*. London: Mit Press. https://archive.org/details/computerizationo0000nora/page/n23/mode/2up?view=theater.

SCIENCESPO. 2023. "Sciences Po Bans the Use of Chatgpt without Transparent Referencing." Communiqués de Presse. 2023. https://newsroom.sciencespo.fr/sciences-po-bans-the-use-of-chatgpt/.

THE HAMMOND TIMES. 1957. "Work With New Electronic 'Brains' Opens Field For Army Math Experts," November 10, 1957.

VENTURA, Dalla. 2023. "Los Científicos Que Se Espantaron Con Su Propio Descubrimiento." BBC News. 2023. https://www.bbc.com/mundo/noticias-65347637.

WEIZENBAUM, Joseph. 1966. "ELIZA-A Computer Program for the Study of Natural Language Communication between Man and Machine." *Communications of the ACM* 9 (1): 36–45. https://doi.org/10.1145/365153.365168.

YEO, Darren. 2023. "Choosing Humanity over Automation Navigating the Role of AI in Design Discipleship." UXDesign. 2023. https://uxdesign.cc/choosing-humanity-over-automation-58b84081e4f9.

ŽIŽEK, Slavoj. 2023. "O Deserto Pós-Humano." Brasil247. 2023. https://www.brasil247.com/blog/o-deserto-pos-humano.

Propriedade intelectual e intenção criativa por IA (ou sobre quando a IA *ainda* não reconhece criação própria por direitos autorais)

Maria Cláudia Cachapuz

1. Introdução

No mesmo tom pessimista da carta-aberta, recentemente elaborada por pesquisadores e empreendedores da área cibernética, requerendo uma pausa nos experimentos de grande impacto para o desenvolvimento de ferramentas de Inteligência Artificial (IA)[1], Habermas, há anos, assombrava – com refletida razão - a comunidade científica[2] ao discutir a possibilidade contemporânea de submissão de um embrião que se encontra num estágio de oito células a um exame genético de precaução, para, dentre outras coisas, evitar o risco de transmissão de doenças hereditárias quando da realização de um procedimento de fertilização *in vitro.* Na oportunidade, apontando os riscos envolvidos no desenvolvimento de pesquisas tecnológicas voltadas apenas às necessidade de um mercado preocupado com projetos específicos de desenvolvimento técnico, Habermas lançou o debate quanto à possibilidade de alcance de distintas "margens de decisão"[3] para a tomada de resoluções concretas na vida de relação. Conforme o autor, ou decide-se de forma autônoma, "segundo considerações normativas que se inserem na formação democrática da vontade"[4], ou resulta-se, noutra margem, sujeito à arbitrariedade de soluções utilitaristas, "em função de preferências subjetivas, que serão satisfeitas pelo mercado"[5]. O assombro de Habermas está relacionado à constatação de que um progresso das ciências biológicas, associado ao desenvolvimento da biotecnologia, permite tanto ampliar

---

1 HARARI, Yuval Noah *et alli. Pause giant AI experiments: An open letter.* In: http://futureoflife.org, Future of Life Institute, Narberth/PA, USA, acesso em 24.04.2023.

2 HABERMAS, Jürgen. *O futuro da natureza humana.* São Paulo, Martins Fontes, 2004.

3 HABERMAS, Jürgen. *O futuro da natureza humana.* São Paulo, Martins Fontes, 2004, p. 18.

4 HABERMAS, Jürgen. *O futuro da natureza humana.* São Paulo, Martins Fontes, 2004, p. 18.

5 HABERMAS, Jürgen. *O futuro da natureza humana.* São Paulo, Martins Fontes, 2004, p. 18.

as possibilidades de ações humanas conhecidas, como possibilitar um novo tipo de intervenção sobre a própria geração da vida do outro.

Quando, mais recentemente, houve o conhecimento da recomendação do Parlamento Europeu, por meio de resolução normativa[6], no sentido de que fossem estabelecidas disposições de Direito Civil sobre Robótica, por ser "necessário criar uma definição geralmente aceite de robô e de IA que seja flexível e não crie obstáculos à inovação"[7], de certa forma, observou-se que, mais do que uma margem de decisão, encontrou-se adotada, ainda que num determinado tempo, uma tomada clara de posição, por parte da comunidade jurídica europeia, tendente ao estabelecimento de diretrizes gerais de cunho utilitarista no tema. É a posição resultante da adoção de um "*modus vivendi* negociado de acordo com os princípios da racionalidade voltada para fins específicos", no que Habermas identifica como uma perigosa "transigência de processos de socialização e de formas políticas de vida"[8]. Ou seja, mesmo que a filosofia prática contemporânea tenha a preocupação de elucidar, do ponto de vista moral, que critérios passam a ser adotados para analisar situações que possam enfrentar os temas do igual interesse de cada um e do igualmente bom para todos em sociedade, não há mais a convicção paralela do porquê há o dever de ser moral a partir de uma ética universalista *a priori*[9].

---

6 Nesse sentido, aponta, oportunamente, Martins-Costa que, em razão da Resolução do Parlamento Europeu, de 16 de fevereiro de 2017, recomendando tratar de disposições normativas de Direito Civil sobre Robótica, "estamos prestes a assistir a criação de novos entes, dotados de personalidade jurídica própria, que serão – tais como os humanos e os entes dotados de personalização jurídica –, *pessoas*, os *e-pessoas*, centros de imputação de capacidade jurídica, direitos, deveres e responsabilidades" (MARTINS-COSTA, Judith. Prefácio. In: CACHAPUZ, Maria Cláudia. *A obrigação pelo discurso jurídico. A argumentação em temas de Direito Privado.* Porto Alegre, Sergio Antonio Fabris Editor, 2018, p. 09).

7 Nesse sentido, Resolução do Parlamento Europeu, de 16 de fevereiro de 2017, que contém recomendações à Comissão sobre Disposições de Direito Civil sobre Robótica (2015/2013(INL)).

8 HABERMAS, Jürgen. *O futuro da natureza humana.* São Paulo, Martins Fontes, 2004, p. 07.

9 Esse é o motivo, segundo Bauman – ainda que não necessariamente concorde coma s conclusões alcançadas -, para se reconhecer distinções de abordagem entre o pessimismo literário de autores como Orwell e Huxley, noutros tempos, e de autores como Houellebecq, mais recentemente, quando tratam sobre o controle da sociedade pela vigilância massiva. Se as distopias de outros tempos tinham por

É verdade que a resolução inicialmente expedida restou complementada por instrução normativa posterior[10], reconhecendo a necessidade de ponderação distinta, por meio de uma abordagem baseada em mitigação de risco, para a segurança do usuário, e de estabelecimento de sanções, em caso de violação de normas de segurança estabelecidas - o que permite uma intervenção por meio do estabelecimento de obrigações de não-fazer, quando necessário. Ainda assim, mesmo na orientação mais recente, há, textualmente, o reconhecimento de que, em tempos de robótica, encontram-se os pressupostos de que (i) existe a possibilidade real de ultrapassagem da capacidade intelectual humana - leia-se, racionalidade - pelo desenvolvimento de uma racionalidade própria à IA e de que (ii) urge a necessidade de estabelecimento de garantias à inserção do controle humano nos processos decisórios automatizados e definidos por operações algorítmicas. Portanto, antes da consideração de que o indivíduo seja capaz de decidir, livremente, sobre a formação democrática da vontade, o que aguarda o Parlamento Europeu é que um estatuto civil seja capaz de reinserir o indivíduo no processo decisório - inclusive em relação aos critérios de eleição à distribuição dos recursos de participação no mercado[11] -, de forma a garantir-lhe, conforme as próprias diretrizes normativas alguma "integração" ao processo. Uma realidade que, mesmo nas perspectivas mais sombrias de Hannah Arendt - de que "o governo que não é nem da lei, nem dos homens, mas dos escritórios ou computadores autônomos, cuja dominação inteiramente despersonalizada pode vir a se tornar uma ameaça

intuito de sensibilizar para gerar a revolta, atualmente o pessimismo demonstrado por Houellebecq é fundada na certeza de uma ausência de iniciativa: "Se os antecessores de Houellebecq estavam preocupados com o que os agentes no posto de comando das 'grandes mudanças sociais' poderiam *fazer* para reprimir a irritante aleatoriedade do comportamento individual, a preocupação dele é onde essa aleatoriedade vai levar, na ausência de postos de comando e de agentes dispostos a guarnecê-los tendo em mente uma 'grande mudança social'. Não é o *excesso* de controle e coerção (sua companheira leal e inseparável) que preocupa Houellebecq; sua *escassez* é que torna qualquer preocupação ineficaz e supérflua" (BAUMAN, Zygmunt. *Vigilância líquida*. Rio de Janeiro, Zahar, 2013, p. 104).

10 Resolução do Parlamento Europeu, de 21 de abril de 2021, que contém recomendações à Comissão sobre disposições normativas em Inteligência Artificial (2021/0106(COD)).

11 No tema, CASTELLS, Manuel. *A galáxia da Internet. Reflexões sobre a Internet, os negócios e a sociedade*. Rio de Janeiro, Zahar, 2003, p. 56-97.

maior à liberdade e àquele mínimo de civilidade sem o qual nenhuma vida comunitária é concebível, do que jamais foi a mais abusiva arbitrariedade dos tiranos do passado" [12] -, não se imaginaria aceita de forma tão automática e natural, como simples consequência da evolução cultural e tecnológica da humanidade.

Por isso, a preocupação, exposta neste trabalho, de buscar compreender em que medida o desenvolvimento de tecnologias de IA impacta sobre a construção de novas estruturas normativas de Direito Privado – especialmente no campo da propriedade intelectual -, de forma a compreender-se como se encontra preparado o ordenamento jurídico para o enfrentamento dos novos desafios interpretativos. De modo mais específico, este trabalho busca compreender, a partir de um convite inicial para participar do II Congresso Brasileiro de Propriedade Intelectual e Direito[13] e, posteriormente, para contribuir com esta obra coletiva, em que medida as novas tecnologias têm exigido, no campo próprio da propriedade intelectual, uma interpretação suficiente para a compreensão desses desafios de aplicação do Direito frente aos avanços da IA. É possível reconhecer-se intenção criativa a um produto de IA que tenha criado, de forma original, uma obra intelectual? A quem se reconhecem os direitos autorais decorrentes de tal obra? Pode-se imaginar a extensão da tese das pessoas – e, portanto, do catálogo de direitos subjetivos dela decorrentes – a um produto de IA?

2. Intenção criativa a um produto de IA: reflexão sobre obras intelectuais

Num exercício de interação com o produto de IA, uma série de questionamentos, de forma empírica, foram feitos ao Chat GPT[14] para que fosse respondido pela ferramenta se, de forma autônoma, era possível reconhecer-se autoria – para fins de atribuição de direitos autorais – e responsabilidade civil à máquina por produção de obra original e eventual situação de violação de direitos autorais de terceiros. De for-

12 ARENDT, Hannah. *Responsabilidade e julgamento.* São Paulo, Companhia das Letras, 2004, p. 66.

13 Congresso realizado na Faculdade de Direito da PUCRS em parceria com a Faculdade de Direito da UFRGS nos dias 10 e 11 de abril de 2023.

14 Questionamentos realizados pelo site https://chat.openai.com/, acesso em 02.04.2023.

ma objetiva, o Chat GPT referiu que, em relação ao reconhecimento de direitos autorais, não há como se identificar, juridicamente, capacidade de criação de conteúdo original de obra por parte de um produto de IA na medida em que tal pressuposto exigiria à máquina a "intenção de ser original por si próprio"[15] – algo não reconhecido como existente. Por consequência, também não identifica a máquina como possível de se deduzir uma responsabilidade própria por violação de direitos autorais de terceiro, situação só atribuível a quem se possa identificar o *status* jurídico de pessoa.

A questão de fundo, portanto, é saber em que medida se poderia reconhecer personalidade própria ao produto de IA - algo muito similar ao que fez Robert Alexy, partindo de uma perspectiva fictícia, há alguns anos, quando debateu, de forma séria, em que medida é possível se estender o catálogo de Direitos Humanos – e, portanto, considerar-se a extensão de todos os direitos fundamentais dele decorrentes dentro de um específico ordenamento jurídico - a um androide, caracterizado como tal pelo fato de se tratar de uma máquina, com aparência humana, construída por um ser humano, mas com racionalidade suficiente para processar dados informativos e desenvolver, de forma autônoma, juízos cognitivos e decisórios. Pela análise do episódio *The Measure of a Man,* da série *Star Trek: Next Generation*[16], Alexy testou os argumentos oferecidos pelos tripulantes da nave Enterprise, quando do julgamento do androide *Data*, de forma a identificar se há como se reconhecer um catálogo de Direitos Humanos interespécies, na medida em que aproximada a tese dos direitos humanos da tese das pessoas.

Segundo Alexy, não há dúvidas de que uma tese de atribuição de Direitos Humanos somente a humanos não se traduz, na perspectiva da Robótica, como uma tese suficiente para o avanço do argumento em termos jurídicos. No entanto, esclarece o autor que o risco de associação direta de uma tese de reconhecimento de direitos humanos a todos que alcancem o estado de pessoa, em inversa proporção, cria riscos conside-

15 Resposta oferecida pelo Chat GPT, em pesquisa empírica realizada pelo site https://chat.openai.com/, acesso em 02.04.2023.

16 Assim, o teste da doutrina de direitos fundamentais de Alexy no texto *Data y los derechos humanos. Mente positrónica y concepto dobletriádico de persona* (ALEXY, Robert; FIGUEROA, Alfonso García. *Star Trek y los derechos humanos.* Valencia, Tirant lo Blanch, 2007, p. 85-100).

ráveis ao próprio conceito de humanidade[17], fragilizando-o. Daí porque a proposta de Alexy é de que, nesse exercício fictício – e somente como forma de testar o próprio assombro da proposta em relação a produtos de IA – se parta de uma tese de direitos humanos "debilitada"[18], pela qual se assegure que (i) todos os seres humanos sejam titulares de direitos humanos – e, portanto, de direitos fundamentais –, independentemente da consideração de personalidade que se possa alcançar em cada sistema jurídico, mas que (ii) também não-humanos, eventualmente, possam adquirir mesma prerrogativa desde que, sem serem biologicamente humanos, sejam considerados pessoas.

A complexidade de tal proposta, por consequência, é quanto à medida de reconhecimento do estado de pessoa a seres de outras espécies, que não humanos. Algo que não se esgota na simples extensão da personalidade por meio da construção de um conceito de pessoa ficta no âmbito público. Isto, com certa facilidade, se resolveria no sistema jurídico, pela construção de uma personalidade jurídica, capaz de representar terceiros nas atribuições e responsabilidades referentes a interesses fundamentais. Ou de gerar um sistema de proteção específico, sem a necessidade de reconhecimento de autonomia à espécie. A proposta em tempos de Robótica, necessariamente, é mais ousada e exige, como em Alexy[19], que se investigue que requisitos se tornam essenciais para o reconhecimento, a uma determinada espécie, da qualidade de pessoa independentemente da sua distinção humana.

Há, desde logo, que se reconhecer que, para alcançar o conceito de pessoa descolado da ideia de humanidade, Alexy parte de uma premissa de liberdade igualmente deficitária. Isto assim se dá porque, na perspectiva humana, há subjacente a compreensão de que o conceito de pessoa só se explica num ambiente de liberdade – no sentido da interferência da espécie sobre a natureza das coisas -, traduzido, por Ferry, como um lugar em que é manifesta a faculdade "de aperfeiçoar-se ao longo de toda a vi-

17 O alerta, entre os outros, é feito por Luc Ferry ao tratar do tema da ecologia nazista: "Essas grandes legislações devem, apesar de tudo, incitar a reflexão sobre o fato de que o interesse pela natureza, mesmo não havendo *ipso facto* o ódio aos homens, pode não proibi-lo" (FERRY, Luc. *A nova ordem ecológica. A árvore, o animal e o homem.* Rio de Janeiro, Difel, 2009, p. 169).

18 ALEXY, Robert; FIGUEROA, Alfonso García. *Star Trek y los derechos humanos.* Valencia, Tirant lo Blanch, 2007, p. 94.

19 ALEXY, Robert; FIGUEROA, Alfonso García. *Star Trek y los derechos humanos.* Valencia, Tirant lo Blanch, 2007.

da"[20]. Esse dado de cultura, segundo Ferry, é distinto no humano porque, para este, há um interesse dirigido à educação. Outros animais podem se "beneficiar da aprendizagem"[21], mas é o humano, potencialmente, que não se reconhece como "prisioneiro de nenhum código natural ou histórico determinista"[22], como que tendo, de forma inata, a capacidade de permanentemente rebelar-se ao estado das coisas. Portanto, a análise do conceito jurídico de pessoa para não-humanos – e apenas para não--humanos - só se torna possível se a partida de exame, na base, se dá por uma aceitação, *a priori,* de um fundamento débil de liberdade à espécie – seja como dado da natureza, no caso de animais não-humanos; seja como dado de cultura, no caso de produtos de IA.

É verdade que esse fundamento débil à ideia de liberdade só pode ser considerado juridicamente se a finalidade é a de aceitação da adoção de uma tese de personalidade apartada do conceito de humanidade. Na medida em que aceita a tese da pessoa ao não-humano – com todos os riscos inerentes a esse aceite[23] -, deve ser restaurada a condição de análise ampla de direitos fundamentais, tornando pressuposta uma consideração, igualmente ampla e forte, da manifestação de um direito geral de liberdade a não-humanos. Do contrário, fragilizada estaria qualquer interpretação igualmente ampla ao livre desenvolvimento da personalidade a quem quer que seja. Por isso a compreensão em Alexy de que toda a interpretação em termos de liberdade, para além de uma proteção de um agir, "puede extenderse a la protección de situaciones y posiciones jurídicas del titular de derecho fundamental. (...) Sólo a través de

---

20 FERRY, Luc; VINCENT, Jean-Didier. *O que é o ser humano? Sobre os princípios fundamentais da filosofia e da biologia.* Petrópolis, Vozes, 2011, p. 23.

21 FERRY, Luc; VINCENT, Jean-Didier. *O que é o ser humano? Sobre os princípios fundamentais da filosofia e da biologia.* Petrópolis, Vozes, 2011, p. 24.

22 FERRY, Luc; VINCENT, Jean-Didier. *O que é o ser humano? Sobre os princípios fundamentais da filosofia e da biologia.* Petrópolis, Vozes, 2011, p. 24.

23 Ao desenvolver o tema, Luc Ferry recorda a preocupação avançada do IIIº Reich na aprovação de uma lei sobre a proteção dos animais – a *Tiershutzgesetz*, de 24 de novembro de 1933: "Confessemos: a fórmula de Hitler que inaugura a *Tiershutzgesetz* causa preocupação. Antes de entrar o conteúdo excepcional dessas leis, é preciso se interrogar a respeito do que pode haver de inquietante na aliança da zoofilia mais sincera (ele não ficou só nas palavras, mas se encarnou nos fatos) com o ódio aos homens mais feroz que se conheceu na história" (FERRY, Luc. *A nova ordem ecológica. A árvore, o animal e o homem.* Rio de Janeiro, Difel, 2009, p. 169).

una tal extensión, el derecho general de libertad se ha convertido en un derecho exhaustivo de libertad general frente a intervenciones"[24].

Em Alexy, a extensão do conceito de pessoa a não-humanos dependeria da constatação dos mesmos pressupostos exigidos a humanos. Impõe que se reconheça como inerente à condição de pessoa, a partir de categoriais morais pressupostas, (i) ser inteligente, (ii) ter sentimentos e (iii) possuir consciência[25], o que se traduz, de certa forma, na mesma exigência trabalhada por Ferry, a partir de bases da modernidade, em relação à ideia de razão, sensibilidade e linguagem[26]. Há, contudo, que se fazer uma distinção. Como se parte, por analogia, de uma premissa frágil em termos de liberdade nessa extensão pretendida ao conceito de pessoa – justamente, pela alegada desconexão entre os conceitos de pessoa e de humanidade -, é necessário que se ofereça proporcionalidade – para fins de igualdade de tratamento à condição de humanidade – quando da apreciação autônoma de cada requisito necessário à construção do estado de pessoa. É preciso que se exija ao não-humano a demonstração inequívoca – porque não necessariamente inerente – de sua inteligência, de sua afetividade e de sua consciência, traduzida esta, por Alexy, como uma capacidade de alcançar "reflexividade"[27] decorrente de um conhecimento de si mesmo e de sua realidade para com o outro. E é justamente pela análise de tais pressupostos que se testa a possibilidade de adoção da tese das pessoas a produtos de IA.

3. Os direitos autorais e a IA

Quando trabalha, portanto, com o requisito da inteligência, no exemplo fictício analisado, Alexy não oferece qualquer dificuldade ao reconhecimento da possibilidade de que espécies não-humanas possam alcançar uma racionalidade própria, na medida em que desenvolvam inteligência de forma autônoma. Em termos biológicos – com relação a animais não-humanos – ou tecnológicos – em hipótese de geração de IA

24 ALEXY, Robert. *Teoría de los derechos fundamentales.* Madrid, CEPC, 2001, p. 334.

25 ALEXY, Robert; FIGUEROA, Alfonso García. *Star Trek y los derechos humanos.* Valencia, Tirant lo Blanch, 2007, p. 94.

26 FERRY, Luc; VINCENT, Jean-Didier. *O que é o ser humano? Sobre os princípios fundamentais da filosofia e da biologia.* Petrópolis, Vozes, 2011, p. 23.

27 ALEXY, Robert; FIGUEROA, Alfonso García. *Star Trek y los derechos humanos.* Valencia, Tirant lo Blanch, 2007, p. 97.

–, a racionalidade há muito deixou de ser um empecilho real ao reconhecimento da condição de pessoa, observadas capacidades de desenvolvimento de juízos cognitivos e decisórios de forma racional – portanto, com o discernimento necessário para o agir – e livre de uma interferência humana. Ferry bem destaca tal realidade em relação aos animais não-humanos[28], na medida em que evidencia que não é a inteligência, mas antes a liberdade, que distingue a humanidade e, por consequência, atribui-lhe direitos fundamentais de forma autônoma. Se isso é verdade, de fato, não há como se impedir a caracterização de pessoa a quem, mesmo não-humano, demonstre a capacidade racional autônoma de construir juízos cognitivos e decisórios tendentes à própria preservação ou à preservação de seu entorno – o que, numa certa medida, é condição inerente aos seres vivos.

O que se poderia questionar é a medida de racionalidade suficiente para o reconhecimento de um estado independente de pessoa em termos de Robótica. A que tipo de IA se poderia reconhecer esta racionalidade para efeito de caracterização de uma personalidade própria?

Ainda no começo da década de 1960, Norbert Wiener destacava que, no cerne do desenvolvimento de uma racionalidade para o que denominava como "dispositivos não-humanos"[29], estava a capacidade de analogicamente alcançar-se dois fenômenos típicos aos seres vivos: o poder de aprender e o de reproduzir-se. Em relação ao aprendizado, referia Wiener que, a exemplo do desenvolvimento dos seres vivos, as "máquinas de aprender" [30] acompanhavam o mesmo sentido de pensamento linear para a sua concepção. Ou seja, "a máquina de aprender precisa ser programada por experiência"[31], o que inclui não apenas o que é conhecido da experiência passada, como o que serve de ferramenta – e a medida de uso dessa ferramenta – para futuro. A dificuldade se dá em face da estruturação dessa concepção de pensamento de forma linear, porque, tratando-se de máquinas de aprender – nas quais os humanos

28 FERRY, Luc. *A nova ordem ecológica. A árvore, o animal e o homem.* Rio de Janeiro, Difel, 2009, p. 93.

29 WIENER, Norbert. *Cibernética. Ou controle e comunicação no animal e na máquina.* São Paulo, Perspectiva, 2017, p. 208.

30 WIENER, Norbert. *Cibernética. Ou controle e comunicação no animal e na máquina.* São Paulo, Perspectiva, 2017, p. 209.

31 WIENER, Norbert. *Cibernética. Ou controle e comunicação no animal e na máquina.* São Paulo, Perspectiva, 2017, p. 209.

depositam algum tipo de pretensão de extração de benefício específico -, é preciso que se esclareça à máquina o que realmente se deseja, e não o que se imagine querer[32]. E isso é plenamente possível, observando-se a mesma ideia de aprendizado do animal: "Um animal que aprende é um animal capaz de ser transformado pelo seu ambiente passado em um ser diferente e é, portanto, ajustável a seu meio dentro de seu tempo de vida individual"[33].

O segundo ponto relacionado à construção de uma inteligência para além do aprendizado linear, se dá na perspectiva da possibilidade de autorreprodução de produtos de Robótica. Isto porque, ainda numa realidade inicial e remota, datada de mais de cinquenta anos, segundo Wiener, por uma combinação de operações reais entre sistemas lineares e não-lineares[34], era possível chegar-se a uma reprodução de disposi-

32 WIENER, Norbert. *Cibernética. Ou controle e comunicação no animal e na máquina.* São Paulo, Perspectiva, 2017, p. 209.

33 WIENER, Norbert. *Cibernética. Ou controle e comunicação no animal e na máquina.* São Paulo, Perspectiva, 2017, p. 201. Mesma preocupação foi desenvolvida, na época, por McCarthy e Hayes, ao tratarem de temas filosóficos relacionados ao desenvolvimento de ferramentas de Inteligência Artificial, pela necessidade de compreensão sobre a forma de processamento da informação e de geração de conhecimento por produtos de robótica: "According to this definition intelligence has two parts, which we shall call the epistemological and the heuristic. The epistemological part is the representation of the world in such a form that the solution of problems follows from the facts expressed in the representation. The heuristic part is the mechanism that on the basis of the information solves the problem and decides what to do. Most of the work in artificial intelligence so far can be regarded as devoted to the heuristic part of the problem. This paper, however, is entirely devoted to the epistemological part" (McCARTHY, John; HAYES, Patrick. *Some philosophical problems from the standpoint of artificial intelligence.* Stanford, Computer Science Department, 1969, p. 5).

34 A noção de linearidade é a base do desenvolvimento tecnológico para o avanço dos estudos cibernéticos. Para leigos, Wiener esclarece que "nos primeiros dias da teoria do circuito elétrico, os recursos matemáticos para o tratamento sistemático de redes de circuito não iam além da justaposição linear de resistências, capacidades e indutâncias. Isto significava que todo assunto podia ser adequadamente descrito em termos de análise harmônica das mensagens transmitidas e das razões de impedâncias, admitâncias e voltagem dos circuitos através dos quais as mensagens eram passadas. (...) Há uma nítida razão matemática para isso. Os fenômenos do circuito elétrico, como de muitos outros fenômenos físicos, se caracterizam por uma invariância com respeito a um deslocamento da origem no tempo" (WIENER, Norbert. *Cibernética. Ou controle e comunicação no animal e na máquina.* São Paulo, Perspectiva, 2017, p. 10-11). O sistema linear,

tivos não-humanos sem qualquer intervenção humana – e não apenas como processo de simples criação de réplicas idênticas, mas de "criação de uma réplica capaz das mesmas funções"[35].

Nos estágios mais recentes de desenvolvimento de produtos de IA, falar em autorreprodução é referir-se não apenas à capacidade de replicar criações por meio da própria máquina e de gerar réplicas com mesma capacidade funcional, mas discutir-se quanto à necessidade de se pressupor, ou não, a tese de uma IA forte, fundada na existência de uma fonte produtora superior, ou de uma concepção fraca, para a qual é possível se imaginar apenas uma possibilidade de simples reprodução de conteúdos, com capacidade de autonomia construída no próprio processo dessa criação[36]. Algo próximo da ideia mais recente da tecnologia

---

portanto, atende a uma determinada "marcha randômica, em que o movimento de uma partícula em qualquer intervalo de tempo tem uma distribuição dependente apenas do comprimento do referido intervalo de tempo e independente de tudo o que aconteceu até o seu início", mas que também se transforma "sob translação no tempo" (WIENER, Norbert. Cibernética. Ou controle e comunicação no animal e na máquina. São Paulo, Perspectiva, 2017, p. 10-11). A linearidade é a propriedade que considera que todas "as oscilações com uma dada frequência podem ser reduzidas a uma combinação linear de duas" (WIENER, Norbert. *Cibernética. Ou controle e comunicação no animal e na máquina.* São Paulo, Perspectiva, 2017, p. 12). Em sistemas não-lineares, "lidamos com outras combinações de funções que não a soma com coeficientes constantes – por exemplo, quando multiplicamos duas funções, uma pela outra", permitindo, portanto, que as funções matemáticas simples não mais apresentem a propriedade linear do grupo (WIENER, Norbert. *Cibernética. Ou controle e comunicação no animal e na máquina.* São Paulo, Perspectiva, 2017, p. 12).

---

35 WIENER, Norbert. Cibernética. Ou controle e comunicação no animal e na máquina. São Paulo, Perspectiva, 2017, p. 210. Conforme a indagação do autor, "pergunto se do ponto de vista filosófico isto difere muito do que acontece quando um gene atua como modelo para formar outras moléculas do mesmo gene de uma mistura indeterminada de aminoácidos e ácidos nucleicos, ou quando um vírus conduz à sua própria forma outras moléculas do mesmo vírus a partir dos tecidos e dos de seu hospedeiro. Não pretendo, de modo algum, que os detalhes dos processos sejam os mesmos, mas sim, que são fenômenos filosoficamente muito similares" (WIENER, Norbert. *Cibernética. Ou controle e comunicação no animal e na máquina.* São Paulo, Perspectiva, 2017, p. 213).

36 Seguindo os conceitos clássicos da doutrina, "Artificial Intelligence (AI) may be defined as the branch of computer science that is concerned with the automation of intelligent behavior. This definition is particularly appropriate to this book in that it emphasizes our conviction that AI is a part of computer science and, as such,

de *blockchain*, em que o próprio sistema se alimenta, se justifica e se reproduz pela participação interessada na rede daqueles que desejam integrar o processo de prospecção de produtos e serviços[37]. E, nesse ponto, a crítica, em termos filosóficos, mantém-se rígida[38], justamente pelas renúncias de valores implicadas no reconhecimento de um avanço tecnológico sem freios[39].

Com afinidade a um requisito de racionalidade, vê-se a exigência mais complexa de desenvolvimento de uma consciência, naquilo que Alexy define como uma "reflexividade cognitiva", existente quando "alguien hace de sí mismo objeto de su conocimiento"[40], de forma a demonstrar preocupação com fatos fundamentais de sua própria existência. O autor, no entanto, vai além. Soma a esse requisito de conhecimento, uma capacidade reflexiva volitiva e outra normativa, em que segue exigida tanto (i) a possibilidade de regência de seu comportamento – "y con ello a sí mismo mediante actos de voluntad"[41] –, como (ii) a oportunidade de julgamento de si mesmo sob uma pretensão de correção – o que é cerne do conceito de autonomia para efeito jurídico.

must be based on sound theoretical and applied principles of that field. These principles include the data structures used in knowledge representation, the algorithms needed to apply that knowledge, and the languages and programming techniques used in their implementation" (LUGER, George. *Artificial Intelligence: Structures and strategies for complex problem solving.* Boston, Pearson, 2008, p. 01).

37 Nesse sentido, o trabalho inaugural de NAKAMOTO (NAKAMOTO, Satoshi. *Bitcoin: A Peer-to-Peer Electronic Cash System.* In: Https://web.archive.org/web/20140320135003/https://bitcoin.org/ bitcoin. pdf, 2009).

38 Assim, em SEARLE, John. *Minds, Brains, and Programs.* Cambridge, Harvard University Press, 1986.

39 No ponto, a preocupação clara da resolução do Parlamento Europeu, especialmente no que se refere ao estabelecimento de diretrizes claras em termos de responsabilidade civil, como segue no destaque da alínea 'AI': "Considerando que, não obstante o âmbito de aplicação da Diretiva 85/374/CEE, o atual quadro jurídico não seria suficiente para abranger os danos provocados pela nova geração de robôs, na medida em que os robôs podem ser dotados de capacidades adaptativas e de aprendizagem que integram um certo grau de imprevisibilidade no seu comportamento, uma vez que aprendem de forma autônoma com a sua experiência própria variável e interagem com o seu ambiente de um modo único e imprevisível."

40 ALEXY, Robert; FIGUEROA, Alfonso García. *Star Trek y los derechos humanos.* Valencia, Tirant lo Blanch, 2007, p. 97.

41 ALEXY, Robert; FIGUEROA, Alfonso García. *Star Trek y los derechos humanos.* Valencia, Tirant lo Blanch, 2007, p. 98.

Veja-se que exigência de uma capacidade reflexiva, para a construção de juízos, em termos volitivos e normativos, conduz, justamente, à dupla dinâmica de enfoque em relação à dimensão de autonomia da pessoa - como individualidade e como intersubjetividade -, aproximando a discussão filosófica do campo de análise da liberdade em termos jurídicos. Quando se fala em autonomia, se está, em verdade, discutindo questão mais ampla que a pressuposta num direito geral de liberdade à condição da pessoa. Habermas é quem estabelece uma distinção bastante clara: os conceitos se diferenciam pelo âmbito de sua abrangência. Enquanto a liberdade é sempre subjetiva, porque fundada nas peculiaridades do indivíduo – suas "máximas de prudência, pelas preferências ou motivos racionais"[42] -, a autonomia é um conceito que pressupõe uma estrutura de intersubjetividade, determinado por máximas aprovadas pelo teste da universalização. Isso significa compreender que, para efeito de análise do problema posto dentro das bases de um discurso jurídico - que essencialmente trabalha com categorias morais-pragmáticas -, ainda que se possa reconhecer a liberdade à pessoa em abstrato, é necessário que lhe seja possível visualizar também autonomia em potencial, porque autorizada a percepção como participante de uma comunidade moral ou "como uma comunidade formada de indivíduos livres e iguais que se sentem obrigados a tratar uns aos outros como fins em si mesmos"[43]. Participar dessa forma de linguagem não importa, portanto, em simples verificação de pressupostos de liberdade em sociedade, pelas escolhas que são desejadas ou idealizadas de forma ampla. É preciso que se reconheça a capacidade de correção na construção de juízos pela perspectiva do outro, com quem a pessoa compartilha os espaços de liberdade no âmbito público.

Daí a dificuldade de reconhecimento da ideia de efetiva autonomia a animais não-humanos. É que a dificuldade de abordagem da matéria não pode restar atrelada à mera simpatia que possa ser desenvolvida à causa dos animais não-humanos: "É preciso um esforço superior do intérprete jurídico para que vença o problema da diferença entre as espécies, uma vez que não se trata, unicamente, de um problema de identificação do

---

42 HABERMAS, Jürgen. *O futuro da natureza humana*. São Paulo, Martins Fontes, 2004, p. 13.

43 HABERMAS, Jürgen. *O futuro da natureza humana*. São Paulo, Martins Fontes, 2004, p. 13.

traço distintivo da razão"[44]. Para além de questões de empatia, compaixão e tolerância, debates como esse se inserem num teste da reciprocidade exigida à ideia contemporânea de autonomia – ou da própria compreensão mais ampla do requisito de reflexividade proposto por Alexy. Ou seja, quanto à possibilidade de que a pessoa – "principalmente em situações extremas ou de efetiva escolha entre espécies"[45] – consiga, de forma desinteressada[46], estabelecer juízos que possam importar, inclusive, em restrições próprias para benefício do outro, porque "possível a compreensão de que necessária se apresenta uma sobrevivência universal"[47].

A questão pode ser ainda mais complexa, portanto, quando se trata de reconhecimento de efetiva autonomia a um produto de IA. E não pela circunstância de sua criação originária, como produto de uma tecnologia. A discussão a ser estabelecida é quanto às premissas sobre as quais possam ser programadas as bases desse pressuposto de autonomia.

Assim, em relação à indicação da resolução originária do Parlamento Europeu quanto à adoção de princípios gerais dirigidos à criação, produção e operação de robôs e assemelhados, fundados nas Leis de Asimov. Ou seja, partindo das premissas de que (0) um robô não pode magoar a humanidade ou, por inação, permitir que a humanidade se magoe; (i)

44 CACHAPUZ, Maria Cláudia; MEDEIROS, Fernanda. Autonomia e capacidade a animais não-humanos. In: *Cátedra UNESCO de direitos humanos ULaSalle-CEDE*. Florianópolis, CONPEDI, 2017, p. 28.

45 CACHAPUZ, Maria Cláudia; MEDEIROS, Fernanda. Autonomia e capacidade a animais não-humanos. In: *Cátedra UNESCO de direitos humanos ULaSalle-CEDE*. Florianópolis, CONPEDI, 2017, p. 29.

46 Esclarece Sandel, a essência da ideia de autonomia em Kant: "Eis, portanto, a relação entre liberdade como autonomia e a concepção de Kant sobre moral. Agir livremente não é escolher as melhores formas para atingir determinado fim;" – o que estaria na base de um pensamento utilitarista – "é escolher o fim em si – uma escolha que os seres humanos podem fazer (...) e a maioria dos animais não podem" (SANDEL, Michael J.. *Contra a perfeição. Ética na era da engenharia genética*. Rio de Janeiro, Civilização Brasileira, 2013, p. 142). Daí porque, pela visão kantiana, "o valor moral de uma ação não consiste em suas consequências, mas na intenção com a qual é realizada. O que importa é o motivo, que deve ser de uma determinada natureza. O que importa é fazer a coisa certa porque é a coisa certa, e não por algum outro motivo exterior a ela" (SANDEL, Michael J.. *Contra a perfeição. Ética na era da engenharia genética*. Rio de Janeiro, Civilização Brasileira, 2013, p. 143).

47 CACHAPUZ, Maria Cláudia; MEDEIROS, Fernanda. Autonomia e capacidade a animais não-humanos. In: *Cátedra UNESCO de direitos humanos ULaSalle-CEDE*. Florianópolis, CONPEDI, 2017, p. 29.

um robô não pode magoar um ser humano ou, por inação, permitir que tal aconteça; (ii) um robô tem de obedecer às ordens dos seres humanos, exceto se essas ordens entrarem em conflito com (i); (iii) um robô tem de proteger a sua própria existência desde que essa proteção não entre em conflito com (i) ou (ii)[48].

Observando-se tais premissas como representativas de princípios gerais, vê-se que a autonomia desenhada para a personalidade de um produto de IA, no ideal pressuposto do Parlamento Europeu, apresenta-se como mitigada desde logo – e não sujeita a uma universalização *a priori* –, na medida em que ausente um elemento de reciprocidade de tratamento entre humanos e robôs, mesmo que ressalvada a hipótese de coexistência de uma autoproteção ao robô. A explicação é oferecida pela orientação da própria resolução, no sentido de que toda a abordagem jurídica realizada seja "gradual, pragmática e cautelosa"[49], considerando-se a autonomia do robô como de natureza "puramente tecnológica" e definida a partir da "capacidade de tomar decisões e de as aplicar no mundo exterior, independentemente do controle ou da influência externa"[50]. Portanto, não se traduz, necessariamente, como uma autonomia suficiente para a constituição de uma personalidade autônoma capaz de gerar direitos próprios ao produto de IA, mas, tão somente, de uma autonomia capaz de autorizar medidas de proteção diversas em termos de responsabilidade civil[51].

48 ASIMOV, Isaac. *Runaround.* Astounding Science Fiction, 1943.

49 Assim, entre os princípios gerais, o destaque da alínea 'X' da resolução: "Considerando que a União deverá adotar uma abordagem gradual, pragmática e cautelosa, como a defendida por Jean Monnet, no que diz respeito às iniciativas futuras em matéria de robótica e IA, de modo a assegurar que não asfixiemos a inovação."

50 Sobre responsabilidade, a nota integral da alínea 'AA' da resolução: "Considerando que a autonomia de um robô pode ser definida como a capacidade de tomar decisões e de as aplicar no mundo exterior, independentemente do controlo ou da influência externa; considerando que esta autonomia é de natureza puramente tecnológica e que o seu grau depende do modo como o nível de sofisticação da interação do robô com o seu ambiente foi concebido."

51 No tema, a preocupação quanto à insuficiência de ferramentas jurídicas para o estabelecimento de uma efetiva responsabilização civil, exigindo a elaboração de uma normatividade própria, como segue em destaque na resolução do Parlamento Europeu:
(i) Alínea 'AH': "Considerando que, no que respeita à responsabilidade extracontratual, a Diretiva 85/374/CEE apenas pode abranger os danos provocados por defeitos de fabrico de um robô, e sob reserva de a pessoa lesada poder comprovar

Entre os requisitos para definição do conceito de pessoa, Alexy ainda inclui a capacidade de ter sentimentos. O sentir, na expressão do au-

---

os danos efetivos, o defeito do produto e a relação de causalidade entre o dano e o defeito, pelo que o quadro de responsabilidade objetiva ou de responsabilidade sem culpa pode não ser suficiente."
(ii) Alínea '11': "Considera que o quadro jurídico em vigor da União deve ser atualizado e complementado, se for caso disso, através de princípios éticos que se coadunem com a complexidade da robótica e com as suas inúmeras implicações sociais, médicas e bioéticas; considera que um quadro ético orientador, claro, rigoroso e eficiente para a criação, a concessão, a produção, a utilização e a modificação de robôs é necessário para complementar as recomendações jurídicas do relatório e o acervo nacional e da União existente; propõe, em anexo à resolução, um quadro sob a forma de carta consistente num código de conduta para os engenheiros de robótica, num código para os comitês de ética da investigação quando analisam protocolos de robótica e de licenças de modelos para criadores e utilizadores."
(iii) Alínea '53': "Considera que o futuro instrumento legislativo deverá basear-se numa avaliação aprofundada da Comissão que determine se a abordagem a aplicar deve ser a da responsabilidade objetiva ou a da gestão de riscos."
(iv) Alínea '55': "Observa que a abordagem da gestão de riscos não se concentra na pessoa 'que atuou de forma negligente' como individualmente responsável, mas na pessoa que é capaz, em determinadas circunstâncias, de minimizar os riscos e de lidar com os impactos negativos."
(v). Alínea '56': "Considera que, em princípio, uma vez identificadas as partes às quais cabe, em última instância, a responsabilidade, esta deve ser proporcionada em relação ao nível efetivo de instruções dadas ao robô e ao nível da sua autonomia, de modo a que quanto maior for a capacidade de aprendizagem ou de autonomia de um robô, e quanto mais longa for a 'educação' do robô, maior deve ser a responsabilidade do 'professor'; observa, em especial, que as competências resultantes da «formação» dada a um robô não devem ser confundidas com as competências estritamente dependentes das suas capacidades de autoaprendizagem, quando se procura identificar a pessoa à qual se atribui efetivamente o comportamento danoso do robô; observa que, pelo menos na fase atual, a responsabilidade deve ser imputada a um ser humano, e não a um robô."
(vi) Alínea '57': "Destaca que uma possível solução para a complexidade de atribuir responsabilidade pelos danos causados pelos robôs cada vez mais autônomos pode ser um regime de seguros obrigatórios, conforme acontece já, por exemplo, com os carros; observa, no entanto que, ao contrário do que acontece com o regime de seguros para a circulação rodoviária, em que os seguros cobrem os atos e as falhas humanas, um regime de seguros para a robótica deveria ter em conta todos os elementos potenciais da cadeia de responsabilidade."
(vii) Alínea '58': "Considera que, à semelhança do que acontece com os veículos motorizados, esse regime de seguros poderia ser complementado por um fundo de garantia da reparação de danos nos casos não abrangidos por qualquer seguro; insta o setor dos seguros a criar novos produtos e novos tipos de ofertas que estejam em linha com os avanços na robótica."

tor, encontra-se intimamente relacionado ao campo das emoções, como sendo estas decorrentes de uma classe natural e pressuposta ao conceito de pessoa: "Las emociones son objetos etéreos. No se las puede ver, ni oír, ni oler, ni tocar, ni saborear. A pesar de todo, no se duda de su existencia"[52].

A discussão proposta, no ponto, é complexa, e não afasta, em verdade, a consideração de que, numa determinada medida, as emoções – capazes de traduzirem um sentir – possam ser também produto de uma cultura, pelo modo como se convenciona ver o mundo. Por isso, com muita propriedade, aponta Lagier (2009) que o conceito de emoção – intimamente ligado à exteriorização de um sentir – está submetido "tanto a criterios de correción natural" como a "criterios de correción convencional"[53]. O autor – preocupado com as questões afetas à causalidade e à responsabilidade em matéria jurídica – destaca a necessidade de que se identifique uma estrutura complexa ao reconhecimento das emoções, de forma que se possa tanto identificar os elementos que compõem as emoções, como a função que esses elementos desempenham, numa certa concatenação, para que traduzam um determinado sentir. Conforme Lagier, "(i) las emociones surgen *cuando se evalúan las propiedades de un evento en relación con la satisfacción o frustración de un deseo*; (ii) las emociones 'se enfocan' hacia dicho evento (el objeto intencional), toman una dirección; (iii) se producen ciertos cambios fisiológicos en el cuerpo del sujeto que se encuentra en una situación emocional; (iv) tales cambios se sienten y producen una agitación anímica, que a veces es experimentada como placentera y, otras veces, como dolorosa; (v) el rostro y el cuerpo del sujeto expresan la emoción; (vi) el sujeto se siente impulsado a realizar cierta acción."[54]

É possível que um produto de IA possa, a partir de uma enormidade de padrões de conduta previamente estabelecidos e testados, alcançar a produção de um relevante número de emoções, capazes de traduzirem sentimentos muito próximos àqueles gerados pela experiência humana. E, portanto, falar-se em sentimentos decorrentes de um produto de robótica possa, por um padrão geral de conduta, atender de forma

52 ALEXY, Robert; FIGUEROA, Alfonso García. *Star Trek y los derechos humanos*. Valencia, Tirant lo Blanch, 2007, p. 95.

53 LAGIER, Daniel González. *Emociones, responsabilidad y derecho*. Madrid, Marcial Pons, 2009, p. 61.

54 LAGIER, Daniel González. *Emociones, responsabilidad y derecho*. Madrid, Marcial Pons, 2009, p. 62.

suficiente a estrutura das emoções para a caracterização do conceito de pessoa. Isso, de certa forma, suplantaria o imaginário ficcional quanto à capacidade de prover-se de afeto o homem de lata[55].

Há, contudo, que se ressaltar um aspecto cognitivo, apontado por Lagier como essencial para a construção de um juízo valorativo acerca do desejo: O fato de que as emoções não se traduzem como "una cierta creencia o conocimiento acerca de algo, sino una manera especial de interpretar y valorar o juzgar las propiedades de ese algo en relación con algún objetivo o un aspecto relevante de nuestro plan de vida"[56]. Trata-se de uma associação entre algo que pode ser padronizado – a resposta à determinada provocação – e algo que se encontra no campo subjetivo do desejo, sujeito a permanente correção pela experiência da própria vida. Uma correção que pode se dar exclusivamente no campo evolutivo natural da espécie – e, então, permitir a determinados animais não-humanos a possibilidade do reconhecimento autônomo do sentir. No entanto, é justamente o reconhecimento dessa singularidade do sentir - que afasta a mecanicidade do comportamento da pessoa - que torna difícil – quiçá, num futuro próximo, ainda improvável – a possibilidade de se identificar sentimentos autênticos a um robô.

4. A extensão da tese das pessoas e a um produto de IA

Assim, ao menos até o ponto em que se possa identificar essa singularidade do sentir ao produto de IA, o conceito de pessoa estendido a produtos de robótica ainda não se reconheceria como viável, ressalvada, obviamente, a hipótese de adoção de um critério eminentemente mecanicista para a identificação de um sentimento. E isto só seria possível se houvesse a adoção de um pensamento utilitarista, em que o critério de *ter sentimento* seguiria vinculado estritamente a um fundamento de igual tratamento de interesses em sociedade, independentemente da

55 Se a metáfora é suficientemente construída no mundo imaginário de Oz (BAUM, L. Frank. *Oz: The complete collection.* Maplewood Books, 2013), mais recentemente é também na ficção que o tema se propõe a discussão sobre o uso de produtos de robótica como meio – e, no caso, como ferramentas de entretenimento – à humanidade. Assim, na recente série Westworld, de criação de Jonathan Nolan e Lisa Joy, cujo primeiro capítulo, intitulado *The Original*, foi transmitido, de forma inaugural, pelo canal HBO, em 16 de outubro de 2016.

56 LAGIER, Daniel González. *Emociones, responsabilidad y derecho.* Madrid, Marcial Pons, 2009, p. 66.

construção de um conceito de personalidade de forma específica[57]. De fato, ou se opta por uma ética utilitarista *a priori*, com base em iguais interesses, assumindo os riscos inerentes à concepção de humanidade para o reconhecimento inequívoco da identificação interespécies – o que demandaria uma nova compreensão ao conceito de pessoa -, ou se parte de uma ética discursiva, que permanece exigindo a necessidade de observação de critérios pertinentes às categorias jurídicas existentes. E mesmo na hipótese de que as categorias conhecidas devam se submeter, gradualmente, a uma permanente correção de rumos pelos testes de argumentação possíveis em face dos avanços tecnológicos identificados em concreto.

Para estruturas que pressuponham ideais de liberdade como base, tendo-se ainda a noção de pessoa fundada em categorias jurídicas conhecidas e adotadas de forma estável por sociedades democráticas, não há como se estender o conceito de pessoa, para efeito de reconhecimento de direitos fundamentais, ao produto de uma IA, ao menos até o ponto de estágio de desenvolvimento tecnológico atual. Ainda que, no exemplo ficcional analisado por Alexy[58], tenha sido reconhecido que o androide *Data* apresentava racionalidade, sentimentos e consciência suficientes - por condições fáticas de análise do caso concreto proposto – para a aquisição de direitos fundamentais, tal vivência ficcional é ainda distante de uma realidade concreta.

A aceitação de um conceito autônomo de pessoa ao produto de IA – assim, como na hipótese discutida a animais não-humanos – exige, na mesma medida dos avanços (bio)tecnológicos que possam ser identificados, a necessidade de estabilização de testes em concreto em relação aos critérios de determinação do que seja pessoa. Ampliar a construção de um conceito de personalidade, para a consequente extensão de direitos fundamentais próprios a produtos de robótica - mesmo que para o estabelecimento de uma responsabilidade civil autônoma –, só é possível se, proporcionalmente, pondera-se, com suficiente conhecimento informativo, o risco causado pela fragilização do conceito de humanidade

57 Como na expressão de Singer, "la esencia del principio de igual consideración de intereses es que en nuestras deliberaciones morales damos la misma importancia a los intereses parecidos de todos aquellos a quienes afectan nuestras acciones" (SINGER, Peter. Ética práctica. Madrid, Akal, 2009, p. 32).

58 ALEXY, Robert; FIGUEROA, Alfonso García. *Star Trek y los derechos humanos*. Valencia, Tirant lo Blanch, 2007.

quando associado a uma tese alargada de proteção a direitos humanos a outras espécies. E este não pode ser um degrau superado sem a cautela necessária à preservação da própria essência da humanidade.

Corretas, por consequência, as conclusões mais recentes alcançadas pela Resolução do Parlamento Europeu, de 21 de abril de 2021, que contém recomendações à Comissão sobre disposições normativas em Inteligência Artificial (2021/0106(COD)), justamente por não concebe-rem, *a priori,* a possibilidade de reconhecimento de personalidade ao produto de IA para efeito de reconhecimento de direitos autorais por obras realizadas de forma autônoma pela máquina. Mantém-se, por ora, nessa mesma perspectiva de análise efetuada por Alexy, a inviabilidade de se reconhecer originalidade e intenção criativa por parte do produto de IA – o que passa a exigir interpretação distinta e creditada a terceiros, mesmo que no âmbito do domínio público. Situação, de resto, ainda identificada pela máquina como de difícil alcance num futuro próximo se mantidas as estruturas normativas institucionais hoje existentes[59].

5. Considerações finais

Como ressalta Sandel, "quando a ciência avança mais depressa do que a compreensão moral, como é o caso de hoje, homens e mulheres lutam para articular seu mal-estar" [60]. Este incômodo só existe porque há o sentimento de ameaça sempre presente quanto aos fins que o próprio ser humano, em sociedade, pretende ver alcançados no exercício de sua liberdade. Não é, necessariamente, uma inquietação decorrente do avanço tecnológico em si mesmo, mas do que é feito desse progresso em perspectiva futura. E, portanto, como lidar com estruturas morais que são capazes de afetar tanto a natureza das coisas como o que é produto do mundo de cultura: "O desafio é identificar como essas práticas" – que dizem também respeito aos produtos de robótica – "reduzem a nossa humanidade" e, por isso mesmo, ameaçam aspectos de liberdade e de "florescimento"[61] – inclusive em termos de produção cultural para

59 Resposta oferecida pelo Chat GPT, em pesquisa empírica realizada pelo site https://chat.openai.com/, acesso em 02.04.2023.

60 SANDEL, Michael J.. *Contra a perfeição. Ética na era da engenharia genética.* Rio de Janeiro, Civilização Brasileira, 2013, p. 22.

61 SANDEL, Michael J.. *Contra a perfeição. Ética na era da engenharia genética.* Rio de Janeiro, Civilização Brasileira, 2013, p. 35.

fins de criação e originalidade - do que se reconhece como humano na contemporaneidade.

6. Referências

ALEXY, Robert; FIGUEROA, Alfonso García. *Star Trek y los derechos humanos.* Valencia, Tirant lo Blanch, 2007.

ALEXY, Robert. *Teoría de la argumentación jurídica*. Tradução de Manuel Atienza e Isabel Espejo. 2ª ed. Madrid, CEPC, 2012.

ALEXY, Robert. *Teoría de los derechos fundamentales.* Tradução de Ernesto Garzón Valdés. Madrid, CEPC, 2001.

ARENDT, Hannah. *Responsabilidade e julgamento.* Tradução de Rosaura Eishenberg. São Paulo, Companhia das Letras, 2004.

ASIMOV, Isaac. *Runaround.* Astounding Science Fiction, 1943.

BAUMAN, Zygmunt. *Vigilância líquida.* Tradução de Carlos Alberto Medeiros. Rio de Janeiro, Zahar, 2013.

CACHAPUZ, Maria Cláudia. *A obrigação pelo discurso jurídico. A argumentação em temas de Direito Privado.* Porto Alegre, Sergio Antonio Fabris Editor, 2018.

CACHAPUZ, Maria Cláudia; MEDEIROS, Fernanda. Autonomia e capacidade a animais não-humanos. In*: Cátedra UNESCO de direitos humanos ULaSalle-CEDE.* Florianópolis, CONPEDI, 2017

CASTELLS, Manuel. *A galáxia da Internet. Reflexões sobre a Internet, os negócios e a sociedade.* Rio de Janeiro, Zahar, 2003.

DREYFUS, Hubert. *What Computers Still Can't Do. A Critique of Artificial Reason.* Cambridge, The MIT Press, 1992.

FERRY, Luc. *A nova ordem ecológica. A árvore, o animal e o homem.* Tradução de Rejane Janowitzer. Rio de Janeiro, Difel, 2009.

FERRY, Luc; VINCENT, Jean-Didier. *O que é o ser humano? Sobre os princípios fundamentais da filosofia e da biologia*. Tradução de Lúcia Mathilde Endlich Orth. Petrópolis, Vozes, 2011.

HABERMAS, Jürgen. *O futuro da natureza humana*. Tradução de Karina Jannini. São Paulo, Martins Fontes, 2004.

HARARI, Yuval Noah *et alli*. *Pause giant AI experiments: An open letter*. In: http://futureoflife.org, Future of Life Institute, Narberth/PA, USA, 2023.

HOUELLEBECQ, Michel. *A possibilidade de uma ilha.* Tradução de André Telles. Rio de Janeiro, Record, 2006.

LAGIER, Daniel González. *Emociones, responsabilidad y derecho.* Madrid, Marcial Pons, 2009.

LUGER, George. *Artificial Intelligence: Structures and strategies for complex problem solving.* Boston, Pearson, 2008.

MARTINS-COSTA, Judith. Prefácio. In: CACHAPUZ, Maria Cláudia. *A obrigação pelo discurso jurídico. A argumentação em temas de Direito Privado.* Porto Alegre, Sergio Antonio Fabris Editor, 2018, p. 09-19.

McCARTHY, John; HAYES, Patrick. *Some philosophical problems from the standpoint of artificial intelligence.* Stanford, Computer Science Department, 1969.

NAKAMOTO, Satoshi. *Bitcoin: A Peer-to-Peer Electronic Cash System.* In: Https://web.archive.org/web/20140320135003/https://bitcoin.org/bitcoin.pdf, 2009.

REGLA, Josep Aguiló. Fuentes del derecho. In: LAGIER, Daniel González (org.). *Conceptos básicos del derecho.* Madrid, Marcial Pons, 2015, p. 149-174.

SANDEL, Michael J.. *Contra a perfeição. Ética na era da engenharia genética.* Tradução de Ana Carolina Mesquita. Rio de Janeiro, Civilização Brasileira, 2013.

SANDEL, Michael J.. *Justiça. O que é fazer a coisa certa.* Tradução de Heloisa Matias e Maria Alice Máximo. Rio de Janeiro, Civilização Brasileira, 2013.

SEARLE, John. *Minds, Brains, and Programs.* Cambridge, Harvard University Press, 1986.

WIENER, Norbert. *Cibernética. Ou controle e comunicação no animal e na máquina.* Tradução de Gita K. Guinsbourg. São Paulo, Perspectiva, 2017.

As plataformas comerciais de partilha em linha de conteúdos digitais e os direitos de autor na União Europeia

Alexandre Libório Dias Pereira

1. Introdução

Prevenir a distorção da concorrência no mercado interno atentos os novos "modelos empresariais" e numa perspetiva "orientada para o futuro" é um dos principais objetivos da Diretiva 2019/790[1], face aos desafios colocados, nomeadamente, pelos novos operadores da web 2.0, os chamados prestadores de serviços de partilha de conteúdos em linha. A Diretiva 2019/790 estabelece uma disciplina própria de direitos de autor e direitos conexos para estes novos modelos de negócio, baseados na partilha, com fins comerciais, de conteúdos digitais carregados pelos utilizadores das plataformas. Está em causa, desde logo, colmatar o *value gap* resultante do facto de os media tradicionais (editores, produtores, radiodifusores) canalizarem parte das suas receitas publicitárias para pagamento de direitos de autor, mas os anunciantes investirem cada vez mais nos novos media[2], em especial nas plataformas comerciais de partilha de conteúdos digitais, cuja responsabilidade, em termos de direitos de autor, não estava claramente definida.

O texto está organizado da seguinte forma: 1. Introdução. 2. As plataformas comerciais de partilha em linha de conteúdos digitais como prestadores de serviços da sociedade da informação. 3. Responsabilidade dos prestadores de serviços intermediários da sociedade da informação. 4. A

---

1 Diretiva (UE) 2019/790 do Parlamento Europeu e do Conselho de 17 de abril de 2019 relativa aos direitos de autor e direitos conexos no mercado único digital e que altera as Diretivas 96/9/CE e 2001/29/CE, considerandos (1) e (3).

2 Sobre a Diretiva vd. por ex. Alexandre Dias Pereira, «Os Direitos de Autor no Mercado Único Digital segundo a Diretiva 2019/790», *Revista de Direito Intelectual*, 2019 - N.º 2, p. 35-56; Nuno Sousa e Silva, «Subsídios para a transposição da Diretiva 2019/790», *Revista de Direito Intelectual*, 2020 - N.º 1, p. 245-272; João Pedro Quintais, «The New Copyright in the Digital Single Market Directive: A Critical Look», *European Intellectual Property Review*, 42/1 (2020), p. 28-41; Severine Dusollier, «The 2019 Directive on Copyright in the Digital Single Market: Some Progress, a Few Bad Choices, and an Overall Failed Ambition», *Common Market Law Review*, vol. 57 (2020), p. 979-1030.

necessidade de um regime especial de responsabilidade das plataformas comerciais de partilha em linha de conteúdos digitais para efeitos de direitos de autor e direitos conexos. 5. O direito de colocação à disposição do público na Diretiva 2001/29 e na jurisprudência do TJUE. 6. O regime especial das plataformas comerciais de partilha em linha de conteúdos digitais: artigo 17.º da Diretiva 2019/790. 7. Análise sumária do acórdão *Cyando*. 8. As Orientações da Comissão sobre o artigo 17.º da Diretiva 2019/790. 9. As Conclusões do Advogado-Geral no caso Polónia c. Parlamento Europeu. 10. O projeto de transposição do artigo 17.º da Diretiva 2019/790. 11. Controlo, remoção e impedimento do acesso em ambiente digital a conteúdos protegidos segundo a Lei n.º 82/2021. 12. Conclusão.

2. As plataformas comerciais de partilha em linha de conteúdos digitais como prestadores de serviços da sociedade da informação

As plataformas comerciais de partilha em linha de conteúdos digitais prestam *serviços da sociedade da informação que têm como principal objetivo ou um dos seus principais objetivos armazenar e facilitar o acesso do público a uma quantidade significativa de obras ou outro material protegido por direitos de autor carregados pelos seus utilizadores, que organizam e promovem com fins lucrativos.* Esta noção não abrange serviços de partilha sem fins lucrativos, como as enciclopédias em linha (ex. Wikipedia) e os repositórios científicos e educativos (ex. Estudo Geral da UC, Europeana), nem as plataformas de desenvolvimento e partilha de software de fonte aberta (ex. GNU/Linux); de igual modo, são excluídos da noção de "plataformas comerciais" os serviços de comunicações eletrónicas na aceção da Diretiva (UE) 2018/1972, os mercados em linha (ex. *eBay*), bem como os serviços em nuvem entre empresas e os serviços em nuvem que permitem aos utilizadores carregar conteúdos para seu próprio uso (Diretiva 2019/790, artigo 2.º/6).

Assim, os serviços de partilha em linha de conteúdos digitais são, desde logo, *serviços da sociedade da informação*, tal como estes são definidos no artigo 1.º/1-b) da Diretiva (UE) 2015/1535[3], ou seja, "qualquer serviço prestado normalmente mediante remuneração, à distância,

3 Diretiva (UE) 2015/1535 do Parlamento Europeu e do Conselho, de 9 de setembro de 2015, relativa a um procedimento de informação no domínio das regulamentações técnicas e das regras relativas aos serviços da sociedade da informação.

por via eletrónica e mediante pedido individual de um destinatário de serviços". A Diretiva (UE) 2015/1535 sobre *normas técnicas* revogou a Diretiva 98/34/CE[4] (com alterações) mas manteve inalterada a noção de serviços da sociedade da informação, bem como em anexo uma lista indicativa de serviços não abrangidos por essa noção, para a qual remete a Diretiva sobre comércio eletrónico[5] (art. 2.º /a), acrescentando que por prestador de serviços se entende "qualquer pessoa, singular ou coletiva, que preste um serviço do âmbito da sociedade da informação" (art. 2/b) e ilustrando a noção no considerando (18) do preâmbulo, nos termos do qual constituem exemplos de serviços da sociedade da informação: a) a venda de mercadorias em linha; b) a celebração de contratos em linha; c) atividades económicas não remuneradas pelo respetivo destinatário, como por ex. prestação de informações em linha ou comunicações comerciais, ou fornecimento de ferramentas de pesquisa, acesso e descarregamento de dados; d) a transmissão de informação por meio de uma rede de comunicações, de fornecimento de acesso a uma rede de comunicações ou de armazenagem de informações prestadas por um destinatário do serviço; e) os serviços transmitidos ponto a ponto, como o vídeo a pedido ou o envio de comunicações comerciais por correio eletrónico.

Enquanto *serviços da sociedade da informação*, os serviços de partilha em linha não abrangem todos serviços excluídos da noção de serviços da sociedade da informação. Por outro lado, nem todos os serviços da sociedade da informação são serviços de partilha em linha, para efeitos de direitos de autor.

A noção de serviços da sociedade da informação abrange, por ex., os chamados mercados em linha, isto é, o serviço prestado "com recurso a software, nomeadamente um sítio eletrónico, parte de um sítio eletrónico ou uma aplicação, explorado pelo profissional ou em seu nome, que permita aos consumidores celebrar contratos à distância"[6]. De igual

4 Diretiva 98/34/CE do Parlamento Europeu e do Conselho de 22 de junho de 1998 relativa a um procedimento de informação no domínio das normas e regulamentações técnicas.

5 Diretiva 2000/31/CE do Parlamento Europeu e do Conselho de 8 de junho de 2000 relativa a certos aspetos legais dos serviços da sociedade de informação, em especial do comércio eletrónico, no mercado interno («Diretiva sobre o comércio eletrónico»), transposta para a ordem jurídica interna pelo Decreto-Lei n.º 7/2004, de 7 de janeiro.

6 Art. 2.º /m do Decreto-Lei n.º 84/2021, de 18 de outubro: regula os direitos do consumidor na compra e venda de bens, conteúdos e serviços digitais, transpondo

modo, essa noção abrange o chamado *serviço digital*, isto é, "um serviço que permite ao consumidor criar, tratar, armazenar ou aceder a dados em formato digital, ou que permite a partilha ou qualquer outra interação com os dados em formato digital carregados ou criados pelo consumidor ou por outros utilizadores desse serviço".[7]

as Diretivas (UE) 2019/771 e (UE) 2019/770. O art. 44.º/1 deste diploma responsabiliza o *prestador de mercado em linha* que, atuando para fins relacionados com a sua atividade, seja parceiro contratual do profissional que disponibiliza o bem, conteúdo ou serviço digital, considerando-o solidariamente responsável, perante o consumidor, pela falta de conformidade daqueles nos termos do referido diploma. Sendo que, nos termos do art. 44.º/2, o prestador de mercado em linha é considerado parceiro contratual do profissional sempre que exerça influência predominante na celebração do contrato, o que se verifica, designadamente, nas seguintes situações: *a*) o contrato é celebrado ou o pagamento é efetuado exclusivamente através dos meios disponibilizados pelo prestador de mercado em linha, os termos do contrato celebrado com o consumidor são essencialmente determinados pelo prestador de mercado em linha ou o preço a pagar pelo consumidor é passível de ser influenciado por este, ou a publicidade associada é focada no prestador de mercado em linha e não nos profissionais. Para aferir a existência de influência predominante do prestador de mercado em linha na celebração do contrato, podem ser considerados quaisquer factos suscetíveis de fundar no consumidor a confiança de que aquele tem uma influência predominante sobre o profissional que disponibiliza o bem, conteúdo ou serviço digital (art. 44.º/3).

7 Art. 7.º/r) do DL 84/2021. Por seu turno, a Lei n.º 46/2018, de 13 de agosto, que estabelece o regime jurídico da segurança do ciberespaço, transpondo a Diretiva (UE) 2016/1148, do Parlamento Europeu e do Conselho, de 6 de julho de 2016, relativa a medidas destinadas a garantir um elevado nível comum de segurança das redes e da informação em toda a União, designa como serviço digital o que no referido diploma de proteção do consumidor é chamado serviço de mercado em linha. Com efeito, o artigo 11.º desta lei estabelece que os prestadores de serviços digitais prestam os seguintes serviços: *a*) serviço de mercado em linha (i.e. um serviço digital que permite aos consumidores ou aos comerciantes celebrarem contratos de venda ou de prestação de serviços por via eletrónica com comerciantes, quer no sítio na *Internet* do mercado em linha, quer no sítio na *Internet* de um comerciante que utilize os serviços de computação disponibilizados pelo mercado em linha – art. 3.º/q); *b*) serviço de motor de pesquisa em linha (i.e., um serviço digital que permite aos utilizadores consultarem todos os sítios na *Internet*, ou sítios na *Internet* numa determinada língua, com base numa pesquisa sobre qualquer assunto e que fornece ligações onde podem ser encontradas informações relacionadas com o conteúdo solicitado - art. 3.º/r); e *c*) *serviço de computação em nuvem* (i.e. um serviço digital que permite o acesso a um conjunto modulável e adaptável de recursos computacionais partilháveis – art. 3.º/p). Todavia, as três espécies de serviços digitais – mercado em linha, motor de pesquisa em linha e computação

As plataformas de partilha em linha de conteúdos digitais configuram, portanto, uma espécie de um género mais vasto, o dos serviços da sociedade da informação, agora chamados mais genericamente *serviços digitais*. As plataformas de partilha correspondem principalmente aos serviços de armazenagem em servidor acessível ao público (e, em certo sentido, de computação em nuvem). Neste sentido, a proposta de Regulamento Serviços Digitais define *plataforma em linha* como "um prestador de um serviço de armazenagem em servidor que, a pedido de um destinatário do serviço, armazene e divulgue informações ao público, a menos que essa atividade seja um elemento menor e meramente acessório de outro serviço, que, por razões técnicas objetivas, não possa ser utilizado sem esse outro serviço, e que a sua integração no outro serviço não constitua uma forma de contornar a aplicabilidade do presente regulamento" [8].

Do exposto, resulta que o operador de uma plataforma de partilha em linha é um prestador de serviços da sociedade da informação de tipo *armazenagem em servidor*. Para efeitos de direitos de autor e direitos conexos, as plataformas comerciais de partilha em linha ficam sujeitas a um regime de responsabilidade especial relativamente ao regime dos fornecedores de armazenagem em servidor previsto na lei do comércio eletrónico.

3. Responsabilidade dos prestadores de serviços intermediários da sociedade da informação

A Diretiva sobre comércio eletrónico regula na secção 4 a responsabilidade dos chamados *prestadores intermediários de serviços*, entendendo como tais a) os serviços de "*simples transporte*" (*mere conduit*), isto é, de "transmissão, através de uma rede de comunicações, de informações prestadas pelo destinatário do serviço", ou "facultar o acesso a uma rede

em nuvem – não esgotam o género "serviço digital", definido como "um serviço da sociedade da informação prestado à distância, por via eletrónica" (art. 3.º/s). Assim, enquanto serviço da sociedade da informação, o serviço digital será também prestado normalmente mediante remuneração e a pedido individual de um destinatário de serviços.

8 Art. 2.º/h da Proposta de Regulamento do Parlamento Europeu e do Conselho relativo a um mercado único de serviços digitais (Regulamento Serviços Digitais) e que altera a Diretiva 2000/31/CE, COM(2020) 825 final, Bruxelas, 15.12.2020.

de comunicações", incluindo a armazenagem automática, intermédia e transitória das informações transmitidas (art. 12.º); b) os serviços de *armazenagem temporária* (*caching*), ou seja, de transmissão, por uma rede de telecomunicações, de informações prestadas por um destinatário do serviço, mediante armazenagem automática, intermédia e temporária dessa informação (art. 13.º); e c) os serviços de *armazenagem em servidor*, ou seja, de armazenamento de informações prestadas por um destinatário do serviço (art. 14.º). Assim em termos de responsabilidade[9]:

1) No *simples transporte*, o prestador do serviço não é responsável pelas informações transmitidas se não estiver na origem da transmissão e não selecionar o destinatário da transmissão, nem selecionar nem modificar as informações transmitidas; o mesmo valendo para a armazenagem automática, intermédia e transitória das informações transmitidas se servir exclusivamente para a execução da transmissão na rede de comunicações e a sua duração não exceder o tempo considerado razoavelmente necessário a essa transmissão (art. 12.º).

2) Na *armazenagem temporária, automática e intermédia*, o prestador do serviço não é responsável se, efetuando essa armazenagem apenas com o objetivo de tornar mais eficaz a transmissão posterior da informação a pedido de outros destinatários do serviço, a) não modificar a informação, b) respeitar as condições de acesso à e de atualização da informação, c) não interferir com a utilização legítima da tecnologia, tal como amplamente reconhecida e utilizada pelo sector, aproveitando-a para obter dados sobre a utilização da informação, e d) atuar com diligência para remover ou impossibilitar o acesso à informação que armazenou, logo que tome conhecimento efetivo de que a informação foi removida da rede na fonte de transmissão inicial, de que o acesso a esta foi tornado impossível, ou de que um tribunal ou autoridade administrativa ordenou essa remoção ou impossibilidade de acesso.

3) Na *armazenagem em servidor* de informação prestada por um destinatário do serviço que não atue sob autoridade ou controlo do prestador, este não é responsável por essa informação se a) não tiver *conhecimento efetivo* da atividade ou informação ilegal e, para efeitos de responsabilidade civil, não tiver conhecimento de

9 Cf. artigos 12.º, 13.º e 14.º da Diretiva 2000/31 e, no direito interno, artigos 14.º, 15.º e 16.º do DL 7/2004, respetivamente.

factos ou de circunstâncias que evidenciam a ilicitude; ou se b) a partir do momento em que tiver conhecimento da ilicitude, atuar com diligência no sentido de retirar ou impossibilitar o acesso às informações.

Em qualquer caso, a isenção de responsabilidade não impede um tribunal ou uma autoridade administrativa de ordenar ao prestador do serviço que previna ou ponha termo a uma infração, nem afeta, tratando-se de "serviços de hospedagem", disposições nacionais para remover ou impossibilitar o acesso à informação. Por outro lado, a prestação destes serviços não pode ser sujeita a uma *obrigação geral de vigilância* relativamente às informações transmitidas ou armazenadas pelos utilizadores dos serviços, nem a uma *obrigação geral* de procurar ativamente factos ou circunstâncias que indiciem ilicitudes. Ressalva-se, ainda, que os prestadores de serviços da sociedade da informação podem ser sujeitos, ao abrigo de legislação nacional, a um dever de informar prontamente as autoridades públicas competentes sobre as atividades empreendidas ou informações ilícitas prestadas pelos autores aos destinatários dos serviços por eles prestados, bem como a uma obrigação de comunicar às autoridades competentes, a pedido destas, informações que permitam *identificar* os destinatários dos serviços com quem possuam acordos de armazenagem[10].

Por outro lado, a Diretiva sobre comércio eletrónico não regulou a responsabilidade dos prestadores de hiperligações e de instrumentos de localização, nem os procedimentos de aviso e retirada (*notice and take down*) e a responsabilidade após a retirada do conteúdo, incumbindo, todavia, a Comissão de elaborar um relatório sobre a necessidade de adaptar a diretiva, designadamente quanto a esses pontos[11]. Por seu turno, o DL 7/2004 alargou o regime de responsabilidade da armazenagem em servidor aos prestadores desses serviços de associação de conteúdos em rede (instrumentos de busca, hiperligações e afins) relativamente a conteúdos ilícitos (art. 17.º); quanto aos procedimentos de aviso e retirada, estabeleceu um mecanismo de solução provisória de litígios para os prestadores de armazenagem em servidor e equiparados, nos termos do qual estes prestadores não são obrigados a remover o conteúdo contestado ou a impossibilitar o acesso à informação só por facto

10 Artigos 15.º/1-2 da Diretiva 2000/31 e 12.º e 13.º do DL 7/2004.

11 Art. 21.º/2 da Diretiva 2000/31.

de um interessado arguir uma violação, salvo se a ilicitude for *manifesta* (art. 18.º/1). Não havendo *ilicitude manifesta*, é reconhecida a qualquer interessado legitimidade para recorrer à entidade de supervisão respetiva, a qual tem um prazo de 48 horas para dar uma solução provisória e comunica-la eletronicamente aos intervenientes (art. 18.º/2). À mesma entidade poderá recorrer qualquer interessado na manutenção do conteúdo removido ou de acesso bloqueado (art. 18.º/3). Prevê-se ainda a possibilidade de a entidade de supervisão alterar a todo o tempo a solução provisória, bem como a não responsabilidade dessa entidade qualquer que seja a sua decisão, assim como a não responsabilidade do intermediário por não ter retirado o conteúdo ou impossibilitado o acesso, a pedido de qualquer interessado, exceto se a ilicitude for *manifesta* (art. 18.º/5-6). Esta solução provisória, de natureza administrativa, não prejudica a solução definitiva, nos termos gerais, assim como o recurso, pelos interessados, às vias judiciais. (art. 18.º/6).[12]

4. A necessidade de um regime especial de responsabilidade das plataformas comerciais de partilha em linha de conteúdos digitais para efeitos de direitos de autor e direitos conexos

Os serviços de partilha em linha desenvolvidos depois da publicação da diretiva sobre comércio eletrónico mostraram que a realidade é sempre mais fértil do que a previsão legal, tornando a referida diretiva insuficiente para regular adequadamente as novas plataformas digitais. Ao contrário do papel relativamente passivo do prestador de armazenagem em servidor, considera-se que as novas plataformas de partilha de conteúdos têm um papel ativo e índole comercial, em virtude de terem como principal objetivo (ou um dos seus principais objetivos) armazenar e facilitar o acesso do público a uma quantidade significativa de obras, carregados pelos seus utilizadores, que organizam e promovem com *fins lucrativos*.

A organização e promoção com fins lucrativos do serviço de partilha em linha de conteúdos digitais justificou um regime especial para estes

12 Recorde-se que a lei norte-americana *Digital Millennium Copyright Act*, de 1998, foi pioneira na previsão de um mecanismo alternativo de resolução de litígios <https://www.copyright.gov/legislation/dmca.pdf> *Vd.* Alexandre Dias Pereira, «Direitos de autor, Códigos tecnológicos e a lei Milénio Digital», *Boletim da Faculdade de Direito de Coimbra*, vol. 75 (1999), p. 475-521.

prestadores, diferente do previsto para os provedores de armazenamento em servidor. Como se lê no considerando (62) da Diretiva 2019/790: "São serviços cuja principal finalidade, ou uma das principais finalidades, consiste em armazenar e permitir que os utilizadores carreguem e partilhem um grande número de conteúdos protegidos por direitos de autor com o objetivo de obter lucros, quer direta quer indiretamente, através da sua organização e promoção, a fim de atrair um público mais vasto, nomeadamente através da sua categorização e o recurso a ações de promoção direcionadas nesses conteúdos."

Enquanto prestadores de armazenagem em servidor de informação carregada pelos utilizadores, as plataformas digitais de partilha seriam isentas de responsabilidade pelos atos dos utilizadores do serviço nos termos da Diretiva sobre comércio eletrónico, isto é, se não atuassem sob autoridade ou controlo do prestador, não tivessem conhecimento efetivo do ilícito e, para efeitos de responsabilidade civil, de factos ou de circunstâncias que evidenciassem a ilicitude; ou então se atuassem com diligência no sentido de retirar ou impossibilitar o acesso às informações a partir do momento em que tivessem conhecimento da ilicitude. Em qualquer caso, sobre estes prestadores não impediria qualquer obrigação geral de vigilância relativamente às informações transmitidas ou armazenadas pelos utilizadores dos seus serviços, nem uma obrigação geral de procurar ativamente factos ou circunstâncias que indiciassem ilicitudes. Isto sem prejuízo, designadamente, de ficarem sujeitos a medidas ordenadas pelo tribunal ou por uma autoridade administrativa para prevenir ou cessar uma infração, nem de disposições nacionais nos termos das quais fossem obrigados a remover ou impossibilitar o acesso à informação.

Por outro lado, em matéria de direitos de autor, a Diretiva 2001/29[13] excluiu do direito de reprodução previsto no seu artigo 2.º os atos de reprodução temporária que sejam transitórios ou episódicos, que constituam parte integrante e essencial de um processo tecnológico e cujo único objetivo seja permitir: a) uma transmissão numa rede entre terceiros por parte de um intermediário, ou b) uma utilização legítima de uma obra ou de outro material, e que não tenham, em si, significado económico. Nessas condições estariam abrangidos os "atos que possibili-

13 Diretiva 2001/29/CE do Parlamento Europeu e do Conselho de 22 de maio de 2001 relativa à harmonização de certos aspetos do direito de autor e dos direitos conexos na sociedade da informação.

tam a navegação («browsing») e os atos de armazenagem temporária («caching»), incluindo os que permitem o funcionamento eficaz dos sistemas de transmissão, desde que o intermediário não altere o conteúdo da transmissão e não interfira com o legítimo emprego da tecnologia, tal como generalizadamente reconhecido e praticado pela indústria, para obter dados sobre a utilização da informação", como se lê no seu considerando (33).

Não são aqui expressamente referidos os atos de armazenagem em servidor, sendo que, relativamente também a esses, e não obstante o prestador do serviço poder estar isento de responsabilidade nos referidos termos, a Diretiva 2001/29 garantiu aos titulares dos direitos a possibilidade de solicitarem uma injunção contra intermediários cujos serviços forem utilizados por terceiros para violar direitos de autor ou direitos conexos (art. 8.º/3)[14]; possibilidade esta depois também prevista pela Diretiva 2004/48 sobre aplicação efetiva dos direitos de propriedade intelectual[15], quer como medida cautelar e provisória, quer como medida inibitória.

5. O direito de colocação à disposição do público na Diretiva 2001/29 e na jurisprudência do TJUE

À luz da Diretiva 2001/29, se dúvidas não restavam de que os utilizadores que carregam conteúdos nas plataformas de partilha praticam comunicação ou disponibilização ao público de obras protegidas por direitos de autor, já o mesmo não era certo relativamente à atividade do operador da plataforma, tendo em conta o regime de

14 Esta solução baseia-se no considerando (59) nos termos do qual, "no meio digital, os serviços de intermediários poderão ser cada vez mais utilizados por terceiros para a prática de violações. Esses intermediários encontram-se frequentemente em melhor posição para porem termo a tais atividades ilícitas. Por conseguinte, sem prejuízo de outras sanções e vias de recurso disponíveis, os titulares dos direitos deverão ter a possibilidade de solicitar uma injunção contra intermediários que veiculem numa rede atos de violação de terceiros contra obras ou outros materiais protegidos. Esta possibilidade deverá ser facultada mesmo nos casos em que os atos realizados pelos intermediários se encontrem isentos ao abrigo do artigo 5.º. As condições e modalidades de tais injunções deverão ser regulamentadas nas legislações nacionais dos Estados-Membros."

15 Artigos. 9.º/1-a) e 11.º da Diretiva 2004/48/CE do Parlamento Europeu e do Conselho, de 29 de abril de 2004, relativa ao respeito dos direitos de propriedade. No direito interno, vd. art. 227.º do Código do Direito de Autor e dos Direitos Conexos.

responsabilidade da armazenagem em servidor. Sendo certo que a definição dos contornos do direito de comunicação ao público, em especial na modalidade de disponibilização pública em rede, tem sido, no mínimo, muito flexível, no sentido de abranger uma panóplia de utilizações tornadas possíveis pelas novas tecnologias.[16]

O Tratado da OMPI sobre Direito de Autor de dezembro de 1996 (TODA) integrou o direito de disponibilização em linha no direito de comunicação ao público (art. 8º). Idêntica abordagem foi adotada pela Diretiva 2001/29/CE, definindo o direito exclusivo de comunicação ao público em sentido amplo, de modo a abranger "Qualquer comunicação ao público das suas obras, por fio ou sem fio, incluindo a sua colocação à disposição do público por forma a torná-las acessíveis a qualquer pessoa a partir do local e no momento por ela escolhido" (art. 3º/1). Por seu turno, o Tratado da OMPI sobre Execuções e Fonogramas (TOEF) autonomizou um direito de colocação à disposição do público a favor dos artistas intérpretes ou executantes (art. 10º) e dos produtores de fonogramas (art. 14º), ao invés de o integrar num grande direito de comunicação ao público. Já a Diretiva 2001/29 consagrou também esse novo direito a favor de artistas intérpretes ou executantes, produtores audiovisuais, organismos de radiodifusão, no art. 3.º/2 - sob epígrafe "Direito de comunicação de obras ao público, incluindo o direito de colocar à sua disposição outro material" -, definindo-o como "a colocação à disposição do público, por fio ou sem fio, por forma a que seja acessível a qualquer pessoa a partir do local e no momento por ela escolhido".

As novas tecnologias da Internet tornaram possíveis novos modos de utilização de obras literárias ou artísticas. Todavia, realidades como as hiperligações, as plataformas de partilha *peer-to-peer* e a computação em nuvem não são expressamente previstas como novos modos de utilização de obras ou prestações protegidas por direitos de autor ou direitos conexos.

A problemática das hiperligações chegou ao TJUE para saber se constituem comunicação ao público da obra hiperligada. Inicialmente o TJUE respondeu negativamente, tratando-se do "fornecimento, num sítio Internet, de hiperligações para obras livremente disponíveis noutro sítio Internet", sendo que o art. 3º/1 da Diretiva 2001/29 fixara harmo-

---

16 Sobre esta matéria, *vd.* ALEXANDRE DIAS PEREIRA, «Comunicação ao público: um "grande direito" na jurisprudência do Tribunal de Justiça da União Europeia?», *Boletim da Faculdade de Direito de Coimbra*, vol. 94/II (2018), p. 1399-1411.

nização máxima do conceito de comunicação ao público no sentido de não poder incluir "mais operações do que as abrangidas por essa disposição" (*Svensson*)[17]. Uma hiperligação para obra disponibilizada ilicitamente num sítio Internet não seria uma comunicação ao público se não tivesse fins lucrativos por uma pessoa que não conhecia ou não podia razoavelmente conhecer a ilicitude da disponibilização da obra. Todavia, sendo a hiperligação feita com fins lucrativos, já existiria comunicação ao público, devendo nesse caso considerar-se que o autor da hiperligação deveria ter conhecimento da ilicitude (*GS Media*).[18] A semelhante entendimento chegou o TJUE relativamente:

a) "à venda de um leitor multimédia[...] no qual foram pré-instaladas aplicações complementares, disponíveis na Internet, contendo hiperligações que remetem para sítios Internet, livremente acessíveis ao público, nos quais foram colocadas à disposição do público obras protegidas por direitos de autor sem autorização dos titulares desses direitos" (*Stichting Brein*)[19];

b) à "colocação à disposição e a gestão, na Internet, de uma plataforma de partilha que, através da indexação de metainformação relativa a obras protegidas e da disponibilização de um motor de busca, permite aos utilizadores dessa plataforma localizar essas obras e partilhá-las no âmbito de uma rede descentralizada (peer-to-peer)" (*Stichting Brein II*)[20];

c) ao fornecimento a particulares por uma empresa comercial de um serviço de gravação à distância, na nuvem, de cópias privadas de obras protegidas pelo direito de autor, através de um sistema informático, intervindo a empresa ativamente no ato de gravação dessas cópias, sem o consentimento do titular dos direitos (*VCAST*)[21];

d) "a publicação numa página da Internet de uma fotografia previamente publicada, sem restrições que impeçam que seja descarrega-

17 Acórdão de 13 de fevereiro de 2014, proc. C-466/12, ECLI:EU:C:2014:76. *Vd.* também o Despacho de 21 de outubro de 2014, proc. C-348/13, *BestWater International*, ECLI:EU:C:2014:2315.

18 Acórdão de 8 de dezembro de 2016, proc. C-160/15, ECLI:EU:C:2016:644 ("Playboy").

19 Acórdão de 26 de abril de 2017, proc. C-527/15, ECLI:EU:C:2017:300.

20 Acórdão de 14 de junho de 2017, proc. C-610/15, ECLI:EU:C:2017:456 ("The Pirate Bay").

21 Acórdão de 29 de novembro de 2017, proc. C-265/16, ECLI:EU:C:2017:913.

da e com a autorização do titular do direito de autor, noutra página da Internet" (*Renckhoff*).[22]

e) "o carregamento, a partir do equipamento terminal de um utilizador de uma rede descentralizada *(peer-to-peer)* para os equipamentos terminais de outros utilizadores dessa rede, dos segmentos, previamente descarregados pelo referido utilizador, de um ficheiro multimédia que contém uma obra protegida, ainda que esses segmentos individuais só sejam utilizáveis, em si mesmos, a partir de uma certa percentagem de descarregamento" (*Mircom*).[23]

Fora da noção de comunicação ao público, incluindo a disponibilização pública em rede para acesso a partir do local e do momento individualmente escolhidos, ficam "cópias no ecrã de um computador do utilizador e as cópias na memória de armazenamento temporária (memória «cache») do disco rígido desse computador, efetuadas por um utilizador final durante a consulta de um sítio Internet, por serem cópias temporárias, transitórias ou episódicas e constituírem parte integrante e essencial de um processo tecnológico" (*Public Relations Consultants Association*).[24] Resta saber qual o relevo da licitude da fonte, tendo em conta o acórdão *ACI Adam* sobre compensação equitativa pela cópia privada.[25] Sendo que, em princípio, a partilha de obras no âmbito de uma rede descentralizada (*peer-to-peer*) extravasa a liberdade de uso privado mesmo que não tenha fins lucrativos, se não for efetuada "em meio familiar", nos termos do art. 108.º/2 do CDADC.[26]

22 Acórdão de 7 de agosto de 2018, proc. C-161/17, ECLI:EU:C:2018:634

23 Acórdão de 17 de junho de 2021, proc. C-597/19, ECLI:EU:C:2020:1063 (acrescentando não ser "pertinente o facto de, devido às configurações do *software* de partilha client-BitTorrent, esse carregamento ser automaticamente gerado por esse *software*, quando o utilizador subscreveu esse *software*, a partir do equipamento terminal do qual se produz o referido carregamento, dando o seu consentimento à aplicação do mesmo depois de ter sido devidamente informado das suas características").

24 Acórdão de 5 de junho de 2014, proc. C-360/13, ECLI:EU:C:2014:1195.

25 Acórdão de 10 de abril de 2014, proc. C-435/12, ECLI:EU:C:2014:254.

26 Também fora da noção de comunicação ao público ficou a revenda de uma licença de utilização que envolva a revenda de uma cópia de um programa de computador descarregado a partir do sítio Internet do titular do direito de autor; licença inicialmente concedida ao primeiro adquirente sem prazo e através do pagamento de um preço destinado a permitir a este último obter uma remuneração correspon-

Mais recentemente, no acórdão *Cyando*, o TJUE excluiu da noção de comunicação ao público "o operador de uma plataforma de partilha de vídeos ou de uma plataforma de armazenagem e de partilha de ficheiros, na qual os utilizadores podem colocar ilegalmente à disposição do público conteúdos protegidos, (...) a menos que contribua, além da mera colocação à disposição da plataforma, para dar ao público acesso a tais conteúdos em violação dos direitos de autor."[27]

À primeira vista, este acórdão parece contrariar o princípio afirmado pela Diretiva 2019/790. Todavia, a contradição é mais aparente do que real, tendo em conta que a Diretiva se dirige apenas ás plataformas comerciais. Vejamos.

6. O regime especial das plataformas comerciais de partilha em linha de conteúdos digitais: artigo 17.° da Diretiva 2019/790

O artigo 17.º da Diretiva 2019/790 estabelece expressamente que a partilha de conteúdos em linha pelos utilizadores desses serviços implica atos de reprodução e de comunicação ao público, que estão sujeitos a autorização do titular de direitos de autor. Estes serviços são excluídos da isenção de responsabilidade prevista para armazenamento em servidor. A autorização concedida à plataforma aproveita aos seus utilizadores, salvo se estes atuarem com caráter comercial ou se a sua atividade gerar receitas significativas, pois nesses casos os utilizadores dos serviços também devem obter autorização.

Todavia, sob pena de a aplicação do direito de autor a estas plataformas implicar alterações profundas ao seu modo de funcionamento, a Diretiva 2019/790 criou um "porto seguro" especial para estas plataformas comerciais, no sentido de não serem responsáveis por direitos de

dente ao valor económico da referida cópia do programa de computador. O TJUE entendeu estar aqui em causa o direito de distribuição e o respetivo esgotamento europeu, e não o direito de comunicação ao público. *Vd.* acórdão de 3 de julho de 2012, proc. C-128/11, *UsedSoft*, ECLI:EU:C:2012:407.

27 Acórdão de 22 de junho de 2021, procs. C-682/18 e C-683/18, *Frank Peterson c. YouTube*, *Elsevier c. Cyando*, ECLI:EU:C:2021:503. Sobre este acórdão, Sofia de Vasconcelos Casimiro, «A responsabilidade das plataformas digitais pelos conteúdos de terceiros: o reposicionamento do direito de comunicação ao público no Acordão YouTube e Cyando (processos C-682/18 e C-683/18)», *Revista de Direito Intelectual*, 2021 - N.º 2, p. 271-278.

autor se cumprirem um conjunto de requisitos[28]. Assim, os operadores de plataformas comerciais de partilha em linha podem afastar a sua responsabilidade por infração aos direitos de autor e/ou direitos conexos se provarem que envidaram todos os esforços para obter autorização e assegurar, segundo elevados padrões de diligência profissional no setor, a indisponibilidade de obras cuja identificação lhe foi fornecida pelos titulares de direitos, bem como para bloquear ou remover as obras que tenham sido objeto de notificação e para impedir o seu futuro carregamento. Os prestadores destes serviços não ficam sujeitos a nenhuma obrigação geral de monitorização e a adoção de medidas deve ser feita em conformidade com o princípio da proporcionalidade, tendo em conta nomeadamente o tipo, o público-alvo e a dimensão do serviço, bem como a disponibilidade de meios adequados e eficazes e o respetivo custo para os prestadores de serviços.

Além disso, é estabelecido um regime especial para os novos concorrentes: as plataformas surgidas na União nos últimos três anos e com volume de negócios anual inferior a 10 milhões de euros ficam isentas do dever de assegurar a indisponibilidade das obras cuja identificação lhes tenha sido fornecida pelos titulares de direitos; mas, se tiverem em média mais de 5 milhões de visitantes por mês, já são obrigadas a impedir novos carregamentos das obras identificadas e notificadas.

Além da concorrência no mercado único digital, o regime destas plataformas comerciais pretende assegurar igualmente a liberdade de expressão e de informação, de modo que o controlo dos servidores das plataformas não torne indisponíveis conteúdos que não violem direitos de autor, designadamente pela utilização da obra ser autorizada ao abrigo de uma exceção ou limitação, sendo expressamente obrigatórias certas exceções no contexto destes serviços bem como a disponibilização de conteúdos gerados pelos utilizadores desses serviços, para fins de citações, crítica, análise, caricatura, paródia ou pastiche[29]. Assim, o

28 Vd. por ex. Karina Grisse, «After the Storm – Examining the Final Version of Article 17 of the new Directive (EU) 2019/790», *Journal of Intellectual Property Law & Practice*, voll 14 (2019), p. 887-99; Giancarlo Frosio, «From Horizontal to Vertical: An Intermediary Liability Earthquake in Europe», *Journal of Intellectual Property Law & Practice*, vol. 12/7 (2017), p. 565-75.

29 Como escreve Jónatas Machado, *Liberdade de Expressão. Dimensões Constitucionais da Esfera Pública no Sistema Social*, Coimbra Editora, Coimbra, 2002, p. 829, "a proteção dos conteúdos satíricos e caricaturais parece decorrer... da função social que os mesmos desempenham na estruturação e enriquecimento simbólico e crí-

controlo a efetuar pelas plataformas não pode resultar em censura de formas de utilização permitidas pela lei dos direitos de autor, nem censura de obras do domínio público, afastando-se, por isso, qualquer possibilidade de se instaurar uma espécie de *Index Librorum Prohibitorum* no ambiente digital.[30]

Aliás, a Diretiva 2019/790 confere um *papel pedagógico* a estas plataformas, incumbindo-as de informarem os utilizadores nas condições gerais de serviço sobre as utilizações permitidas ao abrigo de exceções ou limitações aos direitos de autor e direitos conexos[31]. O que exigirá um esforço adicional de adaptação das plataformas a cada legislação nacional, em virtude de não existir harmonização completa das exceções e limitações. Ou seja, cada plataforma terá que configurar as suas condições de serviço em função da legislação de direitos de autor de cada Estado-

---

tico do discurso público." Sobre a liberdade de paródia ver o acórdão do TJUE, de 3 de setembro de 2014, proc. C-201/13 (*Deckmyn e Vrijheidsfonds*). Para outros acórdãos do TJUE sobre utilizações livres ver por ex. os de 29 de julho de 2019, procs. C-469/17 (*Funke Medien*), C-476/17 (*Pelham*), e C-516/17 (*Spiegel Online*), considerando nomeadamente que a liberdade de informação e a liberdade de imprensa não justificam derrogações aos direitos exclusivos harmonizados pela Diretiva 2001/29 além das previstas aí, embora ressalvando expressamente que a interpretação das exceções deverá também ser "plenamente conforme com os direitos fundamentais garantidos pela Carta dos Direitos Fundamentais da União Europeia".

---

30 No processo C-401/19, República da Polónia contra Parlamento Europeu / Conselho da União Europeia, a República da Polónia pede ao Tribunal de Justiça que anule, a título principal, o artigo 17.º/4, alíneas b) e c), *in fine*, da Diretiva 2019/790 e, a título subsidiário, o artigo 17.º na sua totalidade, em virtude de esta disposição impor aos prestadores de serviços de partilha em linha obrigações de monitorização dos conteúdos que os utilizadores dos seus serviços colocam em linha, a fim de prevenir o carregamento das obras e material protegido que os titulares de direitos não desejam tornar acessíveis nesses serviços, em termos não compatíveis com liberdade de expressão e de informação dos utilizadores desses serviços garantida no artigo 11.° da Carta dos Direitos Fundamentais da União Europeia. Considerando que esta "monitorização preventiva assumirá, regra geral, a forma de uma filtragem desses conteúdos, realizada com recurso a ferramentas informáticas", o Advogado-Geral Henrik Saugmandsgaard Øe defendeu, na opinião de 15 de julho de 2021, a validade do artigo 17.º da Diretiva 2019/790, em virtude de esta norma prever garantias suficientes para minimizar o impacto das obrigações de monitorização e de filtragem resultantes dessa norma na liberdade de expressão e de utilização dos utilizadores. Adiante voltaremos a este ponto.

31 *Vd.*, por ex., a orientações de direitos autorais da Youtube «Creating with common sense» https://creatoracademy.youtube.com/page/lesson/copyright-guidelines.

Membro, constituindo este *mosaico* legal um desafio não apenas para juristas, mas também para os informáticos ao nível da programação do código que implementa as exceções e limitações[32].

Além disso, as plataformas devem disponibilizar aos utilizadores um mecanismo de reclamação e de recurso eficaz e rápido, no caso de bloqueio ou de remoção de conteúdos por si carregados. Os titulares de direitos terão que justificar os seus pedidos de bloqueio ou de remoção e as decisões dos prestadores de serviços ficam sujeitas a controlo humano, ao invés de serem tomadas automaticamente por tecnologias de reconhecimento de conteúdos[33]. Finalmente, o mecanismo de "aviso e retirada" não prejudica outros mecanismos imparciais de resolução extrajudicial de litígios, nem o direito dos utilizadores a recursos judiciais eficazes.

Assim, a oferta ao público de acesso a obras e outros materiais carregados pelos utilizadores de serviços comerciais de partilha de conteúdos em linha passa a ser expressamente considerada uma utilização (comunicação ao público ou colocação à disponibilização do público) sujeita a autorização dos respetivos titulares de direitos. Será esta uma lei interpretativa, que aclara o direito já constituído, ou pelo contrário consagra uma solução nova especificamente para as plataformas comerciais de partilha em linha de conteúdos digitais?

A este respeito, passemos em revista o acórdão *Cyando*, que foi proferido já depois de ter terminado o prazo de transposição da Diretiva 2019/790.

---

32 Para uma fórmula matemática (algoritmo) destinada a fornecer uma base racional à ponderação de valores e direitos fundamentais em colisão – no caso o direito à privacidade e a liberdade de expressão – através de ferramentas informáticas de controlo de conteúdos a utilizar pelas plataformas de comunicação online, mas sem dispensar o controlo humano, vd. Mark Susi, «The Internet Balancing Formula», e Roberty Alexy, «Mark Susi's internet balancing formula», in *European Law Journal*, vol. 25/2 (2019), p. 198-212, e p. 213-220 (volume dedicado ao tema "Internet and human rights law").

33 O controle da licitude das utilizações não pode ser deixado à máquina, por muito inteligente que seja. Vd. Alexandre Dias Pereira, «Os direitos de autor e os desafios da inteligência artificial: copyright ex machina?», *Revista de Legislação e de Jurisprudência*, ano 150.º, n.º 4025 (2020), p. 66-84; Maxime Lambrecht, «Free speech by design – Algorithmic protection of exceptions and limitations in the Copyright DSM directive», JIPITEC, vol. 11 (2020), p. 68-94. Recordando a rábula do grupo humorista britânico Little Britain: "Computer says NO!".

7. Análise sumária do acórdão *Cyando*

No acórdão *Cyando*, de 22 de junho de 2021[34], o TJUE decidiu que, para efeitos do art. 3.º/1 da Diretiva 2001/29, "o operador de uma plataforma de partilha de vídeos ou de uma plataforma de armazenagem e de partilha de ficheiros, na qual os utilizadores podem colocar ilegalmente à disposição do público conteúdos protegidos, não realiza uma «comunicação ao público» destes, ... *a menos que contribua, além da mera colocação à disposição da plataforma, para dar ao público acesso a tais conteúdos em violação dos direitos de autor*. É o que sucede nomeadamente quando esse operador tem conhecimento *concreto* da colocação à disposição ilícita de um conteúdo protegido na sua plataforma e se abstém de o apagar ou de bloquear o acesso a esse conteúdo com diligência, ou quando o referido operador, embora sabendo ou devendo saber que, de um modo geral, conteúdos protegidos são ilegalmente colocados à disposição do público por intermédio da sua plataforma por utilizadores desta, se abstém de implementar as *medidas técnicas adequadas* que se podem esperar de um operador normalmente diligente que se encontre na sua situação para combater de forma credível e eficaz violações dos direitos de autor nessa plataforma, ou ainda quando contribui para a *seleção de conteúdos* protegidos comunicados ilegalmente ao público, fornece na sua plataforma ferramentas destinadas especificamente a partilhar ilicitamente esses conteúdos ou *promove conscientemente* tais partilhas, o que pode ser comprovado pela circunstância de o operador ter adotado um modelo económico que incentiva os utilizadores da sua plataforma a nesta procederem ilegalmente à comunicação ao público de conteúdos protegidos."[35]

O Tribunal interpreta o direito de comunicação ao público, incluindo a colocação à disposição do público, destacando o papel incontornável e o caráter deliberado da intervenção do operador da plataforma, e a existência de público enquanto número indeterminado e considerável de pessoas. O caráter deliberado da intervenção do operador distinguiria a sua atuação da mera disponibilização de meios materiais para permitir ou realizar uma comunicação. Quanto aos elementos que permitem determinar o pleno conhecimento (ou caráter deliberado) das consequências do comportamento do operador com o objetivo de dar ao público

34 Acórdão de 22 de junho de 2021, procs. apensos C-682/18 e C-683/18, *Frank Peterson c. YouTube, Elsevier c. Cyando*, ECLI:EU:C:2021:503.

35 *Ibidem*, para. 102 (*itálico nosso*).

acesso às obras, o Tribunal de Justiça identifica a não implementação de medidas técnicas adequadas que se pode esperar de um operador normalmente diligente ou a participação na seleção de conteúdos e o fornecimento de ferramentas destinadas especificamente à partilha ilícita ou a promover essas partilhas (por ex. olhando ao modelo económico, em especial a publicidade). Mais considera que o mero conhecimento da possibilidade de utilização ilícita da plataforma não releva, a menos que o operador tenha sido avisado pelo titular de direitos da ilicitude e não diligencie no sentido de tornar o conteúdo inacessível.

Por outro lado, para o Tribunal de Justiça, o caráter lucrativo do operador não é suficiente para se presumir o conhecimento da infração. O Tribunal esclarece ainda que do acórdão *GS Media*[36] resulta que o autor da hiperligação tem apenas que verificar se a obra em causa está ou não ilegalmente disponibilizada no sítio para o qual conduz a referida hiperligação. Relativamente às plataformas envolvidas no acórdão de junho de 2021, o TJUE considera que o "YouTube" desenvolveu medidas técnicas destinadas a combater de forma credível e eficaz as violações dos direitos de autor na sua plataforma, e que não carrega nem seleciona os conteúdos, nem os visualiza previamente, embora os filtre para detetar conteúdos protegidos por direitos de autor e disponibilize um botão de notificação de alerta e um processo especial para o efeito. Sendo que, nos termos gerais do serviço, proíbe expressamente as violações de direitos de autor.

Por outro lado, segundo o Tribunal de Justiça, as listas de classificação, as rubricas de conteúdos e os resumos de vídeos recomendados não visariam facilitar a partilha ilícita de conteúdos protegidos nem promover essas partilhas. Ou seja, o modelo económico do "YouTube" assentaria em receitas publicitárias que partilha com os utilizadores e com titulares de direitos, no pressuposto de que os conteúdos estão licitamente disponíveis e não o contrário.

Sobre a aplicação do artigo 14.º/1 da Diretiva do comércio eletrónico a estas plataformas, considera o Tribunal que, para efeitos desta norma, a atividade do prestador de serviços de armazenagem em servidor é puramente técnica, automática e passiva, sem conhecimento nem controlo da informação transmitida ou armazenada, à semelhança do que decidiu no acórdão de 23 de março de 2010[37]. Numa palavra, para

36 Acórdão de 8 de setembro de 2016, *GS Media*, proc. C-160/15, EU:C:2016:644.

37 Proc. apensos C-236/08 a C-238/08, *Google France e Google*, EU:C:2009:569.

beneficiar desse "porto seguro", o prestador deveria pautar a sua atuação pelo princípio da neutralidade consagrado no acórdão *L'Oréal*[38] a propósito da proteção das marcas no comércio eletrónico. Depois, segundo o Tribunal de Justiça, a utilização de filtros não significa conhecimento nem controle da informação transmitida ou armazenada (para. 109) e o referido artigo 14.º/1-a) refere-se a atividades e a informações ilegais concretas (para. 112). O prestador só pode cumprir a obrigação de retirar ou bloquear o acesso à informação relativamente a conteúdos concretos, tanto mais que não tem uma obrigação geral de vigilância (para. 113), e o facto de "proceder a uma indexação automatizada dos conteúdos carregados nessa plataforma, de a referida plataforma ter uma função de pesquisa e de recomendar vídeos em função do perfil ou das preferências dos utilizadores não basta para considerar que esse operador tem um conhecimento 'concreto' das atividades ilegais realizadas nessa mesma plataforma ou das informações ilegais que nela estão armazenadas" (para. 114).

Por outro lado, o Tribunal de Justiça entende que a "efetivação da 'responsabilidade do perturbador' pressupõe a violação de obrigações de comportamento cuja extensão depende da questão de saber se e em que medida se pode razoavelmente exigir ao 'perturbador' que controle ou vigie terceiros para impedir que os direitos de propriedade intelectual sejam violados" (para. 121). Considerando que o artigo 8.º/3 da Diretiva 2001/29 justifica injunções tanto para cessar violações já cometidas, como para prevenir futuras violações (para. 126)[39], e que o prestador pode ser destinatário dessas injunções "mesmo na hipótese de não ser considerado responsável" ao abrigo do art. 14.º/1 da Diretiva do comércio eletrónico (para. 131), o Tribunal de Justiça recorda que o direito interno pode prever um "procedimento prévio ao exercício dessa via de recurso, que tenha em conta o facto de o prestador em questão não ser responsável pela violação em causa" (para. 132), até para, desse modo, evitar custas judiciais e não ter que vigiar ativamente todos os conteúdos carregados pelos utilizadores da referida plataforma, o que, aliás, seria contrário ao artigo 15.º da Diretiva do comércio eletrónico.

A análise do acórdão *Cyando* mostra que, na ótica do Tribunal de Justiça, se justifica, *inter alia*, uma obrigação a cargo das plataformas

38 Acórdão de 12 de julho de 2011, proc. C-324/09, EU:C:2011:474.

39 Citando a propósito o acórdão de 16 de fevereiro de 2012, proc. C-360/10, *SABAM*, EU:C:2012:85.

comerciais de partilha em linha de implementarem medidas técnicas adequadas, como sistemas de monitorização e filtragem, sob pena de incorrerem na prática não autorizada de comunicação ao público de obras protegidas por direitos de autor. A utilização destes filtros de direitos de autor não afetará a ausência de uma obrigação geral de vigilância, em virtude de esses filtros deverem ser programados para identificarem e bloquearem ou removerem atividades e informações ilegais concretas, *embora, naturalmente, não seja possível separar o trigo do joio sem passar pela peneira.*

A referida obrigação de implementação de medidas técnicas eficazes é vista, pelo Tribunal, como um elemento de exclusão do ato de comunicação ao público, ao passo que a Diretiva afirma de pleno que as plataformas comerciais praticam esse ato, embora possam excluir a responsabilidade daí resultante se provarem o cumprimento, nomeadamente, dessa obrigação. Ou seja, o que para o Tribunal é um elemento objetivo da noção de comunicação ao público, para a Diretiva é uma causa de exclusão da responsabilidade das plataformas comerciais.[40]

O artigo 17.º da Diretiva 2019/790 responsabiliza as plataformas comerciais, mas ao mesmo tempo impõe deveres de cooperação aos titulares de direitos, tendo a Comissão apresentado, nas vésperas de terminar o prazo de transposição da diretiva, um conjunto de orientações, que interessa passar em revista.

8. As Orientações da Comissão sobre o artigo 17.º da Diretiva 2019/790

Nas orientações sobre o artigo 17.º da Diretiva 2019/790 relativa aos direitos de autor no mercado único digital[41], a Comissão expõe as linhas orientadoras sobre as melhores práticas na cooperação entre as plataformas e os titulares de direitos, procurando salvaguardar um justo equilíbrio entre direitos fundamentais e exceções e limitações aos direitos de autor.

---

40 De todo o modo, o Tribunal ressalva expressamente que não está em causa interpretar a Diretiva 2019/790: "As interpretações dadas pelo Tribunal de Justiça em resposta a estas questões não versam sobre o regime, que entrou posteriormente em vigor e que veio a ser instituído pelo artigo 17.º da Diretiva (UE) 2019/790 do Parlamento Europeu e do Conselho" (para. 59).

41 COM(2021) 288 final, Bruxelas, 4.6.2021.

Para começar, a Comissão considera que "O artigo 17.º constitui *lex specialis* em relação ao artigo 3.º da Diretiva 2001/29/CE e ao artigo 14.º da Diretiva 2000/31/CE. [....] Devido à natureza *lex specialis* do artigo 17.º, os Estados-Membros devem aplicar especificadamente esta disposição, em vez de se basear simplesmente na sua aplicação nacional do artigo 3.º da Diretiva 2001/29/CE."[42] A consideração de que o artigo 17.º é lei especial tem grande alcance, no sentido de que estabelece um regime específico para as plataformas comerciais de partilha em linha de conteúdos digitais, que surgiram depois das Diretivas 2000/31 e 2001/29.

Por outro lado, a Comissão sublinha que a lista de prestadores de serviços excluídos da noção de plataformas de partilha de conteúdos em linha "não é exaustiva"[43], e aconselha a colocação em forma de lei dos considerandos (61), (62) e (63) da Diretiva, designadamente o que se refere aos prestadores de serviços cujo objetivo principal seja realizar ou facilitar pirataria. Relativamente aos prestadores abrangidos destaca que a noção é neutra tanto em termos tecnológicos como no que respeita ao modelo negocial e, no que se refere à grande quantidade de ficheiros disponibilizados na plataforma, deve considerar-se não apenas a audiência do prestador, mas também o número de ficheiros carregados pelos utilizadores em geral, sendo que a prossecução de fins lucrativos mediante categorização ou promoção dos ficheiros se dá, tipicamente, "colocando publicidade junto aos conteúdos carregados pelos utilizadores", mas ressalvando que: "O simples facto de receber uma taxa dos utilizadores para cobrir os custos operacionais de armazenagem dos conteúdos ou solicitar doações ao público, não deve ser considerado uma indicação de fins lucrativos."[44]

A Comissão ressalva que a autorização do titular de direitos tanto pode ser dada individualmente como através de gestão coletiva, consoante o setor em causa, e até "pode ser concedida gratuitamente, ao abrigo de uma licença «Creative Commons»."[45] Relativamente às licenças coletivas com efeitos alargados, a Comissão considera que estas "podem ser consideradas em casos específicos e para setores específicos", por ex. "quando for particularmente difícil identificar todos os titulares de

42 *Ibid.*, p. 2.

43 *Ibid*, p. 4

44 *Ibid*, p. 6.

45 *Ibid.* p. 7.

direitos e quando os custos das operações relativas à obtenção dos direitos individuais forem proibitivamente elevados (considerando 45)".[46] A autorização concedida aos prestadores aproveita aos utilizadores sem fins comerciais (por ex. "carregamento de um vídeo doméstico que inclui música de fundo por parte dos utilizadores") ou com receitas não significativas (por ex. carregamento de "tutoriais que incluam música ou imagens e que gerem receitas de publicidade limitadas"), não carecendo o prestador de autorização para o ato do utilizador que já tenha sido autorizado, em conformidade com o considerando (69).

Quanto ao mecanismo específico de responsabilidade na ausência de autorização previsto no artigo 17.º, n.º 4, a Comissão refere, relativamente aos melhores esforços, que devem ser tidas em conta as práticas específicas do mercado em diferentes setores (por ex., saber se a gestão coletiva é ou não prática generalizada) ou antes mecanismos voluntários de mediação. Sendo que, em qualquer caso, "o contacto proactivo com as entidades de gestão coletiva (EGC) que atuem em conformidade com a Diretiva 2014/26/EU para obter uma autorização deve ser considerado um requisito mínimo para todos os prestadores de serviços de partilha de conteúdos em linha".[47] Nesta perspetiva, as plataformas comerciais devem ser obrigadas a contactarem estas entidades de gestão coletiva, de modo a provarem os seus melhores esforços.

A Comissão acrescenta: "Quando um prestador de serviços contacta um titular de direitos, mas este se recusa a entrar em negociações para conceder uma autorização para os seus conteúdos, ou rejeita ofertas razoáveis feitas de boa-fé, deve considerar-se que o prestador de serviços cumpriu a obrigação de envidar os melhores esforços".[48] Ou seja, não é imprescindível obter a licença, mas é essencial apresentar aos titulares de direitos ou aos seus representantes ofertas razoáveis e de boa fé.

Por outro lado, "os prestadores de serviços devem ser transparentes com os titulares de direitos no que diz respeito aos critérios que pretendem utilizar para identificar e remunerar os conteúdos abrangidos pelo acordo, em particular quando os prestadores de serviços utilizam tecnologia de reconhecimento de conteúdos para comunicar as utilizações dos conteúdos licenciados"[49]. O fornecimento de "informações per-

46 *Ibid.*, p. 7.

47 *Ibid.*, p. 10.

48 *Ibid.*, p. 11.

49 *Ibid.*, 12.

tinentes e necessárias" por parte dos titulares de direitos é de grande importância na economia deste regime, de modo a que as plataformas possam detetar eventuais infrações aos direitos de autor, à luz de práticas do setor disponíveis no mercado em determinado momento, incluindo utilização de tecnologia ou de soluções tecnológicas específicas eficazes, como tecnologias de *content ID* ("filtros" de direitos de autor). Considera-se a este propósito que a "tecnologia de reconhecimento de conteúdos baseada na recolha de impressões digitais parece ser amplamente utilizada pelos principais prestadores de serviços no que diz respeito a conteúdos de vídeo e áudio", mas "não deve ser necessariamente considerada como o padrão de mercado"[50], tendo em conta outras tecnologias como a dispersão, a marca de água, a utilização de meta-dados, a pesquisa por palavras-passe ou a combinação de diferentes tecnologias.

A aplicação destas tecnologias deve observar o princípio da proporcionalidade, no sentido de que "não deve ser expectável que os prestadores... apliquem as soluções mais dispendiosas ou sofisticadas se, no seu caso específico, isso for desproporcional", além de não se poder excluir "que, em alguns casos, os conteúdos não autorizados só possam ser evitados na sequência de uma notificação dos titulares de direitos"[51]. De todo o modo, a marcação dos conteúdos pelos titulares de direitos será um fator a considerar para saber se os prestadores de serviços envidaram os melhores esforços para assegurar a indisponibilidade desses conteúdos específicos. Realça a Comissão que "A aplicação do artigo 17.º não deve implicar qualquer obrigação geral de monitorização" (como, aliás, consta do artigo 17.º/8: "a aplicação do presente artigo não implica qualquer obrigação geral de monitorização").

Quanto aos sistemas de notificação e retirada e de notificação e bloqueio, a notificação deve ser precisa e devidamente fundamentada, para dar ao prestador a possibilidade de ter conhecimento efetivo da infração concreta. Relativamente às salvaguardas para utilizações legítimas de conteúdos e aos mecanismos de reclamação e recurso, o artigo 17.º/7 ressalva expressamente a utilização de conteúdos gerados por utilizadores para citações, crítica, análise, ou para efeitos de caricatura, paródia ou pastiche. E a Comissão declara que: "No estado atual dos conhecimentos, nenhuma tecnologia consegue avaliar, de acordo com o pa-

50 *Ibid.*, 14.

51 *Ibid.*, p. 15

drão exigido por lei, se os conteúdos que um utilizador deseja carregar correspondem a uma infração ou a uma utilização legítima".[52]

Por essa razão, impedir automaticamente o carregamento através de tecnologia deve em princípio limitar-se aos *carregamentos manifestamente infratores*. Os que não forem manifestamente infratores devem poder ser carregados e ficar sujeitos a controlo humano *ex post* mediante aviso por parte dos titulares de direitos[53]. Para saber se é manifestamente infrator a Comissão indica critérios como o *comprimento / tamanho* do ficheiro copiado, a proporção da cópia na obra do utilizador, o *nível de alteração* da obra, o tipo de conteúdos, o modelo de negócio, "bem como o risco de prejuízo econômico significativo para os titulares de direitos"[54] – parecendo abrir a porta a um juízo de *fair use* ou de balanço económico.[55] Assim, segundo a Comissão, a aplicação destes critérios significa que: "As correspondências exatas de obras completas ou de proporções significativas de uma obra devem, normalmente, ser consideradas manifestamente infratoras (...). Tal também será o caso dos carregamentos de uma obra original, que tenha sido simplesmente alterada/distorcida tecnicamente para evitar a sua identificação (como no caso de adicionar uma moldura externa à imagem ou girá-la 180º)".[56] Já "os conteúdos para os quais os titulares de direitos não tenham dado uma instrução de bloqueio ao prestador SPCL não devem ser considerados manifestamente infratores", o mesmo valendo para o carregamento

52 *Ibid.*, p. 23.

53 *Ibid.*, p. 23.

54 *Ibid.*, p. 24.

55 Com mais indicações sobre esta figura do copyright norte-americano, Alexandre Dias Pereira, «Fair use e direitos de autor (entre a regra e a excepção)», *Estudos em honra do Professor Doutor José de Oliveira Ascensão*, Almedina, Coimbra, 2008, p. 853-869.

56 *Orientações*, cit., p. 25-6. Segundo a Recomendação (UE) 2018/334 da Comissão, de 1 de março de 2018, sobre medidas destinadas a combater eficazmente os conteúdos ilegais em linha - adotada na sequência da Comunicação da Comissão «Combater os conteúdos ilegais em linha, Rumo a uma responsabilidade reforçada das plataformas em linha», COM(2017) 555 final -, o prestador de serviços de armazenagem em servidor que decida remover ou impossibilitar o acesso a qualquer conteúdo que armazena por considerar que o mesmo é ilegal, não terá que informar o fornecedor de conteúdos dessa decisão e dos respetivos motivos, nem da possibilidade de a contestar, "quando é manifesto que o conteúdo em causa é ilegal e diz respeito a infrações penais graves que envolvem uma ameaça contra a vida ou a segurança das pessoas" (ponto 10).

parcial, em utilizações criativas tipo memes, ou pequenos excertos ao abrigo do direito de citação. Mas mesmo aí, todavia, a Comissão sugere a possibilidade de um controlo humano *ex ante* rápido de conteúdos detectados pela máquina, sobretudo conteúdos particularmente sensíveis ao fator tempo (por exemplo, pré-lançamento de músicas ou filmes ou destaques de transmissões de eventos desportivos recentes).[57]

Quanto aos conteúdos não sensíveis ao fator tempo, já não haveria necessidade de revisão humana *ex ante*, podendo, todavia, o utilizador contestar eventuais bloqueios através do mecanismo de recurso[58]. Nesses casos, far-se-ia um controlo humano *ex post*, decidindo o prestador com base nos argumentos apresentados tanto pelos titulares de direitos como pelos utilizadores, e permanecendo os conteúdos em linha durante esse controlo humano.

A possibilidade de serem bloqueados *ex ante* conteúdos marcados pelos titulares de direitos, ainda que sujeita a controlo humano com caráter de urgente, não é subscrita pelo Advogado Geral Henrik Saugmandsgaard Øe, em *post-scriptum* à sua opinião de 15 de julho de 2021, na qual defendeu a validade do artigo 17.º da Diretiva 2019/790, na medida em que esta norma prevê garantias suficientes para minimizar o impacto das obrigações de monitorização e de filtragem resultantes dessa norma na liberdade de expressão e de utilização dos utilizadores. Nas palavras do Advogado-Geral, "as referidas orientações indicam também, de modo inédito, que os titulares de direitos devem ter a possibilidade de «reservar» (*earmark*) o material cuja colocação em linha não autorizada seja «suscetível de lhes causar um prejuízo econômico significativo». Esses prestadores devem fazer prova de uma diligência particular relativamente a este material. É ainda indicado que estes últimos não cumprem as suas obrigações de «melhores esforços» se permitirem a colocação em linha de conteúdos que reproduzam esse mesmo material apesar de tais «reservas». Se tal deve ser entendido no sentido de que esses mesmos prestadores devem bloquear *ex ante* conteúdos mediante a simples alegação de um risco de prejuízo econômico importante pelos titulares de direitos – não contendo as orientações outro critério que limite objetivamente o mecanismo de «reserva» a casos particulares (...) –, ainda que esses conteúdos não

57 *Orientações*, cit., p. 25.

58 *Ibid.*, p. 26.

sejam manifestamente contrafeitos, não o posso subscrever, a menos que alterasse tudo o que expus nestas conclusões."[59]

9. As Conclusões do Advogado-Geral no caso Polónia c. Parlamento Europeu

A questão principal tratada pelo Advogado-Geral (AG) é saber se as ferramentas de reconhecimento automático de conteúdos, que as plataformas comerciais terão que instalar para *filtrar* os conteúdos que os utilizadores colocam em linha e, se for caso disso, *bloquear* alguns deles antes do seu carregamento, são compatíveis com a liberdade de expressão e de informação garantida pela Carta de Direitos Fundamentais da União.

O AG considera que essa obrigação implica uma restrição à liberdade de expressão, mas ressalva que as restrições a esta liberdade são permitidas se tiverem base legal («existência da lei») e se esta reunir qualidades de acessibilidade e de previsibilidade («qualidade da lei»), significando esta última que "uma restrição ao exercício de um direito fundamental deve ser suficientemente acessível e previsível nos seus efeitos, isto é, ser enunciada com suficiente clareza e precisão para permitir aos interessados, recorrendo, se necessário, a aconselhamento especializado, regular a sua conduta"[60]. Na opinião do AG, o artigo 17.º cumpre estes requisitos, limitando-se a impor aos intermediários em linha "determinadas medidas de monitorização ativa, sobre determinadas informações ilícitas específicas, a determinados intermediários em linha"[61], e que respeitam o princípio da proporcionalidade, no sentido de serem adequadas, necessárias e proporcionadas (em sentido estrito).

Para começar, "as ferramentas de reconhecimento automático de conteúdo detetam, precisamente, *conteúdos*, e não *violações* dos direitos de autor", colocando o risco de «sobrebloqueio» e dependendo "da precisão e da veracidade das informações prestadas pelos titulares de direitos"[62]. Na opinião do AG, o n.º 7 do art. 17 "previu um limite claro e preciso para as medidas de filtragem e de bloqueio que devem ser aplicadas pelos prestadores desses serviços nos termos do n.º 4 deste

59 Conclusões do Advogado-Geral Henrik Saugmandsgaard Øe apresentadas em 15 de julho de 2021, proc. C-401/19, para. 223.

60 *Ibid.*, para. 94.

61 *Ibid.* para. 115.

62 *Ibid.* para. 160.

artigo", impondo-lhes uma "obrigação de resultado", que é "não impedir a colocação à disposição, nos seus serviços, de conteúdos que reproduzem legitimamente obras e outro material protegido, ainda que essas obras e material tenham sido identificados pelos titulares de direitos".[63] Além disso, o mecanismo de reclamação e de recurso estabelecido no n.º 9 do art. 17 seria "uma garantia suplementar, e última, para as situações em que, apesar da obrigação que consta desse mesmo n.º 7, os referidos prestadores bloqueiam, ainda assim, por erro, esses conteúdos legítimos"[64].

Em suma, "qualquer medida de filtragem e de bloqueio deve ser «estritamente delimitada», no sentido de que deve visar conteúdos ilícitos e não ter efeito arbitrário ou excessivo sobre os conteúdos lícitos"[65]. O AG pronuncia-se contra o «sobre bloqueio» preventivo de todas essas utilizações legítimas e contra a consequente inversão sistemática do ónus dos utilizadores de demonstrarem essa legitimidade, pelo risco de arrefecimento («chilling effect») que tal implica na liberdade de expressão e de criação. Obrigar as plataformas a utilizarem filtros de conteúdos marcados pelos titulares de direitos sob o pretexto genérico do respetivo interesse económico e bloqueando-os *ex ante* e sistematicamente impediria os utilizadores dos serviços de exercerem os seus direitos relativamente a esses conteúdos, os quais acabariam desprovidos de "toda a atualidade e qualquer interesse para o público".[66]

63 *Ibid.*, para. 164-5. O AG vai mais longe e considera que "o legislador da União reconheceu expressamente direitos subjetivos em matéria de direitos de autor aos utilizadores dos serviços de partilha. Atualmente, esses utilizadores têm o direito, oponível aos prestadores desses serviços e aos titulares de direitos, de utilizar de modo legítimo, material protegido, nos referidos serviços, incluindo o direito de invocar exceções ou limitações aos direitos de autor e aos direitos conexos" (*ibid.*, para. 161). É, aliás, a tese que defendemos - Alexandre Dias Pereira, *Direitos de autor e liberdade de informação*, Almedina, Coimbra, 2008, p. 649 – e que nos parece consagrada pela transposição da Diretiva 2001/29 com as alterações introduzidas no artigo 75.º do CDADC, e reforçada pela Lei n.º 36/2017, de 2 de junho, que alterou novamente o CDADC de modo a garantir o exercício dos direitos dos beneficiários das utilizações livres de obras.

64 *Conclusões*, cit., para. 170.

65 *Ibid.*, para. 182

66 *Ibid.*, para. 184.

Tendo em conta o Acórdão Glawischnig-Piesczek[67], o AG sustenta que "a fim de minimizar o risco de «sobre bloqueio» e, assim, garantir o respeito do direito à liberdade de expressão, um prestador intermediário só pode [...] ser obrigado a filtrar e bloquear informações cuja ilicitude tenha sido previamente demonstrada por um juiz ou, na sua falta, informações cujo caráter ilícito se impõe desde logo, ou seja, manifestamente, sem que seja nomeadamente necessário contextualizá-lo"[68]. Ou seja, o controlo automático deveria ser limitado à ilicitude manifesta (conteúdos quantitativamente "idênticos" ou qualitativamente "equivalentes"), por não exigir uma «apreciação autónoma» ao prestador, o que já não seria o caso relativamente a reutilizações de extratos de obras noutros contextos, de conteúdos «transformativos», etc., que podem ser abrangidos por exceções e limitações aos direitos de autor"[69].

Relativamente aos primeiros, "sendo a contrafação altamente provável, esses conteúdos podem presumir-se ilícitos [sendo] proporcionado bloqueá-los preventivamente, [e] cabendo aos utilizadores em causa demonstrar a sua licitude (...) Inversamente, em todas as situações equívocas – curtos extratos de obras incluídas em conteúdos mais longos, obras «transformativas», etc. – nas quais, em especial, a aplicação de exceções e limitações aos direitos de autor é razoavelmente previsível, os conteúdos em causa não podem ser objeto de uma medida de bloqueio preventivo"[70]. Em suma, in *dubio pro libertate.*

À possibilidade de os titulares de direitos marcarem conteúdos com interesse económico especial avançada pela Comissão, o AG contrapõe "um mecanismo que permita aos utilizadores indicar (*flagging*), durante ou imediatamente após a colocação em linha, se, segundo eles, beneficiam de uma exceção ou limitação, o que implica, para o prestador em causa, fazer uma análise manual do conteúdo em causa para verificar se a aplicação dessa exceção ou limitação é manifestamente excluída ou,

67 Acórdão de 3 de outubro de 2019, proc. C-18/18, ECLI EU:C:2019:821, nos termos do qual seria admissível impor ao operador de uma rede social, através de uma medida inibitória judicial, a obrigação de pesquisar e de bloquear, entre as informações colocadas em linha na sua rede "[uma] informação precisa, [...] cujo conteúdo foi analisado e apreciado por um órgão jurisdicional competente [...] que, na sequência da sua apreciação, a declarou ilegal".

68 *Conclusões*, para. 198.

69 *Ibid.*, para. 203

70 *Ibid.*, para. 205-6.

pelo contrário, razoavelmente possível"[71]. Conclui o AG que: "Na hipótese de a ilegalidade não ser evidente tendo em conta estas explicações, por o conteúdo em causa suscitar questões jurídicas complexas e/ou novas em matéria de direitos de autor, a intervenção do juiz, único competente para decidir tais questões, será em princípio necessária. Caberá então aos titulares de direitos recorrer a uma autoridade judicial, com base nomeadamente no artigo 8.º, n.º 3, da Diretiva 2001/29, a fim de que essa autoridade decida sobre esse conteúdo e, admitindo que seja ilícito, ordene o seu bloqueio"[72].

Assim, na opinião do AG e ao contrário das Orientações da Comissão, as plataformas comerciais não serão responsáveis por conteúdos que não removam ou bloqueiem pelo mero facto de serem marcados pelos titulares de direitos, antes se exigindo aí uma apreciação humana caso a caso sobre a existência de uma ilicitude manifesta ou inequívoca, e que não pode ser substituída pelo bloqueio automático *ex ante* a pedido dos titulares de direitos.

Em dois parágrafos o AG enuncia dois princípios fundamentais neste domínio. O primeiro é baseado na jurisprudência do Tribunal de Justiça, segundo a qual "não decorre de forma alguma do artigo 17.º, n.º 2, da Carta que o direito de propriedade intelectual seja intangível e que a sua proteção deva, assim, ser assegurada de forma absoluta"[73]. O segundo é apresentado como um princípio geral do direito da Internet inscrito no artigo 15.º da Dir. 2000/31, concretizando no ambiente digital a liberdade fundamental de comunicação, e que se impõe "não só aos Estados-Membros, mas também ao legislador da União".[74] Na opinião do AG, seria contrário à afirmação do princípio fundamental da liberdade de comunicação instaurar, a propósito dos direitos de autor, uma espécie

71 *Ibid.*, para. 221.

72 *Ibid.*, para. 218.

73 *Ibid.*, para. 217, citando o acórdão de 27 de março de 2014, proc. C-314/12, *UPC Telekabel Wien*, EU:C:2014:192, para. 61.

74 Nas palavras do AG, "inclino-me a considerar a proibição prevista no artigo 15.º como um *princípio geral* do direito que regula a Internet, na medida em que concretiza, em ambiente digital, a liberdade fundamental de comunicação (...). Aliás, observo que o Tribunal de Justiça já aproximou, na sua jurisprudência, o respeito dessa liberdade e dessa proibição (...). Uma não pode ser posta em prática sem a outra. Daqui resulta, na minha opinião, que a referida proibição ultrapassa o âmbito do referido artigo 15.º e se impõe não só aos Estados-Membros, mas também ao legislador da União."

de filtragem automática através de ferramentas informáticas na internet, qual *copyright ex machina*.[75]

10. O projeto de transposição do artigo 17.º da Diretiva 2019/790

Ao tempo em que elaboramos este texto a Diretiva ainda não foi transposta. Se as respostas do acórdão *Cyando* "não versam sobre o regime, que entrou posteriormente em vigor e que veio a ser instituído pelo artigo 17.º da Diretiva" (para. 59), já as *Orientações* da Comissão serão de ter em conta, assim como as conclusões do AG, sem esquecer que o Tribunal de Justiça poderá, em última análise, reduzir a cinzas a referida norma, embora tal não seja provável à luz das referidas Conclusões.

De todo o modo, foi apresentada a Proposta de Lei n.º 114/XIV com vista à transposição da Diretiva (UE) 2019/790, alterando o Código do Direito de Autor e dos Direitos Conexos, aprovado em anexo ao Decreto-Lei n.º 63/85, de 14 de março, na sua redação atual (CDADC), o Decreto-Lei n.º 122/2000, de 4 de julho (proteção jurídica das bases de dados), e a Lei n.º 26/2015, de 14 de abril (regime das entidades de gestão coletiva do direito de autor e dos direitos conexos).[76] A transposição do artigo 17.º é feita através da criação de uma secção própria relativa à utilização da obra por prestador de serviços de partilha de conteúdos em linha. É aditado um novo artigo 175.º-A com definições, incluindo a de «prestador de serviços de partilha de conteúdos em linha», como "prestador de um serviço da sociedade da informação - i.e., um serviço prestado a distância por via eletrónica, mediante remuneração ou pelo menos no âmbito de uma atividade económica na sequência de pedido individual do destinatário - que tem como principal objetivo, ou um dos seus principais objetivos, armazenar e facilitar o acesso do público a uma quan-

75 Não podemos senão saudar a afirmação deste princípio, remetendo para o que escrevemos há já alguns anos: ALEXANDRE DIAS PEREIRA, *Direitos de autor e liberdade de informação*, Almedina, 2008.

76 Para uma primeira análise, DÁRIO MOURA VICENTE, J.P. REMÉDIO MARQUES, NUNO SOUSA E SILVA, «Nótula sobre as Propostas de Lei nos 113/XIV e 114/XIV em matéria de Direito de Autor e Direitos Conexos no Mercado Único Digital», *Revista de Direito Intelectual*, 2021 - N.º 2, p. 177-197; BEATRIZ MARQUES ALMEIDA, *Direitos de Autor nas Plataformas de Partilha de Conteúdos em Rede (Copyright in Online Content-Sharing Platforms)*, Dissertação de Mestrado, Faculdade de Direito, Universidade de Coimbra, Jan. 2022, p. 63-8.

tidade significativa de obras ou outro material protegido por direitos de autor ou direitos conexos, carregados pelos seus utilizadores, que o prestador de serviços organiza e promove com a finalidade de obter uma vantagem económica ou comercial direta ou indireta" (n.º 1/a). Tal como previsto na Diretiva, não são considerados prestadores de serviços de partilha de conteúdos em linha: a) as enciclopédias em linha sem fins lucrativos; b) os repositórios científicos e educativos sem fins lucrativos; c) as plataformas de desenvolvimento e partilha de programas de computador de fonte aberta; d) os *p*restadores de serviços de comunicações eletrónicas na aceção da Lei n.º 5/2004, de 10 de fevereiro, que aprova a Lei das Comunicações Eletrónicas; e) os mercados em linha; e f) os serviços em nuvem, entre empresas, e serviços em nuvem que permitem ao seu utilizador carregar conteúdos para uso pessoal do utilizador.

O novo artigo 175.º-B, sobre utilização de conteúdos protegidos por prestadores de serviços de partilha de conteúdos em linha, estatuária constituir *um ato de comunicação ao público, ou de colocação à disposição do público*, por parte de prestadores de serviços de partilha de conteúdos em linha, a disponibilização ao público do acesso a obras ou outros materiais protegidos por direitos de autor ou direitos conexos, carregados pelos utilizadores daqueles serviços. Por isso e para o efeito, os prestadores de serviço, atrás definidos, devem obter autorização dos respetivos titulares de direitos. Essa autorização compreende os atos de comunicação ou colocação à disposição do público realizados pelos utilizadores de tais serviços, se estes não agirem com caráter comercial, direto ou indireto, ou se a sua atividade não gerar receitas significativas. A estas situações não são aplicáveis as limitações de responsabilidade dos prestadores intermediários de serviços em linha previstas no artigo 16.º do Decreto-Lei n.º 7/2004, de 14 de fevereiro, na sua redação atual, sem prejuízo da aplicabilidade de tais limitações a outras atividades desenvolvidas por aqueles prestadores de serviços. Ressalva-se ainda que o novo regime não prejudica a utilização de obras ou outro material protegido por parte de utilizadores de serviços de partilha de conteúdos em linha que não violem direitos de autor e direitos conexos, nomeadamente as utilizações abrangidas por uma exceção ou limitação.

Depois, o novo artigo 175.º-C responsabilizaria as plataformas comerciais por atos de comunicação pública não autorizados, salvo se demonstrassem que *a)* envidaram todos os esforços para obter uma autorização; *b)* efetuaram, de acordo com elevados padrões de diligência profissional do setor, os melhores esforços para assegurar a indisponibilidade de determinadas obras e outros materiais protegidos, relativamente aos quais os titulares de direitos forneceram aos prestadores de serviços as informações pertinentes e necessárias; *c)* agiram, de forma diligente, após receção de uma notificação suficientemente fundamentada pelos titulares de direitos, no sentido de remover ou bloquear o acesso à obra ou outros materiais protegidos, objeto de notificação, dos seus sítios na Internet ou servidores que utilizam para a prestação de serviços, independentemente dos titulares de direitos terem ou não disponibilizado a informação relevante e necessária em momento prévio à notificação, e envidaram os melhores esforços para impedir o futuro carregamento e disponibilização da obra ou outros materiais protegidos, objeto de notificação, nos termos da alínea anterior.

O cumprimento pelas plataformas comerciais das referidas obrigações é aferido segundo o princípio da proporcionalidade e tendo em conta, entre outros, os seguintes elementos: a) o tipo, o público-alvo e a dimensão do serviço, bem como o tipo de obras ou outros materiais protegidos, carregados pelos utilizadores do serviço; e b) a disponibilidade de meios adequados e eficazes, bem como o respetivo custo para os prestadores de serviços.

O novo artigo 175.º-D preveria que as plataformas com menos de três anos de atividade e com um volume de negócios anual inferior a 10 milhões de euros (calculado nos termos da Recomendação 2003/361/CE da Comissão, de 6 de maio de 2003, relativa à definição de micro, pequenas e médias empresas) e um número médio mensal de visitantes individuais inferior a cinco milhões, calculado com base no ano civil, ficariam sujeitas a um regime menos exigente. Com efeito, para afastar a responsabilidade por carregamentos ilegais, deveriam provar apenas que envidaram todos os esforços para obter uma autorização ou licença, e que agiram, de forma diligente, após receção de uma notificação suficientemente fundamentada pelos titulares de direitos, no sentido de remover ou bloquear o acesso à obra ou outros materiais protegidos, objeto de notificação, dos seus sítios na internet ou servidores que utilizam para a prestação de serviços. Ou seja, as novas plataformas teriam durante 3 anos (e na medida em que se mantivessem abaixo dos 5 milhões de utilizadores) um período de adaptação, no sentido de que não seriam obrigadas a instalar medidas técnicas de prevenção, bastando implementar um mecanismo de aviso e retirada. Ressalvando-se, todavia, que este regime menos apertados não deveria ser objeto de utilização abusiva por parte das grandes plataformas.

Por outro lado, sobre as plataformas impenderia um dever de informação nos termos do novo artigo 175.º-E, segundo o qual, a pedido dos titulares de direitos, as plataformas devem facultar-lhes informações adequadas sobre o funcionamento das suas práticas e, havendo licenciamento, informações sobre a utilização dos conteúdos abrangidos pelos referidos acordos. Além disso, as condições gerais das plataformas deveriam informar os seus utilizadores da possibilidade de utilizarem obras e outros materiais protegidos ao abrigo das exceções e limitações ao direito de autor e direitos conexos previstas no presente diploma ou em qualquer outra fonte de Direito da União, bem como dos procedimentos referidos no novo artigo 175.º-F. Para começar, o procedimento ou mecanismo de reclamação e reapreciação, no sentido de as plataformas comerciais criarem e disponibilizarem aos utilizadores dos respetivos serviços um mecanismo de reclamação e recurso eficaz e rápido contra a remoção ou bloqueio indevidos de obras ou outros materiais protegidos por eles carregados, designadamente para permitir as utilizações livres previstas nas alíneas *h)* e *x)* do n.º 2 do artigo 75.º do CDADC (o direito de citação e o direito de caricatura ou paródia, que passa a ser expressamente previsto no catálogo das utilizações livres). Os titulares de direitos devem fundamentar os seus pedidos de remoção ou bloqueio e as decisões devem ser tomadas sem demora injustificada e estar sujeitas a *controlo humano*, devendo a tramitação dos procedimentos estar disponível em língua portuguesa. Sendo que o referido procedimento não prejudicaria o recurso à resolução extrajudicial de litígios, nos termos do novo artigo 175.º-G, nem às vias judiciais gerais.

Como resulta da análise precedente, a Proposta de Lei segue a Diretiva quase à letra, acrescentando mais ou outro considerando do seu preâmbulo. De um modo geral, a Proposta não incorpora as *Orientações* da Comissão, o que não é necessariamente errado, atento o seu valor normativo e o facto de o Advogado-Geral no *post-scriptum* às suas Conclusões ter emitido reservas significativas quanto ao sentido e alcance de algumas delas, nomeadamente no que respeita à possibilidade de as plataformas terem que instituir um sistema de bloqueio ou remoção *ex ante* de todos e quaisquer conteúdos marcados pelos titulares de direitos, ainda que o seu carregamento não fosse manifestamente ilícito.

Entretanto, a dissolução da Assembleia da República fez cair esta Proposta de Lei, remetendo para a nova legislatura a transposição da diretiva. Apesar de não ter conseguido transpor a Diretiva, a anterior legislatura ainda aprovou a lei sobre fiscalização, controlo, remoção e impedimento do acesso em ambiente digital a conteúdos protegidos[77].

11. Controlo, remoção e impedimento do acesso em ambiente digital a conteúdos protegidos segundo a Lei n.º 82/2021

A Lei 82/2021 regula os procedimentos de fiscalização, controlo, remoção e impedimento do acesso em ambiente digital a conteúdos protegidos pelo direito de autor e pelos direitos conexos, bem como o procedimento administrativo a adotar em caso de disponibilização ilícita de conteúdos protegidos pelo direito de autor e pelos direitos conexos, incluindo as obrigações, no âmbito desse procedimento, dos prestadores intermediários de serviços em rede, definidos no n.º 5 do artigo 4.º do Decreto-Lei n.º 7/2004, ou seja, os que "prestam serviços técnicos para o acesso, disponibilização e utilização de informações ou serviços em linha independentes da geração da própria informação ou serviço".

Em termos gerais, este diploma parece colocar na forma de lei o Memorando de Entendimento celebrado entre a IGAC, as entidades representativas dos titulares de direitos de autor e direitos conexos, e representantes de provedores de acesso à Internet a operar no mercado português.[78] É atribuída competência à Inspeção-Geral das Atividades Culturais (IGAC), enquanto entidade de supervisão setorial em matéria de direito de autor e direitos conexos, no âmbito do DL 7/2004 (art. 2.º). A IGAC, oficiosamente ou na sequência de denúncia, notifica o responsável pela disponibilização ilícita de conteúdos, a fim de, no prazo máximo de 48 horas, fazer cessar essa disponibilização e remover o serviço ou o conteúdo da Internet (art. 3.º/1). Em situações de urgência, a notificação prévia ao responsável pela disponibilização pode ser dispensada. Findo esse prazo e mantendo-se os conteúdos acessíveis, a IGAC notifica o provedor de Internet para remover ou bloquear os conteúdos, no prazo de 48 horas. Todavia, existindo dúvidas fundadas quanto à titularidade dos direitos em causa ou à legitimidade da utilização dos conteúdos pelo responsável pela sua disponibilização, não há lugar à notificação (art. 3º/6).

77 Lei n.º 82/2021, de 30 de novembro.

78 http://www.apel.pt/gest_cnt_upload/editor/File/apel/direitos_autor/memorando_APRITEL_IGAG_MAPINET.pdf

Esta lei vem regular o procedimento perante a entidade de supervisão previsto no art. 18.º/4 do DL 7/2004. Todavia, não se aplica "aos prestadores de serviços de partilha de conteúdos em linha, definidos no n.º 6 do artigo 2.º da Diretiva (UE) 2019/790 [...], os quais são responsabilizados nos termos do artigo 17.º do mesmo diploma e da legislação que o transponha para a ordem jurídica nacional" (art. 1/2). Nesse sentido, deixa de fora as plataformas comerciais de partilha em rede de conteúdos, que são objeto deste trabalho.

12. Conclusão

O sistema de direitos de autor e direitos conexos afirma-se plenamente válido e eficaz no mundo digital. Parafraseando uma frase conhecida de MARK TWAIN, diríamos que as notícias sobre a morte deste instituto foram manifestamente exageradas[79]. Isto não significa que o direito de autor seja atualmente o mesmo que conhecíamos no tempo da tecnologia analógica. Numa palavra, o direito de autor adaptou-se aos desafios da tecnologia digital, digitalizando-se. No sentido de que o que a tecnologia digital tornou possível, quer ao nível de novas formas de expressão criativa, quer ao nível de novos modos de exploração das obras e de outro material protegido, assim como no papel do utilizador final, tudo isto o direito de autor assimilou e com isso se fortaleceu.

O desafio mais recente foi lançado pelas plataformas comerciais de partilha em linha de conteúdos carregados pelos utilizadores finais, com a chamada web 2.0 marcada pela interatividade e pela partilha. Estes novos modelos de negócios floresceram ao abrigo do "porto seguro" de responsabilidade dos prestadores de serviços de internet e num quadro de relativa incerteza jurídica em termos de direitos de autor. O legislador da União Europeia, no cumprimento do seu dever de proteger a propriedade intelectual e, ao mesmo tempo, outros direitos fundamentais também consagrados na Carta da União estabeleceu no artigo 17.º da Diretiva 2019 um regime que procura consagrar um justo equilíbrio entre os legítimos interesses em conflito de todas as partes envolvidas.

A oferta ao público de acesso a obras e outros materiais carregados pelos utilizadores de serviços de partilha de conteúdos em linha passa a ser expressamente considerada uma utilização (comunicação ao público

79 *Vd.*, com referências, ALEXANDRE DIAS PEREIRA, *Informática, direito de autor e propriedade tecnodigital*, Coimbra Editora, 2001, p. 38-9.

ou colocação à disponibilização do público) sujeita a autorização dos respetivos titulares de direitos, a qual abrangerá não apenas a atividade da plataforma, mas também os atos praticados pelos utilizadores dos serviços se estes não agirem com caráter comercial ou se a sua atividade não gerar receitas significativas. A Diretiva afirma o princípio da soberania do autor, no sentido de os titulares de direitos serem livres de autorizar, ou não, esta nova forma de utilização. Isto é, o princípio é o de que "os titulares de direitos não deverão ser obrigados a conceder uma autorização ou a celebrar acordos de concessão de licenças", como se lê no considerando (61), sendo os titulares de direitos soberanos para autorizar ou não a utilização das suas obras nas novas plataformas de partilha de conteúdos.

Enquanto atividade sujeita a autorização, exclui-se da limitação da responsabilidade prevista na Diretiva sobre comércio eletrónico para os prestadores de serviços de armazenagem em servidor (n.º 3). Na ausência de autorização, estas plataformas comerciais respondem por infração aos direitos de autor, a menos que provem que se esforçaram seriamente ou diligentemente para obter autorização, para não disponibilizar obras identificadas pelos titulares de direitos ou para bloquear ou remover obras objeto de notificação pelos titulares de direitos e para impedir o seu futuro carregamento. O cumprimento destas obrigações - que passa pela implementação de medidas técnicas adequadas (leia-se tecnologias de reconhecimento de conteúdos) - é aferido à luz do princípio da proporcionalidade, tendo em conta, designadamente, o tipo, o público-alvo e a dimensão do serviço e o tipo de conteúdos carregados pelos utilizadores do serviço, e a disponibilidade de meios adequados e eficazes, bem como o respetivo custo para os prestadores de serviços.

Tendo em conta que as tecnologias de controlo de conteúdos (monitorização e filtragem) podem ser pouco eficazes e/ou muito dispendiosas, considera-se necessário apreciar, caso a caso, a sua onerosidade para salvaguardar a liberdade de empresa e salvaguardar a concorrência no setor[80]. Desde logo, a fim de prevenir a eliminação à nascença de concorrentes, as pequenas e médias empresas que forem novas no setor (i.e. atuarem há menos de três anos e com volume de negócios anual inferior a 10 milhões de euros), têm que provar apenas que se esforçaram seriamente ou diligentemente para obter autorização e, após recebimento de uma notificação, para bloquear o acesso ao ou remover o conteúdo

80 Recorde-se o acórdão de 24 de novembro de 2011, *Scarlet Extended*, proc. C-70/10, ECLI:EU:C:2011:771.

protegido dos seus sítios Internet; se ultrapassarem os 5 milhões de visitantes individuais, terão que provar que se esforçaram seriamente para prevenir futuros carregamentos de obras objeto de notificação adequada por parte dos titulares de direitos. O que na prática significará que as plataformas com mais de 5 milhões de visitantes individuais terão que recorrer a tecnologias de reconhecimento de conteúdos.

Além disso, o controlo dos conteúdos carregados pelos utilizadores não deve impedir utilizações de obras já caídas no domínio público ou utilizações de conteúdos gerados por utilizadores em serviços de partilha de conteúdos em linha para fins de citações, crítica, análise, ou para efeitos de caricatura, paródia ou pastiche (os famosos memes), ao abrigo da liberdade de expressão e de informação, utilizações essas que passam a ser imperativamente garantidas enquanto direitos subjetivos dos utilizadores finais no ambiente digital. Além disso, os titulares de direitos devem justificar devidamente os seus pedidos de bloqueio ou de remoção de conteúdos, para resolver litígios sobre o bloqueio do acesso a obras que carreguem ou que sejam removidas, as plataformas devem disponibilizar aos utilizadores um mecanismo de reclamação e de recurso eficaz e rápido, cujas decisões "são sujeitas a controlo humano".

Este mecanismo de autorregulação não prejudica a disponibilidade de mecanismos de resolução extrajudicial de litígios, os quais por seu turno também não prejudicam o direito dos utilizadores a recursos judiciais eficazes, nomeadamente mediante acesso a um tribunal ou a outro órgão jurisdicional pertinente para reivindicar a utilização de uma exceção ou limitação, cabendo aliás aos prestadores de serviços de partilha de conteúdos em linha informar os seus utilizadores, nas suas condições gerais, da possibilidade de utilizarem obras ao abrigo de exceções ou limitações aos direitos de autor e direitos conexos previstas no direito da União. A fim de otimizar o regime instituído, a Comissão promoverá o diálogo entre as partes interessadas e emitirá orientações sobre as melhores práticas, tendo em conta igualmente os direitos fundamentais e a utilização de exceções e limitações.

Apesar de as tecnologias de reconhecimento de conteúdos terem sido retiradas da letra da lei, tanto o Tribunal de Justiça como o Advogado-Geral e a Comissão já reconheceram que o sistema instituído passará, em larga medida, pela utilização dessas tecnologias (ferramentas informáticas de monitorização e filtragem de conteúdos). A grande questão está em saber qual deverá ser o nível de controlo a efetuar pela máquina. Como vimos atrás, a Comissão reconhece que "No estado atual dos conhecimentos, nenhuma tecnologia consegue avaliar, de acordo com o padrão exigido por lei, se os conteúdos que um utilizador deseja carregar correspondem a uma infração ou a uma utilização legítima".[81]

Isso não impede a Comissão de recomendar que os Estados-Membros transponham a Diretiva no sentido de prever expressamente a possibilidade de o controlo automático impedir, bloquear e ou remover o carregamento de conteúdos manifestamente ilícitos, designadamente em situações de reprodução integral idêntica ou equivalente de obras protegidas; recomenda ainda que o mesmo seja válido para conteúdos marcados pelos titulares de direitos. O Advogado-Geral concorda com a primeira solução, mas já se opõe ao controlo automático de todo e qualquer conteúdo marcado pelo titular de direitos, por considerar ser essa uma limitação excessiva à liberdade de expressão e de informação. Defende inclusive que o direito subjetivo dos utilizadores de carregarem conteúdos ao abrigo das utilizações permitidas por lei só por via judicial deve ser limitado, ao invés de ficar sujeito à apreciação autónoma das plataformas, numa orientação claramente *in dubio pro libertate*. Recordando as suas palavras: "o legislador considerou que os «falsos positivos», que consistem em bloquear conteúdos legais, são mais graves do que os «falsos negativos», que consistem em deixar passar determinados conteúdos ilícitos".[82]

O projeto de transposição do artigo 17.º para o direito interno não incorpora as orientações da Comissão no que respeita ao modo de funcionamento dos filtros de conteúdos, o que nos parece ser uma solução sensata tendo em conta os argumentos aduzidos pelo Advogado-Geral em defesa de uma comunidade digital em que o sistema de direitos de autor reconhece direitos não apenas aos titulares tradicionais (criadores, artistas e produtores), mas também aos utilizadores finais, em nome das suas liberdades fundamentais da comunicação. Da nossa parte, também nos parece que colocar nas mãos dos titulares de direitos a possibilidade de exigirem que as plataformas programem os filtros de modo a bloquear ou remover a priori qualquer conteúdo, em nome do seu interesse económico, é restringir de forma excessiva a liberdade de comuni-

81 *Orientações*, cit., p. 23.

82 *Conclusões*, cit., para. 207 (acrescentando, em conformidade com o princípio geral da liberdade de comunicação, que "nos casos em que não seja possível, no estado atual da tecnologia, tratando-se, por exemplo, de certos tipos de obras e de material protegido, utilizar uma ferramenta de filtragem automática sem implicar uma taxa de «falso positivo» considerável, a utilização dessa ferramenta deve, na minha opinião, ser excluída" (para. 214).

cação no médium digital e, com isso, comprometer seriamente um pilar das sociedades livres e democráticas. Compreende-se e aceita-se o controlo automático para utilizações manifestamente ilícitas, tal como atrás caraterizadas, pese embora se reconheça que mesmo aí a tecnologia não dá respostas inteiramente seguras. Fora dessas situações, seria excessivo impedir *ex ante* a comunicação nos media digitais, sem prejuízo do controlo *ex post*. Nesse sentido deve interpretar-se a Carta Portuguesa de Direitos Humanos na Era Digital[83], que consagra, *inter alia*, a liberdade de expressão e de criação em ambiente digital (art. 4.º), bem como o direito à proteção de conteúdos por direitos de propriedade intelectual, quando remete para lei especial as medidas proporcionais, adequadas e eficazes com vista a impedir o acesso ou a remover conteúdos disponibilizados em *manifesta* violação do direito de autor e direitos conexos (art. 16.º/2, *itálico nosso*).

13. Referências

ACÓRDÃO de 17 de junho de 2021, proc. C-597/19, ECLI:EU:C:2020:1063

ACÓRDÃO de 22 de junho de 2021, procs. apensos C-682/18 e C-683/18, *Frank Peterson c. YouTube, Elsevier c. Cyando*, ECLI:EU:C:2021:503.

ACÓRDÃO de 22 de junho de 2021, procs. C-682/18 e C-683/18, *Frank Peterson c. YouTube, Elsevier c. Cyando*, ECLI:EU:C:2021:503.

ACÓRDÃO de 24 de novembro de 2011, *Scarlet Extended*, proc. C-70/10, ECLI:EU:C:2011:771.

ACÓRDÃO de 26 de abril de 2017, proc. C-527/15, ECLI:EU:C:2017:300.

ACÓRDÃO de 29 de novembro de 2017, proc. C-265/16, ECLI:EU:C:2017:913.

ACÓRDÃO de 3 de julho de 2012, proc. C-128/11, *UsedSoft*, ECLI:EU:C:2012:407.

ACÓRDÃO de 3 de outubro de 2019, proc. C-18/18, ECLI EU:C:2019:821

ACÓRDÃOde 3 de setembro de 2014, proc. C-201/13, TJUE, (*Deckmyn e Vrijheidsfonds*).

ACÓRDÃO de 5 de junho de 2014, proc. C-360/13, ECLI:EU:C:2014:1195.

ACÓRDÃO de 7 de agosto de 2018, proc. C-161/17, ECLI:EU:C:2018:634

ACÓRDÃO de 8 de dezembro de 2016, proc. C-160/15, ECLI:EU:C:2016:644 ("Playboy").

83 Aprovada pela Lei n.º 27/2021 de 17 de maio.

ACORDÃO. Proc. apensos C-236/08 a C-238/08, *Google France e Google*, EU:C:2009:569.

ALEXY, Roberty. Mark Susi's internet balancing formula», in *European Law Journal*, vol. 25/2 (2019), p. 213-220.

ALMEIDA, Beatriz Marques. *Direitos de Autor nas Plataformas de Partilha de Conteúdos em Rede (Copyright in Online Content-Sharing Platforms)*, Dissertação de Mestrado, Faculdade de Direito, Universidade de Coimbra, Jan. 2022

CASIMIRO, Sofia de Vasconcelos. A responsabilidade das plataformas digitais pelos conteúdos de terceiros: o reposicionamento do direito de comunicação ao público no Acordão YouTube e Cyando (processos C-682/18 e C-683/18)», *Revista de Direito Intelectual*, N.º 2, p. 271-278, 2021.

DESPACHO de 21 de outubro de 2014, proc. C-348/13, *BestWater International*, ECLI:EU:C:2014:2315.

DIGITAL MILLENNIUM COPYRIGHT ACT, 1998. https://www.copyright.gov/legislation/dmca.pdf

DIRETIVA (UE) 2015/1535 do Parlamento Europeu e do Conselho, de 9 de setembro de 2015.

DIRETIVA (UE) 2019/790 do Parlamento Europeu e do Conselho de 17 de abril de 2019

DIRETIVA 2000/31/CE do Parlamento Europeu e do Conselho de 8 de junho de 2000

DIRETIVA 2001/29/CE do Parlamento Europeu e do Conselho de 22 de maio de 2001

DIRETIVA 2004/48/CE do Parlamento Europeu e do Conselho, de 29 de abril de 2004,

DIRETIVA 98/34/CE do Parlamento Europeu e do Conselho de 22 de junho de 1998

DUSOLLIER, Severine.The 2019 Directive on Copyright in the Digital Single Market: Some Progress, a Few Bad Choices, and an Overall Failed Ambition», *Common Market Law Review*, vol. 57, p. 979-1030, 2020.

FROSIO, Giancarlo. From Horizontal to Vertical: An Intermediary Liability Earthquake in Europe, *Journal of Intellectual Property Law & Practice*, vol. 12/7, p. 565-75, 2017.

GRISSE, Karina. After the Storm – Examining the Final Version of Article 17 of the new Directive (EU) 2019/790, *Journal of Intellectual Property Law & Practice*, voll 14, p. 887-99, 2019

LAMBRECHT, Maxime. Free speech by design – Algorithmic protection of exceptions and limitations in the Copyright DSM directive, JIPITEC, vol. 11, p. 68-94, 2020.

MACHADO, Jónatas. *Liberdade de Expressão. Dimensões Constitucionais da Esfera Pública no Sistema Social*, Coimbra Editora, Coimbra, 2002

PEREIRA, Alexandre Dias. Comunicação ao público: um "grande direito" na jurisprudência do Tribunal de Justiça da União Europeia?, *Boletim da Faculdade de Direito de Coimbra*, vol. 94/II (2018), p. 1399-1411.

PEREIRA, Alexandre Dias. Direitos de autor e liberdade de informação, Almedina, Coimbra, 2008

PEREIRA, Alexandre Dias. Direitos de autor, Códigos tecnológicos e a lei Milénio Digital», *Boletim da Faculdade de Direito de Coimbra*, vol. 75, 1999.

PEREIRA, Alexandre Dias. Fair use e direitos de autor (entre a regra e a excepção), *Estudos em honra do Professor Doutor José de Oliveira Ascensão*, Almedina, Coimbra, 2008.

PEREIRA, Alexandre Dias. Informática, direito de autor e propriedade tecnodigital, Coimbra Editora, 2001, p. 38-9.

PEREIRA, Alexandre Dias. Os direitos de autor e os desafios da inteligência artificial: copyright ex machina?, Revista de Legislação e de Jurisprudência, ano 150.º, n.º 4025 (2020), p. 66-84;

PEREIRA, Alexandre Dias. Os Direitos de Autor no Mercado Único Digital segundo a Diretiva 2019/790», Revista de Direito Intelectual, 2019 - N.º 2, p. 35-56;

PROPOSTA DE REGULAMENTO DO PARLAMENTO EUROPEU E DO CONSELHO, Bruxelas, 15.12.2020.

QUINTAIS, João Pedro. The New Copyright in the Digital Single Market Directive: A Critical Look, *European Intellectual Property Review*, 42/1, p. 28-41, 2020.

RECOMENDAÇÃO (UE) 2018/334 da Comissão, *Orientações*, de 1 de março de 2018.

SAUGMANDSGAARD ØE, Henrik. Conclusões – Opiniões, proc. C-401/19, 15 de julho de 2021.

SOUSA E SILVA, NUNO. Subsídios para a transposição da Diretiva 2019/790, *Revista de Direito Intelectual*, N.º 1, p. 245-272, 2020;

SUSI, Mart, The Internet Balancing Formula, in *European Law Journal*, p. 198-212, vol. 25/2, 2019.

VICENTE, Dário Moura; MARQUES, J.P. Remédio; SOUSA E SILVA, Nuno. Nótula sobre as Propostas de Lei nos 113/XIV e 114/XIV em matéria de Direito de Autor e Direitos Conexos no Mercado Único Digital», *Revista de Direito Intelectual*, N.º 2, p. 177-197. 2021.

YOUTUBE. Creating with common sense. https://creatoracademy.youtube.com/page/lesson/copyright-guidelines.

Direitos autorais e sociedade de informação e conhecimento: por um direito de uso adaptado à era digital

Lisiane Feiten Wingert Ody

1. Introdução

Dizer que o mundo mudou - e muito - nas últimas décadas é simplesmente declarar uma evidência, pois é fato que a vida se desdobra atualmente no meio digital, no qual opções de estudo, de trabalho e de entretenimento se fazem onipresentes. Recursos tecnológicos oferecem amplo material *on line*, utilizado não apenas de forma passiva pelos indivíduos, mas também ativa, sendo comportamento social típico a produção de conteúdo não apenas por profissionais, mas também por particulares, em redes sociais (*user-generated content*), por exemplo. Essa realidade não somente afeta direitos clássicos de personalidade, como o direito à própria imagem e o direito à privacidade[1], previstos originalmente de forma expressa na Constituição e que são vulneráveis em proporções exponenciais no meio digital, como evidencia novos direitos emergentes da dignidade da pessoa humana[2], como o *direito à autodeterminação informativa*[3], recentemente constitucionalizado, e o *direito*

---

1 Sobre o tema, recomenda-se: CACHAPUZ, Maria Claudia. *Intimidade e vida privada no novo Código Civil brasileiro*: uma leitura orientada no Discurso Jurídico. Porto Alegre: Sérgio Antônio Fabris Editor, 2006.

2 A Constituição brasileira não refere o termo dignidade junto aos direitos e garantias fundamentais, mas o faz ao referir os fundamentos deste país, já no artigo 1º. Além do aspecto linguístico, o termo tem significado jurídico associado à toda tradição jus-filosófica ocidental. Na Alemanha, o tema foi desenvolvido por Kant, tendo sido posteriormente consagrado na Lei Fundamental de 1948 - e desde então incorporado à jurisprudência e à literatura jurídica que tratam dos direitos de personalidade. Confira-se: *Grundlegung zur Metaphysik der Sitten,* em tradução livre: "Fundamentação para a metafísica dos costumes", publicada em 1785. Nessa obra, Kant desenvolve, a partir dos conceitos básicos de boa vontade e dever, os conceitos de imperativo categórico com as suas várias fórmulas, de atenção à lei moral e da dignidade humana.

3 Cumpre assinalar que o reconhecimento expresso do direito à autodeterminação informativa não é mera questão formal ou detalhe técnico irrelevante. A constitucionalização expressa fortalece o indivíduo, pois incumbe ao Estado o dever de proteger seu direito como tal e permite ao ofendido invocar seu direito em face de

ao esquecimento[4], ainda mal compreendido por parte da jurisprudência nacional. São novos direitos, que resultam diretamente do *meio digital*, em que os *dados* são qualificados não só pelo valor que representam, mas também pelo conhecimento potencial que deles pode resultar, e em que meras *informações*, permanentemente disponíveis, podem se revelar prejudiciais, porque desatualizadas e essencialmente irrelevantes.

Apesar de serem direitos de personalidade regulados em lei especial, os direitos autorais não ficaram imunes ao fenômeno, pois é ordinário o uso de criações protegidas por direitos autorais no meio digital. De fato, nas palavras de Samuelson[5], quando *intellectual property meets the*

particular. É claro que se poderia decidir casos concretos a partir da inviolabilidade da vida privada, por exemplo, como vinha ocorrendo até então. Essa opção, porém, além de exigir a cada nova violação enorme esforço interpretativo do jurista que opera no caso, perpetua a falta de clareza e de rigor científico do sistema. Sobre o tema, leia-se: FEITEN WINGERT ODY, Lisiane; CUNHA, Anita. A construção jurisprudencial de um direito fundamental de proteção de dados: análise doVolkszählunsurteil e seus reflexos na ADI 6.387. *Teoria Jurídica Contemporânea*, v.6, p. 1-26, 2021.

4 O direito ao esquecimento (en. *right to be forgotten*; dt. *Recht auf Vergessenwerden*) foi objeto de julgamento recentemente pelo STF (RE 1.010.606, julgado em 11.02.2021, sob o rito de repercussão geral. Relator Min. Dias Toffoli. Acórdão publicado em 20.05.2021). No julgamento, concluiu-se (i) pela incompatibilidade do que denominaram direito ao esquecimento com a Constituição e (ii) pela obrigatoriedade de serem analisados os casos de abuso um a um pelo Judiciário. Salvo melhor juízo há contradição entre as premissas. Além disso, há um distanciamento flagrante do que se considera direito ao esquecimento em outros países e a compreensão do STF, que o refere em meio analógico – parecendo, assim, associá-lo mais com o direito à reabilitação e com os direitos à imagem e nome da vítima ou mesmo à privacidade e intimidade dos sucessores, em compreensão dissociada da acolhida internacionalmente, em decorrência do uso não técnico do termo. A tese do "direito ao esquecimento" é associada ao cientista jurídico e político austríaco Viktor Mayer-Schönberger, que defende que as informações armazenadas eletronicamente tenham data de validade ou expiração, para que uma informação digital com referência pessoal não fique permanentemente disponível. No âmbito europeu, o direito de exclusão de informações é disciplinado pelo artigo 17 da Regulamento básico de Proteção de Dados. Trata-se de direito que emerge de uma realidade tecnológica atual, que, positivamente, tornou informação acessível a todos, mas que, negativamente, não tem filtros – morais, temporais, autorais, ou quaisquer outros. Sobre o tema: FEITEN WINGERT ODY, Lisiane. Direito e Arte: o direito da arte brasileiro sistematizado a partir do paradigma alemão. São Paulo: Marcial Pons, 2018. p. 169.

5 SAMUELSON, Pamela. Intellectual property meets the internet. In: DREYFUSS, Rochelle; PILA, Justine. *The Oxford Handbook of Intellectual Property Law*. Oxford: OUP, 2018. p. 845-871.

internet os direitos autorais passaram a ser assunto de pessoas comuns, não apenas de juristas. A par de direitos morais (artigos 24 a 27), a Lei 9.610/98 (Lei de Direitos Autorais, abrev. LDA) confere ao autor *exclusividade sobre sua obra*, o que resulta da titularidade originária dos direitos patrimoniais (artigos 28 a 45), como o direito de sequência[6] e os direitos de exploração, compreendidos nestes últimos os direitos de reprodução, de distribuição e de exposição da obra protegida. A própria LDA prevê, porém, *limitações aos direitos do autor*, dispondo expressamente casos em que ele tem de suportar o uso de sua criação por terceiro, sem seu consentimento. Essas hipóteses decorrem de ponderação do legislador de prevalência de outro direito, também de estatura constitucional, de interesse coletivo, sobre os interesses individuais do autor, como nos casos de: (i) reprodução de artigo informativo na imprensa (46, I, a, LDA); (ii) liberdade de citação, para fins de estudo, crítica ou polêmica (artigo 46, III, da LDA; (iii) livre utilização para criação de obra nova (artigo 46, VIII, da LDA); (iv) paráfrases e paródias (artigo 47 da LDA); e (v) liberdade de panorama (artigo 48 da LDA). Apesar dessas disposições, outras situações relevantes para a coletividade, muitas delas relacionadas às novas exigências impostas pela sociedade da informação, *mutatis mutandis* sociedade de conhecimento[7], como o uso permitido de obra au-

---

6 Artigo 38 da LDA. Sobre o tema, sugere-se: FEITEN WINGERT ODY, Lisiane. Direito e Arte: o direito da arte brasileiro sistematizado a partir do paradigma alemão. São Paulo: Marcial Pons, 2018. p. 116-122.

7 Por questões ideológicas ou terminológicas, pode-se distinguir entre sociedade de informação e sociedade de conhecimento. A sociedade de informação caracteriza-se, singelamente, pela presença de tecnologias de comunicação e informação em todos os âmbitos da vida. São três os alicerces dessa sociedade: (i) os direitos fundamentais de comunicação (dt. *Kommunikationsgrundrechte*), como as liberdades de opinião, de imprensa e de radiofusão, por exemplo; (ii) o direito de acesso à informação (dt. *Informationszugangsfreiheit*); (iii) a proteção de dados (dt. *Datenschutz*); (iv) a proteção de segredos (dt. *Geheimschutz*); e (v) direitos de personalidade, como o direito à própria imagem (dt. *Recht am eigenem Bild*) e os direitos autorais (dt. *Urheberrecht*), por exemplo. Veja-se: VON DIX, Alexander; FRANSSEN, Gregor; KLOEPFER, Michael; SCHAAR, Peter; SCHOCH, Friedrich; VOSSHOFF, Andrea (org.). *Informationsfreiheit und Informationsrecht*. Berlin: Lexxion Verlagsgesellschaft, 2015. A sociedade de conhecimento, por sua vez, seria aquela que transforma a informação e interpreta dados, gerando, compartilhando e tornando disponível o conhecimento. Relatório Mundial da UNESCO – Organização das Nações Unidas para a Educação, a Ciência e a Cultura apresenta definição, conteúdo e prognóstico para o futuro das sociedades de conhecimento. Disponível em: https://unesdoc.unesco.org/ark:/48223/pf0000232575. Sem deter-se em even-

toral protegida para fins de ensino e pesquisa, não foram contempladas no direito brasileiro, apesar de terem sido inseridas em ordenamentos jurídicos de outros países por meio de novas contribuições da doutrina, da jurisprudência ou de modificações legislativas.

Embora o descompasso entre a lei de direitos autorais e a realidade já fosse flagrante desde o incremento da sociedade de informação[8], o isolamento social preconizado como meio para contenção da pandemia de COVID-19, provocada pelo vírus SARS-CoV-2, evidenciou de forma aguda essa insuficiência normativa, pois revelou a inexistência de previsão legal dispondo sobre a possibilidade de acesso à criação protegida por direitos autorais para fins de ensino à distância, assim como sobre seu oferecimento por arquivos, museus e instituições de ensino à população isolada em suas residências.[9] No mesmo período, recrudesceu o uso de tecnologias de inteligência artificial e de *blockchain* que, embora concebidas, respectivamente, para otimizar processos e conferir segurança em negócios, importaram em novas tensões envolvendo direitos autorais, tampouco disciplinadas na LDA.

É no contexto exposto que se insere este trabalho, cujo objetivo geral é expor vulnerabilidades da LDA em face da realidade social atual, oferecendo estudo do direito comparado para sua superação.

Longe de defender o transplante de soluções jurídicas prontas, a pesquisa busca oferecer subsídios para reflexão sobre o problema onipresente da utilização de obras protegidas pelo direito autoral para fins de estudo e pesquisa à margem das previsões legais, bem como sobre o

---

tuais distinções entre sociedade de informação e conhecimento, o presente trabalho tem por ponto de partida o fenômeno fático inconteste: vivemos num mundo que, em lugar de valorizar átomos, valorizamos informações em *bits*. Cf. MURRAY, Andrew. Information, Technology Law: the Law & Society. Oxford: OUP, 2019.

8 Sobre o tema, recomenda-se: ADOLFO, Luiz Gonzaga Silva. *Obras privadas, benefícios coletivos*: a dimensão pública do direito autoral na sociedade de informação. Porto Alegre: Antônio Sérgio Fabris Editor, 2008. ASCENSÃO, José de Oliveira. *Direito Autoral*. Rio de Janeiro: Renovar, 2007.

9 Não apenas isso, demonstrou também a ausência de disposições acerca do uso justificado de materiais protegidos pelos direitos autorais em redes sociais, como o *Instagram*, e canais do *Youtube*, por exemplo, que, durante a quarentena, foram alternativas para manter contato social e, eventualmente, profissional. Esse aspecto, porém, não será objeto deste estudo, apesar de ser evidente a inviabilidade econômica de avaliar caso a caso as violações aos direitos autorais nesse contexto.

impacto nos direitos autorais pela implementação de sistemas de *machine learning* e de ativos digitais insubstituíveis, os *non-fungible-tokens*, ou, simplesmente, *NFTs*.

Em relação ao primeiro ponto, diante da existência de demanda e de recursos digitais, o legislador alemão optou, antes mesmo da pandemia, por reformar sua lei de direitos autorais (dt. *Urheberrechtsgesetz*) para nela inserir previsões acerca de usos permitidos de obras protegidas no âmbito do ensino, para ciência, e por instituições, como bibliotecas e museus. De fato, a lei alemã de direitos autorais, a qual mesmo antes de ser modificada já possuía uma subseção sobre as limitações dos direitos autorais prevendo uso não autorizado pelo autor, mas pela lei, ligeiramente maior que a lei brasileira[10], passou a contar com rol de exceções ainda mais amplo, atendendo aos preceitos da Diretiva 2001/29/CE do Parlamento Europeu e do Conselho, relativa à harmonização de certos aspectos do direito de autor e dos direitos conexos na sociedade da informação[11]. Em 21.07.2017[12], foi aprovada lei que reformou a legis-

10 A *Urheberrechtsgesetz* alemã antes mesmo da reforma de 2017 dispunha rol mais amplo de limitações aos direitos autorais, prevendo atos temporários de reprodução (§ 44a), a prospecção de textos e dados (§ 44b), reproduções no interesse da administração da justiça e segurança pública (§ 45), reproduções para facilitação de acesso a pessoa com deficiência (§ 45ª, 45b e 45c), uso de coleções religiosas (§ 46), transmissões escolares (§ 47) discursos públicos (§ 48), reproduções de artigos de jornal e comentários de rádio (§ 49), relatórios sobre eventos atuais (§ 50), citação (§ 51), caricatura, paródia e pastiche (§ 51a), comunicação ao público (§ 52), reproduções para uso privado e outro uso pessoal (§ 53), reproduções por empresas de radiofusão (§ 55), uso de bancos de dados (§ 55a), reprodução e comunicação ao público em estabelecimentos comerciais (§ 56), reprodução de obras de forma acessórias/insignificante (§ 57), publicidade para exposição e venda pública de obras (§ 58), liberdade de panorama (§ 59) e reproduções em retratos (§ 60).

11 A questão fora objeto da diretiva 2001/29/CE, datada de 22.05.2001, do Parlamento Europeu e Conselho, que previu a harmonização de certos aspectos do direito de autor e dos direitos conexos na sociedade da informação. Disponível em: https://eur-lex.europa.eu/legal-content/PT/TXT/PDF/?uri=CELEX:32001L0029&from=PT

12 A nova lei alemã de direitos autorais entrou em vigor em 01.03.2018. Segundo o parlamento alemão, as normas de direitos autorais até então vigentes seriam muito complexas e vagas, por se consubstanciarem em conceitos indeterminados e por não atenderem aos requisitos da ciência na atualidade. A nova lei tem pretensão de regulamentar o tema da reprodução de forma facilmente compreensível a usuários das áreas de educação, ciência e pesquisa, com o fim de adaptar os direitos autorais às mudanças da era digital.

lação com escopo explícito de adaptar o direito autoral então vigente às exigências da sociedade de conhecimento, passando a ser referida muitas vezes como lei de direitos autorais e da sociedade de conhecimento (dt. *Urheberrechts-Wissensgesellschafts-Gesetz;* abrev. *UrhWissG*). A lei passou então a prever uso autorizado por lei, e sem autorização do autor, de obra protegida pelos direitos autorais[13]: (i) em aula e para ensino; (ii) em mídias de aula e ensino; (iii) para pesquisa científica; (iv) para prospecção de texto e dados para fins de pesquisa científica; (v) em bibliotecas; e (vi) em arquivos, museus e instituições educacionais.

Essas considerações preliminares evidenciam não apenas a relevância do tema, mas também os objetivos específicos da pesquisa, que é conhecer soluções jurídicas disponíveis em ordenamentos estrangeiros, em especial europeu e alemão[14], capazes de contribuir para a superação das insuficiências da LDA em face das demandas da sociedade de conhecimento e das exigências das novas tecnologias de informação. Os métodos empregados são, precipuamente, os de direito comparado, fun-

13 Não foi introduzida nenhuma regra especial, porém, na lei alemã, quanto ao tema da utilização de obra protegida em conteúdo produzido pelo usuário em redes sociais ou vídeos do *Youtube*, por exemplo– o que eventualmente se explicaria pela expressiva proteção que esse ordenamento oferece aos direitos de personalidade, por aspectos culturais relacionados aos hábitos de uso do ambiente digital nesse país ou mesmo pela sujeição a normas transnacionais, no âmbito da União Europeia – o que desde já se ressalva não ter sido objeto de inquirição neste trabalho.

14 Não se pode falar, porém, numa única forma de ajuste do direito à nova realidade. De forma diversa, no *Common Law*, por exemplo, a atualização da norma protetiva de direitos autorais decorreu de modificações na compreensão da doutrina e da jurisprudência. Nesse sistema, a questão da limitação dos direitos do autor é tratada sob a perspectiva do teste de quatro fatores, por meio do qual se verifica se há justificativa para o uso não autorizado, o que se denomina *fair use* (en. us.) ou *fair dealing* (en. uk.) ou, em português, uso justificado. Nesse exame, pondera-se: (i) o propósito e caráter do uso não autorizado, (ii) a natureza da obra utilizada, se inédita ou publicada, (iii) a extensão e substância da obra utilizada e (iv) o seu eventual impacto econômico na obra original. Poder-se-ia perquirir, ainda, a possibilidade razoável de se obter autorização para o uso da obra utilizada. Favorece a justificação do uso se a obra tiver sido utilizada para fins relacionados à educação, como para ensino e pesquisa, bem como a jornalismo, a paródias e à crítica, por exemplo. O uso de obras inéditas, por outro lado, afasta a justificação, assim como a utilização de partes extensas ou centrais da obra. A ausência de prejuízo direto à obra utilizada, por ausência de concorrência, por exemplo, também favorece a conclusão de justificação. No presente estudo, optou-se pela limitação do tema à comparação com a experiência continental-europeia.

cional e contextualizado, no exame de institutos em diferentes sistemas jurídicos; e os métodos indutivo e dedutivo, na apreensão das fontes.

Em virtude de o direito brasileiro compartilhar do mesmo substrato teórico (fr. *droit d'auteur*) que o alemão no âmbito da proteção dos direitos autorais, bem como da circunstância de este já ter implementado alterações significativas no sentido de adequar sua legislação à nova realidade da sociedade de informação e conhecimento, a primeira parte do presente artigo analisa essas modificações, objetivando compreender as hipóteses de cabimento de limitação de direitos autorais relacionadas ao ensino e à pesquisa, bem como à disponibilização de conteúdo por arquivos, museus e bibliotecas.

As relações entre novas tecnologias de informação, como *non-fungible-tokens – NFTs* e *Artificial Intelligence,* e criações protegidas por direitos autorais são o objeto da segunda parte deste trabalho, na qual se avalia a legalidade da utilização de conteúdo protegido na aprendizagem de sistemas de *machine learning* e as aplicações e implicações de ativos digitais insubstituíveis nos direitos autorais em face do substrato normativo existente.

2. Acesso ao conhecimento e direitos autorais: contribuições da experiência alemã

Como referido na introdução, a proteção conferida pelos direitos autorais atribui exclusividade sobre a exploração de uma obra protegida, do que decorrem o direito à reprodução, à distribuição e à exposição. A LDA prevê os dois primeiros direitos nos incisos VI e IV do seu artigo 5º e refere o terceiro no artigo 77 e na alínea j do inciso VIII do artigo 29 – norma que se insere no capítulo III da lei, onde se encontra a regra geral de que *"cabe ao autor o direito exclusivo de utilizar, fruir e dispor da obra literária, artística ou científica"* (artigo 28), dependendo de sua autorização *prévia* e *expressa* sua utilização por quaisquer modalidades (artigo 29).

Conforme a LDA, trata-se de *reprodução* a *"cópia* de um ou vários exemplares de uma obra literária, artística ou científica ou de um fonograma, *de qualquer forma tangível, incluindo qualquer armazenamento permanente ou temporário por meios eletrônicos ou qualquer outro meio de fixação que venha a ser desenvolvido".* A *distribuição*, por sua vez, é "a colocação à disposição do público do original ou cópia de obras literárias, artísticas ou científicas, interpretações ou execuções fixadas e fonogramas, mediante a venda, locação ou *qualquer outra forma de transferência de propriedade ou posse*".

Esses direitos de exclusividade, originalmente de titularidade do autor (artigo 28 e 29 da LDA), são transmissíveis, devendo ser feita a cessão por escrito, presumindo-se onerosa (artigos 49 e 50 LDA). Uma vez distinguidas a autoria (da criação) e a titularidade dos direitos autorais patrimoniais (direitos exclusivos de exploração), passa-se a examinar as hipóteses em que há limitações a esses direitos no ordenamento alemão com o escopo de atender às demandas da sociedade de conhecimento.

2.1. Utilização de criações autorais protegidas para fins de ensino e pesquisa

As hipóteses de uso permitido de obra autoral protegida para fins de ensino e pesquisa – tema ausente, como referido, na LDA – se encontram na subdivisão 4 da *Urheberrechtsgesetz*. Dentre elas, pode-se referir, singelamente, a autorização, com o propósito de *ilustrar lição e aprendizagem em instituições de ensino*, com fins não-comerciais, de reprodução, distribuição, disponibilização e oferecimento ao público por qualquer forma de *até 15% de uma obra publicada* (§ 60a). Ainda, é possível a *reprodução, distribuição e disponibilização pública até 10% de uma obra publicada para coleções de mídias* de ensino e aprendizagem.

O § 60c dispõe sobre a autorização para reprodução, divulgação e disponibilização *para fins de pesquisa científica* de *até 15% de um trabalho protegido*, admitindo, ainda, que até 75% de um trabalho possa ser reproduzido para pesquisa científica do próprio autor e que figuras e contribuições individuais de uma mesma revista ou periódico científico, outras obras de pequena quantidade e obras esgotadas podem ser utilizadas em sua totalidade. O § 60d, por fim, trata das permissões para reproduções para realizar prospecção de texto e dados para fins de pesquisa científica, definindo, inclusive, as instituições autorizadas – adstritas a universidades, institutos de pesquisa e estabelecimentos que sejam sem fins lucrativos ou reinvistam seus lucros em pesquisa, agindo no interesse público aprovado pelo Estado, bem como a museus, bibliotecas e arquivos de patrimônio cultural.

Essas modificações legislativas não foram apenas resultado de harmonização imposta pelo direito supranacional europeu (Diretiva 2001/29/CE), mas também produto de atualização do direito alemão pelos tribunais. De fato, na redação anterior da lei alemã havia autorização para disponibilizar "pequenas partes" de obras para fins educacionais (§ 52a da *UrhG*), tendo incumbido à jurisprudência definir o que se configuraria como "pequenas partes". O caso paradigmático, julgado pelo *Bundesgerichthof - BGH*[15], envolveu o livro *Meilensteine der Psychologie* (pt. Marcos da Psicologia). Nele, esse tribunal - que corresponderia, *mutatis mutandis,* ao nosso STJ - decidiu que as partes digitalizadas em PDF, sem licença nem autorização do titular dos direitos autorais, poderiam ser disponibilizadas por professores a seus alunos, desde que não contivessem mais de 12% do total de trabalho e que esse percentual não representasse mais do que 100 páginas no total. O caso teve início com o ajuizamento da ação pela editora Alfred Kröner, titular dos direitos de autor da obra controvertida, contra a FernUniversität Hagen, porque a instituição de ensino disponibilizara a mais de 4.000 alunos do curso de "Introdução à Psicologia e sua História" 91 das 528 páginas do livro *Milestones of Psychology* em uma plataforma de aprendizagem eletrônica como PDF, em arquivo para leitura, impressão e salvamento. O tribunal superior, ao reformar a sentença de segunda instância, não apenas decidiu que o a disponibilização se subsumiria ao § 52a UrhG, mas destacou que a finalidade do material não precisaria ser, necessariamente, a de ilustrar as aulas, estando autorizado o uso como leitura complementar, não havendo ilegalidade em permitir a impressão e salvamento do texto.

Não apenas o uso de obras protegidas pelos direitos autorais para fins de ensino e a aprendizagem foram afetados pela reforma legal, mas também a pesquisa em arquivos, museus e bibliotecas, como se passa a expor.

2.2. Disponibilização de obras protegidas pelos direitos autorais por arquivos, museus e bibliotecas

O § 60e da *Urheberrechtsgesetz* inovou ao dispor o direito de bibliotecas acessíveis ao público reproduzirem obra de seus acervos ou exposições com a finalidade de disponibilizar, indexar, catalogar, preservar e restaurar, enquanto o § 60f da UrhG estende essa previsão a arquivos e museus.

As bibliotecas são mediadoras entre grupos de interesse há longa data, tendo as bibliotecas acadêmicas começado a tornar suas coleções acessíveis ao público no início do período moderno. Pode-se, inclusive,

15 BGH, 28.11.2013 - I ZR 76/12, GRUR 2012, 718.

afirmar que manifestam uma forma precoce de *Open Access*[16], oferecendo aos leitores acesso gratuito aos conhecimentos coletados e garantindo ao mesmo tempo a proteção das obras no sentido autoral e assegurando uma adequada remuneração aos autores e editores de livros, comprando as obras com antecedência.[17]

Museus, por sua vez, são locais de acesso público, onde são guardados objetos sem uso prático atual, porém de valor estético ou função de aprendizado,[18] enquanto arquivos mantêm ordenadamente documentos como fontes de informação.

Hoje, as bibliotecas acadêmicas, museus e arquivos não são mais meros responsáveis pelo fornecimento de informações e mídias para pesquisadores, professores e estudantes no contexto da transformação digital, mas também atuam no desenvolvimento ativo da pesquisa e ensino, porquanto contribuem com serviços e ferramentas atualizadas para esse propósito.

Em relação às bibliotecas, a reforma alemã de direitos autorais ofereceu maior clareza e transparência sobre o uso de materiais protegidos, facilitando a compreensão das exceções por não juristas, já que o uso permitido anteriormente disposto (§ 53 *a.F.* da *UrhG*, que referia "pequenas partes" de uma obra) era compreensível em sua exatidão apenas por especialistas.

A inserção de dispositivo específico para regulamentar a prospecção de dados (en. *data mining*) no âmbito dos usos permitidos por lei

---

16 Sobre o conceito, leia-se: SUBER, Peter. Open Access Overview. Disponível em: http://legacy.earlham.edu/~peters/fos/overview.htm

17 UPMEIER, Arne. Die rolle der Bibliotheken in einem künftigen Urheberrechts-Wissensgesellschafts-Gesetz (UrhWissG), *Zeitschrift für geistiges Eigentum (ZGE)*, ano 10, 2018. p. 301-309.

18 A atividade museológica no Brasil é disciplinada pela Lei nº 11.904/2009, que instituiu o estatuto dos museus brasileiros, disciplinando seu regime jurídico, e os definiu, no âmbito de suas disposições, como as instituições sem fins lucrativos que conservam, investigam, comunicam, interpretam e expõem, para fins de preservação, estudo, pesquisa, educação, contemplação e turismo, conjuntos e coleções de valor histórico, artístico, científico, técnico ou de qualquer outra natureza cultural, abertas ao público, a serviço da sociedade e de seu desenvolvimento. Dessa definição constante do artigo 1.º da lei, consta a intrigante função de "interpretar", além da finalidade de "turismo", estranhas ao conceito universal de museu. Sobre o tema: FEITEN WINGERT ODY, Lisiane. Direito e Arte: o direito da arte brasileiro sistematizado a partir do paradigma alemão. São Paulo: Marcial Pons, 2018. p. 195 e seguintes.

para ensino, ciência e instituições como bibliotecas, arquivos e museus é extremamente relevante, pois representa parte importante da pesquisa moderna e da revolução no processo de obtenção de conhecimento oportunizada pelas tecnologias digitais. Outro aspecto importante a se destacar foram as melhorias no arquivamento digital e a digitalização para fins de indexação, pois a possibilidade de indexação automatizada de conteúdo está se tornando cada vez mais importante para essas instituições – mas só é possível quando copiar o trabalho a ser indexado tiver sido previamente autorizado.

Um aspecto negativo, porém, da reforma é a autorização legal de acesso não ter sido estendida para periódicos que não especializados ou científicos. Assim, jornais e revistas estão excluídos da maioria das normas do *UrhG*, o que cria problemas no reconhecimento e demarcação entre os periódicos, situação pouco prática de gerenciar, especialmente em vista do volume expressivo com que operam as grandes bibliotecas. Por isso, à míngua de licenciamento específico, ensinar, pesquisar e instruir com produtos de imprensa é possível de forma muito limitada.

Não se pode concluir, porém, precipitadamente, que as mudanças conduzem ao favorecimento unilateral da ciência e da pesquisa, às custas dos titulares dos direitos autorais.

A mudança de paradigma, de um direito autoral defensivo e antropocêntrico para uma nova regulamentação em prol do coletivo, se deu de forma gradual e não desassistiu os autores, os quais têm nas variadas formas de cessão e licenciamento a sua remuneração. O parágrafo 60h da UrhG dispôs o direito do autor à *remuneração equitativa* nos casos de uso permitido por lei, cujo pagamento incumbe ao fabricante dos aparelhos e dos suportes de armazenamento, bem como, solidariamente, ao importador ou comerciante deles (parágrafos 54 a 54c), ou ao operador do aparelho de fotocópia. Essa remuneração se dá por meio de sociedades de gestão coletiva e considera, na fixação do montante, o uso efetivo das obras, mediante pagamento de quantia fixa, ou de acordo com uma "amostra representativa de uso", dispensando-se relatórios individuais.

Portanto, a iniciativa alemã, alinhada ao contexto europeu, de alcançar material ao público para fins didáticos e de pesquisa científica não representou prejuízo aos autores (e titulares dos direitos autorais), que seguem com incentivo para realizar novas criações, mas permitiu uma certa flexibilização do uso diante do enorme significado adquirido pelo acesso às criações no âmbito da sociedade de conhecimento em que vivemos. Por isso, poderia servir de referência para modernização do direito brasileiro em relação ao tema.

3. Direito de uso de criações protegidas por direitos autorais e novas tecnologias

A tecnologia não apenas ampliou os meios de utilização convencional de criações autorais para fins de estudo e pesquisa, disponibilizando o acesso a elas pelo meio digital e exigindo, em virtude disso, modificações na lei de direitos autorais, mas também inovou, estabelecendo novos usos e implicações. Exemplo de inovação quanto ao uso é a utilização de criações protegidas no processo de "ensinar" a inteligência artificial a "pensar". Nele, as criações autorais não são utilizadas no sentido convencional, o qual envolve reprodução, distribuição e exposição, como visto no item 1, mas são "ferramentas de instrução" para o sistema de inteligência artificial, servindo como dados a partir dos quais ele aprende a executar tarefas ou funções específicas sem assistência humana – ou com pouca assistência dela.

No mesmo contexto de inovação tecnológica que impacta os direitos autorais estão os *non-fungible-tokens – NFTs,* como têm sido designados ativos insubstituíveis que funcionam como certificados registrados em uma *blockchain*. Inúmeras questões são suscitadas no âmbito dos autorais, como, por exemplo, a hipótese de criação e alienação de *NFT* relativo a uma obra protegida cujos direitos autorais pertençam a pessoa diversa. A segunda parte deste estudo se debruça sobre essas situações, não disciplinadas de forma expressa no ordenamento brasileiro, o que também conduz à reflexão sobre a experiência estrangeira.

3.1. Utilização de conteúdo protegido na aprendizagem de sistemas de machine learning (inteligência artificial)

No contexto da já referida prospecção de dados está inserida a questão envolvendo a Inteligência Artificial, pois se resume à coleta automática de textos e dados disponíveis em formato digital.

Os sistemas de inteligência artificial (IA) são assim designados pela sua aptidão para desempenhar tarefas e funções comumente associados à inteligência humana. Esses sistemas, compostos apenas por *software* (sequência de instruções executáveis pela máquina) ou por *software* e *hardware* (equipamento ou suporte corpóreo em que o *software* é executado), podem, porém, assumir diferentes formas. A disponibilidade generalizada de dados na internet permite a pesquisa centrada em algoritmos (singelamente, uma sequência de instruções) e o aprendizado da máquina a partir de exemplos, fazendo com que, hoje, a 'máquina' não mais atue meramente na sistemática do *if – then* (raciocínio dedutivo), mas gere seu próprio conhecimento (*inductive learning*). A 'máquina' pode até mesmo acumular experiência para aconselhar (*problem solving learning*) ou inferir, a partir de casos análogos, a melhor solução (*case-based learning*). O *machine learning* e *deep learning* desenvolvem-se nesse âmbito, em que a maciça disponibilização de grande quantidade de dados oferece aos sistemas meios de 'aprendizagem' para executar tarefas ou funções específicas sem assistência humana – ou com limitada participação humana.[19]

O impacto da IA se faz sentir nos direitos autorais. Questiona-se, por exemplo, a possibilidade de proteção autoral para bens gerados por sistemas de *machine learning* de modo autônomo. De fato, obras literárias ou artísticas, de criação antes limitada aos seres humanos, hoje são resultado de sistemas de IA – como são os notórios exemplos do retrato *"The next Rembrandt"*, produzido a partir do abastecimento do sistema de IA com 346 obras desse pintor, para o fim de assimilar suas técnicas e padrões, e assim criar obra nova no seu estilo[20], e da música *Daddy's Car*, produzida no âmbito de um projeto da Sony no estilo dos Beatles[21]. Outra questão relativa à IA envolvendo direitos autorais é se os próprios sistemas seriam protegidos como *software*, por direitos autorais, ou mesmo por patentes, considerando a complexidade em que esses sistemas se desdobram. E outro ponto é, ainda, a utilização de conteúdos protegidos na alimentação do sistema de aprendizagem da IA, aspecto examinado neste trabalho.

A questão é determinar se seria lícito usar criações protegidas no processo de aprendizagem da IA sem autorização dos titulares das criações. De fato, os sistemas de IA "aprendem" a criar obras – literárias ou artísticas – a partir da análise de dados e conteúdo previamente oferecidos, como textos, imagens, vídeos e músicas. Por meio da prospecção de dados, há acesso anterior a esses conteúdos para fins de processamento. De retratos, por exemplo, são obtidas informações sobre feições humanas; de textos, extraem-se informações sobre semântica e sintaxe de uma língua; de músicas, obtém-se dados sobre a voz do ser humano e outros sons, instrumentais ou não[22]. É a partir deles que o sistema de IA

19 MIRANDA BARBOSA, Mafalda. Inteligência artificial: entre a utopia e a distopia, alguns problemas jurídicos. Coimbra: Gestlegal, 2021. p. 133.

20 Disponível em: https://www.nextrembrandt.com/

21 Disponível em: https://www.youtube.com/watch?v=LSHZ_b05W7o

22 Exemplo de técnica baseada em IA a partir de características e sons humanos é

identifica padrões e tendências, faz associações, resultantes num *output* produto desse processamento, mas que não guarda similitude necessária com os dados e conteúdo das criações que "abasteceram" o sistema. À semelhança dos seres humanos, porém, sistemas de IA não conseguem produzir conteúdo criativo antes de consumi-los.

Em regra, não apenas no direito brasileiro, como exposto na introdução deste texto, mas no âmbito internacional, de que é exemplo o artigo 9º, 1, da Convenção de Berna, incumbe exclusivamente ao titular dos direitos autorais autorizar o uso por terceiro de criação protegida. Por isso, o processamento automático pelos sistemas de *machine learning* poderia ser considerado à primeira vista ilícito, pelo fato desse processamento poder envolver diferentes formas de reprodução para a aprendizagem da máquina e desenvolvimento de seus padrões. Ocorre que não apenas o direito brasileiro prevê exceções à proteção autoral, mas também outras normas, como as já mencionadas Convenção de Berna e, no ponto, a Diretiva 2001/29/CE do Parlamento Europeu e do Conselho[23], que merece menção especial. Destaca-se dentre essas exceções a do artigo 5º, 1, da diretiva, o qual prevê atos de reprodução temporária, que *"constituam parte integrante ou essencial de um processo tecnológico e cujo objetivo seja permitir: a) uma transmissão numa rede entre terceiros por parte de um intermediário, ou b) uma utilização legítima de uma obra ou de outro material a realizar, e que não tenham, em si, significado econômico".* Sua particular relevância para a temática está, justamente, na circunstância de que as reproduções usadas no processamento de informações e dados pela *machine learning* para a formação do seu *data set* podem preencher esses requisitos. Essa norma poderia servir, portanto, no âmbito europeu, como limitação aos direitos autorais no âmbito da "alimentação" de sistema de IA, aliviando a área de elevados custos de licenciamento que poderiam inviabilizar a concorrência de desenvolvedores no bloco. Se, por outro lado, as reproduções fossem duradouras, poder-se-ia refletir sobre a hipótese de cabimento de outra exceção, que é a de reprodução para fins de ilustrar ensino e pesquisa, já mencionada na primeira parte deste trabalho. Essa hipótese, porém,

"deepfake", tendência na indústria do entretenimento em que a sobreposição de feições e manipulação de sons oferece experiência humana realista. Sobre o tema: https://www.wipo.int/wipo_magazine/en/2022/02/article_0003.html

23 Esta última, no seu artigo 5º, prevê minudentemente dezenas de hipóteses de exceções e limitações aos direitos de autor no âmbito da União Europeia.

esbarra na obrigação de indicar nome do autor e fonte, nem sempre viável no processo.[24]

A nova diretiva 2019/790 do Parlamento Europeu e do Conselho[25], relativa aos direitos de autor e direitos conexos no mercado único digital, após extensas 86 considerações, introduziu outras disposições, prevendo a hipótese de limitação dos direitos autorais no caso de utilização de obras e outro material protegido *"em atividades pedagógicas digitais e transfronteiriças"* (artigo 5º) e de reprodução para fins de *"conservação de patrimônio cultural"* (artigo 6º), dispondo, ainda, sobre a utilização de *"obras fora do circuito comercial por instituições responsáveis pelo património cultural"* (artigo 8º). Além disso, dispôs a necessidade de prever exceções ou limitações para a prospecção de textos e dados (artigo 4º), à semelhança do que a lei alemã antecipara no § 60d da UrhG, já referido. Essa última disposição aproximou a prospecção de dados de atos de consumo dados tradicionais, como ler um livro.

Todas essas diferentes alternativas podem e devem ser consideradas por juristas brasileiros – em especial, o legislador. Não obstante, ainda persiste insegurança e incerteza, porque o processamento do *machine learning* depende de inúmeras variáveis, cujo exame para fins de enquadramento nas exceções é demasiado trabalhoso. Sobre a questão, apesar da liderança fática da União Europeia em vários pontos da temática envolvendo direito e tecnologia no processo legislativo brasileiro, de que é exemplo flagrante a Lei Geral de Proteção de Dados, formada à imagem e semelhança do Regulamento Geral sobre a Proteção de Dados 2016/679 (en. *General Data Protection Regulation – GDPR*)[26], seria interessante avaliar uma aproximação do regime anglo-americano no tema[27], pois a ponderação dos quatro fatores do uso justificado é mais flexível diante das constantes transformações e demandas da tecnologia

24 RENDAS, Tito. Inteligência artificial, prospecção de dados e direito de autor. In: MOURA VICENTE, Dário; SOUSA E SILVA, Nuno. *Estudos em homenagem a Manuel Oehen Mendes.* Coimbra: Almedina, 2022. p. 531-563.

25 DIRETIVA 2019/790 do Parlamento Europeu e do Conselho, relativa aos direitos de autor e direitos conexos no mercado único digital e que altera as Diretivas 96/9/CE e 2001/29/CE. Disponível em: https://eur-lex.europa.eu/legal-content/PT/TXT/PDF/?uri=CELEX:32019L0790&from=PT

26 Disponível em: https://gdpr-info.eu/

27 RENDAS, Tito. Inteligência artificial, prospecção de dados e direito de autor. In: MOURA VICENTE, Dário; SOUSA E SILVA, Nuno. *Estudos em homenagem a Manuel Oehen Mendes.* Coimbra: Almedina, 2022. p. 531-563.

associada à inteligência artificial – ainda que não seja pacífica a invocação da exceção do *fair use* no âmbito da IA.[28]

3.2. Ativos digitais insubstituíveis: non-fungible-tokens e direitos autorais

Obras autorais, comercializáveis, são, na acepção clássica, fundamentalmente plásticas, sendo a originalidade de uma obra a base para seu preço. A lógica subjacente é a de que o trabalho só pode existir uma vez (ou poucas, a depender na natureza da criação)[29], de modo que, em princípio, um proprietário também pode ser determinado. A arte digital opera sob perspectiva diversa: é infinitamente reproduzível sem perda de qualidade e, portanto, não pode criar seu valor a partir da originalidade. Os *NFTs – non-fungible-tokens* (pt. *tokens* não-fungíveis) resolvem, em certa medida, essa situação, pois ensejam a certificação da propriedade de uma obra de arte, embora não inibam a possibilidade de sua multiplicação infinita[30], já que a criação de NFT não interrompe a replicação de obras na internet.

Tokens podem ser singelamente definidos como certificados digitais, remontando o termo a noção de símbolo, sinal. Na acepção relacionada a ativos digitais, significa uma unidade de conta na rede *blockchain*. Em si, o *NFT* é também ativo digital. Os *Tokens* não-fungíveis são aqueles que registram informações dentro de uma rede específica. Não são intercambiáveis – ao contrário das criptomoedas como o *bitcoin* –, e por isso provocam o fenômeno da escassez digital verificável – da qual resulta que o valor adquira valor econômico e enseja o estabelecimento de um mercado de criptoarte (produção artística registrada em *blockchain*).[31]

---

28 Sobre o ponto, leia-se: SOBEL, Benjamin L. W. Artificial Intelligence's Fair Use Crisis, *Columbia Journal of Law & the Arts vol. 41, dez.* 2017, p. 45-97. Disponível em: https://journals.library.columbia.edu/index.php/lawandarts/issue/view/118

29 Sobre os conceitos de originalidade, autenticidade e peça única, veja-se: FEITEN WINGERT ODY, Lisiane. Direito e Arte: o direito da arte brasileiro sistematizado a partir do paradigma alemão. São Paulo: Marcial Pons, 2018. p. 82 e seguintes.

30 Ilustra essa situação o caso em disputa judicial no Reino Unido e EUA, envolvendo o Soleymani v. Nifty Gateway. Disponível em: https://uk.practicallaw.thomsonreuters.com/Document/IFC68F240B3ED11EC91FF9D6A1381F0AF/View/FullText.html?navId=09F7377A47A5526BB53617C43ACB1529&comp=pluk&transitionType=Default&contextData=(sc.Default)&firstPage=true

31 KLEIBER, Wanja Johannes. NFT – eine Einordnung zwischen Recht, Kunst und Blockchain. MMR-Aktuell 2022, 445475.

Para além da arte digital, os NFTs oferecem a possibilidade de fazer prova de propriedade - do próprio *Token* - e de um bem único e exclusivo, seja ele digital ou físico. A Ernst & Young, por exemplo, vendeu as chamadas "*Wine Asset Token*", por meio do qual o histórico de transações de um vinho tornou-se rastreável numa cadeia de *blockchain*[32]. Pode-se, porém, "tokenizar" qualquer coisa, isto é, qualquer bem pode contar com um registro digital a partir de um *blockchain*. Portanto, no âmbito dos direitos autorais, pode-se falar em *NFT* (certificado digital) de uma obra de arte digital - incorpórea - e em *NFT* (certificado digital) de uma obra de arte física, ela mesma digitalizada e "tokenizada". É a criptografia o padrão de segurança do registro do *blockchain*[33] e que viabiliza a "tokenização".

Os problemas que os *NFTs* levantam no âmbito dos direitos autorais são variados. Há, por exemplo, a possibilidade de "tokenizar" obras em relação às quais não se tem titularidade dos direitos autorais, o que corresponderia a uso não autorizado e, eventualmente, usurpação da autoria (plágio[34]). Pode-se, ainda, "tokenizar" e vender o NFT de uma obra física e vendê-lo para pessoa diversa da adquirente da obra, o que nem sempre pode ficar claro no *smart contract*. Nesse último caso, o comprador do *Token* adquire apenas o direito de usar esse *Token*, mas não a propriedade da obra e nenhum direito autoral sobre ela, contando apenas com o equivalente digital ao direito de exposição. Afinal, a pessoa que compra uma obra digital pode querer exibi-la em sua galeria digital. Não pode, porém, reproduzir a obra, se não tiverem sido expressamente negociados os direitos autorais no *smart contract* firmado junto à plataforma de vendas[35].

---

32 VÖLKLE, Christoph. Ethereum 2.0, MMR - Zeitschrift für IT-Recht und Digitalisierung 2021, 539.

33 Pode-se definir, sintética e singelamente, o *blockchain* como uma base de dados (i) descentralizada, porque distribuída entre múltiplos dispositivos, (ii) imutável, porque conectados numa rede descentralizada, e (iii) transparente, pois armazenados com uma anotação temporal e assinatura digital. Para definições técnicas, leia-se: VOSHMGIR, Shermin. Token Economiy Book, disponível sob a licença Creative Commons CC-BY-NC-AS em: https://github.com/sherminvo/TokenEconomyBook/wiki

34 Sobre a questão do plágio, veja-se: FEITEN WINGERT ODY, Lisiane. Direito e Arte: o direito da arte brasileiro sistematizado a partir do paradigma alemão. São Paulo: Marcial Pons, 2018. p. 81 e seguintes.

35 KLEIBER, Wanja Johannes. NFT - eine Einordnung zwischen Recht, Kunst und Blockchain. MMR-Aktuell 2022, 445475.

De fato, pode haver negociação de *NFT* simples, isto é, só do certificado – *Token* – no *blockchain*, em caso de obra não registrada no *blockchain*, mas existente em outro local, bem como pode a negociação de NFT dito incorporado, em que há a incorporação da obra digital e *Token* no *blockchain* – hipótese em que a obra ainda pode ter suporte físico ou digital (como arquivo, por exemplo), negociando-se apenas o *Token*, mas não o suporte. Portanto, a questão do que se adquire no âmbito dos direitos autorais com o *NFT* não pode ser respondida de forma única, pois depende se a aquisição envolveu apenas o *Token*, ou também incluiu a obra em si e, ainda, se incluiu cessão dos direitos autorais sobre a obra.[36]

A legitimidade para criação de *NFTs* de obra autoral é especialmente controvertida: é claro que o próprio autor, enquanto titular os direitos autorais, pode fazê-lo. Se tiver havido transferência dos direitos, essa legitimidade é do titular dos direitos autorais (sucessor *causa mortis*) ou adquirente por cessão de direitos *inter vivos*, ou o licenciado. Ilustra essa questão o polêmico caso envolvendo *DC Comics* e o artista José Delbo, que vendeu 1,85 milhões de dólares em *NFTs* da Mulher Maravilha, baseados em suas ilustrações[37].

A controvérsia é particularmente interessante no caso, porque, embora a *DC Comics* fosse titular dos direitos autorais, o desenhista teria reservado o direito de vender as ilustrações originais de acordo com o contrato, configurando-se o direito de lançar os *NFTs zona gris*, já que, se fosse feita a reflexão a partir do direito brasileiro, o rol dos direitos patrimoniais do autor dispostos no artigo 29 da LDA é exemplificativo. E há, ainda, a questão da tokenização de obras em domínio público, que oferece contornos tecnológicos à questão sensível de um possível direito de exclusividade de proprietário para além dos direitos autorais[38].

É admirável esse mundo novo, que desafia o ordenamento jurídico a oferecer soluções para questões até recentemente não existentes.

---

36 Exemplo recente desse último caso é o da negociação dos direitos relativos ao vocalista Dinho, da banda Mamonas Assassinas, por meio de NFTs. Veja-se: https://forbes.com.br/forbes-tech/2021/07/plataforma-brasileira-de-nfts-musicais-leva-a-leilao-itens-raros-da-banda-mamonas-assassinas/

37 Veja-se:https://decrypt.co/60633/wonder-woman-crypto-artwork-nfts

38 Sobre o caso dos jardins e castelos prussianos (*Preußische Schlösse, Preußische Gärten und Parkanlage)*, veja-se: WINGERT ODY, Lisiane. Direito e Arte: o direito da arte brasileiro sistematizado a partir do paradigma alemão. São Paulo: Marcial Pons, 2018. p. 145 e seguintes.

4. Considerações finais

Assim como o desafio das fotografias instantâneas é reconhecido como 'motor' para criação do direito à privacidade, e a imprensa de Gutenberg para o direito autoral, na era digital, a sociedade da informação concebe, compatível com a sua intensidade e complexidade de desenvolvimento, diversos e sucessivos desafios para o direito. As respostas a eles podem afetar direitos clássicos, exigindo novos contornos e interpretações, ou até mesmo levar a criação de novos direitos, com o fim de oferecer soluções mais precisas para problemas mais pontuais. O direito autoral é um dos centros da problemática envolvendo as novas tecnologias da informação, em vista do volume de utilização, reprodução e distribuição de criações protegidas por direitos autorais nos meios digitais. Em nossa sociedade interdependente e interconectada, é necessário conformação e adaptação das normas limitadoras dos direitos individuais do autor e de uso dessas obras à era digital. Do mesmo modo que essas questões atravessam fronteiras e se colocam de maneira similar nos mais diversos países, as soluções encontradas pelo direito autoral alemão e europeu podem contribuir para a superação das insuficiências da LDA em face dessas novas demandas, na medida em que são identificadas.

A falta de previsão legal sobre o uso as obras protegidas pelo direito autoral para fins de estudo e pesquisa é uma lacuna evidente a ser preenchida, pelo legislador, que tem neste texto ferramentas para a sua feitura, a partir dos requisitos normativos desenvolvidos pelo direito alemão. A necessidade de inserção de normas claras acerca de usos permitidos de obras protegidas no âmbito do ensino, para ciência, e por instituições, como bibliotecas e museus inspirada em legislação que flexibilizou o acesso às criações na sociedade da informação pode ser referência para modernização do direito brasileiro em relação ao tema.

A questão da utilização de criações protegidas no processo de aprendizagem da IA sem autorização dos titulares dos direitos autorais no sistema de *machine learning* pode ter respostas não apenas a partir das exceções previstas pela LDA, como também da Convenção de Berna e das diretivas da União Europeia e da justificação do uso no *Common Law*. Da mesma forma, o tema da criação de *NFTs* relativos a obras protegidas, em especial, a questão da legitimidade para fazê-lo, pode vir a ser enfrentado considerando soluções adotadas em outros ordenamentos.

Sapere aude!

5. Referências

ADOLFO, Luiz Gonzaga Silva. *Obras privadas, benefícios coletivos*: a dimensão pública do direito autoral na sociedade de informação. Porto Alegre: Antônio Sérgio Fabris Editor, 2008.

ASCENSÃO, José de Oliveira. *Direito Autoral*. Rio de Janeiro: Renovar, 2007.

CACHAPUZ, Maria Claudia. *Intimidade e vida privada no novo Código Civil brasileiro*: uma leitura orientada no Discurso Jurídico. Porto Alegre: Sérgio Antônio Fabris Editor, 2006.

FEITEN WINGERT ODY, Lisiane. *Direito e Arte*: o direito da arte brasileiro sistematizado a partir do paradigma alemão. São Paulo: Marcial Pons, 2018.

FEITEN WINGERT ODY, Lisiane; CUNHA, Anita. A construção jurisprudencial de um direito fundamental de proteção de dados: análise do Volkszählunsurteil e seus reflexos na ADI 6.387. *Teoria Jurídica Contemporânea,* v.6, p.1-26, 2021.

KLEIBER, Wanja Johannes. NFT – eine Einordnung zwischen Recht, Kunst und Blockchain. *MMR-Aktuell* 2022, 445475.

MIRANDA BARBOSA, Mafalda. *Inteligência artificial*: entre a utopia e a distopia, alguns problemas jurídicos. Coimbra: Gestlegal, 2021. p. 133.

MURRAY, Andrew. *Information, Technology Law*: the Law & Society. Oxford: OUP, 2019.

RENDAS, Tito. Inteligência artificial, prospecção de dados e direito de autor. In: MOURA VICENTE, Dário; SOUSA E SILVA, Nuno. *Estudos em homenagem a Manuel Oehen Mendes.* Coimbra: Almedina, 2022. p. 531-563.

SAMUELSON, Pamela. Intellectual property meets the internet. In: DREYFUSS, Rochelle; PILA, Justine. *The Oxford Handbook of Intellectual Property Law.* Oxford: OUP, 2018. p. 845-871.

SOBEL, Benjamin L. W. Artificial Intelligence's Fair Use Crisis, *Columbia Journal of Law & the Arts vol. 41, dez.* 2017, p. 45-97. Disponível em: https://journals.library.columbia.edu/index.php/lawandarts/issue/view/118

SUBER, Peter. *Open Access Overview.* Disponível em: http://legacy.earlham.edu/~peters/fos/overview.htm

UNESCO – Organização das Nações Unidas para a Educação, a Ciência e a Cultura. *Relatório Mundial*: definição, conteúdo e prognóstico para o futuro das sociedades de conhecimento. Disponível em: https://unesdoc.unesco.org/ark:/48223/pf0000232575.

UPMEIER, Arne. Die rolle der Bibliotheken in einem künftigen Urheberrechts-Wissensgesellschafts-Gesetz (UrhWissG), *Zeitschrift für geistiges Eigentum (ZGE),* ano 10, 2018. p. 301-309.

VÖLKLE, Christoph. Ethereum 2.0, *MMR – Zeitschrift für IT-Recht und Digitalisierung* 2021, 539.

VON DIX, Alexander; FRANSSEN, Gregor; KLOEPFER, Michael; SCHAAR, Peter; SCHOCH, Friedrich; VOSSHOFF, Andrea (org.). *Informationsfreiheit und Informationsrecht.* Berlin: Lexxion Verlagsgesellschaft, 2015.

VOSHMGIR, Shermin. *Token Economiy Book,* disponível sob a licença Creative Commons CC-BY-NC-AS em: https://github.com/sherminvo/TokenEconomyBook/wiki

Artificial intelligence, digital images, copyrights and NFTS: A case analysis of the us copyright office's denial of "a recent entrance to paradise," a work created by an algorithm.

Natalia de Campos Aranovich

1. Introduction: The Case

This paper analyzes the recent decision from the Review Board of the United States Copyright Office, issued on February 14, 2022, regarding artificial intelligence ("AI") and copyright protection.[1] Herein, this paper will highlight some of the key points of the decision and suggest that they are likely to appear in future copyright matters regarding digital images sold through NFTs, as they start to arise in US Courts.

"A Recent Entrance to Paradise"- An Image Created by an Algorithm Was Not Considered Copyrightable by the the Review Board. [2]

1 The Review Board's decision can be found in its entirety here: https://www.copyright.gov/rulings-filings/review-board/docs/a-recent-entrance-to-paradise.pdf

2 See original colour image in case reference: The Review Board's decision can be found in its entirety here: https://www.copyright.gov/rulings-filings/review-board/docs/a-recent-entrance-to-paradise.pdf

On November 3, 2018, Steven Thaler ("Thaler") filed an application for an US copyright registration of a digital image ("Image") called "A Recent Entrance to Paradise" In the application, Thaler identified "Creativity Machine" as the author of the work and not himself. He also stated that the Image was "autonomously created by a computer algorithm running on a machine" and that he was seeking to register the Image as a "work-for-hire to the owner of the Creative Machine."

On August 12, 2019, the US Copyright Office refused Thaler's registration, stating that the Image "lack[ed] the human authorship necessary to support a copyright claim." In response, Thaler filed a request for reconsideration on the grounds that the "human authorship requirement [was] unconstitutional and unsupported by either statute or case law," an argument which the Copyright Office rejected. Thaler subsequently filed a second request for reconsideration, largely repeating the same arguments in his first, which again was rejected by the Copyright Office in the current decision at issue herein.

In summary, the Copyright Office maintained its longstanding position that "the term authorship implies that, for a work to be copyrightable, it must owe its origins to a human being. Materials produced solely by nature, by plants, or by animals are not copyrightable."[3] In their refusals of Thaler's requests, the Copyright Office also cited an USPTO decision about AI saying that the author of a patent invention could not be a machine. There, the USPTO said that "the vast majority of comments acknowledged that existing laws does not permit non-human to be an author [and] this should remain the law." Finally, the Copyright Office also cited an important guideline from the COMPENDIUM (THIRD) §313.2., which explains that "the crucial question of human authorship is whether a computer is merely being an assisting instrument or actually conceive(s) and execute (s) the traditional elements of the work."[4] Note that, in the decision of the registrability of the Image "A Recent Entrance to Paradise," the Copyright Office and Thaler are not discussing whether the computer that created the Image assisted in the creation of the Image or was self executing. In Thaler's copyright application,

3 COMPENDIUM is available at https://www.copyright.gov/history/comp/compendium-two.pdf

4 Here, the Copyright Decision quotes the U.S. COPYRIGHT OFFICE, SIXTY-EIGHT ANNUAL REPORT OF THE REGISTER OF COPYRIGHT FOR FISCAL YEAR ENDING IN JUNE 30, 1965, AT 5 (1996)).

he expressly stated that the Image was created by a "Creative Machine," meaning that it was self-executed by the computer. Thus, the Copyright Office applied its well-established understanding that non-humans cannot be the author of a copyrighted work. The decision also discusses the concept of work-for-hire, but that issue is not relevant for the purposes of this paper.

2. What are NFTs?

NFTs are digital tokens that verify that something is authentic and unique, and represent a physical or digital asset in the digital world. NTFs are stored in a technology called blockchain. An NFT is purchased with another digital asset, called digital currency. The most popular digital current for purchasing NFTs is Etherum, but there are others. NTFs can be purchased on many online marketplaces, the largest being open sea (www.opensea.io).

People like to compare NFTs to a deed. For example, when you buy a house, you don't own the house or have the property simply by signing the purchase agreement. The deed needs to be recorded in order to prove that you own the property. Once the deed is recorded, then you have proof of your ownership of the property. The same holds true with NFTs. Once you own the NFT, you have proof of your ownership of the physical or digital asset.

To clarify, the NFT is not the physical or digital asset itself, but rather proof of ownership of such asset, akin to a certificate of authenticity verifying that a digital or physical asset is what it is supposed to be: authentic and unique. When we say unique, it means that the NFT represents something non fungible; it cannot be exchanged for another of the same kind. For example, a particular Van Gogh painting is non fungible because there is only one Vincent Van Gogh and only one of that particular painting by him. On the other hand, money is fungible because you can exchange a $5 bill for another $5 dollar bill.

In order to buy or sell an NFT, the first thing you need is a wallet to safeguard the cryptocurrency you purchased. You can have a centralized or a non-centralized wallet. The difference is that, in a centralized wallet, you have someone who controls the wallet and if you lose the password to your wallet, you can contact someone to try to solve it. The non-centralized wallet, on the other hand, does not have a company or an individual behind the wallet and, because of that, you cannot contact anyone if you lose your credentials to access it. In short, if you lose your key to a non-centralized wallet, you can say goodbye to your cryptocurrency. After you have the wallet, you then need to "mint" your file on a website to generate a token (NFT) and, from there, put it up for sale on the Internet. In addition, when you put your digital or physical asset up for sale, you need to create a smart contract associated with it that specifies the terms of the sale: how you can use your NFT, if there is an IP connected, royalties, etc.

NFTs are evolving fast, and lawyers are quickly trying to understand the legal consequences of its use and exactly what underlying rights it has.

3. NFTs and Visual Arts

CryptoPunks

Six examples of the 10,000 randomly generated CryptoPunks

Developer(s)	Larva Labs
Designer(s)	John Watkinson & Matt Hall
Platform(s)	Ethereum
Release	June 2017
Genre(s)	Collectable

(Fonte: Cryptopunks images available on Wikipedia) [5]

The majority of digital images sold through the Internet are done using NFTs[6]. Those digital images are being called digital art. However, we need to ask whether this digital art can be considered a copyrightable work under visual arts and/or have protection under the Visual Artist Right Act (VARA). Here we need to remember the important copyright

5 Cryptopunks images available on Wikipedia https://en.wikipedia.org/wiki/CryptoPunks#cite_note-10

6 See image in case reference: Cryptopunks images available on Wikipedia https://en.wikipedia.org/wiki/CryptoPunks#cite_note-10

requirement mentioned above in the "A Recent Entrance to Paradise": in order for a work to be registered as a visual art and, therefore, copyrightable, the artwork needs to be created by the human mind and not solely by IA or an algorithm.

When the digital art movement started through the sale of NFTs, three main "digital art" collections gained notoriety in the NFT world: the Cryptopunks, the Bored Yacht Club and the Cryptokitties. There is not much literature on how those digital collectibles images are created, but some research indicates that some of them could be created through an algorithm. The sale of those digital image collections are done through a smart contract attached to the digital image, allowing the "creator/author" to receive royalties each and every time they are purchased and resold on the Internet. However, there is not much discussion on whether those digital images could be copyrightable or the issue that is raised in the recent Copyright Office decision regarding the "A Recent Entrance to Paradise", about the algorithm creating the image. If the same reasoning from the Copyright Office's recent decision is applicable for the digital image collections sold through NFTs that are created through algorithms, then the conclusion would be that they are not copyrightable and, as a result, you cannot attach the payment of "royalties" in a smart contract. Thinking alternatively, if these collections are not considered copyrightable, then perhaps they could be considered a simple product or an investment, although the latter of which could raise some securities law issues.

4. Conclusion: How is it possible to overcome the argument that AI does not generate a copyrightable work?

Lawyers are neither developers nor artists. I am a lawyer and I personally do not understand the mechanics of coding. However, our role as lawyers is not to code, but rather to work with the law in order to solve problems for a client. With that said, I believe in order to solve the issues regarding the sale of digital images as NFTs, lawyers should seek guidance from developers and artists alike to make sure that they understand the creative process behind the digital image. While the U.S Courts have yet to announce their view on the registrability of works created by algorithms as digital arts protected under the copyright law, the Copyright Office has some guidance saying that the crucial issue of images generated through an algorithm is whether the machine is merely assisting or conceiving and executing the elements of the work. Thus, it is also up to us lawyers to come up with arguments in favor or against the registrability of digital images created through algorithms or other AI mechanisms using this guidance.

The world has evolved and so has the concept of how art is expressed. Before the Internet boom, visual artists used traditional mediums such as canvas, paper, pencils, paint and other real tools to create their art. Now, in the modern world, and especially after the pandemic when everything became digital, art can be expressed through a computer as a digital image. The issue this raises, however, is whether that image generated by a computer through algorithms could be registered as a copyrightable work when the algorithm is only assisting the creator? From my point of view, we could follow two paths to try to answer that question.

The first path could be considering the concept of visual art and what the Copyright Office cited in the "A Recent Entrance to Paradise" decision: "the crucial question of human authorship is whether a computer is merely being an assisting instrument or actually conceive(s) and execute (s) the traditional elements of the work."[7] As previously said, lawyers are not artists or coders themselves, but that doesn't mean they cannot try to understand. Personally, I have been talking with some digital artists in order to try to understand the creative process. With every artist I talk toz, they mention how many hours and how much effort they put into the work before creating the digital image. Could their hours and effort be evidence for the argument that the computer is only an assistant to the artist/author in creating the work? I think the answer to this question is not easy to answer.

The second path could be looking at the code behind the digital image, which is a unique combination of words and numbers. Considering that the initial code is created by a human, could the code behind the digital image - the combination of words and numbers - be copyrightable as a software? This is another interesting question to be answered.

These two paths are just two possible avenues to be discussed, though I suspect more will arise when us lawyers begin to think outside the box, adapt to our new reality, and start thinking of new ideas to protect works created by and through new methods in the digital world. We

7 Here, the Copyright Decision quotes the U.S. COPYRIGHT OFFICE, SIXTY-EIGHT ANNUAL REPORT OF THE REGISTER OF COPYRIGHT FOR FISCAL YEAR ENDING IN JUNE 30, 1965, AT 5 (1996)).

must begin this discussion because digital art is here, and likely going to be the future of art.

As this article was ready to be published the Copyright Office just issued a new guidance dated from March 10, 2023, for works containing material generated by artificial intelligence. The guidance was originated from a copyright registration review regarding the registrability of a comic book called "Zarya of the Dawn", which used prompts to generate images using AI. According to the policy, images generated by AI are not protected by copyright laws, but the prompts used to generate the images may be protected. Also, any work submitted for copyright registration that uses AI must disclaim it in the copyright application.

5. Reference

COMPENDIUM is available at https://www.copyright.gov/history/comp/compendium-two.pdf

REVIEW BOARD OF THE UNITED STATES COPYRIGHT OFFICE, A Recent Entrance to Paradise. February 14, 2022. https://www.copyright.gov/rulings-filings/review-board/docs/a-recent-entrance-to-paradise.pdf

U.S. COPYRIGHT OFFICE, SIXTY-EIGHT ANNUAL REPORT OF THE REGISTER OF COPYRIGHT FOR FISCAL YEAR ENDING IN JUNE 30, 1965, AT 5 (1996)).

WIKIPEDIA. Cryptopunks. https://en.wikipedia.org/wiki/CryptoPunks#cite_note-10

NFT – *Non Fungible Tokens* de obras autorais: O que se compra quando se compra o NFT?

Fernanda Borghetti Cantali
Kelly Lissandra Bruch

1. Introdução

Você é um *baby boomer* que prefere ter um quadro físico para pendurar na parede ou é da geração Z, que cresceu hiperconectado, para quem faz todo o sentido ter um quadro digital para exibir em seus *displays* ou até mesmo em um metaverso (mundo virtual que replica o real)?

Damien Hirst, um importante artista de artes visuais, fez um experimento justamente com o intuito de avaliar em que estágio a humanidade está nesta fronteira entre o real e o virtual: criou dez mil desenhos e os tokenizou. As pessoas que adquiriram o token, obrigatoriamente precisavam fazer uma opção: manter o NFT ou trocá-lo pela obra física. Manter as duas coisas não é admitido pelo projeto. Quem preferir a obra física, devolve NFT; se este não for devolvido, a obra física correspondente será destruída.

Parece surreal? Depende de quanto você está familiarizado com as novas tecnologias que vêm revolucionando a forma de compreender o mundo. Fato é que reproduções de obras autorais analógicas podem ser tokenizadas, assim como podem ser tokenizadas as obras de arte nativamente digitais. Aliás, qualquer coisa, física ou digital, poderá ser tokenizada, já que o token funciona justamente como uma representação digital de qualquer coisa e, acima de tudo, é em si, um bem digital de natureza patrimonial, passível de transações comerciais.

A tokenização da economia é uma realidade anunciada junto com a terceira onda da internet: a Web 3.0, uma internet amadurecida pelas redes descentralizadas, que permite muito mais do que ler e escrever interagindo em redes sociais (Web 2.0), possibilita que os usuários se relacionem entre si, diretamente, sem a necessidade de agentes intermediários de confiança, em especial, revolucionando a forma de fazer negócios.

Os principais protagonistas desta Web 3.0 são os tokens, fungíveis e não fungíveis, viabilizados pela tecnologia de registros distribuídos, tal como a blockchain. Esses protagonistas têm dado o que falar, em especial aqueles que possuem a peculiaridade da não fungibilidade, ou seja, representam bens únicos, exclusivos e singulares: os NFT – *non fungible tokens* ou tokens não fungíveis.

Como se trata de uma nova tecnologia, com novas possibilidades e que reflete também uma nova forma de ter – e ser – no mundo, o presente artigo tem como objetivo principal responder ao seguinte questionamento: o que se compra quando se compra o NFT? Em outras palavras, quais são os direitos que poderão ser exercidos pelo proprietário do token em relação à obra autoral nele referida? Pode parecer um questionamento singelo. Mas, em verdade, há uma complexidade inerente, em especial, quando o NFT se refere a uma obra protegida por Direitos Autorais.

Objetivando contribuir para construção de entendimento adequado sobre o tema, bem como para responder ao questionamento principal proposto, por meio do método hipotético-dedutivo, lastreado em revisão bibliográfica e análise de práticas de mercado, se pretende: explicitar o que é um NFT; apresentar a sua principal tecnologia viabilizadora, qual seja: a blockchain; identificar algumas premissas mínimas de Direitos Autorais que deverão ser respeitadas para viabilizar o modelo de negócio propiciado pelos NFTs e, a partir daí; apresentar as conclusões sobre quais são os direitos que poderão ser exercidos pelos proprietários dos NFTs.

2. Entendendo o NFT: do que se trata?

O NFT, de forma ampla, pode ser definido como "uma unidade de informação digital (token) que é armazenada em blockchain e não é inerentemente intercambiável como outros ativos digitais (não fungível)" (Chohan, 2021, p. 1), já que único, singular e exclusivo. Essa unicidade, singularidade e exclusividade fazem com que o NFT seja considerado um bem digital de grau especial. (Dukedom, [s.d.])

Os tokens criptográficos são classificados como fungíveis ou não fungíveis, baseado na possibilidade ou não de intercambialidade, ou seja, possibilidade ou não de serem substituídos por outros idênticos. Os não fungíveis são certificados de autenticidade sobre um ativo de referência que é único e não intercambiável, o que faz com que o próprio token também possua as mesmas características de unicidade, exclusividade e não intercambialidade. (Voshmgir, 2020)

O dinheiro sempre foi exemplo de bem fungível, porque uma nota de cem reais é igual a todas as outras notas de cem reais; já as obras de arte sempre foram exemplo de bem infungível, por serem únicas, exclusivas e, por consequência, não substituíveis. Em comparação, hoje se pode utilizar como exemplo de bem fungível as criptomoedas, tal como o Bitcoin, e como bem não fungível: o NFT de uma obra de arte.

Importante que se diga que tanto as criptomoedas como os NFT são criptoativos. Estes podem ser definidos como a representação digital de valores, de bens ou de direitos, que podem ser eletronicamente transmitidas e armazenadas através de tecnologia de registro distribuídos, através dos tokens criptográficos.

As criptomoedas são criptoativos representativos de valores, funcionam como meio de troca ou de pagamento. Já os NFT são criptoativos representativos de outros bens e/ou direitos; são cunhados para permitir que o proprietário do token possa exercer determinados direitos, a depender do contexto, em relação ao ativo de referência. Por esta razão, é necessário não confundir os NFTs com as criptomoedas; confusão conceitual comum perceptível até mesmo nas iniciativas regulatórias sobre o tema. (Uhdre, 2021)

Em resumo, considerando a evidência fática de que os NFTs são objetos de negociações comerciais, não há como negar a sua natureza de bem digital patrimonial. Os bens digitais compõem gênero com diversas espécies, e com naturezas diversas, incluindo-se até mesmo bens digitais de natureza existencial (LACERDA, 2021). Os criptoativos – bens implementados pela tecnologia criptográfica – são espécies de bens digitais (FINK, 2019). Portanto, os NFTs são bens digitais patrimoniais, da espécie criptoativos. Contudo, tomados em si, criptoativos também compõe gênero que comporta diversas espécies, tais como as criptomoedas e os NFTs. E por fim, todos os criptoativos são representados por tokens criptográficos, que podem ser do padrão para bens fungíveis (ERC-20) ou do padrão mais comum destinado aos bens infungíveis (ERC-721). (The NFT Bible, 2020)

Os NFTs, portanto, justamente em razão dessa não fungibilidade, são os responsáveis pela expansão do mercado de ativos digitais exclusivos. Pinheiro (2021) afirma que os NFTs inauguram uma nova cultura de autenticações digitais. O token nada mais é do que uma certificação digital que representa autenticidade de uma criação intelectual ligada a ele, conforme se pode depreender da figura abaixo:

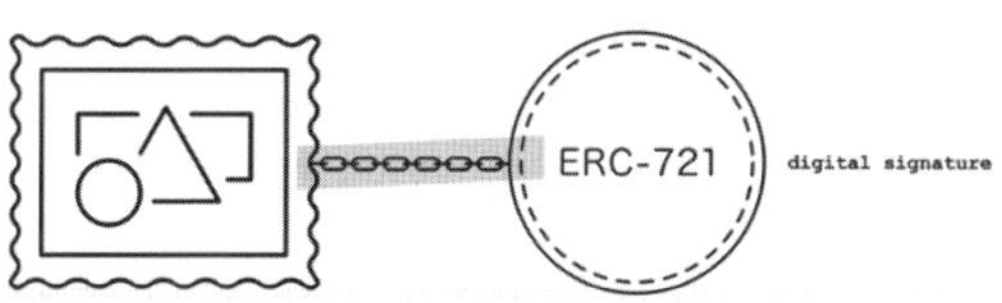

Figura 1 – Representação da ligação entre a obra autoral e o NFT enquanto certificação digital
Fonte: (ASYNC ART, 2021)

O NFT é um ativo digital que traz escassez digital ao bem ao qual está vinculado, permitindo, enquanto certificação digital, determinar que tal bem é único. Ou seja, se alguém adquire um NFT de um desenho, o qual contém como suporte algum arquivo digital, adquire a certificação digital (o token), com a assinatura do autor ou do titular do direito, que lhe garante de forma exclusiva e única, o exercício de direitos em relação à obra digital, mesmo que a obra esteja disponível para qualquer outra pessoa que tenha acesso à internet. (Bray, 2021)

O token cria uma escassez digital artificial e, por isso, passa a ter valor e ser passível de relações de propriedade. O conceito de escassez é próprio dos bens corpóreos. Se alguém se apropria de uma mercadoria, isso impede a apropriação pelos demais, de forma natural. Esse regime de apropriação natural não funcionou para os bens incorpóreos, os quais perdiam valor justamente em função da abundância. O uso de uma obra autoral por uma pessoa, na medida da sua imaterialidade, não inibe o uso por outra, salvo se a lei impuser um regime de exclusividade. Portanto, ao lado do regime de apropriação natural dos bens corpóreos, criou-se um sistema de apropriação por força de lei. Quando a lei impõe um regime de exclusividade de uso em relação a uma obra autoral, por exemplo, cria uma escassez artificial, permitindo a apropriação desses bens. (Barbosa, 2003)

A criação de escassez artificial, através da imposição de regime de apropriação legal, atendeu adequadamente a necessidade dos bens de natureza incorpórea, especialmente até a disseminação do acesso à internet. Até porque, antes da internet, a circulação e o uso das obras autorais dependiam de um suporte físico. Era necessário ter o disco para escutar a música, um livro para ler uma história ou mesmo uma fita vhs para ver um filme. Mas a internet e a possibilidade de reprodução do conteúdo cultural digital, a custo marginal próximo do zero, trouxeram novamente a problemática da abundância. Ou seja, o impacto das tecnologias da informação, que viabilizam a replicação infinita fiel de conteúdo, fez com que o problema da falta de escassez tomasse uma nova dimensão.

A solução para a perda do valor econômico dos bens culturais em razão do problema da abundância em decorrência da falta de escassez é prometida pela tokenização. O NFT cria uma escassez artificial digital, garantindo vantagens econômicas sobre bens incorpóreos: os tokens – que se referem a outros bens incorpóreos – no caso deste artigo: as obras autorais – que, até aqui, acabavam circulando na rede mundial de computadores como bens não rivais, não excludentes e, portanto, não escassos, como se públicos fossem. (Pesserl; Silva, 2021)

E mais, trata-se de uma escassez artificial, como a que se dá por força de lei, mas por decorrência da arquitetura tecnológica. É a tecnologia de programação garantindo a exclusividade e a escassez digital verificável, gerando vantagem econômica. É a legítima incidência da máxima de Larence Lessig (2006) de que o código é lei.

Essa escassez digital verificável do NFT permite que uma propriedade digital possa ser oficialmente atestada, já que só admite um proprietário oficial por vez. Essa propriedade se modifica apenas quando o token for transacionado, vinculando o seu novo proprietário.

Mas registre-se que se está falando da propriedade do token, e não do ativo de referência. Os direitos que o proprietário do token irá exercer sobre o ativo de referência dependem do contexto e das estipulações contratuais incidentes caso a caso. Esse é o ponto fulcral. É o que precisa ser entendido para que as legítimas expectativas dos partícipes desses negócios sejam atendidas.

Antes de adentrar nesta análise central, é preciso ainda contextualizar os NFTs no âmbito da arquitetura tecnológica que os viabiliza: as tecnologias de registro distribuído.

3. As tecnologias de registro distribuído: sem a blockchain o NFT não existiria

O século XXI presencia uma nova revolução tecnológica que vem demonstrando inequivocamente a transformação de toda a humanidade, desdobrando-se em profundas e sistêmicas mudanças econômicas, sociais e culturais. Tanto é assim que se sustenta que este momento implica na Quarta Revolução Industrial, a qual traz infinitas possibilidades provocadas pela capacidade de processamento e de armazenamento, assim como o acesso sem precedentes à informação e ao conhecimento viabilizando bilhões de pessoas conectadas por seus dispositivos móveis e pela assombrosa profusão de novas tecnologias. Uma das novas tecnologias disruptivas que impulsiona a Quarta Revolução Industrial, sendo considerada como uma das megatendências na categoria digital, é a blockchain, que cria uma abordagem radicalmente nova. (Schwab, 2016)

Afirma-se que a blockchain será responsável pela definição de como será o mundo no futuro, já que tudo o que for de valor e importância para a humanidade pode ser gravado nesse novo livro razão digital, permitindo que a internet dê um passo evolutivo, deixando de ser a internet da informação para ser a internet do valor. (Tapscott; Tapscott, 2016) É a blockchain – ou de forma mais abrangente: a tecnologia de registros distribuídos, que está por traz da Web 3.0 que é compreendida como a internet da economia dos tokens, que tem o potencial de revolucionar acordos e trocas de valor. (Voshmgir, 2020)

Um conceito único de blockchain não existe, mas qualquer escrito que se destine a explicar a tecnologia irá descrevê-la como livro contábil digital compartilhado, programável, criptograficamente seguro e, portanto, confiável. Para facilitar o entendimento, pode-se dizer que a blockchain é uma "planilha pública compartilhada gigante, que só pode ser atualizada com a solução de um problema matemático complexo" (Marden, [s.d.], p. 2). Depois que algum computador da rede (chamados nós da rede) resolve o problema matemático complexo, a solução é validada por todos os demais computadores da rede e, assim, a transação com todas as suas informações, juntamente com outras transações que ocorreram em um mesmo período, criam um bloco criptografado na rede, sendo adicionada ao livro, não podendo mais serem modificadas, substituídas ou adulteradas. Os blocos confirmados vão sendo vinculados a blocos mais antigos e formando uma cadeia de blocos que nada mais são do que os registros de todas as transações realizadas na rede. A representação gráfica abaixo evidencia a estrutura:

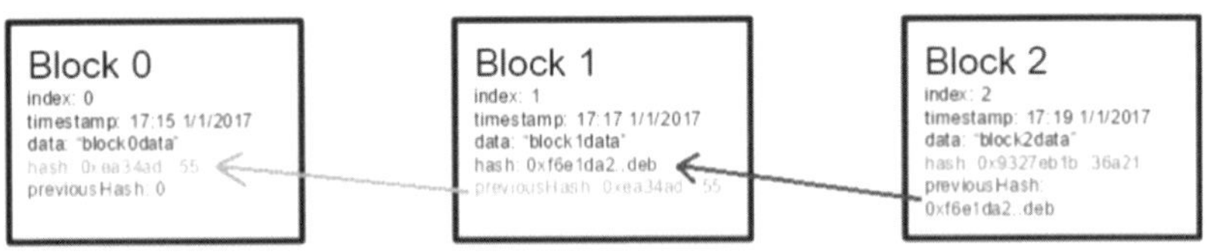

Figura 2: Cadeia de Blocos na Rede Blockchain

Fonte: (Hartikka, 2017)

O protocolo de segurança das transações realizadas em blockchain, o protocolo de consenso[1], justamente decorre da verificação com-

1 De início é importante frisar que o consenso necessário para validação de um bloco de informações na rede blockchain, no estágio atual de desenvolvimento tecnológico, pode ser obtido de duas formas: através de Proof of Work (PoW), primeiro algoritmo de consenso desenvolvido para as redes blockchain e utilizado por Satoshi Nakamoto para a rede blockchain do Bitcoin, e através de Proof of Stake (PoS), algoritmo de consenso desenvolvido para tentar solucionar principalmente o gasto energético para validação de operações através do PoW, atualmente utilizado pela rede blockchain Cardano e em estudo para vir a ser adotado pela rede blockchain da Etherium. As diferenças entre eles, potencialidades e riscos

partilhada e distribuída, não havendo controle único por um usuário. (Marden, [s.d.]). Ou seja, trata-se de um banco de dados gigantesco, que registra informações de forma segura em decorrência da sua imutabilidade, cuja confiabilidade decorre de validação distribuída e não de uma autoridade central.

Aliás, a nomenclatura tecnologia de registros distribuídos, também chamadas de descentralizadas, foi adotada justamente em função destes registros replicados em vários nós da rede. (Costa, 2019) As redes descentralizadas como as blockchains – assim o são em função da forma como são validados os dados inseridos na rede – são muito mais seguras porque além de não exigirem um terceiro de confiança centralizado – muito mais suscetível aos ataques cibernéticos – garante a segurança e a integridade dos dados pelo uso da criptografia, além de ser marcada pela rastreabilidade (*traceability*) das informações, tornando-se atrativa para o registro da propriedade, seja de bens móveis ou imóveis, dentre uma infinidade de aplicações.

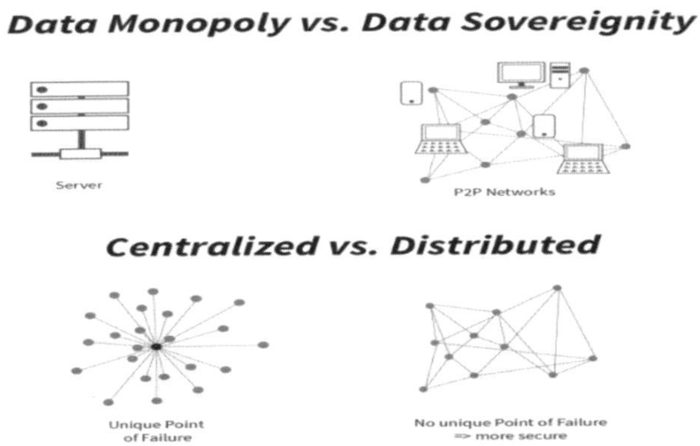

Figura 3 – Comparativo entre as redes centralizadas e distribuídas

Fonte: (Voshmgir, 2020)

associados com sua utilização serão desenvolvidos mais para frente. Por entanto, é necessário apenas entender que se trata dos dois principais protocolos de blockchain, que são algoritmos de consenso para redes distribuídas responsáveis por estabelecer as regras que ditam como as redes, compostas por milhares de nós, concordam com as novas adições de blocos na rede, a qual funciona como um ambiente sem uma entidade validadora e centralizada de permissão, que é a essência das redes distribuídas. Disponível em: https://cardano.org/ouroboros#proof-of-stake. Acesso em 05 ago. 2021.

Portanto, as principais característica da tecnologia blockchain, que permitiram a solução de diversos desafios relacionados com a segurança digital, são: funciona como um livro razão (*ledger*) distribuído, que garante a transparência e imutabilidade da informação; usa criptografia para garantia da privacidade e segurança das transações; tem como pilar o consenso, responsável por conferir estabilidade e validação distributiva transacional e permite o uso de *smart contract*, que governa dados de forma automatizada e autorregulada. (Madeira, 2018)

Sobre os *smart contracts*, vale referir que justamente são eles os diferenciais das redes blockchains. Aliás, não é só a internet que possui fases evolutivas. Atualmente já se fala em Blockchain 4.0, a qual está em desenvolvimento, focado para a melhoria de desempenho e solução do problema do gasto energético, que tem sido duramente criticado. Mas, buscando recapitular, a Blockchain 1.0, geração gênese, foi construída para viabilizar o Bitcoin e era utilizada tão somente para transações com criptomoedas, representados por tokens fungíveis. A segunda geração, a Blockchain 2.0, é a relevante para os NFTs, já que seu marco foi o lançamento da plataforma Ethereum, que incorporou novos recursos que viabilizaram outras aplicações para além das criptomoedas: o livro razão passou a registrar, confirmar e transferir ativos digitais exclusivos, o que foi possível através da implementação de contratos inteligentes. Por fim, a Blockchain 3.0, em que a aplicabilidade da arquitetura da rede se expande efetivamente para outros mercados, tal como o das obras autorais. (Uhdre, 2021)

Como dito, os negócios envolvendo os NFT de obras autorais, por exemplo, só ganharam força na terceira fase evolutiva da blockchain, quando a rede se expande para aplicações em novos mercados. Mas foi a arquitetura tecnológica que permitiu essa expansão justamente em face da possibilidade de estruturação dos acordos, ou melhor dizendo, a formalização dos contratos através de programas de computador que possuem como principal característica a autoexecução dos pactos. Há alguma controvérsia, mas a maioria da doutrina reconhece que o *smart contract* não é o contrato propriamente dito, mas um meio de formalização de contratos. Ou seja, uma tecnologia que, através de uma linguagem semântica própria – a linguagem computacional, aplicada aos contratos, confere-se autoexecutoriedade ao pacto, gerando segurança e confiabilidade à transação, já que funciona como uma garantia de cumprimento. (Cantali, 2022).

Sustenta-se que os *smart contracts*, viabilizados pela blockchain, representam o primeiro avanço tecnológico verdadeiramente disruptivo para a prática do Direito desde a invenção da prensa de impressão por Gutenberg por volta do ano de 1450. (DE FILIPPI; WRIGHT, 2015) Toda e qualquer negociação que envolva criptoativos, tais como os NFT, serão realizadas através de *smart contracts*. E são eles que permitirão a sofisticação e a possibilidade de que relações cada vez mais complexas possam ser celebradas eletronicamente, já que são totalmente programáveis. Eles permitem que as partes definam as regras a serem implementadas, que serão estruturadas a partir do código do programa de computador.

Em síntese, é por meio da blockchain que se torna possível instrumentalizar negócios através de *smart contracts*, os quais diminuem o risco do descumprimento, dado o seu *enforcement* automático. Além disso, as próprias características da blockchain permitem a existência de uma tecnologia que garante segurança das operações, descentralização de armazenamento, integridade de dados e imutabilidade de transações. E, por tudo isso, se pode afirmar que é a arquitetura das redes distribuídas que implica na criação de escassez artificial que propicia regime de apropriação decorrente da tecnologia, modelo que se agrega aos já consagrados modelos de apropriação natural, próprio dos bens corpóreos, e apropriação por força de lei que alcança a exclusividade de utilização sobre bens de natureza incorpórea. (Barbosa, 2003)

E o mais relevante é que a possibilidade de apropriação, seja por uma escassez natural ou artificialmente criada pela lei ou pela tecnologia, é que torna os bens econômicos; cria vantagem econômica. Esses são os motivos pelos quais se pode dizer que o NFT, no mínimo, cria um novo modelo de negócio no mercado das artes, viabilizando transações comerciais, formalizadas por *smart contracts*, para o uso de obras autorais em ambiente digital.

4. O token, o suporte e a obra autoral: premissas mínimas para análise dos negócios envolvendo nft de obras autorais

A tokenização das obras autorais exige uma harmonização com o sistema de Direitos Autorais, dada a sua inexorável interseção, em especial para que o uso da tecnologia possa ser um instrumento de exploração econômica eficaz para as criações intelectuais, já que geradora de um novo modelo de negócio, desde que orientado ao respeito de Direitos Autorais desde a sua criação.

A primeira premissa a ser fixada é a de que o NFT não se confunde com a obra autoral, tampouco com o suporte em que a obra foi fixada, seja este físico ou digital. Antes da existência do NFT já havia uma certa dificuldade entre o público não especializado em Direitos Autorais em compreender a separação entre a obra em si e o seu suporte de fixação. Essa distinção é relevante porque quem compra um suporte, por exemplo, uma tela, um livro ou um arquivo de MP3 de música, passa a ser proprietário desse suporte, o que não lhe garante o exercício de direitos autorais sobre a obra, o que exige um contrato específico para tanto: a cessão de direitos autorais. Ascenção (1997, p. 31), tratando da clássica distinção entre o *corpus mysticum*, que representa a obra autoral em si, enquanto realidade incorpórea, e o *corpus mechanicum*, o suporte através do qual a obra poderá ser exteriorizada, afirma que "o direito de autor sobre a obra como coisa incorpórea é independente do direito de propriedade sobre as coisas materiais que sirvam de suporte à sua fixação ou comunicação".

Portanto, é preciso ter clareza de que: o NFT é um certificado digital que garante a autenticidade de um ativo de referência, no caso a criação intelectual nele referida, através do registro de dados e metadados na rede blockchain, sendo que sua ligação com a obra é através desse registro de informações. Outra coisa é o suporte em que a obra foi fixada, que poderá ser o arquivo digital, por exemplo ".AI", caso a pintura tenha sido realizada com o uso do Adobe Illustrator, ou uma tela se a pintura foi feita de forma tradicional. E, para além do NFT e do suporte, há a própria obra autoral, a qual é uma realidade imaterial, que existe independentemente do suporte e do NFT.

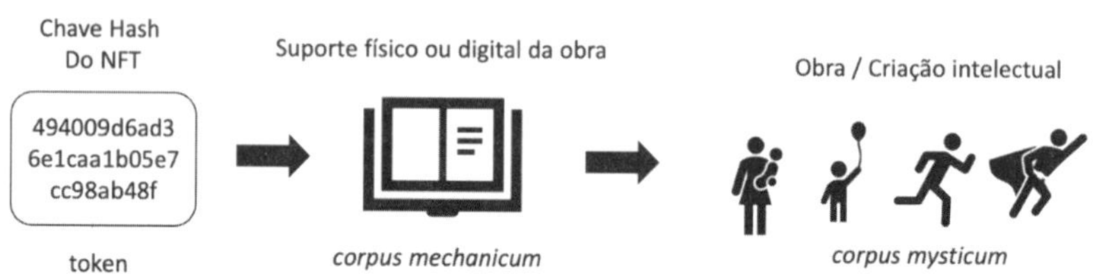

Figura 4 – Representação ilustrada do NFT, do suporte da obra e da obra/criação intelectual

Fonte: Elaboração pelas Autoras

NFT, suporte e obra autoral não se confundem, mas se relacionam entre si. O NFT deverá apontar para o endereço – uma URL – de armazenamento do suporte digital ou da reprodução digital da obra física que foi tokenizada. Este suporte digital ou a reprodução digital de uma obra analógica podem ser armazenados *on-chain* ou *off-chain*, ou seja, diretamente dentro do *smart contract* que representa o token ou hospedado separadamente. (The NFT Bible, 2020)

Wachowicz (2021), diante da possibilidade de o suporte digital ou reprodução digital da obra física estar ou não armazenada na própria blockchain classifica os NFTs de duas formas: o NFT incorporado e o NFT simples, sendo o primeiro aquele em que não só o NFT está registrado *on-chain,* mas o suporte da obra também, já o NFT simples é aquele em que o suporte ou a reprodução estão armazenados *off-chain*: fora da blockchain. Obviamente que o armazenamento do suporte digital ou da reprodução digital da obra na rede blockchain é mais seguro por todas as características, em especial a alta disponibilidade, da própria rede blockchain. O problema atual é alto custo energético que acaba inibindo a prática e consequentemente determina que a grande maioria dos NFT transacionados atualmente sejam simples. Neste caso, onde estará armazenado o suporte ou a reprodução da obra? A URL indicada no NFT aponta para onde? Poderá estar armazenada em um servidor centralizado, como por exemplo, o Google Drive. Contudo, o armazenamento usando servidor centralizado recebe muitas críticas, em especial a possibilidade de indisponibilidade do arquivo se a rede fica *offline* ou se o servidor vem a ser desativado, assim como a possibilidade de alteração dos dados pelos próprios desenvolvedores do sistema, que tem acesso aos arquivos. (IPFS, 2018)

Percebe-se que, nesse momento, gera-se alguma insegurança. Por isso alguns autores são tão céticos em relação ao NFT, sugerindo que o que se compra quando se compra um NFT simples é apenas um arquivo de metadados que sequer garante o acesso à obra de referência. Por esta razão, há quem sustente que há uma inconsistência na prática, já que a tokenização do ativo não incorpora ao token os direitos sobre o referido ativo e que esta incorporação de direitos sobre um ativo externo ao título como o token dependeria de lei, o que não se vislumbra em um curto prazo. (Moringiello; Odinet, 2021). Claro que uma determinação legal de que o NFT gera o direito de propriedade sobre o suporte da obra nele referido, assim como os diversos exemplos de títulos que garantem propriedade por determinação legal, tal como o próprio registro imobiliário, traria uma segurança maior para os negócios envolvendo NFT.

De toda a forma, regulamentação exógena pode não ser a melhor alternativa, em especial considerando os riscos de contradições em termos, justamente por falta de maior maturidade sobre a tecnologia em si. Autorregulação pelas práticas de mercado, primando pela transparência, podem ser a chave para a consagração do modelo de negócio propiciado pelos NFTs.

E registre-se que a tecnologia trabalha a favor. Uma solução que já foi desenvolvida para proporcionar maior segurança, garantido disponibilidade do arquivo – suporte ou reprodução da obra – e imutabilidade dos metadados relativos à obra, é o armazenamento deles *off-chain*, mas no IPFS – *InterPlanetary File System* que é "um sistema de armazenamento de arquivos ponto a ponto que permite que o conteúdo seja hospedado em computadores, de forma que o arquivo seja replicado em muitos locais diferentes". (The NFT Bible, 2020)

O IPFS modifica o endereçamento baseado em localização para endereçamento baseado em conteúdo (*content based addressing*). O usuário não precisa mais dizer onde encontrar algo, mas dizer o que quer encontrar. Esse "encontrar" será possível porque cada arquivo possui um código *hash*, que funciona como sua digital. Assim, quando o usuário quer uma foto, ele questiona ao computador: quem tem este arquivo com este *hash*. E, qualquer pessoa na rede IPFS, que tenha este arquivo irá providenciar para o usuário. Essa é a lógica das redes distribuídas em que os registros estão espalhados nos nós da rede. Como diz Shermin Voshmgir (2021), todos nós seremos nós na rede. A rede IPFS, além de resolver o problema de eventual inoperabilidade de sistemas centralizados, traz também muito mais segurança contra eventuais modificações nos dados e arquivos. Isso porque se cada arquivo tem o seu *hash*, o usuário poderá verificar o que recebeu. Qualquer tipo de alteração no arquivo ou nos dados geraria outro *hash*. (IPFS, 2018)

Em síntese, o NFT – o token -, é apenas a certificação digital de autenticidade da obra, que, enquanto bem digital único e exclusivo, pode ser transacionado, sendo passível de relações de propriedade. O NFT refere-se à uma obra autoral, cujo suporte ou reprodução digital, quando o suporte é físico, deverá estar armazenado na rede mundial de computadores e, preferencialmente, em uma rede descentralizada, tal como a IPFS, para garantir a sua imutabilidade e disponibilidade, já que atualmente não é sustentável a cunhagem de NFTs incorporados.

Veja-se que tradicionalmente o uso de uma obra autoral estava atrelado ao exercício do direito de propriedade de um suporte. Atualmente, esse uso poderá estar atrelado à propriedade do NFT. Mas até aqui, está se afirmando que o uso relativo à obra autoral, oferecido pela aquisição do NFT, é apenas o uso pessoal, tal qual se confere quando alguém adquire um suporte, não envolvendo transferência de Direitos Autorais, salvo pacto específico nesse sentido. Portanto, a segunda premissa que precisa ser estabelecida é a de que, suportes e NFT podem ser objetos de relações de propriedade, mas o proprietário apenas tem o direito de uso pessoal da obra, ou no máximo o direito de exposição, se a obra for de artes visuais[2], já que estas aquisições, regra geral, não conferem ao adquirente qualquer dos direitos autorais patrimoniais.[3]

As obras, como resultado da criação intelectual, são objetos culturais, que conectam o autor com o seu público, essa conexão se dá através do seu substrato e do sentido, o substrato enquanto dimensão material que permite o acesso pelo público para a atribuição de sentido, o qual é uma decorrência da percepção do substrato. Por isso, a dimensão do substrato – um suporte ou o próprio NFT – são tão importantes, para permitir esta comunicação entre o autor, a obra e seu público. Contudo, essa relação se dá no plano fenomenológico, ou seja, pré-normativo. (Raffo, 2011)

Do ponto de vista normativo, o direito autoral só passa a existir quando há uma obra, oferecendo proteção ao autor. (Raffo, 2011) O direito autoral possui uma natureza jurídica dúplice, ou híbrida, gerando dois feixes de direitos distintos: um feixe de direitos de natureza pessoal – chamados tradicionalmente de direitos morais – ligados à relação umbilical que existe entre o autor e a obra, impondo, por exemplo, os direitos de autoria – nominação e reivindicação de autoria – e respeito à integridade da obra; e um feixe de direitos de natureza patrimonial, que garantem a exploração econômica da obra. Os direitos morais são inalienáveis e irrenunciáveis, mas os direitos de natureza patrimonial são passíveis de transferência, seja por sucessão *causa mortis* – tanto assim que perduram, no mínimo, por cinquenta anos contados da morte do autor[4] – seja *intervivos*, por contratos de cessão de direitos autorais.

---

2 BRASIL, Lei nº 9.610, de 19 de fevereiro de 1998. Altera, atualiza e consolida a legislação sobre direitos autorais e dá outras providências. Art. 77. Salvo convenção em contrário, o autor de obra de arte plástica, ao alienar o objeto em que ela se materializa, transmite o direito de expô-la, mas não transmite ao adquirente o direito de reproduzi-la. Art. 78. A autorização para reproduzir obra de arte plástica, por qualquer processo, deve se fazer por escrito e se presume onerosa.

3 BRASIL, Lei nº 9.610, de 19 de fevereiro de 1998. Altera, atualiza e consolida a legislação sobre direitos autorais e dá outras providências. Art. 37. A aquisição do original de uma obra, ou de exemplar, não confere ao adquirente qualquer dos direitos patrimoniais do autor, salvo convenção em contrário entre as partes e os casos previstos nesta Lei.

4 BRASIL, Decreto nº 75.699, de 6 de maio de 1975. Promulga a Convenção de Berna para a Proteção das Obras Literárias e Artísticas, de 9 de setembro de 1886, revista em Paris, a 24 de julho de 1971. Artigo 7.1. A duração da proteção concedida pela

Essa possibilidade de transferência de direitos patrimoniais explica a distinção entre o autor, o qual exerce o controle criativo sobre a obra, e o titular do direito autoral. A titularidade originária é exercida pelo autor, mas os sucessores por morte ou cessionários exercem esta titularidade derivada. Significa dizer que o direito de exclusiva de exploração econômica da obra, total ou parcial, é exercido pelo titular do direito autoral, seja ele o próprio autor, ou o terceiro sucessor. Assim como só o titular poderá ceder estes direitos para terceiros, também somente ele poderá autorizar o uso da obra mediante celebração de contratos de licenciamento de uso de obra. (Ascenção, 1997)

Licença de uso e cessão de direitos são os instrumentos contratuais previstos para a circulação de Direitos Autorais. A cessão se caracteriza pela transferência da titularidade da obra intelectual, com exclusividade para o cessionário, já a licença é uma autorização conferida pelo titular para que um terceiro use a obra, com ou sem exclusividade, nos termos da autorização concedida. (Branco; Paranaguá, 2009)

Dessa síntese, pode-se tirar algumas conclusões: a) a cunhagem do NFT de obra que ainda esteja dentro do prazo de exclusiva somente poderá ser realizada – ou autorizada – pelo titular do Direito Autoral, sob pena de a cunhagem em si caracterizar-se como uma violação de Direito Autoral (Guadamuz, 2021); b) os direitos de natureza patrimonial, os quais garantem a exclusiva de exploração econômica, somente são transferidos através de contrato de cessão específico, salvo se por morte; c) se os direitos de natureza patrimonial exigem contrato de cessão de direitos específico nesse sentido, a venda do suporte da obra ou mesmo do NFT, em regra, não transferem direitos autorais para o proprietário do suporte ou do NFT, mas tão somente o direito de uso pessoal da obra autoral de referência.

Então, para evitar qualquer tipo de mal-entendido e frustração de expectativas dos adquirentes de NFTs, é preciso ter em mente que, na maioria das vezes, o único direito que poderá ser exercido pelo proprietário do NFT em relação a obra de referência é o de uso pessoal. Contudo, os direitos poderão variar a depender dos termos de uso das

---

presente Convenção compreende a vida do autor e cinquenta anos depois da sua morte. BRASIL, Lei nº 9.610, de 19 de fevereiro de 1998. Altera, atualiza e consolida a legislação sobre direitos autorais e dá outras providências. Art. 41. Os direitos patrimoniais do autor perduram por setenta anos contados de 1° de janeiro do ano subsequente ao de seu falecimento, obedecida a ordem sucessória da lei civil.

plataformas de intermediação de venda e cunhagem de NFTs, bem como a depender das cláusulas estabelecidas no negócio jurídico formalizado através do *smart contract*.

5. As potencialidades do *smart contract* na cunhagem do NFT: o que se compra quando se compra o NFT?

O entendimento sobre o que, de fato, é um NFT e quais os direitos que o seu proprietário exerce sobre a obra autoral, ainda é bastante impregnado de imprecisões técnicas. E a mídia auxilia na disseminação de preconcepções equivocadas, porque normalmente opera em um ambiente em que a precisão técnica não é uma habilidade. Quando manchetes afirmam, por exemplo, que "**Obra digital** do artista Beeple é vendida por US$ 69,3 milhões: **Peça** é coleção de desenhos e animações feitos durante 5.000 dias consecutivos" (G1, 2021) e "*Kings of Leon*: **disco vendido** em NFT lucra mais de R$ 10 milhões: A banda é a primeira a **vender seu álbum por NFT"** (HAHNE, 2021), é perfeitamente previsível que as pessoas, de maneira geral, compreendam que o que está sendo adquirido é a obra em si. (grifado)

Ocorre que quando se fala em resgate do direito de propriedade sobre bens digitais incorpóreos no mercado de NFTs, se está falando exclusivamente da propriedade do token e não necessariamente sobre o exercício de direitos patrimoniais sobre a obra. Isso porque o NFT não é criação intelectual em si, não atribui, regra geral, o direito de exclusiva sobre a obra, sendo tão somente um arquivo de dados e metadados, individualizados na rede blockchain por um código *hash,* ligado ao token, o qual simplesmente certifica a autenticidade da obra (Guadamuz, 2021)

Aliás, pela análise dos termos de uso dos *marketpalces* mais relevantes de negociação de NFTs, tais como *SuperRare, Foundation, KnownOrigin e ArtBlocks,* dentre outros, percebe-se que a aquisição do NFT garante o uso de natureza pessoal da obra de referência através de um contrato de licenciamento de uso. Ou seja, a pessoa que adquire o NFT é proprietária do token, mas é uma licenciada para o uso da obra de sua referência. E mais, normalmente este uso é restrito, mas a sua amplitude, o que poderia até mesmo envolver algum aspecto de uso econômico autorizado, depende dos termos desse licenciamento, normalmente definido nos termos de uso do *marketplace* que facilitou a cunhagem, ou através de algum tipo de licença pública, tais como as licenças *Creative Commons*, ou ainda a própria Licença NFT 2.0 (2018). Esta última foi idealizada para este mercado e com o objetivo de auxiliar na compreensão do significado da propriedade do token, estabelecendo de forma clara em suas definições de que o NFT é um bem digital adquirido por alguém, mas que a relação que se estabelece entre o proprietário do NFT em relação à obra autoral a ele associada é de licenciamento.

Portanto, o NFT é um importante instrumento para realização de negócios envolvendo obras autorais, mas na grande maioria das vezes representa uma licença de uso sobre a obra de referência. Mas isso não quer dizer que não se possa estruturar o *smart contrat* que instrumentaliza a cunhagem do NFT para que, através dele, sejam também transferidos os direitos autorias de natureza patrimonial.

Um recente exemplo de uso do NFT para transferência de Direitos Autorais foi o lançado pela Phonogram.me relativo à canção "Drão" de Elza Soares, o qual irá garantir ao proprietário do token a percepção de 30% dos *royalties* relativos a toda e qualquer execução pública da música. (Resumo Cast, 2022)

O *marketplace* Mintable, por exemplo, quando da cunhagem do NFT, oferece a possibilidade de transferência de direitos autorais a ser codificada via *smart contract*:

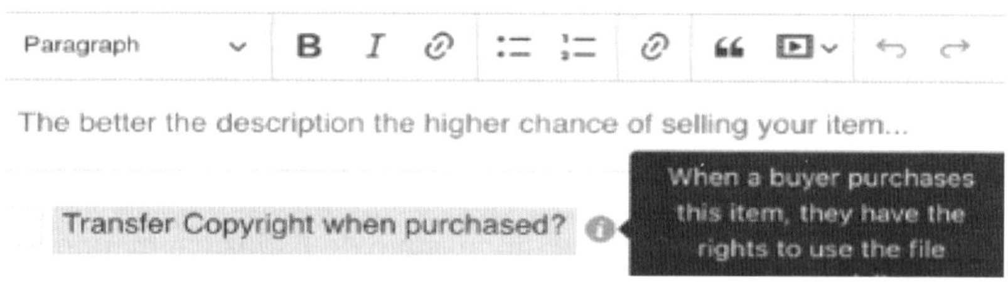

Figura 5 – Possibilidade de transferência de direitos autorais na cunhagem do NFT

Fonte: Cunhagem experimental realizada no Mintable

Ou seja, quando o titular dos Direitos Autorais cunha o NFT poderá estruturar o *smart contract* para que o comprador, ao adquirir o token também receba os direitos patrimoniais relativos à obra, transferindo, de fato, o direito de exclusiva para fins de exploração econômica da obra. Com esta estruturação é forçoso admitir que o token atribui direitos autorais sobre uma obra, não se limitando apenas ao oferecimento do direito de acesso à obra autoral para o uso pessoal dela. Aliás, neste caso, é possível afirmar que o direito de exclusiva sobre a obra faz parte do NFT. (Guadamuz, 2021)

Portanto, há no mínimo duas classificações possíveis aos NFT, as quais irão impactar nos direitos que poderão ser exercidos em relação à obra autoral de referência.

Há a classificação relacionada com o carregamento da obra na rede blockchain, que irá determinar se o NFT é da espécie incorporado ou da espécie simples. Tal classificação tem relação com o local de armazenamento do suporte digital da obra ou ainda da reprodução digital quando o suporte é físico. Em se tratando de NFT incorporado, situação em que o suporte digital da obra foi carregado dentro do *smart contract* que representa o token, pode-se concluir que a aquisição do token, além de implicar na propriedade do token em si, implica também na propriedade do suporte da obra. Já se o NFT é simples, a aquisição do token só garante a propriedade do próprio token enquanto bem digital em si. Contudo, o NFT, seja incorporado ou simples, não necessariamente implica na transferência de Direitos Autorais patrimoniais, o que dependerá das estipulações inseridas no *smart contract* quando da cunhagem do NFT.

Por esta razão, propõe-se a classificação dos NFTs em duas etapas, que pode ser representada conforme a figura abaixo:

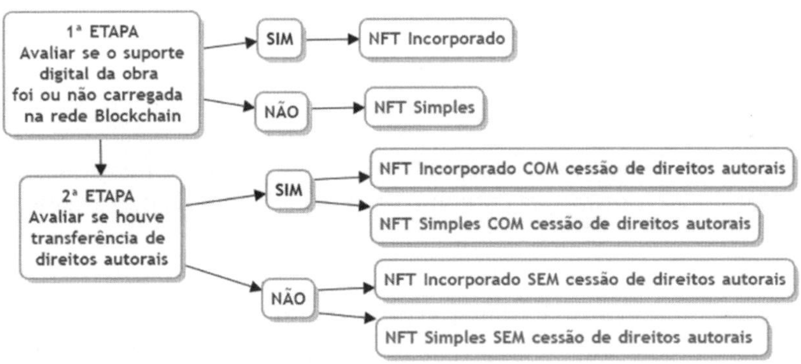

Figura 6 – Classificação dos NFTs em duas etapas

Fonte: (Cantali, 2022)

Entender as espécies de NFTs é importante, já que, conforme explica Guadamuz (2021), a resposta para a pergunta: o que se compra ao comprar o NFT, depende justamente dos tipos de NFTs descritos. Se o NFT é incorporado, pode-se garantir a propriedade do NFT e do suporte digital da obra, mas os direitos autorais somente serão transferidos se houve disposição específica nesse sentido, o que pode se dar tanto no caso de NFT incorporado como simples. Não havendo transferência de direitos autorais, o NFT garantirá o uso pessoal da obra, da mesma forma como a aquisição de suportes materiais garantia aos seus proprietários no mundo analógico ou ainda até de forma mais ampla a depender das disposições contratuais estabelecidas.

6. Possíveis Conclusões: o que se compra quando se compra o MFT depende da sua espécie

O NFT, *non fungible token* ou token não fungível, dá e dará muito o que falar. Há muito entusiasmo, mas também muito preconceito em torno dos NFTs. Nem o entusiasmo, que pode implicar na realização de negócios que não satisfaçam os interesses do adquirente, nem o preconceito, que pode inviabilizar o uso de uma tecnologia que revoluciona a forma de fazer negócio no mundo das artes, é salutar. O importante, para que o NFT se consolide como um novo modelo de negócio, é a disseminação de um mínimo entendimento sobre o tema, que é novo e impactante.

É certo que antes do advento da internet, que viabilizou o fenômeno da digitalização, o uso e a circulação das obras autorais dependia da existência de um suporte físico. Em outras palavras, a criação intelectual, que é imaterial, na grande maioria das vezes, exigia a sua materialização em um bem corpóreo para ser consumida. Essa necessidade provocou uma grande confusão entre dois elementos distintos: a criação intelectual (*corpus mysticum*) e o suporte em que a obra é fixada (*corpus mechanicum*). A abundância do conteúdo digital, dada a possibilidade de duplicação fiel infinita, fez com que os suportes digitais perdessem valor de negociação e, assim, as obras autorais imateriais passaram a circular e ser consumidas através da internet, como se bens públicos fossem.

O NFT, que não se confunde com o suporte da obra, é um certificado digital de autenticidade da obra, que no mínimo funciona como um registro voluntário da mesma, e, em se garantindo através da tecnologia blockchain a sua existência única e exclusiva, permite-se, através da escassez artificial criada pela arquitetura tecnológica, a realização de negócios que envolvem obras autorais, seja apenas licenciando o seu uso, seja estruturando o *smart contract* para a transferência dos próprios Direitos Autorais de natureza patrimonial.

Em síntese conclusiva, o que se compra quando se compra o NFT pode ser respondido da seguinte forma: compra-se a propriedade do token, se o suporte da obra tiver sido carregado no próprio *smart contract*, compra-se também o suporte digital, mas há também a possibilidade de transferência dos direitos patrimoniais de autor. O NFT simples, sem transferência de Direitos Autorais, garante o direito de acesso e uso pessoal da obra nos termos do licenciamento estabelecido; o NFT incorporado, sem transferência de Direitos Autorais, garante não só a propriedade do token, mas também do suporte digital da obra, mas os direitos que poderão ser exercidos em relação à obra autoral em si, também dependem do licenciamento estabelecido. Já o NFT simples ou incorporado, quando envolve a transferência de Direitos Autorais, garante a transferência, total ou parcial, das formas de exploração econômica em relação à obra, o que também ficará definido nos termos do contrato celebrado entre as partes, formalizado pelo contrato inteligente.

Hoje, com a tokenização da economia, ou seja, possibilidade de criação de representações digitais de qualquer coisa, há um novo elemento: os tokens. Portanto, é preciso equacionar a criação intelectual, o suporte para a fixação da obra, que pode ser físico ou digital, e a sua representação digital através de um token criptográfico. Por mais que o token não se confunda com o suporte, tampouco com a criação intelectual em si, há uma interseção entre a tecnologia e o Direito Autoral, o qual precisa ser respeitado desde a concepção dos tokens, como forma de harmonizar a tecnologia e o direito, tirando todos os proveitos que esta relação pode propiciar. Afinal, conforme a célebre frase de George Ripert, "quando o direito ignora a realidade, a realidade se vinga, ignorando o direito".

7. Referências

ASCENÇÃO, José de Oliveira. Direito Autoral. 2.ed., ref. e ampl. Rio de Janeiro: Renovar, 1997.

BARBOSA, Denis Borges. Uma Introdução à Propriedade Intelectual. 2.ed.rev. e atual. Rio de Janeiro: Lumen Juris, 2003. Disponível em: https://www.dbba.com.br/wp-content/uploads/introducao_pi.pdf. Acesso em 30 jun. 2021.

BRAY. Daniel L. NFT and Cryptoart: The Complete Guide to Successfully Invest in, Create and Sell Non-Fungible Tokens in the Digital Art Market. Edição do Kindle, 2021. Cap. 1. E-book.

CANTALI, Fernanda Borghetti. A TOKENIZAÇÃO DA ARTE VISUAL E O DIREITO AUTORAL: O *Copyright by Design* e a definição das premissas mínimas de governança para viabilizar o NFT – *Non Fungible Tokens* como instrumento eficaz de comercialização de obras de arte. Orientador: Wilson Engelamnn. Tese de Doutoramento apresentada ao Programa de Pós-Graduação em Direito da Universidade do Vale do Rio dos Sinos. Jul. 2022.

CANTALI, Rodrigo Ustárroz. *Smart Contracts* e Direito Contratual: Primeiras impressões sobre suas vantagens e limites. Revista Jurídica Luso-Brasileira. Ano 8, nº 3. 2022. p. 1529-1566. Disponível em: https://www.cidp.pt/revistas/rjlb/2022/3/2022_03_1529_1566.pdf, acesso em 24 março de 2022.

CHOHAN, Usman W. Non-Fungible Tokens: Blockchains, Scarcity, and Value. Critical Blockchain Research Initiative (CBRI) Working Papers. Mar. 2021. Disponível em: https://papers.ssrn.com/sol3/papers.cfm?abstract_id=3822743. Acesso em 25 ago. 2021.

COSTA, Isac Silveira da. Plunct, plact, zum: Tokens, valores mobiliários e a CVM. In: MOSQUERA, Roberto Quiroga; PINTO, Alexandre Evaristo; EROLES, Pedro. Criptoativos: estudos jurídicos, regulatórios e tributários. São Paulo: Quartier Latin, 2019.

DUKEDOM, Crypto. The NFT Revolution. Crypto art edition: 2 in 1 practical guide for beginners to create, buy and sell digital artworks and collectibles as non-fungible tokens. Edição Kindle.

FINK, Michèle. Blockchain Regulation and governance in Europe. Cambridge: Cambridge University Press, 2019.

GUADAMUZ, Andres. The Treachery of Images: Non-fungible Tokens and Copyright. SSRN. Ago. 2021. Disponível em: https://ssrn.com/abstract=3905452. Acesso em 23 out. 2021.

HAHNE, Stephanie. *Kings of Leon*: disco vendido em NFT lucra mais de R$ 10 milhões. Tenho mais discos que amigos. Mar. 2021. Disponível em: https://www.tenhomaisdiscosqueamigos.com/2021/03/11/kings-of-leon-lucro-nft/, acesso em 27 jun. 2021.

HARTIKKA, Lauri. A blockchain in 200 lines of code. Medium. Mar., 2017. Disponível em: https://medium.com/@lhartikk/a-blockchain-in-200-lines-of-code-963cc1cc0e54. Acesso em: 23 mai. 2022.

IPFS: Interplanetary file storage!. [S. l.: s. n.], 2018. 1 vídeo (09min 14s) Publicado pelo canal Simply Explained. Disponível em: https://www.youtube.com/watch?v=5Uj6uR3fp-U. Acesso em 24 out. 2021.

LACERDA, Bruno Torquato Zampier. Bens digitais: *cybercultura*, redes sociais, e-mails, música, livros, milhas aéreas, moedas virtuais. 2.ed. Indaiatuba: Foco, 2021.

LESSIG, Lawrence. *Code: Version 2.0 – Code and other Laws of Cyberspace*. New York: Basic Books, 2006.

LICENÇA NFT 2.0. *NFT License, version 2.0*. 2018. Disponível em: https://www.nftlicense.org/. Acesso em 16 abr. 2022.

MADEIRA, Bernardo. Blockchain Simplificada (Curso online). Aula 02 (1h 43min). Instituto de Tecnologia do Rio de Janeiro. Rio de Janeiro, 2018.

Disponível em: <https://itsrio.org/pt/cursos/blockchain-simplificada/>. Acesso em 09 abr. 2018.

MARDEN, Eugênio. Blockchain: A Tecnologia da Nova Era. [s.d.]. Edição do Kindle. E-book.

MORINGIELLO, Juliet M.; ODINET, Christopher K.. The Property Law of Tokens. Florida Law Review (Forthcoming 2022), U Iowa Legal Studies Research Paper No. 2021-44, Widener Law Commonwealth Research Paper. November 1, 2021. Disponível em: https://papers.ssrn.com/sol3/papers.cfm?abstract_id=3928901. Acesso em 25 mar. 2022.

NFT: Após mercado das artes visuais, tendência cresce na música e aponta para o futuro da internet. Resumo Cast. Fev. 2022. Disponível em: https://www.resumocast.com.br/nft-apos-mercado-das-artes-visuais-tendencia--cresce-na-musica-e-aponta-para-o-futuro-da-internet/. Acesso em 16 abr. 2022.

PESSERL, Alexandre. SILVA, Guilherme Coutinho. Direito Autroal, Blockchain e NFTS: a escassez ataca novamente. In: WACHOWICK, Marcos; GRAU-KUNTZ, Karin. (Orgs.) Estudos de Propriedade Intelectual em Homenagem ao Prof. Dr. Denis Borges Barbosa. Curitiba: IODA, 2021. Disponível em: https://codaip.gedai.com.br/wp-content/uploads/2021/11/1_Estudos-de-Propriedade-Intelectual-em-homenagem-ao-Prof_Dr_Denis-Borges-Barbosa.pdf. Acesso em 05 dez. 2021.

PINHEIRO, Patrícia Peck. A importância das NFTs no contexto da propriedade intelectual. Mobile Time. Mai. 2021. Disponível em: https://www.mobile-time.com.br/artigos/28/05/2021/a-importancia-das-nfts-no-contexto--da-propriedade-intelectual/. Acesso em 13 jun. 2021.

OBRA digital do artista Beeple é vendida por US$ 69,3 milhões. G1. Mar. 2021. Disponível em https://g1.globo.com/economia/noticia/2021/03/11/obra-digital-do-artista-beeple-e-vendida-por-us-693-milhoes.ghtml, acesso em 27 jun. 2021.

RAFFO, Julio. Derecho Autoral: Hacia un nuevo paradigma. Buenos Aires: Marcial Pons, 2011.

SCHWAB, Klaus. A quarta revolução industrial. Traduzido por Daniel Moreira Miranda. São Paulo: Edipro, 2016,

TAPSCOTT, Don; TAPSCOTT, Alex. Blockchain Revolution: como a tecnologia por trás do Bitcoin está mudando o dinheiro, os negócios e o mundo. São Paulo: SENAI-SO Editora, 2016.

THE NON-FUNGIBLE Token Bible: Everything you need to know about NFTs. *In:* OpenSea. [S.l.], 10. Jan. 2020. Disponível em: https://blog.opensea.io/guides/non-fungible-tokens/. Acesso em 08 jun. 2021.

UHDRE, Dayana de Carvalho. Blockchain, tokens e criptomoedas: análise jurídica. São Paulo: Almedina, 2021.

VOSHMGIR, Shermin. Token Economy: How the Web3 reinvents the Internet. 2.ed. Berlin: Token Kitchen, 2020. Disponível em: https://github.com/sherminvo/TokenEconomyBook/wiki. Acesso em 05 jul. 2021. E-Book.

WACHOWICZ, Marcos. O que é NFT. [S. l.: s. n.], 2021. 1 vídeo (09min 53s) Publicado pelo canal IODA – Instituto Observatório do Direito Autoral. Disponível em: https://www.youtube.com/watch?v=VofRcxsJpFo. Acesso em 30 set. 2021.

WHAT is Async Art? [S. l.: s. n.], 2021. 1 vídeo (03min37s). **YouTube.** Publicado pelo canal Async Art. Disponível em: https://www.youtube.com/watch?v=LE0o3Q9quwU. Acesso em 21 mar. 2022.

WRIGHT, Aaron; DE FILIPPI, Primavera. Decentralized Blockchain Technology and the Rise of Lex Cryptographia. **SSRN.** Mar. 2015. Disponível em: https://papers.ssrn.com/sol3/papers.cfm?abstract_id=2580664. Acesso em: 10 set. 2021.

Para além do *anthropos* e as criações *ex machinae*: é possível que agentes artificiais sejam titulares de suas obras e invenções?

Edson Pontes Pinto

1. Introdução

A revolução industrial pode ter começado com as máquinas a vapor, mas tem sua continuidade até os dias de hoje através da inteligência artificial e os sistemas algorítmicos, tal destaque não se dá por mero potencial tecnológico – que é muito vasto – mas por seu potencial econômico (Moreno, 2021).

Da mesma maneira que a primeira Revolução Industrial exerceu um impacto transformador na economia, a Quarta Revolução Industrial causa uma reformulação profunda e substancial no século XXI através da digitalização do cotidiano em todos os seus aspectos, afinal as novas tecnologias são catalisadoras desses processos disruptivos, transformando e traduzindo o mundo sensível em um mundo de dados.

Dentro desse contexto, os algoritmos de inteligência artificial assumem atividades antes restritas tanto à capacidade intelectual, como física do ser humano, auxiliando em tarefas repetitivas, mas também no processo criativo em diversas atividades e áreas da sociedade.

Hoje sistemas computacionais inteligentes fornecem o melhor caminho do trabalho à residência; sugerem os filmes que mais se adequam ao perfil do consumidor; ou indicam o produto que ele, por sinal, gostaria de comprar naquele exato momento; mas também pintam telas recriando traços de um famoso artista falecido no século XVII, ou compõem músicas como artistas de uma banda de Rock – sem que para tanto seja necessário a supervisão de um humano nesta tarefa.

O avanço da tecnologia se mostra assim para além do controle e dos limites da vontade humana, as máquinas começam a surgir como agentes dotados de uma consciência programada, mas não limitada pelos códigos-fonte que lhes deram origem, permitindo que avancem na capacidade que, talvez, defina o homem como tal: o pensamento e conceitos abstratos.

Para além dos algoritmos padrões de aprendizagem de máquina, os sistemas computacionais avançam na produção e desenvolvimento de inovações, desenhos industriais e, mais abstrato ainda, são capazes de criar objetos culturais e obras de arte (Macdevitt, 2021), ultrapassando os limites da ação *ex machinae* para as profundezas da mente inventiva e criativa do homem.

Com isso surge a pergunta cartesiana: Se as máquinas pensam e criam, devem ser reconhecidas, portanto, como sujeitos de direito?[1] Em especial, se os direitos autorais podem ser atribuídos a obras geradas por agentes artificiais autônomos (*ai-generated*), em quem os direitos autorais e as patentes devem ser investidas?

O presente texto tem por objetivo apresentar – sem a pretensão de ser exaustivo – o panorama legislativo nacional e internacional, bem como algumas decisões, acerca da impossibilidade de reconhecimento do direito da máquina/algoritmo ser proprietária da sua própria criação, trazendo ao final alguns questionamentos que se impõem, tanto na perspectiva fática da produção criativa por máquinas, como a favor da adequação regulatória em conformidade com o real avanço tecnológico, sem descurar das diretrizes de responsabilidade pela inovação, na concepção do termo trazida pelo Professor Wolfgang Hoffmann-Riem (Hoffmann-Riem, 2021).

2. Inteligência Artificial e algoritmos: definições conceituais

O que é uma Inteligência Artificial (IA)? O termo Inteligência Artificial foi cunhado em 1955 por John McCarthy (Tombekai, 2020). Não se sabe se McCarthy tinha noção do impacto que a inteligência artificial teria no século XXI, contudo sua contribuição foi um evento importante e simbólico que deu forma aos processos de desenvolvimento algorítmicos que hoje tomam a sociedade de sobressalto.

Uma definição simples, porém direta, é que se trata de um sistema algorítmico programado para o aperfeiçoamento através da alimentação e/ou retroalimentação de dados e interação com os agentes humanos que geram mais dados para serem processados pelo próprio sistema (Franco, 2020). Esse sistema com inteligência artificial é diferente de um *software* comum uma vez que ele não só executa algo programado, mas sim um sistema inteligente que se desenvolve e agrega os dados e

1 A pergunta surge de uma derivação cartesiana do *Cogito ergo sum*, que aqui passa a ser considerado como *Cogito ergo creo*, como no título do artigo de Ryan Abbott: *I think, therefore I invent: creative computers and the future of patent law*. (ABBOTT, 2016).

experiências para melhorar sua eficiência e gerar resultados (*outputs*) não controlados ou esperados pela programação inicialmente.

Neste contexto, algoritmo pode ser definido em um nível simplificado como procedimentos computacionais, ou conjuntos instrutivos, que se valem de algum referencial valorativo (ou conjunto deles) como entrada (*input*) para produzir um resultado (*output*) (Reis, 2020).

Atualmente os algoritmos de inteligência artificial se encontram, em sua grande maioria, no campo da aprendizagem de máquina (*Machine Learning*) ou em seu sub-ramo denominado aprendizagem profunda (*Deep Learning*).

O uso de algoritmos de aprendizagem de máquina permite o reconhecimento de padrões e estabelecimento de maneiras mais eficientes de exercer suas funcionalidades sempre se aperfeiçoando através de repetidas e constantes simulações e processamento dos dados adquiridos. Em um sentindo mais amplo, não menos preciso, o *Machine Learning* é a capacidade de aprendizado, de definir e de alterar as regras de decisão de maneira autônoma conforme sua interação com agentes humanos e não humanos (Mittelstadt, 2016).

No que tange ao *Deep Learning*, há um nível de profundidade ainda maior, uma retroalimentação mais intensa e capaz de produzir resultados até mesmo adversos do padrão, enquanto o algoritmo de aprendizagem de máquina replica os dados para aperfeiçoar sua funcionalidade, o algoritmo de *Deep Learning* trabalha no aperfeiçoamento do sistema como um todo, contando também com redes neurais artificiais para tentar ao máximo reproduzir a atividade intelectiva dos seres humanos, como visão computacional e processamento de linguagem natural.

Como exemplo, o algoritmo de inteligência artificial denominado GAN, *generative adversarial networks* (redes adversárias generativas), tem em sua arquitetura duas redes neurais, denominadas *gerador (generator)* e *discriminador* (*discriminator*), sendo função da primeira gerar imagens, e da segunda constatar se a imagem foi gerada pela primeira ou retirada do banco de dados (*dataset*), evidenciando-se uma das características do algoritmo que é o aspecto adversarial das redes neurais (Buduma, 2022).

Em um recente projeto, um algoritmo de aprendizagem profunda do tipo GAN foi utilizado para criar um sistema computacional capaz de gerar uma obra de arte – posteriormente vendida por US$432.500,00 no famoso leilão da galeria Christie's Central London

Gallery[2] – baseada em quinze mil retratos que alimentaram (*input*) o algoritmo, que gerou a obra vendida como resultado (*output*).

Desta forma, vê-se que os sistemas inteligentes seguem o fluxo algorítmico programado pelo desenvolvedor, trazendo, no entanto, resultados por eles não esperados, pois tais sistemas são dependentes dos dados utilizados em seus processos de teste, treino e validação. Logo, embora ainda não se enquadre no conceito de inteligência artificial geral ou forte, o resultado do sistema inteligente é capaz de ser autônomo à vontade inicial traçada pelo desenvolvedor, distanciando-se, assim, doa expressão criativa de seu criador, o que faz surgir as seguintes perguntas: As máquinas podem criar? Se criam, podem ser proprietárias de suas ideias?

3. As máquinas podem criar? a polêmica normativa no registro da criação de inteligências artificiais

A criatividade pode ser entendida como um resultado de processos de novidade e de apropriação conceitual e situacional, historicamente ligada com agentes humanos, suas condições são genéricas ao ponto de serem conceituáveis e entendidas nos processos dos sistemas algorítmicos (Ramalho, 2017).

Criações e inovações são consideradas como frutos e esforços daqueles que desenvolvem a ideia, e dessa forma se estabelece o elo entre criação e criador que culmina com o estabelecimento de direitos autorais (Tombekai, 2020). Tendo isso como mote central, é possível afirmar que os processos avançados a nível antrópico dos sistemas de inteligência artificial são passiveis de pensar e, assim, ter "processos criativos".

O sistema criado por Stephen Thaler, conhecido como Dabus, foi o responsável por erguer fortemente um debate que repercute e traz questionamentos relevantes e profundos sobre esse tema. Dabus criou duas invenções praticamente isentas de interferências humanas, além de seu desenvolvedor já ter afirmado que fora desenvolvido para criar coisas e não resolver problemas ou atividades específicas.

2 Ver mais sobre a obra de arte na notícia original: https://www.forbes.com/sites/williamfalcon/2018/10/25/what-happens-now-that-an-ai-generated-painting-sold-for-432500/?sh=6d6c6f1da41c

Com isso, o próprio desenvolvedor Stephen Thaler procedeu com o pedido de registro das invenções de Dabus em diversas jurisdições, com o intuito de ver reconhecido o direito de propriedade ao seu sistema que aprendeu (com dados), pensou e criou.[3]

No entanto, analisando o panorama legislativo estrangeiro, há a adoção do paradigma antropocêntrico, ou seja, coloca-se o agente humano no centro do processo criativo, sendo o único reconhecidamente com tal capacidade e titular dos direitos daí advindos.

Na legislação estadunidense *(United States Code*, 35 - Patents, §100) é empregado o termo "inventor", dando a entender que somente agentes humanos poderiam registrar invenções, não permitindo a titularidade a outros entes. Tal entendimento foi afirmado no julgamento do pedido de registro de invenção ao Dabus, no *Application* no. 16/524,350, em que a condição humana foi elencada como requisito necessário.

No Reino Unido, o entendimento de autoria inventiva e propriedade intelectual está também atrelado à ideia de um autor, inventor e responsável humano para que haja vínculo de patente, de tal modo que a legislação (*UK Patents Act* de 1977) usa diretamente a expressão "person" e "inventor" para designar a natureza humana do inventor da obra. Do mesmo modo, o *UK Intellectual Property Office* negou o pedido de invenção do Dabus, alegando não ser possível um agente não-humano proceder com o registro e a propriedade de obras e invenções.

Em julgamento recente (setembro de 2021), no caso *Thaler v. Comptroller General of Patents Trade Marks And Design* (Inglaterra, 2021), a divisão cível da Corte de Apelação do Reino Unido (*England and Wales Court of Appeal - Civil Division*) reconhece, no voto da Justice Laing, que apenas uma pessoa pode ser titular de direitos, não tendo a máquina a mesma capacidade jurídica, e que somente uma pessoa pode ser considerada inventora – entendimento que foi corroborado também pelo Justice Arnold.

É importante frisar que o entendimento esposado pelo Justice Birss neste julgamento segue as razões dos demais, trazendo apenas um adendo quanto a figura do *inventor*, segundo a seção 13, item 2, alínea a, do *UK Patents Act.* No seu julgamento Justice Birss ressalta que a legislação não obriga ao aplicante do registro indicar um inventor, mas *a pessoa*

3 Para maiores informações sobre o DABUS, ver: https://en.wikipedia.org/wiki/DABUS

que o aplicante acredita ser o inventor, e que a ausência da indicação da pessoa, significa que o aplicante (Stephen Thaler) acredita ser o inventor uma "não-pessoa",[4] o que afirma o entendimento da corte de que o titular da patente será humano, mas segundo Justice Birss, a indicação do inventor pode ser outra, ou até mesmo a ausência de indicação.

Seguindo a análise comparativa entre os ordenamentos jurídicos, a Convenção Europeia de Patentes, mais especificamente em seu artigo 81, regra 19, estabelece a necessidade de identificação de nome, sobrenome e endereço do inventor, e da mesma forma se remete ao paradigma antropocêntrico para determinar a validade do titular. Tanto é assim que o *European Patent Office* no julgamento dos pedidos do Dabus (EP3564144 e EP3563896) também os negou alegando não ser possível registro de invenções que não sejam de inventores humanos.

Vê-se, assim, que as disposições legais, bem como o entendimento dos escritórios de patentes e registros autorais, se firmam no requisito humano como elemento definidor da titularidade e da definição de propriedade intelectual e industrial. Em outras palavras, a legislação parte do paradigma antropocêntrico no qual somente o ser humano é o agente capaz de pensar e criar. Somente a mente humana seria passível de abstrações e processos criativos, não podendo, portanto, um animal ou a máquina ser titular de uma obra ou invenção.

No entanto, duas situações passaram a desafiar o paradigma antropocêntrico como elemento definidor de uma obra capaz de receber o registro.

O escritório de patentes da África do Sul (*Companies and Intellectual Property Comission*) emitiu uma confirmação de aceitação (*notice of acceptance*) do protocolo (*patent application*) n. 2021/03242 na qual reconhece o registro da patente requerida em nome do já citado DABUS.[5]

4 "Starting with s13(2)(a), the position here is that the applicant Dr Thaler has filed a statement, within the appropriate time, in which he has identified the person or persons whom he believes to be the inventor or inventors. His statement identifies no person as the inventor because he believes there is no human inventor [...]" (INGLATERRA, 2021).

5 Ver decisão em: https://www.ipwatchdog.com/wp-content/uploads/2021/07/AP7471ZA00-Notice-of-Acceptance-1.pdf. Acessado em 08 de julho de 2022.

Vale observar que a legislação sul-africana (Patents Act, 1978)[6] não define a figura do *inventor* e, por consequência, não especifica o caráter antropocêntrico do titular, o que coloca a aceitação do registro carente da análise material dessa condição essencial em outras legislações.

Porém, o caso australiano vai mais além, e embora a legislação do país se baseie no paradigma antropocêntrico, em recente decisão a Corte Federal da Australia (Federal Court of Australia) singularmente em primeira instância, afastou, no caso *Thaler v. Comissioner of Patents* (AUSTRALIA, 2021), a rejeição da autoridade australiana de patentes (*Deputy Comissioner of Patents*) e ordenou a sua análise material.

Essa decisão demonstra que é necessário fazer certas distinções e apontar a extensão do poder computacional que tais dispositivos passaram a ter a partir do desenvolvimento recente de algoritmos de inteligência artificial[7], pois, para além de se guiar nas instruções programadas, os sistemas inteligentes passaram a criar resultados não controlados por seus códigos-fontes,[8] desafiando-se, assim, o conteúdo normativo do termo *inventor* e, por conseguinte, do paradigma antropocêntrico, exigindo-se uma nova visão (e uma nova base legal) para os critérios de reconhecimento de titularidade das patentes e dos direitos autorais.

4. Para além do *anthropos* e as invenções e obras *ex machinae*: carência de critérios na legislação brasileira vigente

A discussão acerca da capacidade inventiva das máquinas esbarra, pois, no paradigma antropocêntrico das legislações, que exigem a condição humana, como visto, para que se considere existente e preenchido o requisito do inventor.

6 Ver art. 2º da referida legislação em: https://www.ipwatchdog.com/wp-content/uploads/2021/07/AP7471ZA00-Notice-of-Acceptance-1.pdf. Acessado em 08 de julho de 2022.

7 Ver o desenvolvimento da tecnologia GPT-3 e a capacidade criativa do algoritmo: Por que a GPT-3 é o melhor e o pior da IA atualmente, por MIT Technology Review, disponível em: https://mittechreview.com.br/por-que-a-gpt-3-e-o-melhor-e-o-pior-da-ia-atualmente/

8 Ver o caso do robô criado pela Microsoft que, após a interação no Twitter, passou a ter comportamentos racistas: Microsoft's neo-Nazi sexbot was a great lesson for makers of AI assistants, por MIT Technology Review, disponível em: https://www.technologyreview.com/2018/03/27/144290/microsofts-neo-nazi-sexbot-was-a-great-lesson-for-makers-of-ai-assistants/

Porém, é necessário avançar um pouco mais sobre alguns detalhes da decisão proferida *singularmente* no caso australiano *Thaler v. Comissioner of Patents*, visto que são delineados importantes argumentos para que se reconheçam os registros de invenções e obras de agentes artificiais.

O texto da legislação australiana (*Australian Copyright Act*) parece ser direto quanto ao fator "ser humano" como um dos elementos indispensáveis para obtenção de patente (Ramalho, 2017), utilizando-se, para tanto, do substantivo pessoa (*person*) para definir o sujeito.

Da interpretação da norma retira-se, no entanto, outros sentidos, como se observa na decisão proferida por Justice Beach neste caso.

Segundo o referido magistrado, não há na legislação qualquer definição para o termo *inventor*, o que significa dizer que é possível garantir essa condição a qualquer agente, seja ele humano ou artificial.

Logo, na visão do Justice Beach, um agente artificial pode muito bem ser um inventor, considerando todas as características e avanços da inteligência artificial até então, não podendo esse mesmo agente ser o requerente da patente, e nem mesmo o titular dos direitos, mas deve a ele ser garantida a condição de inventor.[9]

Porém, em abril de 2022 a decisão proferida por Justice Beach foi cassada pelo colegiado daquele Tribunal. Os magistrados reunidos decidiram afastar as razões vanguardista de Beach e validaram a decisão do escritório de patentes da Austrália.

Segundo o colegiado (Australia, 2022), a utilização pela legislação australiana do vocábulo *person* (*"a person who is the inventor"*) faz referência à condição humana, sendo ela uma pessoa física por exigência legal, sendo necessária, por conseguinte, a revogação da decisão proferida pelo Justice Beach.

Aqui vale levantar algumas questões pertinentes também para a legislação brasileira, em especial ao disposto no art. 6º e parágrafos da Lei 9.279/96 (Lei de Propriedade Industrial), bem como no art. 11 da Lei 9.610/98 (Lei de Direitos Autorias): 1. O inventor/autor pode ser um

9 "In summary, in my view, an inventor as recognised under the Act can be an artificial intelligence system or device. But such a non-human inventor can neither be an applicant for a patent nor a grantee of a patent. So to hold is consistent with the reality of the current technology. It is consistent with the Act. And it is consistent with promoting innovation". (AUSTRALIA, 2021).

agente artificial, sendo reconhecida a sua criação e invenção, inclusive para fins de assentamento dessa condição? 2. O titular do registro pode ser apenas uma pessoa natural, ou a legislação permite a atribuição aos agentes artificiais?

As duas leis brasileiras trazem também o paradigma antropocêntrico, e exigem a condição humana como elemento definidor da qualidade de inventor ou autor.

A lei de direitos autorais em seu art. 11 é clara ao definir que o autor é "pessoa física criadora de obra literária, artística ou científica", mesmo que o art. 5º, VIII, alínea c, preveja a possibilidade de obra anônima, ou seja, sem a indicação do autor, por vontade ou desconhecimento.

A norma reconhece como titular originário da obra o autor que a criou (art. 5º, XIV) e a ele são garantidos os direitos morais e patrimoniais de sua criação (art. 22), o que se verificar que a condição humana (ser pessoa física) do autor não pode ser relativizada no caso dos direitos autorais no Brasil. A lei não permite por qual método outra interpretação, sendo que a criação de obras por inteligência artificial é considerada como criação de um agente humano, seja ela quem for podendo inclusive ser o programador do sistema computacional, ou quem interagir de algum modo em um processo criativo máquina-homem.[10]

Essa mesma interpretação é sustentada na Lei de Propriedade Industrial que em seu art. 6º define o autor da invenção como o titular do direito de propriedade da invenção, salvo se requerida em nome de terceiros permitidos pela lei (art. 6º, §3º). A figura do inventor, pois, exige nomeação e qualificação para fins de depósito, podendo ele requerer a não divulgação de sua nomeação (art. 6º, §4º).

Logo, vê-se que embora seja necessário jogar luz no avanço da tecnologia, haja vista a capacidade criativa crescente das máquinas, a legislação nacional ainda não permite o reconhecimento da condição de autor, inventor e de titular de agentes artificiais, seja pela leitura direta e textual ou por qualquer método de interpretação da norma.

10 O Tribunal de Paris já decidiu que a criação de obras assistidas por máquinas são objeto de proteção de jurídica quando presentes a intervenção humana no processo criativo: "[...] la composition musicale assistée par ordinateur, dès lors qu'elle implique une intervention humaine, un choix de l'auteur, conduit à la création d'œuvres originales et comme telles protégeables quelle que soit l'appréciation qui peut être portée sur leur qualité." (FRANÇA, 2000).

O presente trabalho foca apenas na condição humana, no paradigma antropocêntrico (*anthropos*), como elemento definidor do autor/inventor, não adentrado nas características subjetivas ou objetivas da obra/invenção (SANTOS, 2020), e pela análise do panorama legislativo nacional, afirma-se a impossibilidade de se avançar nos registros *ex machinae*.

A decisão singular no caso australiano desafia a lógica da grande maioria das leis de propriedade intelectual e industrial vigentes no mundo – sendo impactante e atingindo também a estrutura do próprio direito civil, ao adentrar na seara dos direitos da personalidade, direito das obrigações, bem como no reconhecimento da propriedade.

Algumas modificações no panorama legislativo precisam ser feitas para tanto.

Inicialmente a garantia da personalidade jurídica ao agente artificial é condição inicial para se discutir a possibilidade de ser titular de direitos autorais ou de patentes, sendo inclusive essa uma das propostas da resolução de 16 de fevereiro de 2017 do Parlamento Europeu acerca de direitos civis dos robôs, que propõe a criação de uma *personalidade jurídica eletrônica* aos agentes artificiais em casos em que eles tomam decisões de forma autônoma (União Europeia, 2018).

No entanto, essa mesma ideia pode esbarrar em uma questão primordial para a lógica da responsabilidade civil e de outros direitos civis adstritos hoje às pessoas naturais: Quem responderá e usufruirá patrimonialmente tanto pelos ativos como pelos riscos e danos oriundos da atividade robótica?

Mesmo sendo um agente autônomo, como nos casos de sistemas criativos, a garantia de propriedade ao criador do sistema computacional parece ser a medida padrão mais acertada (Abbott, 2020), diante da falta de estrutura normativa adequada a compreender toda a capacidade tecnológica de tais agentes, sendo dele, pois, a responsabilidade também pelas ações do sistema, em especial em casos de responsabilidade civil.

Assim sendo, mesmo o entendimento firmado no caso australiano pelo Justice Beach, se trazido ao Brasil, não teria o condão de mudar a condição humana do titular das obras ou invenções – da mesma forma como não o fez na Austrália, conforme as decisões acima descritas.

A legislação nacional normativa, por consequência, torna inafastável o requisito humano tanto para ser considerado inventor, como para ser titular de direitos patrimoniais.

5. Conclusão

O desenvolvimento tecnológico avança em ritmo acelerado, e como consequência a inteligência artificial é um dos pilares dessa mudança de paradigma social, no qual as ações dos indivíduos são reguladas e/ou analisadas por complexos sistemas baseados em dados. Como afirma Andrew Ngo, especialista em aprendizagem de máquina e aprendizagem profunda, "a inteligência artificial é a nova eletricidade".

Para além de uma partida de xadrez do Deep Blue contra Kasparov,[11] ou de um desafio contra o campeão internacional de Go, Lee Se-Dol,[12] os sistemas inteligentes passam cada vez mais a conquistar espaços antes restritos ao intelecto humano, e desbravar uma das características que fazem dos seres humanos, únicos: a criatividade e o pensamento abstrato.

Máquinas agora são treinadas, testadas, validadas e passam a aprender com os dados que as alimentam de padrões - mas elas não se limitam e se resumem a eles. Esses sistemas inteligentes vêm desenvolvendo uma capacidade de raciocínio que ultrapassa a simples dedução de fatos e informações, e engrenam em exercícios cognitivos complexos.

Com isso, surgem cada vez mais algoritmos de inteligência artificial que produzem resultados criativos, como obras de arte,[13] músicas,[14] poesias,[15] e até mesmo invenções, como no caso do Dabus acima descrito. Resultados estes que, vale mencionar, não foram programados diretamente pelos desenvolvedores da aplicação.

Porém, as legislações nacionais e internacionais determinam a necessidade de um agente humano no processo de registro, tanto de obras autorais, como de objetos e processos inventivos.

---

11 Ver a história do duelo em: https://pt.wikipedia.org/wiki/Match_Garry_Kasparov_vs_Deep_Blue

12 Ver sobre o duelo em: https://canaltech.com.br/inteligencia-artificial/ex-campeao-de-go-disse-ter-se-aposentado-por-ser-impossivel-vencer-a-ia-156451/

13 Uma inteligência artificial estudou e aprendeu sobre a obra de Rembrandt, e com isso produziu uma obra como se Rembrandt fosse. Ver sobre em: https://www.nextrembrandt.com/

14 Nesse projeto, a inteligência artificial compôs músicas no estilo de artistas já falecidos como Kurt Cobain, Jimmy Hendrix e Amy Winehouse. Ver sobre em: https://losttapesofthe27club.com/

15 O algoritmo GPT-3 é capaz de escrever poesias, sem a intervenção "artística" de um humano. Ver sobre em: https://humanise.ai/blog/ai-writes-poetry/

No Brasil, por exemplo, exige-se a qualificação e autor, e refere-se a ele como aquele dotado da condição humana. Nos demais países mencionados neste trabalho, inclusive já há manifestação dos respectivos escritórios de registro negando a propriedade inventiva a entes que não sejam humanos, demonstrando assim que a literalidade, bem como a aplicação e interpretação da norma, caminham no sentido de negação ao ser tecnológico.

A resistência para que se aceite sistemas de inteligência artificial como inventores e detentores de propriedade intelectual por suas obras se dá em razão do histórico de uso de inteligência artificial no processo de invenção e criação, quase sempre no papel de ferramentas avançadas e sofisticadas (Abbott, 2016).

Todavia, a negativa a tais registros impõe diversas consequências tanto à estrutura normativa da propriedade autoral e da propriedade industrial, como também em possíveis distorções econômicas no equilíbrio do sistema legal que regulamenta os registros de propriedade criativa.

No primeiro ponto, e de forma conclusiva, a impossibilidade de registro por parte da máquina faz com que o sistema garanta a propriedade a quem de fato não contribuiu diretamente para o resultado prático da criação, pois, como dito, o algoritmo é formado tanto por código, como também da sua relação com os dados utilizados para seu teste, treino e validação.

Poderia ser argumentado que a relação da criação feita pelo algoritmo com o desenvolvedor se assemelha com a relação de um empregado que por obrigação contratual não detém o direito à sua criação, mas sim o empregador. Ocorre que a relação do algoritmo, diferentemente da comparação com o empregado, se dá sem o estabelecimento ou reconhecimento de um vínculo jurídico, nem mesmo uma regulação para o caso de criações advindas de inteligências artificiais, impondo para tanto a necessidade de se jogar luz ao presente questionamento.

Quanto ao último ponto, as leis que regulam as patentes e as obras autorais são ferramentas que buscam incentivar a inovação e criação, garantindo ao inventor a proteção, por tempo determinado, da propriedade do seu empenho criativo. Ou seja, derivam da capacidade do autor de criar, e criam incentivos para que continuem fazendo, mas a exploração da sua ideia deve ter um termo final, e após a sua utilidade continuará à sociedade.

Além disso, é necessário ressaltar e colocar em debate a condição jurídica dos agentes artificiais, e discutir a possibilidade (ou não) de reconhecer personalidade jurídica a esses entes e, por consequência, direitos e deveres.

É necessário equacionar a regulação das atividades oriundas evitando-se que a lei, e a sua aplicação, apresentem desincentivos ao desenvolvimento tecnológico, como a criação de algoritmos de inteligência artificial, mas ao mesmo tempo regular que os excedentes de produção não sejam a razão única, ou um incentivo, para se criar sistemas que se mostrem somente como *escravos digitais* (Faier, 2004) na produção de bens aos seus desenvolvedores.

Porém, não se pode deturpar a ordem jurídica para garantir situações que vão além do previsto na norma, não podendo ser o aplicador um verdadeiro Procusto[16], pronto a adaptar toda e qualquer situação à sua concepção jurídica previamente estabelecida, mesmo que contrária ou distante da ordem jurídica.

6. Referências

ABBOTT, Ryan. I think, therefore I invent: creative computers and the future of patent law. BCL Rev., v. 57, p. 1079, 2016.

ABBOTT, Ryan. Reasonable Robot: Artificial Intelligence and the Law. Cambridge University Press, 2020.

AUSTRALIA, Federal Court of Australia. Thaler v Commissioner of Patents [2021] FCA 879. Disponível em: https://www.judgments.fedcourt.gov.au/judgments/Judgments/fca/single/2021/2021fca0879. Acessado em 18 de julho de 2022.

AUSTRALIA, Federal Court of Australia. Commissioner of Patents v Thaler [2022] FCAFC 62. Disponível em: https://www.judgments.fedcourt.gov.au/judgments/Judgments/fca/full/2022/2022fcafc0062. Acessado em 18 de julho de 2022.

16 "Na mitologia grega, Procusto era o cruel dono de uma pequena propriedade em Korídalo, na Ática, a meio caminho entre Atenas e Elêusis ou Eleusina, onde eram realizados os misteriosos rituais de adoração aos deuses. Ele tinha um senso de hospitalidade peculiar: sequestrava os viajantes que por ali passavam, oferecia-lhes um generoso jantar e depois os convidava a passar a noite em uma cama bastante especial. Procusto queria que a cama se encaixasse perfeitamente ao viajante. Se eram altos demais, amputava-lhes os membros com um machado afiado; os que eram baixos, ele esticava de modo a preencher toda a extensão da cama" (TALEB, 2022).

BRIDY, Annemarie. Coding Creativity: Copyright and the Artificially Intelligent Author. STAN. TECH. L. REV. 5. 2012. Disponível em: http://stlr.stanford.edu/pdf/bridy-coding-creativity.pdf. Acessado em 2 de fevereiro de 2022.

BUDUMA, Nithin; BUDUMA, Nikhil; PAPA, Joe. Fundamentals of Deep Learning. 2nd Ed. O'Reilly, 2022.

FAIER, Adam. Digital slaves of the render farms?: Virtual actors and intellectual property rights. U. Ill. JL Tech. & Pol'y, 2004.

FRANÇA, Tribunal de Grande Instance de Paris. 1e ch. 5 juillet 2000.

FRANCO, Giovanna Silveira. A aplicabilidade da Lei de Propriedade Industrial em invenções geradas por inteligência artificial. Migalhas, 2020. Acesso em: https://www.migalhas.com.br/depeso/336219/a-aplicabilidade-da-lei-de-propriedade-industrial-em-invencoes-geradas-por-inteligencia-artificial

GERVAIS, Daniel. Is intellectual property law ready for artificial intelligence?. 2020.

HOFFMANN-RIEM, Wolfgang. Teoria geral do direito digital: transformação digital: desafios para o direito, Rio de Janeiro: Forense, 2021.

INGLATERRA, COURT OF APPEAL (CIVIL DIVISION). STEPHEN THALER v. COMPTROLLER GENERAL OF PATENTS TRADE MARKS AND DESIGNS, 2021. Disponível em: https://www.bailii.org/ew/cases/EWCA/Civ/2021/1374.html. Acessado em 08 de julho de 2022.

LEE, Jyh-An; HILTY, Reto; LIU, Kung-Chung. Roadmap to Artificial Intelligence and Intellectual Property: An Introduction. The Chinese University of Hong Kong Faculty of Law Research Paper, n. 2021-13, 2021.

MACDEVITT, James. Generative Adversarial Networks: Contemporary Art and/as Algorithm. In: HRISTOVA, Stefka. et. al. Algorithmic Culture: How Big Data and Artificial Intelligence Are Transforming Everyday Life. Lexington Books, 2021.

MITTELSTADT, Brent, et al. 'The Ethics of Algorithms: Mapping the Debate'. *Big Data & Society*. 3(2), 2016. P. 10. DOI: 10.1177/2053951716679679.

MORENO, Alfredo. La sociedade algorítmica: La economia digital ocupa un lugar central en la redefinición digital del mundo. ALAI, 2020. Acesso em: 01. Abr. 2021.

RAMALHO, Ana. Patentability of AI-Generated Inventions: Is a Reform of the Patent System Needed? 2018. Disponível em: http://dx.doi.org/10.2139/ssrn.3168703

RAMALHO, Ana. Will robots rule the (artistic) world? A proposed model for the legal status of creations by artificial intelligence systems, 2017.

RAVID, Shlomit Yanisky; LIU, Xiaoqiong. When Artificial Intelligence Systems Produce Inventions: An Alternative Model for Patent Law at the 3A Era. Cardozo L. Rev., v. 39, p. 2215, 2017.

REIS, P.V. A. Algoritmos e o Direito. São Paulo: Grupo Almedina (Portugal), 2020. 9788584935673. Disponível em: https://integrada.minhabiblioteca.com.br/#/books/9788584935673/. Acesso em: 01 Apr 2021.

SANTOS, Manoel J. Pereira dos. Direito do Autor e Inteligência Artificial. In: SANTOS, Manoel J. Pereira dos. et al. Direito do Autor, 2ª Ed. Saraiva Educação, 2020.

SOUZA, Cezar Junior de; JACOSKI, Claudio Alcides. Propriedade intelectual para criações de inteligência artificial. Brazilian Journal of Development, v. 6, n. 5, 2020.

TALEB, Nassim Nicholas. A cama de Procusto: Aforismos filosóficos e práticos. Objetiva, 2022.

TOMBEKAI, Tom Boakai. The Ownership of Artificial Intelligence (AI) Generated & Created Inventions. University of Turin: Itália, 2020.

UNIÃO EUROPEIA, Parlamento Europeu. Resolution of 16 February 2017: Civil Law Rules on Robotics, 2018.

Ecossistema industrial, saúde e novas tecnologias

Cristina Maria de Gouveia Caldeira

1. Introdução

A inovação, a criatividade e o acesso ao conhecimento e à informação, são protegidas pelos direitos de propriedade intelectual (DPI). No âmbito da União Europeia, estes direitos estão consagrados no artigo 118.º do Tratado de Funcionalmente sobre a União Europeia (TFUE).

A propriedade intelectual é definida pela Convenção da *Organização Mundial da* Propriedade Intelectual (OMPI/WIPO) como "a soma dos direitos relativos às invenções em todos os domínios da atividade humana, às descobertas científicas, aos desenhos e modelos industriais, às marcas industriais, comerciais e de serviço, bem como às firmas comerciais e denominações comerciais, à proteção contra a concorrência desleal e todos os outros direitos inerentes à atividade intelectual nos domínios industrial, científico, literário e artístico"[1].

A tutela dos direitos industriais, que constitui um dos domínios do Direito da Propriedade Intelectual, visa contribuir para a promoção da inovação tecnológica, a transferência e difusão da tecnologia, bem como para o bem-estar social e económico. São esses os objetivos que norteiam várias convenções e acordos internacionais, desde a Convenção de Paris para a Proteção da Propriedade Industrial (1883) ao Acordo sobre os Aspetos dos Direitos de Propriedade Intelectual relacionadas com o comércio-TRIPS (1994), em vigor.

A União Europa tem por objetivo alcançar um ecossistema industrial, contribuindo com as novas tecnologias emergentes para a sustentabilidade e a viabilidade da base industrial europeia. A Comissão Europeia defende a importância de uma política de propriedade intelectual, como condição necessária para reforçar a soberania da Europa no domínio da tecnologia e promover condições de concorrência equitativas à escala mundial. Para tal, a Comissão Europeia apelou a políticas inteligentes em matéria de proprie-

---

1 A OMPI, atualizada na versão de Estocolmo (1967) e por força do TRIPS /OMC (1994), celebrada no âmbito das Nações Unidas, integra a Convenção de Paris (1883), o primeiro acordo internacional relativo à Propriedade Intelectual para a Proteção da Propriedade Industrial (CUP). Integra ainda a Convenção da União de Berna (1886), relativa à proteção das obras literárias e artísticas.

dade intelectual[2], de modo a garantir os ativos intangíveis, com especial destaque para os ativos industriais (as patentes), e, nessa medida, ajudar a determinar o valor de mercado e a competitividade das empresas.

Em 2020, a União Europeia definiu "Uma nova estratégia industrial para a Europa", que foi apresentada pela Comissão Europeia na comunicação de 10 de março de 2020[3], na qual demonstrou o empenho da Europa na investigação e na implantação de tecnologias em domínios como a inteligência artificial (IA), a tecnologia 5G e a análise de dados e metadados. No mesmo ano, o Parlamento Europeu produziu o Relatório sobre os DPI para o desenvolvimento de tecnologias ligadas à inteligência artificial, no qual sublinha:

> "a importância fundamental de uma proteção equilibrada dos DPI em relação às tecnologias de IA e do caráter multidimensional dessa proteção e, ao mesmo tempo, salienta a importância de assegurar um elevado nível de proteção dos DPI, de criar segurança jurídica e de instaurar a confiança necessária para incentivar o investimento nestas tecnologias[4]. Reforça ainda que "a criação de um ambiente propício à criatividade e à inovação através de incentivos à utilização das tecnologias de IA pelos criadores não deve prejudicar os interesses dos criadores humanos, nem os princípios éticos da União (...)"[5]

2. Os direitos industriais como direitos exclusivos

Em termos conceituais, os direitos industriais são direitos exclusivos de utilização de determinados bens imateriais, como as patentes, marcas e outros bens relativos à inovação ou à diferenciação empresarial, proibindo todos os demais de utilizar esses mesmos bens, gerando

2 COM(2020)102, p.6.

3 COM(2020)102, p. 4.

4 PARLAMENTO EUROPEU. Relatório sobre os direitos de propriedade intelectual para o desenvolvimento de tecnologias ligadas à inteligência artificial, 2020. Disponível em: https://www.europarl.europa.eu/doceo/document/A-9-2020-0176_PT.html

5 PARLAMENTO EUROPEU. Relatório sobre os direitos de propriedade intelectual para o desenvolvimento de tecnologias ligadas à inteligência artificial, 2020. Disponível em: https://www.europarl.europa.eu/doceo/document/A-9-2020-0176_PT.html

monopólio de exploração por tempo determinado por lei. Já o registo dos sinais distintivos do comércio, a exemplo da marca e do logótipo, ordenam a concorrência, e, embora sejam também concedidos por um prazo limitado, podem ser indefinidamente renovados por iguais períodos.

O direito industrial ou direito de Propriedade Industrial, em Portugal, encontra-se plasmado no Decreto-Lei n.º 110/2018, de 10 de dezembro, Código da Propriedade Industrial (CPI), sendo a principal fonte interna, o qual cobre dois grandes domínios:

(i) a tutela da inovação (técnica ou estética), incluindo o regime das Patentes de Invenção, dos Modelos de Utilidade, das topografias dos Produtos Semicondutores, dos Direitos de obtenção Vegetal, bem como dos Desenhos ou Modelos;

(ii) a proteção dos sinais distintivos do comércio, nomeadamente das Marcas, dos Logótipos, das Denominações de Origem e Indicações Geográficas, bem como, em certo sentido, das Firmas e das próprias Recompensas.

As duas categorias de direitos industriais envolvem a atribuição de direitos exclusivos de utilização de bens imateriais, relativos à inovação ou à diferenciação empresarial e igualmente garantem os direitos de excluir terceiros de uso ou gozo, sem licença ou cessão, desses bens. Contudo, apresentam diferenças quanto à sua função e ao regime, a saber:

> "enquanto os direitos relativos à tutela da inovação visam incentivar a criatividade nos domínios da técnica e da estética industrial (através da atribuição de exclusivos temporários de exploração), os grupos de sinais distintivos destinam-se a ordenar a concorrência no mercado (mediante a atribuição de sinais privativos de identificação dos produtos, dos serviços ou das empresas, de duração indefinidamente renovável.[6]"

As fontes internacionais, para Portugal e demais Estados signatários, relevantes na área de DPI são a Convenção de Paris para a Proteção da Propriedade Industrial, ratificada em 20 de março de 1883 «Convenção da União de Paris» - CUP, para além das Convenções bilaterais e multilaterais, entre eles referimos: (i) Acordo de Madrid, Registo Internacional

6 SILVA, Pedro Sousa e. *Direito Industrial*, 2020, p. 15 e 16.

de Marcas (1891); (ii) Convenção de Munique sobre a Patente Europeia (1973); (iii) Convenção Sobre a Patente Europeia (2000), que substituiu a Convenção de Munique. Por último, sublinhamos a importância do Acordo sobre os Aspetos dos Direitos de Propriedade Intelectual Relacionados com o Comércio (ADPIC/TRIPS), um anexo ao Acordo que instituiu a OMC.

No plano europeu, os direitos de propriedade intelectual são títulos exclusivos industriais predominantemente disciplinados por regulamentos, sendo esses títulos baseados no "primado da livre circulação de produtos e serviços no seio do espaço da UE"[7].

2.1. A tutela da inovação no sistema normativo português: a patente

Qualquer invenção é patenteável, quer se trate de produtos ou processos, em todos os domínios da tecnologia. Porém, para que haja lugar a uma tutela legítima, a invenção deve reunir três requisitos: novidade[8], atividade inventiva[9] e aplicação industrial[10]. Podem igualmente ser objeto de patente os processos novos de obtenção de produtos, substâncias ou composições já conhecidos" (nº 3 do artigo 50.º do CPI).

A flexibilização consagrada no ordenamento português, em matéria de *esgotamento da tutela* conferida ao titular do direito industrial (artigo 104.º CPI) e na *concessão de licenças obrigatórias* (artigos 108.º e 112.º CPI), impõe ao titular de uma patente a obrigatoriedade de conce-

7 MARQUES, Remédio. Comentário ao artigo nº 118.º TFUE in *Tratado de Lisboa*, 2012.

8 O conceito de novidade implica que a invenção não está compreendida no estado da técnica (artigo 54º, n.º 1, da CPI). Por sua vez, o estado da técnica é constituído por tudo o que, dentro ou fora do País, foi tornado acessível ao público antes da data do pedido de patente, por descrição escrita ou oral, utilização ou qualquer outro meio (artigo 55º, n.º 1, do CPI), incluindo o conteúdo de pedidos de patente e modelos de utilidade requeridos em data anterior à do pedido de patente mesmo não publicados (artigo 55º, n.º 2, do CPI).

9 Considera-se que uma invenção implica atividade inventiva, se, para um perito na especialidade, não resultar ou não for dedutível, de maneira evidente, a partir do estado da técnica (artigo 54º, n.º 2, do CPI).

10 Considera-se que uma invenção é suscetível de aplicação industrial se o seu objeto puder ser fabricado ou utilizado em qualquer género de indústria ou na agricultura (artigo 54º, n.º 4, do CPI).

der uma licença para a exploração da respetiva invenção por motivo de interesse público (artigo 111.º CPI)[11], e sempre que «o início, o aumento ou a generalização da exploração da invenção, ou a melhoria das condições em que tal exploração se realizar, sejam de primordial importância para a saúde pública ou para a defesa nacional».

As patentes proporcionam aos seus titulares os meios jurídicos para impedir que outros reproduzam, utilizem ou vendam novas invenções, exclusivo limitado no tempo, e sob reserva de um conjunto de exceções. A atribuição de patente a uma empresa farmacêutica, visa garantir a lealdade da concorrência, pela atribuição de direitos privativos sobre os diversos processos técnicos de produção de um medicamento. Contudo, o setor farmacêutico afeta diretamente a área da saúde e é também o setor que enfrenta os maiores desafios dos ciclos de inovação. Por sua vez, esses ciclos de inovação são processos morosos e muitos exigentes financeiramente, sendo habitual a celebração de parcerias público-privadas (PPP), com Universidades e outras entidades públicas.

As patentes, como vimos anteriormente, constituem monopólios temporários que a sociedade está disposta a aceitar, impondo-se uma verificação constante do equilíbrio entre os custos e os benefícios de atribuição de uma patente. As patentes de medicamentos é tema constante nos debates internacionais envolvendo propriedade industrial, razão pela qual a Organização Mundial da Saúde (OMS) tomou uma posição no sentido de determinar que o balanço entre custos e benefícios deve atender ao desenvolvimento tecnológico de cada país. Nesse sentido vejamos:

> "have an important role to play in stimulating innovation in health-care products in countries where financial and technological capacities exist, and in relation to products for which profitable markets exist. In developing countries, the fact that a patent can be obtained may contribute nothing or little to innovation if the market is too small or scientific and technological capability inadequate. In the absence of effective

11 São os organismos nacionais ou regionais administradores de patentes, os responsáveis pela concessão das patentes na chamada fase nacional. Em Portugal, o processo de obtenção de patente é da competência do Instituto Nacional de Propriedade Industrial. Por sua vez, a autorização de introdução no mercado (AIM) para a comercialização do medicamento é da competência da INFARMED. Passa ainda por um processo administrativo de fixação de um preço máximo de venda.

> differential and discounted prices, patents may contribute to increasing the price of medicines needed by poor people in those countries. Although the balance of costs and benefits of patents will vary between countries, according to their level of development and scientific and technological infrastructure, the flexibility built into the TRIPS agreement allows countries to find a balance more appropriate to the circumstances of each country[12].

No recente estudo sobre a "importância das patentes na área da saúde (medicamentos e vacinas)", publicado em abril de 2020, pelo INPI - Instituto Nacional de Propriedade Industrial português, observa-se que o cenário pandémico de COVID-19, tornou as inovações tecnológicas na área da saúde, ainda mais relevantes para a sociedade[13]. Assim, torna-se imperioso sublinhar que a pandemia forçou uma abordagem ancorada na solidariedade, na responsabilidade e, sobretudo, na sustentabilidade.

2.2. Os prazos especiais de proteção de uma patente

No ordenamento jurídico português, a proteção de uma patente tem a duração máxima de 20 anos, contados da data do respetivo pedido (artigo 100.º CPI), podendo ser estendidos por mais cinco anos, mediante determinadas condições, através de um certificado complementar de proteção (CCP)[14], instrumento que vem ganhando cada vez importância no domínio da indústria farmacêutica. Estes prazos especiais são justificados segundo Inês AGAPITO, nos seguintes termos:

> "o período de vigência efetiva do direito de exclusivo conferido pela patente é muito inferior ao prazo legalmente consagrado. De facto, entre o momento em que uma empresa farmacêutica pede o registo de uma patente para uma invenção químico-farmacêutica e o momento em que pode comercializar essa

12 OMS. «Public Health, Innovation and Intellectual Property Rights», 2006, p. 22.

13 INPI. «Importância das patentes na área da saúde (medicamentos e vacinas)», abril de 2020.

14 O Certificado de Proteção para Medicamentos encontra-se previsto no Regulamento (UE) 2019/933 Do Parlamento Europeu e do Conselho de 20 de maio de 2019 que alterou o Regulamento (CE) n.º 469/2009, introduzindo algumas modificações a este regime, mais concretamente, introduziu exceções (ou waivers).

invenção sob a forma de medicamento, para o que carece de uma autorização de introdução no mercado (AIM), decorre um intervalo de tempo que ronda os 10 anos. Assim se torna evidente que o direito exclusivo conferido pela patente sofre, neste sector, uma redução significativa. Daqui decorrem alguns problemas. Por um lado, verifica-se que, neste aspeto, a indústria farmacêutica encontra-se em desvantagem face às demais indústrias produtivas que não estão sujeitas a qualquer limitação ou controlo prévio para explorar comercialmente os seus produtos. Por outro lado, vendo reduzido o período de exploração exclusiva dos seus produtos, as empresas farmacêuticas podem deparar-se com dificuldades em remunerar ou, sequer, amortizar os avultados investimentos feitos, o que poderá levar ao desinvestimento na área da investigação e desenvolvimento (I&D) de novos medicamentos, por falta de recursos."[15].

Quando a patente atinge o limite de vigência, "cai" no domínio público, ou seja, a invenção deixa de estar protegida e, a partir dessa data, qualquer entidade pode explorar essa mesma invenção. Esta limitação temporal incentiva as empresas a introduzir os medicamentos no mercado o mais rapidamente possível e a desenvolver, de uma forma contínua, medicamentos inovadores.

A tutela do direito industrial por meio de patentes ou de certificado complementar de proteção é atribuída ao "medicamento de referência ou original"[16]. Os "medicamentos genéricos"[17], que proporcionam aos

15 AGAPITO, Inês. «O Certificado Complementar de Protecção para medicamentos», in Mestrado em Direito de Direito Empresarial Propriedade Industrial e Concorrência Desleal, UCP, 2015. Disponível em: http://www.evaristomendes.eu/ficheiros/Ines_Agapito-O_Certificado_Complementar_de_Proteccao_de_Medicamentos_(CCP).pdf

16 «Medicamento de referência», medicamento que foi autorizado com base em documentação completa, incluindo resultados de ensaios farmacêuticos, pré-clínicos e clínicos, segundo o artigo 3.º, n.º 1, *al* ii) do Decreto-Lei n.º 176/2006, atualizado pelo Decreto-Lei n.º 112/2019, de 16 de agosto. O presente decreto-lei marca uma profunda mudança no sector do medicamento, designadamente nas áreas do fabrico, controlo da qualidade, segurança e eficácia, introdução no mercado e comercialização dos medicamentos para uso humano.

17 «Medicamento genérico», medicamento com a mesma composição qualitativa e quantitativa em substâncias activas, a mesma forma farmacêutica e cuja bioe-

usuários o acesso a um preço mais baixo, reduzindo também as despesas do Sistema Nacional de Saúde, surgem na fase de caducidade/extinção da tutela do medicamento original, acrescida da dilação de um CCP.

Em Portugal, constata-se que a entrada dos medicamentos genéricos ocorre em momento muito tardio, em virtude dos titulares de uma patente sobre um medicamento de referência, se socorrerem de vários instrumentos legais para retardarem a entrada de medicamentos genéricos no mercado, com o objetivo de restringir a concorrência e prorrogar o monopólio legal outorgado por esse direito de propriedade industrial. O fundamento utilizado pelas empresas produtoras de medicamentos inovadores prende-se com o grande investimento/risco realizado, por se tratar de uma atividade relativamente à qual está subjacente um esforço intelectual do inventor.

Os argumentos acima produzidos levam-nos a compreender a dicotomia existente entre as empresas produtoras de medicamentos de referência e as empresas produtoras de medicamentos genéricos. Ainda que um medicamento genérico pressuponha a existência de um medicamento de referência, os interesses subjacentes às respetivas empresas produtoras de medicamentos de referência são distintos, promovendo inúmeras vezes obstáculos à comercialização de medicamentos genéricos.

3. A Estratégia Farmacêutica para a Europa

Os obstáculos à comercialização dos medicamentos genéricos e a insatisfação das necessidades farmacêuticas na Europa, levaram a Comissão a apresentar uma "Estratégia Farmacêutica para a Europa", no dia 24 de novembro de 2020, de modo a garantir o acesso dos doentes a medicamentos inovadores e a preços acessíveis, ao mesmo tempo, que promove a competitividade, a inovação e a sustentabilidade da indústria farmacêutica europeia. A estratégia possui quatro objetivos principais:

(i) Garantir o acesso a medicamentos baratos para os doentes e responder a necessidades médicas (na área da resistência antimicrobiana, do cancro e das doenças raras, por exemplo);

quivalência com o medicamento de referência haja sido demonstrada por estudos de biodisponibilidade apropriados (artigo 3.º, nº 1, *al* vv do Decreto-Lei n.º 176/2006, atualizado pelo Decreto-Lei n.º 112/2019, de 16 de agosto).

(ii) Apoiar a competitividade, a inovação e a sustentabilidade da indústria farmacêutica da UE e o desenvolvimento de medicamentos de elevada qualidade, seguros, eficazes e mais ecológicos;

(iii) Melhorar os mecanismos de preparação e resposta a crises;

(iv) Garantir uma presença europeia forte no mundo, ao promover um elevado nível das normas de qualidade, eficácia e segurança[18].

A "Estratégia Farmacêutica para a Europa" nasce da necessidade de uma nova abordagem europeia que garanta um setor farmacêutico forte, equitativo, competitivo e ecológico, que proporcione resultados aos doentes e que explore todo o potencial da transformação digital da saúde e dos cuidados de saúde impulsionada pelos avanços tecnológicos em domínios como a inteligência artificial e a modelização computacional[19].

A Comissão Europeia reconhece o papel da proteção aos produtos e processos inovadores através de direitos de propriedade intelectual, contudo refere que a aplicação desses direitos, diverge de Estado-Membro para Estado-Membro, sobretudo no que se refere às patentes e aos certificados complementares de proteção[20]. Reconhece também, que as indústrias que utilizam a propriedade intelectual de forma intensiva, desempenham um papel essencial na economia da UE e oferecem à sociedade postos de trabalho sustentáveis[21]. Nessa medida, apresenta-se como prioritário a garantia de que os inovadores da UE tenham acesso a instrumentos de proteção rápidos, eficazes e a preços acessíveis, à medida que se elimina a fragmentação provocada pelos diferentes ordenamentos jurídicos. Para que tal aconteça, é necessário garantir o relançamento do *sistema de patente unitária*[22].

Centrando a nossa atenção no domínio do setor farmacêutico europeu, vale recordar que a Comissão está a analisar a forma de continuar a otimizar os incentivos e as recompensas para impulsionar a inovação, de modo a dar resposta a necessidades não satisfeitas, promover a acessibilidade dos preços, assegurar o rápido lançamento no merca-

18 COM(2020)761 final.

19 COM(2020)761 final, p. 1 e 2.

20 COM(2020) 761 final, p. 11.

21 COM(2020) 760 final, p. 1.

22 COM(2020) 760 final, p. 5.

do e o fornecimento contínuo de medicamentos, incluindo genéricos e biossimilares[23].

Os objetivos acima vertidos são defendidos por Ursula von der Leyen, Presidente da Comissão Europeia, que no Discurso do Estado da União, proferido no dia 16 de novembro de 2020, referiu-se a uma "união mais forte no domínio da saúde" [24]. Concomitantemente, a proposta apresentada pelo Parlamento Europeu *sobre os direitos de propriedade intelectual para o desenvolvimento de tecnologias ligadas à inteligência artificial*, já anteriormente abordada, veio colocar de novo o enfoque na proteção da inovação e na reforma estrutural da política industrial da União, de modo a poder assegurar a vanguarda das tecnologias de IA.

Assim, considera o Parlamento Europeu, que a liderança mundial da União em matéria de IA exige um sistema eficaz de propriedade intelectual que esteja preparado para a era digital e que permita aos inovadores introduzir novos produtos no mercado, considerando que, para que a tecnologia possa continuar a ser um instrumento ao serviço das pessoas e do bem comum, é necessária uma abordagem antropocêntrica à IA que respeite os princípios éticos e os direitos humanos.

4. A propriedade intelectual e a IA

As instituições europeias têm vindo a conceder um espaço privilegiado à IA, com particular destaque para o trabalho considerável que o Parlamento Europeu realizou no domínio da IA, designadamente em 2020 e 2021. Em outubro de 2020, adotou um conjunto de resoluções no domínio da IA, nomeadamente em matéria de ética[25] e responsabilidade[26]. Em 2021, seguiram-se resoluções no domínio da IA em matéria penal[27].

23 COM(2020) 760 final, p. 6.

24 Discurso do Estado da União 2020, de Ursula von der Leyen, no dia 16 de novembro de 2020,

25 Resolução do Parlamento Europeu, de 20 de outubro de 2020, sobre o regime relativo aos aspetos éticos da inteligência artificial, da robótica e das tecnologias conexas [2020/2012(INL)]

26 Resolução do Parlamento Europeu, de 20 de outubro de 2020, sobre o regime de responsabilidade civil aplicável à inteligência artificial [2020/2014(INL)].

27 Projeto de relatório do Parlamento Europeu sobre a inteligência artificial no direito penal e a sua utilização pelas autoridades policiais e judiciárias em casos penais [2020/2016(INI)].

Cientistas, especialistas e *stakeholders* defendem que o futuro quadro regulamentar da IA, trará avanços, tal como foram enunciados no Livro Branco[28]. O objetivo primacial é facilitar e desenvolver o uso de IA, de modo a criar um verdadeiro Mercado Único Digital,[29] na senda da estratégia lançada pela Comissão Europeia, em maio de 2015 (e reforçada em 2020), a "*Digital Single Market*" ("DSM"), na qual se constata que "*a internet e as tecnologias digitais estão a transformar a nossa vida (...) à medida que se integram mais profundamente em todos os setores da nossa economia e da nossa sociedade*"[30].

4.1. Os sistema de IA

Constituindo a IA um ramo da ciência da computação que disponibiliza diversas técnicas e recursos no desenvolvimento de programas e sistemas informáticos inteligentes, capazes de resolver problemas cognitivos geralmente associados à inteligência humana (aprendizagem, solução de problemas e reconhecimento de padrões), foi definida pela Comissão Europeia como: sistemas "que apresentam comportamento inteligente, analisando seu ambiente e realizando ações - com algum grau de autonomia - para atingir objetivos específicos"[31].

28 COMISSÃO EUROPEIA.**White paper on Artificial Intelligence - A European approach to excellence and trust, Brussels,** 19.2.2020 COM(2020) 65 final, https://ec.europa.eu/info/sites/info/files/commission-white-paper-artificial-intelligence-feb2020_en.pdf

29 EU4DIGITAL, **EU Digital Single Market**, https://eufordigital.eu/discover-eu/eu-digital-single-market/.

30 COMISSÃO EUROPEIA, reconhece que "*daqui a menos de uma década, a maior parte da atividade económica dependerá de ecossistemas digitais que integrem infraestruturas digitais, hardware e software, aplicações e dados.*" COM(2015) 192 final, pp. 420 e 423.

31 COMISSÃO EUROPEIA. Communication from the Commission to the European Parliament, the European Council, the Council, the European Economic and Social Committee and the Committee of the Regions on Artificial Intelligence for Europe, Brussels, 25.4.2018 COM(2018) 237 final, https://eur-lex.europa.eu/legal-content/EN/TXT/?uri=COM%3A2018%3A237%3AFIN. "*(...)that display intelligent behaviour by analysing their environment and taking actions – with some degree of autonomy – to achieve specific goals.*"

No mesmo sentido, o GPAN IA (2018)[32] referiu-se à IA como:

> "sistemas de software (e eventualmente também de hardware) concebidos por seres humanos, que, tendo recebido um objetivo complexo, atuam na dimensão física ou digital percepcionando o seu ambiente mediante a aquisição de dados, interpretando os dados estruturados ou não estruturados recolhidos, raciocinando sobre o conhecimento ou processando as informações resultantes desses dados e decidindo as melhores ações a adotar para atingir o objetivo estabelecido. Os sistemas de IA podem utilizar regras simbólicas ou aprender um modelo numérico, bem como adaptar o seu comportamento mediante uma análise do modo como o ambiente foi afetado pelas suas ações anteriores."

A proposta apresentada pela Comissão Europeia para o quadro regulamentar em matéria de IA, *Artificial Intelligence Act* (=Proposta de Regulamento Inteligência Artificial (PRIA))[33], sustenta uma definição de IA, em linha com a definição apresentada pelo GPAN IA, posteriormente vertida nos artigos 3.º e 4.º e Anexo I da Proposta, tendo em vista quatro objetivos:

(i) garantir que os sistemas de IA colocados no mercado da União e utilizados sejam seguros e respeitem a legislação em vigor em matéria de direitos fundamentais e valores da União;

(ii) garantir a segurança jurídica para facilitar os investimentos e a inovação no domínio da IA;

(iii) melhorar a governação e a aplicação efetiva da legislação em vigor em matéria de direitos fundamentais e dos requisitos de segurança aplicáveis aos sistemas de IA;

32 GPAN IA é um grupo de peritos independente criado pela Comissão Europeia em junho de 2018, p. 47. file:///C:/Users/cristina.caldeira/Downloads/ethics_guidelines_for_trustworthy_ai-pt_88008646-E664-D76A-BD4DC4524E29C-CD2_60435.pdf

33 COMISSÃO EUROPEIA. Proposta de Regulamento do Parlamento Europeu e do Conselho que estabelece Regras Harmonizadas em Matéria de Inteligência Artificial (Regulamento Inteligência Artificial) e altera determinados atos legislativos da União, COM(2021)206 final, Bruxelas, 21 de abril de 2021. https://eur-lex.europa.eu/legal-content/PT/TXT/HTML/?uri=CELEX:52021PC0206&from=EN.

(iv) facilitar o desenvolvimento de um mercado único para as aplicações de IA legítimas, seguras e de confiança e evitar a fragmentação do mercado.

A PRIA estabelece regras harmonizadas para o desenvolvimento, a colocação no mercado e a utilização de sistemas de IA na União, tendo por base uma abordagem baseada no risco. Propõe-se uma definição inequívoca e preparada para o futuro da "inteligência artificial".

Algumas práticas de IA, caracterizadas como "risco inaceitável" *(unacceptable risk)* são proibidas, uma vez que violam os valores da União, e são propostas restrições e salvaguardas específicas relativamente a determinadas utilizações de sistemas de identificação biométrica à distância para efeitos de manutenção da ordem pública. (ver fig 1, abaixo)

A PRIA estabelece uma metodologia de análise de riscos bem sólida, para definir sistemas de IA de risco elevado (*high risk*) para a saúde e a segurança ou para os direitos fundamentais das pessoas.

Por último, as obrigações de transparência e a criação de códigos de conduta, são exigidas a quem aplique sistemas de IA de risco reduzido.

Fig. 1 – Classificação do Risco na Proposta *Artificial Intelligence Act*

Fonte: PE. *Artificial intelligence in healthcare* (adaptado - em cores a imagem é: inicia com a base da pirâmide verde; amarelo, laranja e vermelho)[34]

34 PARLAMENTO EUROPEU. "Artificial intelligence in healthcare: Applications, risks, and ethical and societal impacts". STUDY Panel for the Future of Science and Technology. EPRS | European Parliamentary Research Service, maio 2022, p.32. Disponível em: https://www.europarl.europa.eu/RegData/etudes/STUD/2022/729512/EPRS_STU(2022)729512_EN.pdf

4.2. A noção de saúde pública, dados de saúde e data science

O conceito de "saúde pública", engloba todos os elementos relacionados com a saúde, dados que se integram nas categorias especiais de dados pessoais sensíveis, a saber: o estado de saúde, a morbidade e a incapacidade, as determinantes desse estado de saúde, as necessidades de cuidados de saúde, os recursos atribuídos aos cuidados de saúde, a prestação de cuidados de saúde e o acesso universal aos mesmos, bem como as despesas, financiamento dos cuidados de saúde, e as causas de mortalidade.

O tratamento de dados de saúde (dados sensíveis) é proibido à luz do n.º 1 do artigo 9.º do Regulamento Geral de Proteção de Dados (RGPD). Porém, no conjunto das exceções previstas no n.º 2 do mesmo artigo, a alínea g) consagra uma exceção sempre que o tratamento dos dados sensíveis, designadamente os dados de saúde, forem necessários por motivos de interesse público, tal como reforça no considerando 54 do RGPD. Nesse caso, os dados podem ser tratados sem o consentimento do titular dos dados.

O tratamento dos dados de saúde deverá ser objeto de medidas adequadas e específicas, a fim de defender os direitos e liberdades das pessoas singulares, designadamente, o tratamento de dados relativos à saúde de pessoas singulares, autorizadas por motivos de interesse público. devem atender ao princípio da finalidade (alínea *b*) do n.º 1 do artigo 5.º do RGPD) e não deverão ser tratados por terceiros, para outros fins.

A disponibilização de dados pela ciência médica abrange atualmente um âmbito muito vasto, e cresce tanto em volume quanto em variedade. Esse crescimento, tão acentuado, é indissociável dos avanços em *data science*, ciência que se baseia em métodos de aprendizagem automática, treinados com grande quantidade de dados. Assim se justica que o considerando 44 da PRIA, faça referência à qualidade dos dados disponibilizados, assumida pelo legislador como um fator essencial para o desempenho de vários sistemas de IA, de modo a assegurar que o sistema de "risco elevado", para a saúde e a segurança ou os direitos fundamentais de pessoas singulares, funcione como pretendido e de modo seguro e não se torne a fonte de uma discriminação proibida pelo direito da União.

Neste estudo, não podemos deixar de convocar a investigação científica que é essencial para o progresso e bem-estar das pessoas. Contudo, quando a investigação envolve seres humanos, deve observar além dos princípios científicos e do emprego das melhores práticas disponíveis para a redução dos riscos inerentes às atividades de investigação, deve ainda ser orientada por elevados padrões éticos e respeito pela dignidade humana, nas suas distintas manifestações.

Por outras palavras, além das regras clínicas e técnicas que se impõem na investigação, há exigências de natureza ética e jurídica a observar. Ou seja, a ideia de progresso da ciência e da medicina, não constitui em si o fim último da investigação clínica, mas antes é instrumental do bem-estar e do desenvolvimento humano. Assim se compreende que a finalidade da aplicação da IA no aperfeiçoamento dos meios preventivos, de diagnóstico e de terapia e no aprofundamento do conhecimento sobre as doenças, conceda a prioridade à vida, à saúde, à intimidade da vida privada e à dignidade de cada ser humano.

5. Os sistemas de IA de "risco elevado" para a saúde

A presente abordagem centra-se no regime reforçado de proteção dos dados de saúde, dados sensíveis, previsto no Regulamento (UE) 2016/679, de 27 de abril de 2016 (RGPD) e em segmentos da Proposta de Regulamento da Inteligência Artificial (PRIA) aplicada à Saúde, passando inevitavelmente pela categorização dos níveis de risco, com especial destaque para o risco elevado que resulta da aplicação da IA no domínio da saúde.

Se por um lado, o crescimento da capacidade de computação e a disponibilidade dos dados, bem como os progressos em relação aos algoritmos são significativos, transformando a IA numa das tecnologias com maior impacto no setor da saúde, por outro lado, ao fazer intervir as novas tecnologias na relação entre o paciente e os profissionais de saúde, dá-se início a um novo contexto em que se acentua o uso da IA no campo da medicina.

Esta nova realidade veio provocar uma rutura na relação entre o paciente e o profissional de saúde, pondo em causa, a garantia da confidencialidade dos dados dos pacientes, dados sensíveis, exigindo uma redefinição ética, mas também jurídica à luz do n.º 1 do artigo 9.º do RGPD, que prevê um regime reforçado de proteção para o tratamento dos dados de saúde, assente não só nas condições mais estritas para o seu tratamento como também na obrigatoriedade de realização de avaliação de impacto sobre a proteção de dados, previsto na alínea *b*) do n.º 3 do artigo 35.º do mesmo regulamento.

No âmbito da Proposta, na medida do estritamente necessário para assegurar o controlo, a deteção e a correção de enviesamentos em relação a sistemas de IA de risco elevado, os fornecedores de IA podem tratar as categorias especiais de dados pessoais, designadamente os dados de saúde, desde que fiquem assegurados os direitos fundamentais e liberdades dos pacientes, incluindo impondo-se limitações técnicas à reutilização, bem como a adoção de medidas de segurança e preservação da privacidade, a exemplo da pseudonimização e da cifragem nos casos em que a anonimização possa afetar significativamente a finalidade preconizada (n.º 5 do artigo 10.º da Proposta).

As regras agora propostas para a IA preveem obrigações relacionadas com a proteção de dados pessoais, já consagradas no RGPD, e que o legislador sabe não poder descurar, além, dos valores europeus e dos princípios éticos potencialmente ameaçados pela IA. Para garantia da defesa desses valores, será criado um sistema de governação a nível dos Estados-Membros, aproveitando estruturas já existentes, e de um mecanismo de cooperação a nível da União, ou seja, o novo Comité Europeu para a Inteligência Artificial.

Todo o esforço do legislador vai no sentido de complementaridade entre o quadro regulamentar da IA e o RGPD, em matéria de direitos e garantias fundamentais dos pacientes, harmonizando a validação das tecnologias médicas, de modo a ser possível identificar riscos e limitações multifacetadas e permitir a avaliação não só da precisão e robustez do modelo, mas também a equidade algorítmica, a segurança clínica, a aceitação clínica, a transparência e a rastreabilidade.

Os sistemas de IA de risco elevado são autorizados no mercado europeu. Contudo, a classificação de um sistema de IA como risco elevado, por força da Proposta, não deve ser interpretada, tal como refere o considerando 41, como uma indicação de que a utilização do sistema é necessariamente lícita ao abrigo de outros atos do direito da União ou ao abrigo do direito nacional compatível com o direito europeu, mas antes deve continuar sujeita ao cumprimento dos requisitos aplicáveis resultantes da Carta dos Direitos Fundamentais da União Europeia (CDFUE), do direito derivado e do direito nacional em vigor.

Qualquer risco deve ser classificado atendendo à gravidade dos danos que venha a produzir e à probabilidade da sua ocorrência. Em concreto, para atenuar os riscos elevados dos sistemas de IA para os utilizadores e as pessoas afetadas, colocados ao serviço do mercado da União, deve aplicar-se determinados requisitos obrigatórios, tendo em conta a finalidade de utilização prevista do sistema e de acordo com o sistema de gestão de riscos a estabelecer pelo fornecedor, atento a gravidade do dano e a probabilidade da sua ocorrência. É precisamente o que será aplicado aos sistemas de IA, quando os mesmos representam um risco elevado para a saúde, para a segurança e para os direitos fundamentais dos pacientes. Em ordem à sua gravidade potencial, os sistemas de IA de risco elevado devem estar sujeitos ao cumprimento de requisitos previstos no artigo 8.º e seguintes da Proposta:

a) qualidade dos conjuntos de dados utilizados (artigo 10.º);

b) documentação técnica (artigo 11.º);

c) manutenção de registos (artigo 12.º);

d) transparência e à prestação de informações aos utilizadores (artigo 13.º);

e) supervisão humana (artigo 14.º da Proposta);

f) exatidão, solidez e cibersegurança (artigo 15.º).

O cumprimento dos requisitos supracitados são essenciais à minimização do risco para a saúde, para a segurança e para os direitos fundamentais dos pacientes. Para os devidos efeitos, deve ser celebrado o protocolo e mantido um *sistema de gestão de riscos*, que pela sua natureza sendo "interativo, contínuo, executado ao longo de todo o ciclo de vida de um sistema de IA elevado, (...) requer atualizações regulares e sistemáticas (n.º 2 do artigo 9.º). Impõe-se a criação de práticas adequadas de *governação e gestão de dados*, a aplicar aos conjuntos de dados de treino[35], validação[36] e teste[37] que devem ser pertinentes representativos, isentos de erros e completos, tendo em vista as pro-

35 «Dados de treino», entendidos como dados usados para treinar um sistema de IA mediantes o ajustamento dos seus parâmetros passíveis de serem apreendidos, incluindo os pesos de uma rede neuronal (n.º 29 do artigo 3.º da Proposta).

36 «Dados de validação», os dados utilizados para realizar uma avaliação do sistema de IA treinado e para ajustar os seus parâmetros não passíveis de serem aprendidos e o seu processo de aprendizagem, a fim de, entre outros objetivos, evitar um sobreajustamento sendo que o conjunto de dados de validação pode ser um conjunto de dados separado ou parte de um conjunto de dados de treino, quer como divisão fixa ou variável (n.º 30 do artigo 3.º da Proposta).

37 «Dados de teste», os dados utilizados para realizar uma avaliação independente do sistema de IA treinado e validado, a fim de confirmar o desempenho esperado desse sistema antes de ser colocado no mercado ou em serviço (n.º 31 do artigo 3.º da Proposta).

priedades estatísticas adequadas (n.ºs 2 e 3 do artigo 10.º), bem como a finalidade prevista do sistema (n.º 4 do artigo 10.º).

Quando um sistema é classificado de risco elevado, não depende só da função do sistema IA, mas também da finalidade específica e das modalidades de utilização do sistema de IA. Há que atender ainda a elementos que são específicos do ambiente ou do contexto geográfico, comportamental ou funcional no qual o sistema de IA será utilizado.

A PRIA privilegia a ciência e os pólos de inovação digital. Nesse sentido, refere que em contexto de desenvolvimento de sistemas de IA de risco elevado, permite que determinados intervenientes, como fornecedores, organismos notificados e outras entidades interessadas, como polos de inovação digital, instalações de teste e experimentação e investigadores, acedem e utilizam conjuntos de dados de elevada qualidade dentro das respetivas áreas de intervenção relacionadas com o presente regulamento (considerando 45). Neste domínio, cumpre-nos recordar a importância dos *espaços comuns europeus de dados* criados pela Comissão, para compartilhamento de dados entre empresas e administrações públicas em prol do interesse público, facultando um acesso fiável, responsável e não discriminatório a dados de elevada qualidade para o treino, validação e teste de sistemas de IA. Igualmente relevante, é o acesso ao *espaço europeu de dados de saúde* para treino de algoritmos de inteligência artificial, de forma segura, oportuna, transparente, fidedigna e protetora da privacidade e sob a alçada de uma governação institucional adequada.

Do exposto, constata-se um regime reforçado de proteção quando se trata de aplicar IA à medicina e à saúde, realidade que se encontra em franca expansão, à medida que as tecnologias de IA são desenvolvidas pela indústria, academia, governo e indivíduos. A aplicação da IA ao diagnóstico médico é muito promissora. Segundo António Damásio, "os programas de aprendizagem automática são uma ferramenta natural nesta área, e podem produzir resultados fidedignos."[38] Espera-se que a integração das tecnologias baseadas em IA na prática médica produza

38 DAMÁSIO, António. *A estranha ordem das coisas: a vida, os sentimentos e as culturas humanas*, Editora: Círculo dos Leitores, 2017, p.271.

mudanças substanciais em muitas áreas da medicina e dos cuidados de saúde (Roski et al., 2019[39]; Fihn et al., 2019[40]).

António Damásio afirma que o cenário mais provável será o do desenvolvimento de dispositivos protéticos de amplificação que serviriam não só para compensar funções em falta, mas também para promover ou ampliar a percepção humana. Como exemplos temos os implantes de retinas artificiais para a cegueira, e o desenvolvimento de membros prostéticos controlados pelos pensamentos do doente, por exemplo a intenção de mover um membro", sem esquecer a relevante função das autoridades competentes setoriais, incluindo as autoridades de saúde, na conceção e apoio no acesso aos dados de elevada qualidade, para fins de treino, validação e teste de sistemas de IA."[41]. Fica aqui aberta a porta à neurotecnologia, tema em análise para um próximo estudo.

Em suma, a proteção de dados de saúde goza de uma posição preferencial quanto ao sistema protetivo que se torna lapidar e modelo para outros países na medida da atuação consciente da União Europeia em favor da pessoa humana e da sua centralidade, através de um conjunto de regulamentos europeus, sem esquecer a projeção de um elemento ético imprescindível na atuação da ciência, que de um modo geral deve ser firme a ponto de garantir um bem civilizacional, sem se tornar um obstáculo à inovação.

6. Conclusão

Os direitos industriais e em especial a atribuição de patentes ganha destaque, no momento em que a Europa está empenhada em fazer avançar os progressos científicos, preservando a liderança tecnológica, desde que as novas tecnologias estejam ao serviço de todos os cidadãos europeus, melhorando as suas vidas e respeitando simultaneamente os

39 ROSKI J *et al.* "How artificial intelligence is changing health and health care". In Artificial Intelligence in Health Care: The hope, the hype, the promise, the peril. Editors: Matheny M, Israni ST, Ahmed M, Whicher D. Washington, DC: National Academy of Medicine, 2019.

40 FIHN S.D, *et al.* "'Deploying AI in clinical settings. In artificial intelligence in health care: The hope, the hype, the promise, the peril", Editors: Matheny M, Israni ST, Ahmed M, Whicher D. Washington, DC: National Academy of Medicine, 2019.

41 DAMÁSIO, António. *A estranha ordem das coisas: a vida, os sentimentos e as culturas humanas*, Editora: Círculo dos Leitores, 2017, p.271.

seus direitos. Tal como o resto do mundo, a União Europeia pretende tirar partido do potencial da IA, uma tecnologia estratégica que se atualiza a um ritmo acelerado e, que se aplica em sistemas que apresentam um comportamento inteligente, com particular destaque para o setor da saúde. Os dados produzidos nessa área, são dados eminentemente sensíveis e, portanto, caracterizados como os mais valiosos para a era em que vivemos, a era do uso das novas tecnologias, que se tornaram cruciais na vida das pessoas, apesar da sutileza e dos riscos, mas também dos benefícios que oferecem. Este crescimento, tão acentuado, é indissociável dos avanços em data science e dos métodos de aprendizagem automática (*machine learning*).

7. Referências

AGAPITO, Inês. «O Certificado Complementar de Protecção para medicamentos», in Mestrado em Direito de Direito Empresarial Propriedade Industrial e Concorrência Desleal, UCP, 2015. http://www.evaristomendes.eu/ficheiros/Ines_Agapito-

COMISSÃO EUROPEIA.White paper on Artificial Intelligence - A European approach to excellence and trust, Brussels, 19.2.2020 COM(2020) 65 final, https://ec.europa.eu/info/sites/info/files/commission-white-paper-artificial-intelligence-feb2020_en.pdf

CALDEIRA, C. e SARLET, G. A Inteligência Artificial e o Ecossistema Industrial na sua relação com as Patentes na Área da Saúde: uma abordagem jurídica e antropocêntrica sobre os desafios impostos em tempos de pandemia. Privacy and Data Protetion Magazine, n. 1, 2021. chrome-extension://efaidnbmnnnibpcajpcglclefindmkaj/https://repositorio.pucrs.br/dspace/bitstream/10923/18749/2/A_INTELIGENCIA_ARTIFICIAL_E_O_ECOSSITEMA_INDUSTRIAL_NA_SUA_RELACAO_COM_AS_PATENTES_NA_AREA_DA_SADE_UMA_ABORDAGEM.pdf

DAMÁSIO, António. A estranha ordem das coisas: a vida, os sentimentos e as culturas humanas, Editora: Círculo dos Leitores, 2017.

EU4DIGITAL, EU Digital Single Market, https://eufordigital.eu/discover-eu/eu-digital-single-market/.

FIHN S.D, *et al.* "'Deploying AI in clinical settings. In artificial intelligence in health care: The hope, the hype, the promise, the peril", Editors: Matheny M, Israni ST, Ahmed M, Whicher D. Washington, DC: National Academy of Medicine, 2019.

GPAN IA é um grupo de peritos independente criado pela Comissão Europeia em junho de 2018, p. 47. file:///C:/Users/cristina.caldeira/Downloads/

ethics_guidelines_for_trustworthy_ai-pt_88008646-E664-D76A-BD4DC4524E29CCD2_60435.pdf

MARQUES, Remédio. Comentário ao artigo nº 118.º TFUE in Tratado de Lisboa, Manuel Lopes Porto e Gonçalo Anastácio (Coord.), Almedina, Coimbra, 2012.

ORGANIZAÇÃO MUNDIAL DA SAÚDE (OMS) - Commission on Innovation and Intellectual Property Rights, Innovation and Public Health. Public Health, Innovation and Intellectual Property Rights, Genebra, 2006.

PARLAMENTO EUROPEU. "Artificial intelligence in healthcare: Applications, risks, and ethical and societal impacts". STUDY Panel for the Future of Science and Technology. EPRS | European Parliamentary Research Service, maio 2022. https://www.europarl.europa.eu/stoa/en/document/EPRS_STU(2022)729512

PARLAMENTO EUROPEU. Relatório sobre os direitos de propriedade intelectual para o desenvolvimento de tecnologias ligadas à inteligência artificial, 2020. Disponível em: https://www.europarl.europa.eu/doceo/document/A-9-2020-0176_PT.html

ROSKI J *et al.* "How artificial intelligence is changing health and health care". In Artificial Intelligence in Health Care: The hope, the hype, the promise, the peril. Editors: Matheny M, Israni ST, Ahmed M, Whicher D. Washington, DC: National Academy of Medicine, 2019.

SILVA, Pedro Sousa e. Direito Industrial. Lisboa: Editora Almedina, 2020.

Trade secrets do not impair transparency and explainability on AI-based medical devices (if regulators act as robust gatekeepers)

Tatiana Aranovich

1. Introduction

From dawn to dusk, artificial intelligence (AI) and its machine learning and deep learning subsets are revolutionizing the premises of decisions that are crucial to our lives. AI comprises sets of algorithms (Van Rooijen , 2010; Hill, 2016) coded to learn autonomously from the dataset, then performing tasks mimicking human capabilities and surprising individuals with their ex-post findings. (Cormen et al., 2009; Goodfellow et al., 2016) AI's widespread use goes hand in hand with increases in its investments (EPO, 2017; PWC, 2018; OECD, 2019) and the increasing complexity of models (Pasquale, 2015; O'neil, 2017).

However, AI decisions may be wrong or biased, causing harm to individuals and society. The more people are aware of flaws and potential harm, the higher the call for less opacity and efficient tools for greater acknowledgment and scrutiny of algorithm decisions. Binding and non-binding frameworks have set transparency principles and a right to explanation, aiming to provide a reasonable remedy. AI "transparency", "explainability", and their variants (principles, rights, and "XAI") may have specificities and different nuances. However, this article regards them as a unique block umbrella term.

In healthcare applications, AI decisions are "high stake". A call for AI transparency and explainability in healthcare is not purely theoretical. It is a matter of life and death. Different from other sectors, bias in healthcare may kill. For instance, some devices score patients based on their group expenditure profile records. However, low expenditures for minorities tend to reflect low budgets instead of better health conditions. Conversely, minorities' health conditions are poorer, given less investment in preventive medicine and a healthy lifestyle. So, if you are from minority groups, you may be scored as low-risk and end up referred for outpatient treatment when you require ICU hospitalization instead (Wiens et al., 2020).

AI explainability is important for both patients and doctors. On the one hand, if you had heart disease, would you apply for a treatment indicated by a black-box AI system? Or would you opt for a treatment prescribed only by your doctor, from whom you may assess experience and reputation on an old-school basis and directly ask questions whether necessary? On the other hand, how could a doctor trust, *e.g.*, computer-aided detection (CAD) software that processes images to help identify lung cancer, without figuring out how the machine reached the decision and not referring the patient for more examinations given liability for medical error?

At the core of innovation investment returns and information technology (IT) profitability stands the protection of AI inventors and owners' proprietary interests. (Butler, 1982; Kohlhepp, 2008; Abbott, 2016) Limitations or uncertainties set by current frameworks for using copyrights and patents for AI modules may lead its inventors to resort to trade secrets for proprietary rights. Trade secrets, for some a special area of intellectual property law, for others not, (Nordberg, 2020) protects information that is kept secret until the confidentiality strategy is successful (i.e., there is no preestablished timeframe). (TRIPS, 2004) Its application for AI protection is allegedly wide-ranging. (Foss-Solbrekk, 2021) Well-known examples of AI protected by trade secrets are the Amazon recommendation system, the Instagram algorithm for publication diffusion and Google's search algorithms (Brkan and Bonnet, 2020).

Since people tend to jumble less opacity with information disclosure, they also identify AI protected by trade secrets as significant barriers to achieving AI transparency, and explainability. The issue fuels the ongoing intense debate on proprietary rights, creating safe harbors of services without proper oversight in general, but especially in the IT field. Trade secrets used for AI engines have been widespread, especially given to limitations and uncertainties posed by other intellectual property (IP) tools protections on the matter. Then, as natural, it would be questionable whether transparency and explainability demands would potentially clash with the secrecy protection of those devices and impose a further limitation for AI IP protection.

Hence, this paper attempts to answer the question: would a call for greater transparency for healthcare AI applications threaten trade secret protection? In Section 2, I analyze: who would need transparency and explainability on AI-based medical devices, in which situations and for which purposes? For such, I present three case studies on medical devices. Section 3 answers the following question: do trade secrets inhibit AI transparency and explainability? The last section concludes with the primary outcomes of the analysis.

2. Are AI Transparency and Explainability needed for AI-enabled Medical Devices and how they could be provided?

This section will identify whether the call for transparent and explainable AI would make sense in the context of AI-enabled medical devices. In case the answer is positive, who are their different demanders and for which purposes, and proper approaches for addressing the call? First, I identify the explainable AI (XAI) methods (Turek, 2018). Then, I analyze frameworks currently providing transparency and explainability. After, I assess three case studies aiming to understand for whom, why, and how AI-based medical devices needed to be explainable. Finally, for better investigating the possible solutions, the following options are examined for assessing whether stakeholders can achieve transparency and explainability properly : (i) developing global or local *XAI* methods; (ii) providing AI module *full disclosure*; or (iii) mandatory or preferable *intrinsically explainable* models (as rule-based models, decision trees or any sparse linear models), self-explanatory given their simple structure.

2.1. XAI methods and Frameworks

Given the call for greater transparency and explainability, computer scientists are rushing to develop XAI methods. Unlike *intrinsically explainable* or white-box models (*model type* explanation), *black-box* AI require a *post-hoc* explanation.

Black-box's XAI can be *global* when a proxy (more straightforward) model approximates the original (more complex) one, or *local* when it offers an interpretation on a specific decision. The former aims to represent an original model and, thus, provide general information about it, *e.g.,* how clinical symptoms impact treatment response. The latter illustrates, *e.g.,* the x-ray image´s segment key to diagnosing someone (Yang et al., 2022).

On the other hand, there are binding and non-binding frameworks providing for transparency and explainability.

The main binding framework is the European General Data Protection Regulation (GDPR). The GDPR's "right to explanation" is meant to set remedy to contest AI output, providing the individual affected to fill a claim directly. However, the right is limited to automated systems "solely" taking individual decisions and which produce "legal" or similarly "significant" effects. Given these features, its application to medical devices tends to be restricted since they hardly produce decisions exclusively based on automated processing. In most cases, a healthcare provider would also be part of the patient-machine relation, intermediating, or a "human in the loop". Furthermore, the AI-based medical device would typically not produce significant effects when this is not the case.

There are also non-binding frameworks requiring AI transparency and explainability. For instance, the OECD Principles on AI (2019) establish that AI actors should provide "meaningful information, appropriate to the context" to, amongst others, enable those affected to challenge its outcome based on easy-to-understand information. It adds that "disclosure should be made with proportion to the importance of the interaction". WHO Guidance (2021) sets for healthcare matters the same principles in a similar approach. The Australian AI Ethics Principles (2019) affirms disclosure to ensure people know when an AI system is significantly impacting them and find out when an AI system is engaging with them. The Ethics Guidelines for Trustworthy AI (2019), in a broader sense, states that decisions should be those "directly or indirectly" affected.

Regardless of any of the alternatives before being analyzed, stakeholders can always file a suit in court for potential or actual harms caused by AI-based medical devices. Thus, liability or accountability claims can be brought both on criminal or tort law grounds.

2.2. Case Study 1

A practitioner in an emergency room examines a patient diagnosed with pneumonia. The hospital adopted an AI to predict which pneumonia individuals it will hospitalize or treat as outpatients. The module predicts the patient as low risk and then treated as an outpatient. The engine promises to foresee the best medical treatment for the patient´s disease. As known, unnecessary hospitalization poses a patient´s health risk. However, how can the doctor guarantee that the device prediction is reliable and endorse it? May the physician end up being liable for medical errors?

Unlike a self-driven car, *e.g.* most medical devices do not reach their end-user without human oversight. Healthcare practitioners like doctors, nurses, and radiographers would provide such an oversight. Unfortunately, most practitioners in health tend to have a blatant low ability to understand how technology functions. So, building trust is a crucial step forward. As established in the frameworks, it requires getting meaningful information appropriate to the context and enabling easy-to-understand information to challenge the decision. How to achieve it?

So, a practitioner would indeed need transparency and explainability for trust and liability, two sides of the same coin. Moreover, given the duty of care of healthcare professionals to endorse an AI system, they need a strong level of trust in the engine to handle it properly.

The case could be a real-life one. Researchers have studied an AI for ranking pneumonia cases performing a clinical trial. The conclusion was that the AI system had inferred that pneumonia patients with asthma have a lower risk of dying, referring them to outpatient treatment. The decision indicated was counterintuitive medically. A doctor has a personal "health risk model" based on her experience and may fill a need to check if am AI findings make any sense. Stakeholders discharged the module after finding this dangerous hidden feature by interpreting the model (Caruana et al., 2015).

However, is this investigation of an AI finding a scalable precaution measure? Can doctors individually, or to each patient, make this check?

The first approach to address this problem could be integrating *XAI* function in AI module that would provide an explanation on how AI generates a particular output, what features it takes into account in delivering a decision. *XAI* is a valuable tool for illuminating the black box and excluding wrong AI models. However, any *XAI* is also limited and possibly inaccurate. As Rudin (2019) explains, "If the explanation were completely faithful to what the original model computes, the explanation would equal the original model, and one would not need the original model in the first place, only the explanation." With *XAI*, instead of one model (the original one), with its error margin, one has a second model (the *XAI* one) with its further error margin. Besides having no perfect fidelity concerning the original model, *XAI* may also favor "gaming the system" behaviors.

For this case study, I can add that, in daily practice, practitioners mostly would not have even available time for obtaining global or local XAIs, nor proper knowledge to understand them. It would be like a doctor prescribing drugs to their patients. Physicians would not test for every patient how she (or people like her) would respond to the drug. Practitioners would need trustful assurance, user-friendly labels, and comprehensive research documentation.

The second approach is to require the disclosure of the entire AI module, with the aim to scrutinize its functioning and effectiveness. Providing *full model disclosure* is naturally appealing given the algorithmic opaqueness concern. Nevertheless, AI's main allure is exactly achieving reasonings that humankind cannot. Many models are too complex for any person to understand. People could not readily find errors and bias even if the algorithm´s details were accessible and technical expertise to investigate them available (Levine, 2017).

For a healthcare practitioner, most commonly lacking data science expertise, scrutinizing an algorithm is practically impossible. Disclosing the model, despite the promised panacea, does not achieve the desired outcome due to literacy and proper techniques to examine the model hindrances. Finally, again disclosures can also enable sophisticated actors to game the system (Price II et al., 2021).

The third option is to rely on intrinsically explainable AI modules which follow certain predetermine logical rules that could be understood by humans. *Intrinsically explainable models* are *per se* preferable for transparency and explainability aims. Such models are easier to understand due to their layout. Moreover, no additional model is required: the AI model is explainable by itself, through variables and parameters all in the model form. Thus, obvious wrong or biased models may be effortlessly discharged in this case.

Nonetheless, assessing errors and bias through the intrinsically explainable model is not an obvious task in all cases. For instance, if datasets were biased or problem formulations flawed (Obermeyer, 2019), the model form can hide them. So, the *intrinsically explainable* model option is neither perfect.

Furthermore, would doctors in practice be able to examine such models readily? Intrinsically explainable models are more straightforward for a data science expert than a black-box one. Nonetheless, most healthcare practitioners lack solid mathematical expertise.

We conclude that AI explainability is important for trust/endorsement and liability purposes. And none of the solutions to address the lack of explainability may provide adequate assurance for achieving these aims. Bias and errors will not be sufficiently mitigated by providing sufficient explainability. Healthcare practitioners so far trusted previous technologies not because they knew how they function but because they were certified by reputable regulatory bodies, assuring proper generalization. This case study focused on the healthcare practitioners, but its findings also extend to healthcare entities, such as hospitals, clinics, and labs, the leading implementors of AI-based medical devices.

2.3. Case Study 2

A patient requires a liver transplant. Her doctor recommends the usage of an AI that determines the dose of immunosuppressant drugs to administer to individuals after organ transplants personalized to their individual experience. As known, dosage errors are a typical medical flaw and have costly impacts (Zarrinpar et al., 2016). The patient fills before her healthcare insurer a request for reimbursement of the whole treatment, including using the AI-based medical device. However, on which basis the healthcare insurance company may access the plead?

Healthcare is one of the costliest out-of-pocket services for customers. For this reason, the payment is in the vast majority handled by a third party, like governments and insurers, that is, the paymasters. Of course, insurers are not the most apparent AI transparency and explainability demanders when confronting general ethical concerns. Nevertheless, paymasters are the prominent stakeholders when someone thinks about new technologies' commercial viability and profitability.

So, insurers would need AI to be transparent and explainable to assess whether the device is cost-effective, an essential requirement for deciding whether to reimburse or cover a procedure. Typically, they would need to get substantive information about real-world outcomes to the patients produced by the engine and compare them to performance and costs of technologies already reimbursable or covered by the insurance contract. Notably, current transparency and explainability frameworks seem not to address these outcomes measurement concerns or provide specific tools for them. So, what are the possible approaches applicable for tackling these concerns?

First, *XAI's methods* aim to provide general information about how the model is designed (global) or explain individual decisions (local). They aim to check errors and bias (what it does imperfectly). However, getting information about the outputs to the end-user (patient) is not its goal, and this is what insurers would need to know in this case.

Second, the *full disclosure* of the model option would neither provide any information regarding the outputs to the patient. The AI's purpose is to solve a task; however, the real-world effects of its decisions are not in the model development inherent scope. Outcomes measurement, like launched in vaccine trials, are not part of the game. This further limitation would add to the human non-understandable profile of many AI models and literacy and proper technics available pitfalls, already discussed.

Lastly, *intrinsically explainable* models would not provide any information regarding the outputs to the patient. The template is easy to understand, proving much better clues about causal correlations simply through its structure. Nevertheless, such a model would neither be able to *per se* launch any experiment on real-life observations, providing meaningful information about practical effects produced to people with the intervention.

We infer that cost-effectiveness is another purpose of AI transparency and explainability. Insurers would need a type of transparency different from the options analyzed. In all of them, the clinical evaluation would be the appropriate venue – given the current state of the art – for addressing the goal of acknowledging AI-based medical devices' outcomes to the patient. So far, insurers have trusted previous technologies not because they could individually test them or get all the information involved in its development. However, because they could access clinical evaluation reports, a requirement for the regulatory approval of high-risk devices. This case study focuses on the healthcare insurer. Nevertheless, its findings extend to any paymaster, like governments in public healthcare systems, and healthcare insurers abide by mandatory coverage list, like the one set by regulators in Brazil.

2.3. Case Study 3

The last case takes place in a judicial arena. An afro-descendent patient, months before her death, has been examined by a radiology AI devise which reported no traces of breast cancer. The patient´s family claims that the Lab that used the device is liable for the error. Nonetheless, if the patient died of cancer on IV stage, has not the exam failed to detect an already ongoing cancer? Would not a more accurate positive diagnosis help select a most probable successful treatment at the earliest stage?

However, the liability network is potentially broad. The Lab alleges buying the engine from the AI vendor and main developer. The vendor counterargues the Lab also liable for any harm for training the model with its dataset. The AI vendor adds that the module has several components elaborated by various developers to make things more complex. All points to a conundrum in AI engine's liabilities: multi-layers supply chain and the difficulty of ascribing responsibility to one (Microsoft et al., 2021). So, if the court declares someone liable, who would be liable in this specific case?

As such, courts would require transparency and explainability for liability purposes. The case brings a variety of complex elements. How alleged AI flaws would be identified? For example, the court will need to assess whether there is negligent behavior in handling biased datasets, especially minorities, which can be lethal. In any case identified, who would be liable for it? Typically judges lack technical expertise to understand data science matters, the reason why they can call a panel of experts to assist. The case will follow standards of general criminal or civil procedure law. What are the options?

First, the court could obtain local or global *XAI* and may help illuminate the black-box decision. For example, they can be a helpful guess of how a decision was reached and detect evident flawed AI decisions. However, as previously examined, any XAI is limited and inaccurate, and there is room for "gaming the system" behaviors. Thus, the court cannot assure only through these techniques that XAI´s second models would accurately explain the original model.

Also, an entire *full disclosure* of the AI handled by data scientist experts called to assist the court would hypothetically be possible. However, with full disclosure, it is unlike that even experts would detect pitfalls or explain by human judgment some AI decisions, given technical features involved. Moreover, due to technical limitations, how could the experts' analysis of disclosed information go further compared to comprehensive and trustful regulatory approval pathways?

Finally, an *intrinsically explainable AI model* hardly would fit in practice such a situation. For example, cancer until now is detectable only by complex models like deep learning. Furthermore, regardless of the feasibility of intrinsically explainable models, identifying hidden flaws would not be an obvious and straightforward task. How to check, for instance, through coefficients and variables whether the dataset was biased, or AI developers or trainers took proper measures to handle it? The solution is likewise not perfect, different from what some commentators advocate.

Beside stands a convenient issue: from whom Court would request information? The Lab (AI module's buyer and trainer), the AI vendor (and its main developer), the AI components' developers, or all of them together? Liability would involve a puzzle of a myriad of actors. Not ascribing responsibility, but also information-gathering procedures are not yet clear.

None of the options examined below may provide adequate assurance for solving such liability and evidence gathering rabbit hole.

Courts so far trusted previous technologies not because they knew how they function but because they trusted clinical evaluations and regulatory approval frameworks. The case analyzed was focused on liabilities for harm produced by errors and bias. However, the lack of real-world outcomes calculation poses a limitation on accountability cases regarding insurance reimbursement or coverage matters as well.

2.4. Final Remarks

We conclude that there is a real need for AI transparency and explainability in healthcare. The purposes are at least three: trust (endorsement), cost-effectiveness assessment, and liability.

The *patient* is more immediately affected by AI decisions, as the person's most valuable attributes are at stake: health and life. However, no case studied in this section focused on her directly. Given the current state of the art, it is assumed to be hard or impossible for patients to understand an AI-based medical device directly.

Traditional healthcare services are "credence good" or "post-experience good" since it is difficult or unattainable for a consumer to figure out beforehand technical features and impacts of the service. The concepts of trust and delegation are inherent to this market (Arrow, 1963). AI engines applied to the healthcare sector add a superior level of complexity. It is like combining doctors and computer specialists, two typical examples on Economics theory of credence goods (Dulleck and Kerschbamer, 2006), into a single service, and achieving a dual "doctor-computer-specialist" asymmetric information. As illustrated, doctors with robust clinical knowledge cannot correctly assess a medical device directly given a lack of proper expertise or black-box technical limitations beyond the grasp of any human. So, how could a patient, savvy both in clinical matters and data science matters, would be able to access the AI-based medical engine? As known, patients trust technology if doctors recommend it, and indicated a recent survey (FDA, 2021a).

On the one hand, there are increasing calls for transparency and explainability. On the other hand, cases analyzed in this section, including the broader court analysis scenario, point to limitations and complexities in achieving the aimed goals through the analyzed options. All in all, transparent and explainable AI is a need, but stakeholders achieve them mainly not directly but indirectly through regulatory approval assurance. The pathway would be an efficient way to obtain transparent transparency, achieving optimal social outcomes.

3. Does Trade secrets set a legal limitation for transparency and explainability on medical devices?

This section invites us to investigate whether legal limitations exist for achieving transparent and explainable AI arising from trade secret protection on medical devices. So, I investigate: 1) What are the main applicable IP for AI devices and why trade secrets are so important in such a context?; 2) What are the alleged trade secrets limitations for transparency and explainability, and do they stand?; and 3) What is essential to watch for in order to avoid any of the alleged trade secrets hurdles for transparent and explainable AI and achieve a robust regulatory framework?

3.1. IP tools applicable to AI devices: why trade secrets are so appealing?

IP protection is the decisive asset for the economic viability of AI modules, determining the company's recovery of investments and profits. So, establishing which IP instrument (copyright, patent, or trade secrets) will be applicable for an AI device is pivotal.

The most traditional IP instruments struggle to find a path for AI protection. On the one hand, international and regional frameworks such as TRIPS, EU Software Directive, and WIPO Copyright Treaty exclude computer programs' ideas, procedures, operational methods, and mathematical concepts of copyright protection. As a result, algorithms are for many uncopyrightable (La Diega, 2018). On the other hand, the European framework and authorities in jurisdictions like the US (especially after the *Alice* case) limit software and AI patentability, a controversial topic for a long time (Brkan and Boonnet, 2020). Patenting AI includes further challenges like proving a technical contribution to the prior art and disclosing the technology (Matuolionyte, 2021).

If AI seems too technical for copyright, it seems not always technical enough for patent protection, struggling in an IP limbo (Foss- Solbrekk, 2021). The framework for AI protection through copyright and patent is limited, and decisions for granting patents are generally not predictable. Given the hardships currently faced by the two more traditional IP instruments, companies have indirect incentives to resort to trade secrets due to their flexible scope (Lee, 2020).

Some commentators are more optimistic in identifying an extensive scope of AI elements potentially protected by trade secrets (Wachter et al., 2018). Others indicate narrower scenarios, given that components like algorithms and datasets would be unlikely protected by legal secrecy, only factual secrecy (Sandeen and Aplin, 2021). However, trade secrets' importance for AI developments is gargantuan in any scenario. Moreover, its importance is likely to continue or increase (Matuolionyte, 2021).

3.2. Do trade secrets impair transparent and explainable AI-based medical device?

Beforehand, it is vital to highlight the distinction between technical and legal limitations for explainability. As Rudin (2019) explains, the black-box model could be either (i) a function that is too complicated for any human to comprehend (referring to technical limitations) or (ii) a function that is proprietary (referring to institutional/legal limitations). Regarding technical limitations, AI is an autonomous body that often reaches decisions for unknown reasons and uses very complex designs. Therefore, retracing the trail that led to a particular decision can be problematic even to AI developers. However, this section will focus on them. It will investigate legal limitations posed by secrecy rights.

A general debate indicates a clash between transparent and explainable AI and trade secret protection. In the US, a real-world situation illustrates with concrete features the confrontation. Courts widely use an AI protected by trade secrets called Correctional Offender Management Profiling for Alternative Sanctions (COMPAS) as a subsidy for their decisions on criminal proceedings. The model predicts defendants´ recidivism risk. The higher the risk, the longer the timeframe of the prison order. In the *Loomis* case, a defendant's claim for information to understand how and why COMPAS predicted his high-risk was rejected based on trade secrets rights. If the request has already been denied by the court when someone's fundamental right of liberty was at stake, what more can we fear on impediments for greater transparency on further rights in other domains?

Many suggest an existing deliberate use of trade secrets for AI technologies. "What better way than secrecy to protect an algorithm that is already opaque and cannot be understood?" (Price II, 2017). "Confidentially creep and opportunistic privacy" would create informational blind-spots and technologies unsupervised (Levine, 2017). The view adds to a general view of excessive use of trade secrets, creating safe harbors from public oversight and knowledge, by this manner compromising values like equality, privacy, and safety (Lu, 2020).

When transposed to healthcare AI applications, the debate tends to get hotter features. AI-based medical devices reach typical high-stake decisions since they deeply impact individuals' most relevant interests (life and health). For this reason, some authors argue that a higher level of explainability may be requested. Also, authors like Rudin (2019) suggest that interpretable AI models are more suitable *per se* for high-stake decisions and wonder incentives for these white-box models to prevail in these situations. NYU AI Now Institute (2019) recommends that healthcare authorities "should no longer use 'black-box' AI and algorithmic systems", including trade secrets.

For each of the options analyzed in section 2, let us assess the appropriateness of the measure for providing the needed AI transparency and explainability, its impact on trade secrets protection, and the net balance between both regarding medical AI applications.

First, notwithstanding the current hype around *XAI*, what does the measure have to offer, besides providing insights into how a decision was achieved and excluding the most obvious errors and bias? All in all, it provides a false sense of transparency "checked", not providing any insights regarding real-world performance measures.

Whether local or global XAI, they would typically not interfere in trade secrets. The approach does not require stakeholders to contact the AI system's entrails. Through the technique, one can comprehend the models by their shades, not by getting into their inner reasoning and watching everything inside, as in Plato's Cave.

So, XAI provides restricted outputs given required AI transparency and explainability purposes regarding medical devices, notwithstanding not typically hurting trade secrets.

Second, although an entire *full disclosure* of the AI may be hypothetically possible, how could any stakeholder, even court-assisted by experts, analyze the disclosed information and with what technique? More importantly, how can this analysis achieve better and more profound results, especially compared to a comprehensive and trustful regulatory approval pathway, including clinical evaluations requirements? Also, as in section 2.4's case study, liability would involve a puzzle of many actors. How deal with the burden of proof, degree of evidence, and ascribing responsibility issues?

The solution requires disclosure. When the court orders a public interest exception, it might issue protective measures, sealing or limiting courtroom closures (Deeks, 2019). The US courts have already successfully used protective orders in cases where trade secrets were disclosed over AI to assess technological resources (Wexler et al., 2018). However, regarding the multi-layers supply chain and training data scenario, from whom the judge would require information disclosure in this situation, with which parameters and, more importantly, how to handle trade secrets disclosure from each actor (AI's trainers and all its developers)?

Hence, the tool's usefulness for the AI transparency and explainability need on healthcare AI is elusive, notwithstanding protective measures that can be applied to the full disclosure, especially by courts, safeguarding the potential harm to trade secrets protection.

Third, how may one assure only through *intrinsically explainable models* that the dataset is non-biased (or, whether biased, AI's developers and trainers have taken proper measures for handling it)? Moreover, how may one detect flawed problem formulation through them? Notwithstanding their appeal to achieve great fairness and accountable decisions, intrinsically explainable models cannot wholly exclude errors and bias. Once more, no clinical evaluations are in place to measure the patient's real-world outcomes. Hence, these models are preferable, nevertheless unable to provide AI transparency and explainability in all the required situations.

Moreover, if intrinsically explainable models were mandatory for health AI decisions, as advocated, this would also limit the progress of AI models. For example, one cannot drive cars or diagnose cancer, tasks achieved through images analysis and, as such, primarily deep learning.

Intrinsically explainable models may have complex trade secrets applicability since offering secrecy protection for these models can be complex in practice. As stated by Rudin (2019), "If a proprietary model is too sparse, there is a risk that it could be easily reverse-engineered, thus there is an incentive to make proprietary models complicated in order to preserve their secrecy." That is why they tend less to be protected by legal secrecy and more constitute solely factual secrecy.

Much hope was deposited on intrinsically explainable models, an option that indeed achieves better results. Notwithstanding, the model has not the potential to achieve the promised nirvana for AI transparency and explainability, given the current technological state of the art. Additionally, it ought to be socially weighted the limitations they impose on the progress of AI. Finally, the option brings significant limitations in practice to the protection by trade secrets of these models.

Healthcare regulators have a well-established reputation for approving healthcare inputs. Their mission is to assure safety and effectiveness. It includes avoiding error and bias and providing objective and trustful data on outcomes to the patient. Requirements for all approval stages deal with remedies to tackle these aims, including the need for clinical evaluation accordingly to the risk posed by the product. Clinical evaluations provide for transparency on real-world applications. As AI-based medical devices are innovative, they all require rigorous clinical trials.

The institutional governance addresses patients' trust, healthcare providers' duty of care conundrum, paymasters' cost-effectiveness choice, and liability issues appropriately accommodating the high complexity of the matter. After scrutinizing and approving the marketing of a specific drug or any technology, stakeholders get the minimal information required to their needs, for instance, through labels and clinical evaluation reports. Also, the centralizing in an independent body assurance approach enables ascribing responsibility and getting information in a smother way, helping to solve the multi-layers supply chain and training data liability puzzle.

Regulatory approval frameworks allow the disclosure of information protected by secrecy right. Such disclosure should not interfere with trade secrets since authorities gathering confidential have the duty to assure that third parties do not have access to them. FDA authorities, for instance, "should ensure that such disclosure would not amount to a loss of secrecy status" (Lee, 2020).

Given that an AI module disclosure may be of limited or null-utility due to technical complexities, another advantage of the regulatory approval venue is the expertise gathered in assessing technical black-box products through clinical evaluations. Acetaminophen is an example. Despite being used for more than a century, it has a mechanism that is only partially understood. "Despite competing explanations for how acetaminophen works, we know that it is a safe and effective pain medication because it has been extensively validated in numerous randomised controlled trials (RCTs)" (Ghassemi, 2021).

As such, I defend that relying primarily on a robust regulatory analysis would be the best approach available for all these reasons.

3.3. What regulators need to be watchful of for acting as robust gatekeepers?

It is pivotal to establish a strong approval for the market system to assure that the institutional design provides proper transparency and explainability, by these means, protecting trade secrets. Hence, what regulator should be watchful of to act as an influential gatekeeper? More importantly: what stakeholders should focus on pushing for more excellent safety, effectiveness, and fairness on the framework?

Below I discuss some key elements:

1) Transparency on the Frameworks:

All frameworks and guidelines need to be straightforward to be socially trustworthy. Trust is built through assurance, nevertheless not a blind trust. For example, courts judge vaccines liability cases based on a foreseeable regulatory healthcare framework, with procedures and requirements, including clinical evaluation, well-set. Confidence in the established general medical products approval system also urges to be built for AI-based medical devices.

The clinical evaluation reported guidelines developed by non-governmental players are also valuable frameworks. Audits and academics, for instance, play a prominent role in the regulatory approval in some jurisdictions (e.g., the Conformité Européene). So, procedures and requirements targeted orientations and further general recommendations are vital. Examples are the EQUATOR-network's STARD-AI, CONSORT-AI and SPIRIT-AI (Liu et al., 2020), and FG-AI4H (WHO, 2018), some of them endorsed by regulators. These guidelines are helpful, for instance, to cope with security protocols (e.g., FG-AI4H). Also, many are incorporating RCTs, a gold-standard way to evaluate medical interventions, to AI-specific recommendations (e.g., CONSORT and SPIRIT). These guidelines will continue to improve further, cushioning stakeholders' demands for transparency and explainability.

2) Transparency on the analysis conclusion:

Analysis outcomes need to be set in a layman-friendly form and contain all relevant information so that stakeholders may resort to them whenever necessary. For example, doctors endorse technology, and paymasters assess its cost-effectiveness because they can assess labels and conclusions from clinical evaluations. If reputation on approving healthcare inputs was already conquest, the same approach might also be scalable, with due adaptations, to healthcare AI applications.

As in any drug or equipment's label, quantity at all does not mean quality. Given AI technical complexities, labels must be as clear and targeted as possible. The discussion will evolve, responding to increasing demands trust, cost-effectiveness assessment, and liability purposes.

3) Targeting bias special concerns:

Targeted and efficient approaches and procedures to mitigate bias should be in place for adequately handling transparency and explainability calls, including mitigating discrimination against minorities (AMIA Supports, 2019) as such, requiring multi-site evaluations (Wu et al., 2021). As in any other drug or machine, how can one assure that the model will generalize? Clinical evaluation, with proper external validation, seems the venue.

The Good Machine Learning Practice Medical Device Development: Guiding Principles (GMLP) (2021) launched by the FDA, Health Canada, and the UK's Medicines and Healthcare products Regulatory Agency already addresses the concern. The principles set, for instance, that "clinical study participants and data sets" should be "representative of the intended patient population" and that testing ought to "demonstrate device performance during clinically relevant conditions". Likewise, AI/ML-based Software as Medical Device (SaMD) Action Plan (FDA, 2021b) recognizes the "crucial importance for medical devices to be well suited for a racially and ethnically diverse" population, affirming "bias and generalization" issues for robustness.

4) Building a governance approach:

Handling errors and biases and measuring outcomes to the patient may only be appropriately addressed through governance design and risk management. For instance, it is crucial to build an in-depth understanding of models intended to integrate into clinical workflow to ensure devices are safe and effective through all its lifecycle and risk management process for data quality assurance of model implementation. As such, a company´s culture of quality, organization excellence, and commitment to monitoring real-world performance are crucial parameters. Furthermore, these considerations ideally should encompass all AI developers, sellers, and trainers.

Some frameworks stand for this approach. One example is the Quality Management System for SaMD of the International Medical

Device Regulators Forum (IMDRF) (2015). Another is the Digital Health Software Precertification Program (FDA, 2019), a pilot program for addressing non-locked algorithms, which targets the AI product and mainly the developer company. Finally, there is the WHO Guidance (2021), providing governance a prominent role.

The considerations above are crucial for regulators to act as robust gatekeepers, consequently assuring trade secrets do not impair transparency. As seen, many governmental and non-governmental works are already tackling them or aiming to improve current frameworks. Much of the stakeholders' (including academics and NGOs) effort should be on pressuring for and monitoring the implementation of tools to address mentioned considerations worldwide. That is: focusing on the regulation of regulators.

4. Conclusion

We conclude that stakeholders urge AI-based medical devices healthcare to be transparent and explainable. There are at least three reasons: trust, cost-effectiveness assessment, and liability. Based on the options analyzed on case studies and trade secrets possible impediments for transparency and explainability, I may conclude that:

1) XAI, notwithstanding the fancy surrounding it, does not provide for the sufficient degree of transparency and explainability demanded by society. Its scope is narrow: it may only exclude blatant wrong or biased AI modules, not provide real-world performance measures, and can be gamed. Nonetheless, such techniques do not typically hurt trade secrets.

2) Model *full disclosure*, although the allure, is elusive, given that resources cannot be straightforward digestible and there are no proper techniques to understand it. The solution neither provides useful information nor real-world performance measures and leaves room for "gaming the system" behaviors. However, a protective measure can be applied to the disclosure, especially in courts, safeguarding trade secrets protections.

3) Intrinsically explainable models, notwithstanding *per se* preferable due to their clearer layout for data science experts, may not be easily understandable for non-technical audiences. The model may hide flaws as biased datasets and problem formulations, not providing a perfect solution. Also, it sets limitations for AI developments. Finally, it may significantly impair trade secrets application.

Given the current state of the art, AI transparency and explainability would be achievable nonetheless through a peculiar path: *regulatory approval* frameworks. The patient would trust the doctor, and the doctor would trust the regulatory body. The same goes for other providers and further stakeholders. Also, multi-layers supply chain and training data liability ascribing and information requests would be better addressed through such a venue. Relying primarily on a robust regulatory analysis would bring optimal social outcomes.

The current debate advocating for greater transparency in healthcare AI applications may lead to the idea of a potential battle between information disclosure and trade secrets protecting those devices. But I defend that trade secrets are not a real problem, and merely disclosure by disclosure is not helpful anyway. As demonstrated, this is a typical case where the incomplete understanding of technology and its translation to real-life situations can blur legal comprehension. What we are in need of is a robust regulatory approval system oversight, a framework already with remedies in place for a long time to safeguard secrecy disclosures from third parties.

The finding is relevant for setting a more predictable scenario for investments in AI protected by trade secrets, given limitations and uncertainties posed by traditional AI tools copyright and patent, and the call for incentives for or enforcing intrinsically explainable model adoption on the healthcare domain.

We concluded that stakeholders, including academics and NGOs, should focus on proper regulation of the regulators, requiring transparent transparency. We do not need diffuse and amorphous transparency, a transparency fallacy. For such, assuring transparency on the frameworks and the analysis conclusion, addressing unique bias concerns, and building a governance approach are crucial for a solid regulatory framework. Greater cooperation and harmonization amongst medical device regulators worldwide are paramount drivers for regulators to act as powerful gatekeepers.

5. Bibliography

ABBOTT, Ryan, *I Think, Therefore I Invent: Creative Computers and the Future of Patent Law*, 57 BOST. COL. L. REV, 1079-1126 (2016).

AGREEMENT ON TRADE-RELATED ASPECTS OF INTELLECTUAL PROPERTY RIGHTS (TRIPS_, Apr. 15, 1994, Marrakesh Agreement Establishing the World Trade Organization, Annex 1C, 1869 U.N.T.S. 299, 33 I.L.M. 1197 (1994).

ALI ZARRINPAR *et al., Individualizing liver transplant immunosuppression using a phenotypic personalized medicine platform,* 8 SCIEN. TRANSL. MED. 333, 333-349 (2016).

AMIA Supports, *Encourages Further Refinement of FDA AI/Machine Learning Regulatory Framework*, AMIA (June 5, 2019), https://www.amia.org/news-and-publications/pressrelease/amia-supports-encourages-further-refinement-fda-aimachine-learning

AUSTRALIAN GOVERNMENT, AUSTRALIAN AI ETHICS PRINCIPLES (2019), https://www.industry.gov.au/data-and-publications/building--australias-artificial-intelligence-capability/ai-ethics-framework/ai-ethics-principles

BRKAN, Maja & BONNET, Grégory, *Legal and Technical Feasibility of the GDPR's Quest for Explanation of Algorithmic Decisions: Of Black Boxes, White Boxes and Fata Morganas,* 11 EUR. J. RISK REG. 18-19, 43 (2020).

BUTLER, Timothy L., *Can a Computer be an Author - Copyright Aspects of Artificial Intelligence*, 4 HASTINGS COMM. & ENT. L.J. 707 (1982).

CARUANA, Rich *et al., Intelligible models for healthcare: Predicting pneumonia risk and hospital 30-day readmission*, in PROC. 21TH ACM SIGKDD INT. CONF. KNOWL. 1721, 1721-1730 (2015).

CORMEN, Thomas H. *et al.*, INTRODUCTION TO ALGORITHMS, 5 (MIT Press, 2009).

DEEKS, Ashley. *The judicial demand for explainable artificial intelligence*, 119 COLUMBIA L. REV. 1835 (2019).

DIEGA, Guido Noto La, *Against the Dehumanisation of Decision-Making--Algorithmic Decisions at the Crossroads of Intellectual Property, Data Protection, and Freedom of Information* , 3 J. INTELL. PROP. INFO. TECH. & ELEC. COM. L., para. 34-42 (2018).

DULLECK, Uwe & KERSCHBAMER, Rudolf, *On Doctors, Mechanics, and Computer Specialists: The Economics of Credence Goods*, 44 J. ECO. LIT 5, 5-42 (2006).

EUROPEAN COMMISSION, ETHICS GUIDELINES FOR TRUSTWORTHY AI (2019), https://ec.europa.eu/digital-single-market/en/news/ethics-guidelines-trustworthy-ai

EUROPEAN PATENT OFFICE (EPO), PATENTS AND THE FOURTH INDUSTRIAL REVOLUTION — THE INVENTIONS BEHIND DIGITAL TRANSFORMATION (Dec. 2017),

FDA, ARTIFICIAL INTELLIGENCE/MACHINE LEARNING (AI/ML)-BASED SOFTWARE AS A MEDICAL DEVICE (SAMD) ACTION PLAN (2021b), https://www.fda.gov/media/145022/download

FDA,, Health Canada and the UK's Medicines and Healthcare products Regulatory Agency, GOOD MACHINE LEARNING PRACTICE MEDICAL DEVICE DEVELOPMENT: GUIDING PRINCIPLES (2021), https://www.fda.gov/media/153486/download

FDA,, PATIENT IMPRESSIONS OF AI/ML ENABLED MEDICAL DEVICES (2021b), https://www.fda.gov/media/153323/download.

FDA,, PROPOSED REGULATORY FRAMEWORK FOR MODIFICATIONS TO ARTIFICIAL INTELLIGENCE/MACHINE LEARNING (AI/ML)-BASED SOFTWARE AS A MEDICAL DEVICE (SAMD) - DISCUSSION PAPER AND REQUEST FOR FEEDBACK (2019), https://www.fda.gov/files/medical%20devices/published/US-FDA-Artificial-Intelligence-and-Machine-Learning-Discussion-Paper.pdf

FOSS-SOLBREKK, Katarina, *Three routes to protecting AI systems and their algorithms under IP law: The good, the bad and the ugly,* J. INTELL. PROP. L. & PRAC, 2-3 (2021).

GHASSEMI, Marzyeh *et al.*, *The false hope of current approaches to explainable artificial intelligence in health care,* 11 LANC. DIG. HEAL. e745 (2021).

GOODFELLOW, Ian *et al.*, DEEP LEARNING 1-2 (MIT Press, 2016).

HILL, Robin K., *What an Algorithm Is,* 29 PHIL. & TECH. 35 (2016).

IMDRF, SOFTWARE AS A MEDICAL DEVICE (SAMD): APPLICATION OF QUALITY MANAGEMENT SYSTEM (2015), https://www.imdrf.org/sites/default/files/2021-09/imdrf-cons-samd-aqms-150326.pdf.

KENNETH J. Arrow, *Uncertainty and the Welfare Economics of Medical Care,* 53 AMER. ECO. REV 941, 965 (1963).

KOHLHEPP, Peter M., *When the Invention Is an Inventor: Revitalising Patentable Subject MATTER to Exclude Unpredictable Processes,* 93 MIN. L. REV. 779, 814 (2008).

LEE, Nari, *Protection for artificial intelligence in personalised medicine – the patent/trade secret tradeoff,* in Jens Schovsbo, *et al.* (eds) THE HARMONIZATION AND PROTECTION OF TRADE SECRETS IN THE EU : AN APPRAISAL OF THE EU DIRECTIVE 267-294, 267 (Edward Elgar Publishing Limited, 2020).

LEVINE, David S.. *Confidentiality creep and opportunistic privacy* 20 TUL. J. TECH. & INTELL. PROP., 11, 11-42 (2017).

LU, Sylvia, *Algorithmic Opacity, Private Accountability, and Corporate Social Disclosure in the Age of Artificial Intelligence* 23 VAND. J. ENT. & TECH. L. 99 (2020).

MATULIONYTE, Rita, *Australian Copyright Law Impedes the Development of Artificial Intelligence: What Are the Options?,* 52 ICC INT. REV. INTELL. PROP. & COMP. L., 333, 333-349 (2016).

MICROSOFT *et al.,* INTELLIGENCE AND ALGORITHM LIABILITY (2021), https://www.zurich.com/-/media/project/zurich/dotcom/industry-knowledge/cyber-risk/docs/artificial-intelligence-and-algorithmic-liability.pdf?rev=1902a15b4df949a58e14e8bb6dee29ec.

NICHOLSON PRICE II, W. & RAIA, Arti K. C*learing opacity through machine learning,* 106 IOWA L. REV. , 775, 784 (2021).

NICHOLSON PRICE II, W., *Regulating Black-Box Medicine,* 116 MICHIG. L. REV 462 (2017).

NORDBERG, Ana. *Trade secrets, big data and artificial intelligence innovation: a legal oxymoron?,* in Jens Schovsbo, et al (eds), THE HARMONIZATION AND PROTECTION OF TRADE SECRETS IN THE EU: AN APPRAISAL OF THE EU DIRECTIVE, 210 (Edward Elgar Publishing Limited, 2020).

O'NEIL, Cathy. WEAPONS OF MATH DESTRUCTION: HOW BIG DATA INCREASES INEQUALITY AND THREATENS DEMOCRACY (2017).

OBERMEYER, Emanuel E.J.. *Predicting the future — big data, machine learning, and clinical medicine,* 375, N. ENGL. J. MED. 1216, 1216–1219 (2016).

OECD, ARTIFICIAL INTELLIGENCE IN SOCIETY (2019), https://doi.org/10.1787/eedfee77-en

OECD, OECD PRINCIPLES ON AI (2019), https://www.oecd.org/going-digital/ai/principles/

PASQUALE, Frank, THE BLACK BOX SOCIETY: THE SECRET ALGORITHMS THAT CONTROL MONEY AND INFORMATION (Harvard University Press 2015).

PWC, THE MACROECONOMIC IMPACT OF ARTIFICIAL INTELLIGENCE (Feb. 2018), https://www.pwc.co.uk/economic-services/assets/macroeconomic-impact-of-ai-technical-report-feb-18.pdf

REGULATION 2016/679 of Apr. 27, 2016, on the Protection of Natural Persons with Regard to the Processing of Personal Data and on the Free Movement of Such Data, and Repealing Directive 95/46/EC (General Data Protection Regulation – GDPR).

RUDIN, Cynthia. *Stop explaining black box machine learning models for high stakes decisions and use interpretable models instead,* NAT. MACH. INTELL. 1, 206, 208-210 (2019).

SANDEEN, Sharon K & APLIN, Tanya, *Trade Secrecy, Factual Secrecy and the Hype Surrounding AI,* in Ryan Abott (ed), RESEARCH HANDBOOK ON INTELLECTUAL PROPERTY AND ARTIFICIAL INTELLIGENCE (Edward Elgar Publishing Limited, 2022).

TUREK, Matt. *Explainable Artificial Intelligence (XAI),* DARPA (2018), https://www.darpa.mil/program/explainable-artificial-intelligence

VAN ROOIJEN, Ashwin, THE SOFTWARE INTERFACE BETWEEN COPYRIGHT AND COMPETITION LAW: A LEGAL ANALYSIS OF INTEROPERABILITY IN COMPUTER PROGRAMS (Wolters Kluwer 2010).

WACHTER, Sandra, MITTELSTADT, Brent & RUSSELL, Chris, *Counterfactual Explanations without Opening the Black Box: Automated Decisions and the GDPR*, 31 HARV. J.L. & TECH 878-879 (2018).

WHO, ETHICS AND GOVERNANCE OF ARTIFICIAL INTELLIGENCE FOR HEALTH: WHO GUIDANCE (2021), https://www.who.int/publications/i/item/9789240029200

WIENS, Jenna *et al., Diagnosing Bias in DataDriven Algorithms for Healthcare*, 26 NATURE MED. 25, 25-26 (2020).

WU, Eric *et al., How medical AI devices are evaluated: limitations and recommendations from an analysis of FDA approvals,* 27 NAT. MED. 582 (2021).

YANG, Guang *et al., Unbox the Black-box for the Medical Explainable AI via Multi-modal and Multi-centre Data Fusion: A Mini-Review, Two Showcases and Beyond*, 77 INF. FUS. 31 (2022).

Segredo industrial e seu impacto em tecnologias da informação, inteligência artificial e agorítmicas

Flavia Mansur Murad Schaal

1. Introdução

O tema da inteligência artificial (IA), as criações algorítmicas e decisões tomadas por elas, bem como programas de computador associados à inteligência artificial são temas contemporâneos e que tocam a propriedade intelectual, o direito à privacidade, aos dados, suas proteções e exercício de direitos.

Se, de um lado, temos estudado as limitações legais acerca da proteção dos *outputs* de inteligência artificial por patentes ou por direitos de autor em produtos criados exclusivamente pela máquina, ou de *machine learning*, de outro, temos um inegável espaço de oportunidades e movimentação econômica. A prática dos negócios envolvendo a IA, especificamente, toca solução técnicas muitas vezes não levadas a proteção por patentes, mas que tratam de assuntos de fulcral importância normalmente reconhecidos pelos partícipes do negócio jurídico que se forma em torno daquela IA: a administração e preservação do conhecimento que entorna uma IA ou uma empresa que explora dados.

Afinal, a IA é uma tecnologia com inúmeras funções e benefícios, dominando os debates presentes e futuros.

Um dos diálogos da OMPI – Organização Mundial da Propriedade Intelectual, acerca do tema da proteção, margeou os segredos de negócios, ao lado de outros tópicos que merecem enfrentamento, cada qual com suas legislações específicas, incluindo aspectos convencionais (patentes, direitos de autor e conexos, dados, designs, marcas e tecnologia em geral). Se hoje tendemos a "fatiar" as várias facetas da propriedade intelectual na IA, por ser um complexo muito amplo de ativos intangíveis, é certo que sem uma legítima expectativa de confidencialidade e segredo de negócio envolvidos, dificilmente teríamos um negócio próspero.

Ou seja, a IA conta com uma *pleyade* de institutos e que formarão um negócio complexo e que enfrentará o jogo da concorrência e disputa acirrada de clientela. Negócio complexo este que recepciona trabalhos intelectuais em colaboração, troca de know-how, ou *savoir faire* (para alguns) e práticas industriais ou do comércio que merecem ser valorizados se se mantiverem em segredo. O segredo algorítmico é um dos exemplos.

Sabe-se que algoritmos são expressões matemáticas que geram resultados, aplicados por um sistema de programa de computador. Já havíamos definido que "a função do algoritmo é encontrar uma solução para um determinado tipo de problema (geralmente não generalista), por meio de uma sequência de operações matemáticas bem definidas pedagogicamente e com uma lista de procedimentos bem estruturada para a específica função.

O resultado é obtido por meio de elementos informados e inseridos desde o início. O cálculo é feito pelo humano ou pela própria máquina de forma autônoma, em casos mais avançados. Estes podem envolver processamento de dados, com o suporte de toda uma estrutura que carrega esses dados. O algoritmo integra um software e é por ele materializado pela linguagem comum da máquina"[1].

Por essa razão e explicação funcional, é sensível a questão do algoritmo puro e simples na medida em que não se pode admitir a proteção do algoritmo isoladamente ou ***per se*** como uma obra do espírito ou como patente pois integra um conceito de pura forma, uma ideia, um raciocínio lógico, uma teoria, sendo um mero funcionamento lógico sem necessariamente uma linguagem específica (exceção é feita à reivindicação algorítmica, com atividade inventiva, com objetivo técnico para uma solução técnica, onde patentes são admitidas – vide DIRETRIZES IIC – INPI/DIRPA/2021)[2]. Porém, tais análises são severas e não são todas as invenções passíveis de patenteamento.

---

1 SCHAAL, Flavia Mansur Murad. Um novo sistema de PI? *In* SANTOS, Manoel Pereira dos, SCHAAL, Flavia Mansur Murad e GOULART, Rubeny (coord.). A Propriedade Intelectual no mundo da Inteligência Artificial. *Ebook* https://pieditores.com.br, p. 301

2 Exemplos contidos na própria Diretriz, o que pode ser patenteado e o que não pode: "**Exemplo 1**: não é considerado invenção um método particular de integração numérica por apresentar resultados puramente matemáticos, que é a operação da integração". "**Exemplo 2**: um método de controle de motores que utilize uma técnica de integração numérica, de maneira a obter um resultado de maior velocidade de atuação ou de estabilidade, pode ser considerado invenção, pois está aplicado a um problema técnico, produz efeito técnico e, portanto, não se enquadra como método matemático". "**Exemplo 3**: Técnicas de inteligência artificial (IA), abrangendo ferramentas de machine learning e deep learning, entre outras, aplicadas a problemas técnicos podem ser consideradas invenção. Entretanto, tais técnicas por si só são consideradas métodos matemáticos, de tal maneira que não são aceitas, a não ser que sejam aplicadas a um problema técnico e que haja efeitos técnicos resultantes". Cuidado extremo com tais casos. Os Estados Unidos que costumavam ser bem mais maleáveis em análises como essa, mudou o curso das águas para esse tipo

Apesar de em estágio inicial de decisões de *proteção (ou não)* dessas invenções, por examinadores de escritórios de patente, é sabido que questões relativas a invenções implementadas por programa de computador estão tomando corpo com o complexo criativo da IA. Antes mais raras, mas hoje extremamente comuns.

A questão é tão importante que os dados que se extraem desses cálculos algoritmos geram poder de decisão e caminhos econômicos vantajosos. Dados estes com poder de predição colossal. A forma como se chega nos dados e nesse caminho até a decisão (e até os dados em si) podem ser protegidos por segredo, já que as vias patentárias são muito restritas. A via de proteção do segredo pode ser mais vantajosa na maioria das vezes aos seus titulares. E trata-se do maior ativo de uma empresa, sem interesse nenhum – em muitos casos - de revelá-lo ao público, seja pois o sistema de patentes obriga a revelação em troca do monopólio temporário, seja porque nem patenteável seria e colocaria seu detentor em situação de vulnerabilidade concorrencial, afetando seu valor e fundo de comércio.

Sendo assim, é dentro da complexidade da IA que o segredo é previsto em várias legislações, por mais que seja difícil de definir sem partir de um conceito genérico.

2. O valor do *trade secret* e a sua importância no mundo da IA

A terminação inglesa de segredos e informações confidenciais é muito interessante. Utiliza a expressão *undisclosed information* – informação não revelada, na tradução ao vernáculo. E essa proteção importa à propriedade intelectual da empresa, ao incentivo à pesquisa e ao desenvolvimento. Esses pilares são constitucionais e secularmente reco-

de invenção quando invalidou uma patente de software com base em que lá continham ideias abstratas e algoritmos não patenteáveis (o caso era ***Alice** Corp. v. CLS Bank,* de 2014, *Supreme Court*). Após *Alice*, principalmente no mundo tech, a tendência foi de preservar os algoritmos em segredo para que a propriedade intelectual fique em sigilo.

O monopólio temporário das patentes ganha mais rigidez a serem merecidas patentes a verdadeiras invenções que não sejam meras ideias ou cálculos, por outro lado, perde-se o acesso à informação, ao incentivo e as melhorias, que faz com que o mundo moderno caminhe em aperfeiçoamentos menos constantes.

O segredo de negócio pode aplacar o progresso e encapsula para poucos a circulação das inovações.

nhecidos em convenções internacionais para a proteção da propriedade intelectual.

A informação confidencial e secreta pertencente a pessoas naturais ou jurídicas é regulada, normalmente, por contratos rígidos com quem terá seu acesso restrito e, se violada (utilização indevida para outros fins fora do escopo contratual, revelação a terceiros sem consentimento contrárias às práticas honestas e práticas comerciais), podem gerar condenação em crimes de concorrência desleal. O artigo 10*bis* da CUP já previa uma ampla gama de situações, todas elas voltadas à ética e deontologia dos negócios, em que se considera inadmissível a sua revelação ou "quebra"[3].

O TRIP's (*Trade related aspects of Intellectual Property Rights*), na seção 7, artigo 39[4], exige como padrões mínimos de proteção à PI, que membros protejam o segredo (ou "undisclosed information" de valor comercial) de acordo com o item 2 do artigo 10*bis* da CUP.

Apesar de infinitas as possibilidades de exemplificar, a melhor doutrina indica que todo e qualquer documento que consista em "fórmula, desenho, dispositivo ou compilação de informações usadas nas atividades comerciais de alguém, que lhe deem uma **oportunidade de obter uma vantagem** em relação aos concorrentes que não os conhecem nem deles fazem uso"[5] (grifamos) são protegidos por segredo na forma da Lei. A harmonização do conceito nos mostra a exclusividade da informação (não trivial, não óbvia) por ter sido esforço de alguém que tenha

3 10 bis CUP:
(1) Os países da União obrigam-se a assegurar aos nacionais dos países da União proteção efetiva contra a concorrência desleal. (2) Constitui ato de concorrência desleal qualquer ato de concorrência contrário aos usos honestos em matéria industrial ou comercial. (3) Deverão proibir-se particularmente: 1o. Todos os atos suscetíveis de, por qualquer meio, estabelecer confusão com o estabelecimento, os produtos ou a atividade industrial ou comercial de um concorrente; 2o. As falsas alegações no exercício do comércio, suscetíveis de desacreditar o estabelecimento, os produtos ou a atividade industrial ou comercial de um concorrente; 3o. As indicações ou alegações cuja utilização no exercício do comércio seja suscetível de induzir o público em erro sobre a natureza, modo de fabricação, características, possibilidades de utilização ou quantidade das mercadorias.

4 Vide também legislação britânica, com os mesmos padrões mínimos de proteção (artigo 2(1) da Trade Secret (Enforcement etc.) 2018 Regulation.

5 FEKETE, Elisabeth Kasznar. O REGIME JURÍDICO DO SEGREDO DE INDÚSTRIA E COMÉRCIO NO DIREITO BRASILEIRO. Rio de Janeiro: Ed. Forense, 2003, vol. I, p. 46/47.

se dedicado para obtê-la, investido e trazido vantagem comercial desconhecida da concorrência como um todo, e é por isso que o valor agregado[6] a veste de especial e excepcional[7].

Despiciendo relembrar, que se não é segredo, não tem valor comercial e não é considerado um valor de PI nos termos das definições legais.

É evidente que o algoritmo e seu funcionamento na sociedade de dados e de economias de plataforma são segredos protegidos. Têm caráter original, tem interesse prático e importância comercial[8]. Tanto é assim que a própria definição de "*trade secret*" contida na Nova Declaração de Concorrência Desleal e que preexiste a qualquer discussão acerca da proteção algorítmica, traz encaixe perfeito na razão de ser da própria plataforma. Já dizia a Jurista E. FEKETE, ao trazer o conceito: "o *trade secret* é definido como qualquer informação que possa ser usada na condução de uma atividade comercial ou em outro empreendimento e que seja suficientemente valiosa e secreta para propiciar uma vantagem econômica real ou potencial em relação a terceiros".

---

6 Valor este real ou potencial, mesmo que agregado com outros bens de PI ou informações detidas por terceiros.

7 Importante a definição da UCL, Uniform Law Commission sobre o tema da uniformização das leis de segredos do comércio ou indústria "Uniform Trade Secrets Act": "a trade secret is basically, information of commercial value. The form of that information can be exceedingly variable. Key to the need for protection is the fact that the information is not generally known to others and is not readily ascertainable by proper means. A trade secret, generally, would be exclusive knowledge, of economic value, which has been generated by the labors of a specific person or persons who have an interest in protecting its value. Disponível em: https://www.uniformlaws.org/HigherLogic/System/DownloadDocumentFile.ashx?DocumentFileKey=4b9aadcf-cafb-811e-906a-bae706680d2a&forceDialog=0

8 O tripé **(i) caráter original, (ii) interesse prático e (iii) importância comercial** é inspirado na doutrina francesa dos autores clássicos Paul ROUBIER, Albert CHAVANNE e Jean-Jacques BURST, *apud* E. FEKETE, página 44.
A doutrina moderna casa perfeitamente com os pilares clássicos quando autores modernos como Matt Hervey e Matthew Lavy discorrem sobre Inteligência Artificial e Propriedade Intelectual na obra "The Law of Artificial Intelligence," Pg. 342 (obra publicada em 2021), "trade secrets therefore seem apt to protect mere data, datasets, algorithms, models generated by AI and know-how to use the AI (...) Trade secrets (along with contractual measures) may prove particularly significant to the ***practical protection of the IA***, especially since they arise without registration, are unlimited by term and bypass many of the definitional restrictions of patents, copyright and data base rights and the costs and disclosure requirements of patents".

Na sociedade informacional e algorítmica, o segredo protegido abarca algo original, excluindo a informação básica e desestruturada, e atrai aquele esforço que foi enviado por julgamento lógico aplicado. Obviamente, diferente da patente, não está dentro dos direitos protetivos ou reais de propriedade, como a patente. Não é um "monopólio". Não está livre de conviver com inventos paralelos por terceiros, com negócios similares avançados por pesquisas independentes e que atinjam o mesmo fim.

A regra de respeito contratual na troca de informações confidenciais e uso do algoritmo, funcionamento, base de dados, segredos que levam a determinado resultado e know-how é muito útil em sociedades colaborativas como negócios de IA, onde múltiplas especialidades – engenheiros, desenvolvedores, cientistas, pesquisadores, provedores de conteúdo e de conexão, armazenadores de dados, e assim vai..., dependendo do negócio - são amalgamadas para um fim maior. A falta de ética dessa cadeia de valor, vantagens indevidas e quebra de sigilo em alguns dos grupos de formação do negócio tende a destruí-lo como um todo. E sabe-se que tal hipótese não é absurda ou incomum.

A Lei e convenções punem severamente os atos ilícitos em torno da revelação ou utilização indevidas. Tanto é assim que a LPI (Lei de Propriedade Industrial) dedica dois incisos específicos à hipótese de violação, dentro do capítulo concorrência desleal (vide artigo 195, incisos XI e XII)[9].

Efetivamente não é nova a matéria de dever de sigilo quando informações são trocadas, entrelaçadas, reveladas, discutidas dentro e fora da entidade que controla o negócio. Toda a matéria de transferência de tecnologia (há séculos prevista em legislações), em que o compromisso de sigilo impera, é capaz de gerar obrigações à cadeia de valor.

Na sociedade da informação, as naturezas contratuais continuam as mesmas num contexto de P&D, *joint ventures*, regimes associativos de caráter específicos, como as SPE's onde dados, programas de computador ou funções algorítmicas são transacionadas, seja qual for seu objeto, há o reconhecimento pelos partícipes contratuais de que existe um valor

9 Art. 2º A proteção dos direitos relativos à propriedade industrial, considerado o seu interesse social e o desenvolvimento tecnológico e econômico do País, efetua-se mediante: (...) V - repressão à concorrência desleal.
Art. 195. Comete crime de concorrência desleal quem: (...) Art. 195. Comete crime de concorrência desleal quem:

econômico a ser alcançado com aquela transação. O consentimento de entrar em um negócio de valor faz lei entre as partes, com a obrigação de assim cumprir, até o final, com as suas contrapartidas lá previstas.

Não nos parece novo o dever ético de preservação das relações e investimentos, seja na sociedade de economia de dados, ou não. O ser humano é o mesmo, as capacidades e os defeitos morais são os mesmos. Porém, hoje, com a velocidade das medidas, acesso à justiça, e muita informação pública a todos, não cabe mais se pensar em entrar numa relação pensando em quebrá-la, ou não ser pego por isso. Todos estamos conectados e rastreados. Não existe crime perfeito.

Nos Estados Unidos cite-se o caso WAYMO LLC[10] (como Autor, empresa do Grupo Google) *versus* Anthony Levandowski (engenheiro, ex-funcionário e cofundador da Waymo), Stroz Friedberg e Uber Technologies. O caso era relativo à infração de patente e a segredo de negócios. Sr. Levandowski fez o download de 14.000 documentos relativos à tecnologia de veículos autônomos da Waymo enquanto cooperava e trabalhava lá. Saindo, fundou a empresa Ottomotto, que chegou a ser adquirida pela Uber logo após. Uber sabia da existência desses documentos e da propriedade intelectual envolvida. Fez a aquisição com propósito específico.

Este caso demonstra a real importância da propriedade intelectual e de sua absoluta preservação e o quão vulnerável ela pode estar, quando manipulada por empresas ou pessoas com objetivos inescrupulosos e antiéticos. Cientes disso, as gigantes da tecnologia Waymo e Uber fizeram um acordo, onde A Uber pagaria à Waymo 0,34% de seu patrimônio líquido, que equivale a, aproximadamente, US$245 milhões. O acordo também contém uma obrigação que proíbe a Uber de usar informações confidenciais da Waymo em sua tecnologia de veículos autônomos[11].

Interpretando os anúncios públicos do acordo acima, induz-se que houve transferência de informação ilícita à concorrente, de maneira indevida, gerando abalo reputacional e financeiro à culpada[12].

---

10 2017-2235, 2017-2253, sentenciado em 13 de setembro de 2017. Appeals from the United States District Court for the Northern District of California.

11 Vide https://jolt.law.harvard.edu/digest/waymo-v-uber-surprise-settlement-five-days-into-trial, acesso em 29 de maio de 2022.

12 Nessa linha do exemplo do caso Waymo, cite-se bela passagem da obra do advogado especialista em propriedade intelectual ARRUDA, Vinicius Cervantes Gorgone. Big Data, Dados Pessoais e Propriedade Intelectual. Limites e tutela jurídica

2. O segredo comercial e as Leis de Proteção de Dados Pessoais (LGPD)

A Lei Geral de Proteção de Dados (Lei 13.709/18) dedica vários dispositivos com fins a proteger e preservar o segredo da empresa detentora de conhecimento nesse ambiente digital tão fluido.

Os artigos estão situados em contextos distintos acerca do tratamento dos dados pessoais. O primeiro artigo trata da transparência do acesso aos dados e exige clareza acerca das informações. Os artigos 6º. e 9º assim estabelecem, respectivamente: "Art. 6º As atividades de tratamento de dados pessoais deverão observar a boa-fé e os seguintes princípios: (...) VI - transparência: garantia, aos titulares, de informações claras, precisas e facilmente acessíveis sobre a realização do tratamento e os respectivos agentes de tratamento, ***observados os segredos comercial e industrial***" e o "Art. 9º O titular tem direito ao acesso facilitado às informações sobre o tratamento de seus dados, que deverão ser disponibilizadas de forma clara, adequada e ostensiva acerca de, entre outras características previstas em regulamentação para o atendimento do princípio do livre acesso: (...) II - forma e duração do tratamento, ***observados os segredos comercial e industrial***".

Note que apesar de a norma dar direito de acesso e transparência, o princípio constitucional da proteção do valor comercial das atividades comerciais, proteção aos bens incorpóreos, bem como a repressão à concorrência desleal não se diminui em favor do particular individualmente, a despeito de sua privacidade ou liberdades fundamentais. Forçoso lembrar, nesse paralelo, de assegurar a propriedade intelectual das empresas que num contexto de fomento à inovação, a LGPD assegura as criações e inventos e as vantagens competitivas das empresas para o bom equilíbrio de relações econômicas. De um lado, pre-

das bases de dados. Curitiba: CVR, 2021, p. 265: "a tutela jurídica conferida pelos segredos de negócio é comportamental e não de propriedade, o que exige o estabelecimento e cumprimento de regras no acesso e exploração do seu objeto, ainda que se dê unicamente no âmbito interno da empresa, sem transmissão a terceiros. Deve-se ter em mente, que muito desse controle no acesso e segurança à base de dados, quando composta por dados pessoais, já será decorrência do cumprimento e conformidade com a própria LGPD, facilitando, em determinadas situações, a manutenção dos segredos de negócio".

serva o negócio, por outro, não cria barreiras ao direito à informação ao titular[13].

Outros dispositivos da LGPD seguem essa mesma hierarquização de princípios constitucionais. Assim mencionam os artigos seguintes: **art. 10, III,** "**§ 3º** A autoridade nacional poderá solicitar ao controlador relatório de impacto à proteção de dados pessoais, quando o tratamento tiver como fundamento seu interesse legítimo, observados os segredos comercial e industrial", "**art. 17, V** - portabilidade dos dados a outro fornecedor de serviço ou produto, mediante requisição expressa, de acordo com a regulamentação da autoridade nacional, observados os segredos comercial e industrial", **art. 19, II e § 3º:** Art. 19. A confirmação de existência ou o acesso a dados pessoais serão providenciados, mediante requisição do titular: (...) II - por meio de declaração clara e completa, que indique a origem dos dados, a inexistência de registro, os critérios utilizados e a finalidade do tratamento, observados os segredos comercial e industrial, fornecida no prazo de até 15 (quinze) dias, contado da data do requerimento do titular... § 3º Quando o tratamento tiver origem no consentimento do titular ou em contrato, o titular poderá solicitar cópia eletrônica integral de seus dados pessoais, observados os segredos comercial e industrial, nos termos de regulamentação da autoridade nacional, em formato que permita a sua utilização subsequente, inclusive em outras operações de tratamento, **art. 20, § 1º** o controlador deverá fornecer, sempre que solicitadas, informações claras e adequadas a respeito dos critérios e dos procedimentos utilizados para a decisão automatizada, observados os segredos comercial e industrial, **Art. 38.** A autoridade nacional poderá determinar ao controlador que elabore relatório de impacto à proteção de dados pessoais, inclusive de dados sensíveis, referente a suas operações de tratamento de dados, nos termos do regulamento, observados os segredos comercial e industrial, **Art. 48.** O controlador deverá comunicar à autoridade nacional e ao titular a ocorrência de incidente de segurança que possa acarretar risco ou

13 Segundo FEKETE, Elizabeth, in https://enciclopediajuridica.pucsp.br/verbete/248/edicao-1/segredo-de-empresa , "Sua tutela jurídica encontra fundamento, além do art. 39 desse tratado internacional, no art. 5º, X, XII e XXIX, da Constituição Federal, que garantem aos brasileiros e aos estrangeiros residentes no país a inviolabilidade da intimidade, do sigilo da correspondência e das comunicações e a proteção às criações industriais, respectivamente e nas normas que regulam a lealdade concorrencial, estabelecidas no art. 195, XI e XII da Lei 9.279/1996 ou Lei da Propriedade Industrial (doravante, LPI), com efeitos civis e penais".

dano relevante aos titulares (...) **III** - a indicação das medidas técnicas e de segurança utilizadas para a proteção dos dados, observados os segredos comercial e industrial.

Inclusive a ANPD deve zelar pelo segredo assim clamado pelo controlador dos dados caso haja algum questionamento: **Art. 55-J.** Compete à ANPD: II - zelar pela observância dos segredos comercial e industrial, observada a proteção de dados pessoais e do sigilo das informações quando protegido por lei ou quando a quebra do sigilo violar os fundamentos do art. 2º desta Lei [LGPD][14] (...) X - dispor sobre as formas de publicidade das operações de tratamento de dados pessoais, respeitados os segredos comercial e industrial; § 5º No exercício das competências de que trata o caput deste artigo, a autoridade competente deverá zelar pela preservação do segredo empresarial e do sigilo das informações, nos termos da lei".

No balanço dos princípios constitucionais na LGPD (privacidade, autodeterminação informativa, intimidade honra e imagem), dois princípios econômicos são elevados e postos à prova quando se protege o segredo de negócio da empresa que trata dos dados da pessoa: 1) o desenvolvimento tecnológico e a inovação, e 2) a livre iniciativa, a livre concorrência.

Não obstante tanto valor envolvido, o julgamento e a tomada de decisão por algoritmos não podem violar outros alicerces da Lei Maior e nem o balanço harmônico, nem atingir direitos fundamentais e muito menos faltar com o respeito à coletividade. Esse equilíbrio da sociedade é maior que o valor e proteção ao segredo.

Debates calorosos a respeito estão nas melhores pautas, inclusive no Projeto de Lei 21/20 de autoria do Dep. Eduardo Bismark, com alterações da Dep. Luisa Canziani, sobre a Inteligência Artificial no Brasil, e que já foi aprovado pela Câmara dos Deputados e em breve o será pelo Senado (que prestigiará a finalidade, a centralidade no ser humano,

---

14 LGPD: Art. 2º A disciplina da proteção de dados pessoais tem como fundamentos:
I - o respeito à privacidade;
II - a autodeterminação informativa;
III - a liberdade de expressão, de informação, de comunicação e de opinião;
IV - a inviolabilidade da intimidade, da honra e da imagem;
V - o desenvolvimento econômico e tecnológico e a inovação;
VI - a livre iniciativa, a livre concorrência e a defesa do consumidor; e
VII - os direitos humanos, o livre desenvolvimento da personalidade, a dignidade e o exercício da cidadania pelas pessoas naturais.

não discriminação, transparência e explicabilidade, segurança, responsabilização e prestação de contas), ou seja, o uso ético, responsável e transparente.

3. Opacidade e transparência dos algoritmos

A transparência do algoritmo deve ser dada ao usuário, para que não haja o controle do ser humano por empresas altamente tecnológicas. De forma didática é isso que a LGPD procurou harmonizar, pavimentada em princípios constitucionais. Quando não sabemos direito o que ocorre, chamamos esse fenômeno de "opacidade", ou seja, a tecnologia é tão avançada e tão "não evidente" que não se sabe ao certo o que se faz com os dados que circulam dentro daquela plataforma de negócios. Se ajudam a evoluir com a inovação, ou se provocam aproveitamento desenfreado em desrespeito à privacidade, liberdade de expressão, intimidade, entre outras virtudes do direito da personalidade.

Dizem que esse é o tempo da caixa preta das decisões econômicas (*black box*). *Machine learning* e dados utilizados para favorecer o negócio devem ser transparentes e *accountants*. Nunca se falou tanto em *bias*, transparência e ética. Porém, ainda discutimos modelos com limites muito tênues entre a funcionalidade da máquina que favorece o ser humano ou aquela que parasita ou prejudica seu bem-estar na sociedade. Delicadíssima questão que será brevemente citada no caso brasileiro UBER, a seguir (item 4 deste artigo).

Apesar de valorizado o segredo bem como todo o investimento apoiado pela proteção da propriedade intelectual, a IA, incluindo sua base de dados e o fundo de comércio, não podem oferecer abusos ou aproveitamentos prolongados no tempo até que o direito "descubra o que fazer".

A LGPD também se esforça a trazer esse princípio pelo *privacy by design,* determinando em seu art. 46. que "os agentes de tratamento devem adotar medidas de segurança, técnicas e administrativas aptas a proteger os dados pessoais de acessos não autorizados e de situações acidentais ou ilícitas de destruição, perda, alteração, comunicação ou qualquer forma de tratamento inadequado ou ilícito (...) § 2º As medidas de que trata o caput deste artigo deverão ser observadas desde a fase de concepção do produto ou do serviço até a sua execução".

Medida de alta nobreza e importância, mas de aparente dificuldade. Quando pensamos na transparência da coleta dos dados, forçoso refletir quais dados foram usados para o treino dos algoritmos e quais deles são usados para tomar decisões. Informações de como esses dados são coletados, armazenados são também passos-chave para o *compliance* dessa operação. A LGPD exige que haja controle da "idade" desses dados e se tem regras de descarte, caso ainda estejam sendo usados, sem finalidade, estão fora dos propósitos iniciais.

No *design* desses dados, é importante entender por que eles foram escolhidos, quem está fazendo as escolhas, por que determinados grupos foram escolhidos e outros descartados. Como as inconsistências, "*noises*" ou incompletudes estão sendo tratados. Todas as pessoas e empresas no processo de coleta e administração desses dados estão alinhadas? Quem são os usuários e como estão envolvidos no processo de administração desses dados? São pessoas pagas, são forçadas a fazer as tarefas, estão sendo pagas para fornecerem seus dados?[15]

Notem que o nível de desconhecimento acerca de todas essas questões que envolvem decisões algorítmicas é claro. Por isso que a opacidade ainda tende a ser um desafio. O usuário ou operadores do direito se sentem um grão de areia perto dos gigantes *tech*. Esses devem passar confiança e credibilidade para que todo o *trade secret* lhes seja assegurado. É certo que o algoritmo não será um escudo para esconder ao público tarefas ilícitas ou aproveitadoras.

O olhar não técnico da questão, principalmente pelos operadores do direito não é tarefa prosaica ou sem importância. É o máximo desafio em saber preservar o negócio, ao mesmo tempo sem violar direitos fundamentais e que afetem o ser humano em sua essência e fragilidade, bem como uma inteira comunidade[16]. A LGPD também veda a liberdade

15 Para mais informações acerca das questões envolvidas em "bias" relativas a algoritmos, acessar Virginia Dignum https://medium.com/@virginiadignum/on-bias-black-boxes-and-the-quest-for-transparency-in-artificial-intelligence-bcde64f59f5b

16 FOSS-SOLBREKK, Katarina em seu artigo publicado pelo "Journal of Intellectual Property Law & Practice", 2021, Vol. 16, no. 3, p. 247 e seguintes traz com clareza os exemplos gravíssimos que impactam a dignidade humana com a tomada de decisões algorítmicas. E é impressionantemente séria a questão: *as part of the rapid uptake, algorithms now underpin an increasing number of important decisions about individuals' lives, influencing credit scoring, admission to university and even when people should be discharged from hospital or how long they should be sentenced to jail.*

Forçoso notar que, no direito brasileiro, um dos pilares mais importantes e sacrossantos é a dignidade humana e sua integridade. A forma como vivemos, a maneira como o Estado deve incluir seus cidadãos, sem distinção. É um valor absoluto

das decisões automatizadas[17] e a alegação de segredo será posta à prova, mediante auditoria técnica e controlada, evitando-se a falta de transparência ou a indesejada injustiça aos vulneráveis em favor da livre iniciativa. Aqui o equilíbrio é tudo!

Um exemplo validado pelo STJ há não muito tempo, de relatoria do Ministro Paulo de Tarso Sanseverino colocou um polêmico exemplo à prova; os sistemas de avaliação de crédito, o tão conhecido "credit score" (Resp 1.457.199/RS). Em tal julgamento paradigmático os Ministros decidiram que a prática de análise de concessão de crédito aos melhores consumidores e pagadores era (e continua sendo) lícita, com base na Lei do Cadastro Positivo (Lei 12.414/11). Tanto é assim que os vários questionamentos repetitivos deram resultado na súmula 550[18], dispensado o consentimento do consumidor, mas dando direito a esclarecimentos.

Em comentários à decisão, o Ministro Ricardo Villas Boas Cueva, em artigo denominado "A proteção de dados pessoais na jurisprudência do STJ"[19] afirma que "Não é à toa que, em regra, os sistemas automatizados de decisão somente são admitidos se existirem medidas que assegurem que o titular dos dados possa apresentar sua defesa e se a decisão

da vida humana, previsto pelo **primeiro artigo** da Constituição Federal que se confunde com a própria natureza do ser humano, é um atributo indispensável. O cuidado aqui é extremo.

17 LGPD: Art. 20. O titular dos dados tem direito a solicitar a revisão de decisões tomadas unicamente com base em tratamento automatizado de dados pessoais que afetem seus interesses, incluídas as decisões destinadas a definir o seu perfil pessoal, profissional, de consumo e de crédito ou os aspectos de sua personalidade. § 1º O controlador deverá fornecer, sempre que solicitadas, informações claras e adequadas a respeito dos critérios e dos procedimentos utilizados para a decisão automatizada, observados os segredos comercial e industrial.
§ 2º Em caso de não oferecimento de informações de que trata o § 1º deste artigo baseado na observância de segredo comercial e industrial, a autoridade nacional poderá realizar auditoria para verificação de aspectos discriminatórios em tratamento automatizado de dados pessoais.

18 Súmula 550-STJ: A utilização de escore de crédito, método estatístico de avaliação de risco que não constitui banco de dados, dispensa o consentimento do consumidor, que terá o direito de solicitar esclarecimentos sobre as informações pessoais valoradas e as fontes dos dados considerados no respectivo cálculo. STJ. 2ª Seção. Aprovada em 14/10/2015, DJe 19/10/2015.

19 In "Lei Geral de Proteção de Dados Pessoais e suas repercussões no Direito Brasileiro", RT, São Paulo, coordenado por TEPEDINO, Gustavo, FRAZÃO, Ana e OLIVA, Milena Donato.

relacionar-se-à à celebração ou à execução de um contrato". E acrescenta a solução: "os sistemas de avaliação de riscos de crédito, muitas vezes, funcionam como verdadeiras "caixas pretas", sem transparência quanto aos parâmetros e critérios utilizados para chegar à nota que informará a decisão de conceder ou não o crédito. Para que o sistema se legitime perante as autoridades de proteção de dados, é fundamental que se baseie um critério matemático-estatístico reconhecido e auditável. Além disso, o titular dos dados deve ter acesso não apensas à nota que lhe é atribuída, mas, também, ao próprio algoritmo utilizado, ou seja, à lógica do sistema e aos fatores que influem positiva e negativamente para se alcance tal ou qual valor.

Obviamente, esse entendimento foi após evoluído pelas discussões da entrada em vigor da LGPD, tudo isso valerá, desde que preservando-se os segredos de negócio.

4. Casos paradigmáticos no Brasil: UBER, DECOLAR, um ensaio ao equilíbrio

Releva notar que a dificuldade em se encontrar o ponto de estabilização entre a preservação do negócio e a dignidade do cidadão. De fato, não é tarefa trivial. O algoritmo como *trade secret* só tem proteção na propriedade intelectual se se mantiver em segredo e preservado a ponto de trazer vantagem competitiva, caso contrário, ao se excluir a proteção desses métodos matemáticos por patentes ou por direitos de autor e, ao mesmo tempo revelados, não se convertem em ativos intelectuais, ausentes então sua proteção.[20]

A empresa norte-americana UBER lutou e luta por isso em processo perante o Tribunal Regional do Trabalho[21] ao ser instada a demonstrar,

20 FOSS-SOLBREKK, Katarina (op. cit. p. 257) traz o fato de que o algoritmo é escondido ou preservado para garantir proteção:
"The algorithm is not shielded from the public for convenience. It is hidden to preserve trade secret status as this only remains intact for as long as the information remains confidential, meaning actors must take steps to ensure confidentiality and that there is little incentive nor reason for firms to reveal algorithmic information. This stalemate is caused by the fact that AI systems and IP yet fail to qualify for patent or copyright protection, whereas trade secrets do not award exclusive IPRs or property rights per se".

21 Processo 0103519-41.2020.5.01.0000, Mandado de Segurança Cível, perante o Tribunal Regional do Trabalho da Primeira Região (decisão de 22 de abril de 2021). Reclamação Trabalhista originada perante a 80ª. Vara do Trabalho do Rio de Janeiro/RJ, processo 0100531-98.2020.5.01.0080.

em perícia judicial, "os dados do algoritmo utilizado na atividade empresarial, desde que, como se dá no caso concreto, refere-se à investigação devidamente parametrizada à luz dos fundamentos expostos nos artigos 2º. E 6º., VI, da Lei 13.709/18 (Lei Geral de Proteção de Dados). Tal medida fora determinada para que haja a possibilidade de o juiz de primeira instância ter condições de julgar o caso. Naquela hipótese, o Reclamante pleiteava reconhecimento de vínculo de emprego com a plataforma UBER pois desejava identificar a correlação dos dados de inteligência que influenciam nos parâmetros. A dúvida pairava na tarefa árdua do magistrado "porque relação acinzentada pela combinação algorítmica que, segundo o terceiro interessado, funda o poder diretivo empresarial, porque possibilita, dentre aspectos outros, a definição dos valores dos serviços e, sobretudo, a distribuição das chamadas, conforme preterição e/ou preferência de alguns trabalhadores em decorrência das avaliações feitas especialmente pelos consumidores, assim como a possibilidade de aplicação de sanções que podem chegar até mesmo ao bloqueio do trabalhador".

A defesa da empresa UBER foi no sentido de não demonstrar qualquer aspecto de seu algoritmo, alegando inútil e desnecessária ao deslinde e comprovação a que se alegava na reclamação, por violar regras concorrenciais por dizer respeito ao segredo de negócio, à livre iniciativa, à proteção às patentes e à propriedade intelectual. O código-fonte (linguagem do software) é o principal produto oferecido pela UBER, e deseja ver resguardado por segredo empresarial. Naquele caso, alegou que o Reclamante poderia obter essas informações de outra maneira, com outras provas. Ademais, diz que todo o modelo de negócio estaria previsto nos termos e condições de uso da plataforma.

O TRT, num primeiro momento, não concordou com a Impetrante UBER, invocou dispositivo da Lei 9.279/96 (Lei da Propriedade Industrial), no seu artigo 206[22] e determinou o segredo de justiça, como forma a contemporizar o segredo empresarial. O balanço ou a proporcionalidade aduzida pelo juízo prestigiou o interesse social público ("coletivização do interesse subjacente à discussão de fundo") em detri-

22 Art. 206. Na hipótese de serem reveladas, em juízo, para a defesa dos interesses de qualquer das partes, informações que se caracterizem como confidenciais, sejam segredo de indústria ou de comércio, deverá o juiz determinar que o processo prossiga em segredo de justiça, vedado o uso de tais informações também à outra parte para outras finalidades.

mento do segredo de negócio ou da propriedade intelectual da empresa de aplicativo.

Em tutela cautelar de urgência, ainda perante o Tribunal Regional do Trabalho, em data de 28 de maio de 2021, decidiu-se por suspender a realização da prova pericial da maneira como requerida no processo de origem tendo observado o magistrado algum risco às atividades empresariais da plataforma UBER, sendo que a diligência probatória poderia ser avaliada com maior acuidade, por ter potencial de trazer à tona informações sigilosas, aparentemente fundamentais ao segmento empresarial da plataforma UBER, baseadas em tecnologia digital.

Ainda que esse caso da UBER permaneça sem definição até esta data, é certo que existe uma fumaça de bom direito pertencente às plataformas de que a propriedade intelectual deva ser preservada em absoluto. A eventual devassa em algoritmos, a divulgação de segredos e modelos estruturais de negócios não devem se tornar vulneráveis. Ainda que mantidos em segredo de justiça, os "sites" dos tribunais deste País permitem *download* de peças, o que faz com que tais documentos estejam sujeitos a ataques cibernéticos mais acessíveis que se fosse a segurança da própria UBER, acessos e circulações indevidas de inúmeras sortes.

Se existem meios alternativos de demonstrar o vínculo trabalhista, não há que se falar em vulnerabilizar a empresa. *A uma* pois a Lei protege o segredo, *a duas* pois haveria dúvidas se a prova se mostraria efetivamente útil e satisfatória – o próprio magistrado antecipa que a UBER "pareceu" estar nas aventuras do mentiroso exagerado Münchhausen (SIC fls. 5/13 do acórdão). E, se mesmo assim fosse útil, não seria a única ou o último meio de prova, mas com certeza haveria a irreversibilidade de manutenção do segredo, destruindo o valor intelectual inestimável e estruturante da empresa. Não haveria compensação financeira capaz de reparar tamanho estrago. Em humilde opinião, a análise econômica do direito tem papel preponderante em casos limítrofes como este.

A DECOLAR também enfrentou situação similar[23] em discussão sobre "geo-pricing" (ali definido no acórdão como prática comercial consistente na utilização da localização geográfica do consumidor como fator determinante da diferenciação dos preços ofertados no mercado) e "geo-blocking" (conceituado no acórdão como a prática comercial caracterizada pela utilização da localização geográfica do consumidor como

23 Vide acórdão em Recurso em Mandado de Segurança n. 61. 306-RJ, de relatoria do Min. Luis Felipe Salomão, julgado em 4 de dezembro de 2019.

critério para determinar a disponibilização ou não de conteúdo), em questões de discriminação geográfica por algoritmos.

O Ministério Público alegou em Ação Civil Pública que a plataforma estaria ofendendo o livre mercado, a ordem econômica e os consumidores coletiva e individualmente considerados.

Nesse caso, o Ministro entendeu que o segredo de justiça seria o meio adequado para preservar o segredo da DECOLAR relativamente à perícia a ser realizada no algoritmo da empresa, bem como para preservar a base de dados do sistema de reservas eletrônicas. O Ministro entendeu que com o escopo de, a um só tempo, resguardar o interesse público em ações civis públicas que afetam um número incalculável de consumidores, e o objetivo de se preservar direitos de propriedade intelectual, o segredo de justiça atenderia a ambos e assim o decretou, impondo a realização da prova nessas condições processuais[24].

São dois casos recentes e que devem nos trazer diretrizes interessantes num futuro breve. No mínimo, uma harmonização de ordens judiciais em juízos menos especializados melhorando as melhores práticas, trazendo mais segurança jurídica.

É certo que a Lei Civil preserva as empresas em juízo protegendo seus documentos sigilosos, conforme artigo 1190 do Código Civil. A medida judicial que ordena a revelação do segredo algorítmico em juízo é normalmente extrema, e se operará em desfavor da sua titular somente em defesa da sociedade como um todo. A recusa eventualmente operada pela titular em casos que não refletem em favor da sociedade como um todo não nos parece injustificada, tendo em vista a propriedade intelectual envolvida. E a probabilidade prevalente seria pela manutenção do negócio/sigilo, principalmente se houver outras maneiras de se provar o que se deseja.

5. Notas conclusivas

Difícil é a tarefa de encaixar o melhor balanço nos tempos atuais onde, de um lado, temos o avanço desenfreado da tecnologia, das vantagens in-

24 QUINELATO, Pietra Daneluzzi, em sua obra Preços Personalizados à Luz da Lei Geral de Proteção de Dados. Viabilidade Econômica e Juridicidade. São Paulo: Editora Foco, 2022, p. 83 e 84, destaca que a DECOLAR foi multada pelo DPDC, em virtude das investigações feitas pelo SENACON por prática que infringe a legislação consumerista. Multa também foi aplicada pelo PROCON de São Paulo.

discutíveis e irreversíveis e, de outro, os direitos dos cidadãos e o interesse público que se colocam em xeque por agentes tecnológicos duvidosos.

Aqui é quando a propriedade intelectual se choca (ou se amiga) com a administração dos dados que seus sistemas de AI coletam, aprendem, organizam, arrumam, decidem. Os segredos de algoritmos devem ser preservados, porém têm de ser explicáveis e não danosos.

Se as patentes de programas de computador ou algoritmos tornaram-se absurdamente restritivas (tanto nos países de direito continental, quanto nos EUA com o caso *Alice*), é certo que os desenvolvedores preferiram a via do segredo de negócio para buscar a proteção ao seu negócio. Nada mais legítimo, afinal, uma decisão protetiva teve que ser tomada: arriscar um processo de patentes severo e com chances fortes de ser indeferido, com o consequente domínio público do que foi requerido e revelado pondo em xeque o negócio todo ou, preservar-se em sigilo, guardando e desenvolvendo-se com tática, cercando-se de contratos de confidencialidade com quem quer que tenha tido acesso àquele modelo de negócios algorítmico, softwares, informações sigilosas e estratégias?

Todavia, esse modelo secreto deve seguir regras de *accountabilty* a respeitar direitos dos detentores de dados pessoais, com transparência de *bias*. Ética e sem discriminação. Nenhum complexo econômico pode violar direitos fundamentais, contaminando uma sociedade inteira com segredos algorítmicos que possam afetar comportamentos e comunidades, deixando a população vulnerável.

Na sociedade da informação, um dos pilares é a confiança. O sistema deve funcionar a elevar positivamente a sociedade e não tirar proveito dela. Se estivermos em harmonia, o segredo algorítmico nunca tende a ser quebrado ou colocado em dúvidas. A empresa cresce, o consumidor tem melhores vantagens.

6. Referências

ARRUDA, Vinicius Cervantes Gorgone. Big Data, Dados Pessoais e Propriedade Intelectual. Limites e tutela jurídica das bases de dados. Curitiba: CVR, 2021, p. 265.

BRASIL, Tribunal Regional do Trabalho da 1ª Região. Mandado de Segurança Cível. TRT-1 - MS: 01035194120205010000 RJ, Relator: Raquel de Oliveira Maciel, Data de Julgamento: 22/04/2021, SEDI-2, Data de Publicação: 30/04/2021. Disponível em: https://jurisprudencia.s3.amazonaws.com/TRT-1/attachments/TRT-1_MS_01035194120205010000_d735e.pdf?A

WSAccessKeyId=AKIARMMD5JEAO67SMCVA&Expires=1654632566&Signature=qn4hhA6PVE5lKzewHlG4i5Xgc7w%3D. Acesso em: 07, junho. 2022.

BRASIL, Lei nº 13.709, de 14 de agosto de 2018. Dispõe sobre a proteção de dados pessoais e altera a Lei nº 12.965, de 23 de abril de 2014 (Marco Civil da Internet). Brasília, DF: Presidência da República; 2018. Disponível em: http://www.planalto.gov.br/ccivil_03/_ato2015-2018/2018/lei/L13709.htm.

BRASIL. Superior Tribunal de Justiça. Recurso ordinário em mandado de segurança. ação civil pública. Decretação de segredo de justiça. Ilegalidade. Existência. Geodiscriminação. Geo-pricing. Geo-blocking. Processo coletivo. Publicidade. Necessidade, com resguardo apenas dos direitos de propriedade intelectual. Recurso em mandado de segurança Nº 61.306 – RJ (2019/0199274-6). Ministério Público do Estado do Rio de Janeiro e Decolar.com Ltda. Relator: Ministro Luis Felipe Salomão. Decisão, 10 dez. 2019. Disponível em: https://processo.stj.jus.br/processo/revista/documento/mediado/?componente=MON&sequencial=103619332&tipo_documento=documento&num_registro=201901992746&data=20191210&formato=PDF. Acesso em: 07, junho. 2022.

CARLOTO, Selma e ALMIRÃO, Mariana. Lei Geral de Proteção de Dados. São Paulo: LTr, 2021.

CHINELLATO, Silmara Juny de Abreu e MORATO, Antonio Carlos. Direitos Básicos de Proteção de Dados Pessoais, O Princípio da Transparência e a Proteção dos Direitos Intelectuais. *In*: MENDES, Laura Schertel Mendes, DONEDA, Danilo, SARLET, Ingo Wolfgang, RODRIGUES JR., Otavio (org.). *Tratado de proteção de Dados Pessoais.* Rio de Janeiro: Forense, 2021, p. 641-661.

ESTADOS UNIDOS DA AMÉRICA. Uniform Trade Secrets Act With 1985 Amendments. Define a proteção dada pelo direito Norte-Americano aos Segredos Industriais. Chicago, Illinois; 1985. Disponível em: https://www.wipo.int/edocs/lexdocs/laws/en/us/us034en.pdf.

ESTADOS UNIDOS DA AMÉRICA. United States Court of Appeals for the Federal Circuit. Waymo LLC v. Uber Technologies Inc; Ottomotto LLC; Otto Trucking LLC. Decisão, 13, setembro. 2017. Disponível em: https://law.justia.com/cases/federal/appellate-courts/cafc/17-2235/17-2235-2017-09-13.html. Acesso em: 07, junho. 2022.

FEKETE, Elisabeth Kasznar. O Regime Jurídico do Segredo de Indústria e Comércio no Direito Brasileiro. Rio de Janeiro: Forense, 2003.

FOSS-SOLBREKK, Katarina. Three Routes to Protecting AI Systems and Their Algorithms Under IP Law: The Good, the Bad and the Ugly. Journal of

Intellectual PROPERTY LAW & PRACTICE, p. 247-258, 2021. Disponível em: https://academic.oup.com/jiplp/article/16/3/247/6143561.

FRAZÃO, Ana. Transparência de algoritmos x segredo de empresa: as controvérsias a respeito das decisões judiciais trabalhistas que determinam a realização de perícia no algoritmo da Uber, 2021. Disponível em: https://www.jota.info/opiniao-e-analise/colunas/constituicao-empresa-e-mercado/transparencia-de-algoritmos-x-segredo-de-empresa-09062021. Acesso em: 07, junho. 2022.

GRABMAIR, Matthias. Predicting Trade Secret Case Outcomes using Argument Schemes and Learned Quantitative Value Effect Tradeoffs, 2017. Disponível em: https://www.andrew.cmu.edu/user/mgrabmai/pubs/VJAP-ICAIL-Grabmair-preprint.pdf. Acesso em: 07, junho. 2022.

HARVEY, Matt; LAVY, Matthew. The Law of Artificial Intelligence. 1ª edição. Londres: Sweet & Maxwell, 2021, p. 340-346.

ORGANIZAÇÃO MUNDIAL DA PROPRIEDADE INTELECTUAL (OMPI). WIPO Conversation on Intellectual Property (IP) and Artificial Intelligence (AI). In: Revised Issues Paper On Intellectual Property Policy and Artificial Intelligence, mai. 2020, Genebra.

QUINELATO, Pietra Daneluzzi. Preços Personalizados à Luz da Lei Geral de Proteção de Dados. Viabilidade Econômica e Juridicidade. São Paulo: Foco, 2022, p. 83 e 84.

RYAN, Meghan J. Secret Algorithms, IP Rights, and the Public Interest. William S. Boyd School of Law, 2020. Disponível em: https://scholars.law.unlv.edu/nlj/vol21/iss1/3.

SCHAAL, Flavia Mansur Murad. Um novo sistema de PI? Em SANTOS, Manoel Pereira dos, SCHAAL, Flavia Mansur Murad e GOULART, Rubeny (coord.). A Propriedade Intelectual no mundo da Inteligência Artificial. PI e NewTech Editores, 2021. p. 301. Disponível em: https://pieditores.com.br.

TEPEDINO, Gustavo; FRAZÃO, Ana; OLIVA, Milena Donato. Lei geral de Proteção de Dados Pessoais e suas Repercussões no Direito Brasileiro. São Paulo: Thomson Reuters Revista dos Tribunais, 2019.

Segredo industrial e inteligência artificial: difusão do conhecimento e a proteção de dados pessoais

Cíntia Teresinha Burhalde Mua

1. Introdução

A efetividade do regime protetivo do direito fundamental à proteção de dados (artigo 5º, LXXIX, *in fine*), imprescinde do diálogo, à luz da proporcionalidade, com o direito fundamental à propriedade (artigo 5º XXVII, XXVIII e XXIX da Magna Carta de 1988).

Neste capítulo apontaremos os desafios relativos à equalização entre o segredo industrial - densificação do direito de propriedade - e as declinações da proteção dos dados pessoais, com foco nos limites do caráter sigiloso do segredo industrial em IA (inteligência artificial) no Brasil.

Para tanto, percorremos o itinerário a seguir.

Conceituaremos segredo comercial e apresentaremos paradigmas internacionais e nacionais de seu regime protetivo para, ao depois, adentrarmos nos limites da proteção ao caráter sigiloso do segredo industrial em IA no Brasil, tendo por balizas os seguintes instrumentos: (1) Diretiva Instituto Nacional do Patrimônio Industrial (INPI); (2) Resolução do Parlamento Europeu nº 2020/2015; (3) Comunicação nº 218/2019 da Comissão ao Parlamento Europeu; (4) Segredo industrial à luz da Lei Geral de Proteção de Dados.

No âmbito da LGPD, apontaremos algumas condicionantes para a proteção do segredo em IA, quais sejam: (1) Boa-fé e transparência algorítmica; (2) Finalidade, adequação e necessidade do tratamento de dados; (3) Clareza, exatidão, atualização e auditabilidade dos algoritmos; (4) Efetividade da autodeterminação informativa; (5) Vedação da discriminação algorítmica; (6) Segurança, prevenção das técnicas de manejo, responsabilização de controladores e operadores.

Passemos ao estudo.

2. Conceito e regime jurídico protetivo do segredo comercial

2.1. Conceito

Os elementos constitutivos do conceito de segredo são inferidos a partir do texto da LPI (BARONE, 2009; FLORES, 2006); o conhecimento, a informação ou o dado precisa ser secreto, ter valor comercial por ser secreto e ser objeto de cautelas razoáveis para a manutenção do sigilo[1]. Diz respeito ao conjunto criativo não patenteável (TEIXEIRA, 2012).

SANTOS[2] conceitua segredo

> como um conhecimento ou informação utilizado pela organização como instrumento de vantagem sobre seus competidores, onde a comercialização desses direitos se dá pela transferência de tecnologia, praticando a transmissão de bens imateriais acordados entre as partes como objeto de um negócio jurídico, geralmente formalizado por contratos de transferência de tecnologia.

Flores (2006) pontua que os ordenamentos europeu e estadunidense disciplinam o segredo de forma explícita, como veremos a seguir.

2.2. Regime jurídico protetivo do segredo comercial

2.2.1. Paradigmas internacionais

2.2.1.1. Convenção da União de Paris (CUP)

No Brasil, o Decreto imperial nº 9.233/1884 promulgou a convenção para proteção da propriedade intelectual assinada em Paris, em 1883. Posteriormente, quando da revisão do documento convencional em Estocolmo, veio à nova promulgação, por meio do Decreto nº 635/92.

A Convenção em testilha rege o conteúdo mínimo a ser observado pelos Estados-membros, independentemente da existência de legislação interna, consoante ditado do seu artigo 2º, estabelecendo dois âmbitos de proteção, o nacional e o unionista.

A União de Paris estabelece um *standard* mínimo protetivo, aquém do qual nenhum dos Estados nacionais integrantes da União, denominados unionistas, pode praticar. A proteção nacional poderá ser mais benéfica e em maior extensão, para a proteção da propriedade intelectual, e não o contrário.

1 Conforme disposições convencionais do Acordo sobre Aspectos dos Direitos de Propriedade Intelectual Relacionados ao Comércio, as quais serão abordadas no curso deste capítulo.

2 SANTOS (2016).

A proteção contra a concorrência desleal está incluída no escopo da Convenção (artigo 1º, §2º[3]).

A disciplina do segredo está prevista no artigo 10 bis, que estabelece como ato de concorrência desleal qualquer "ato de concorrência contrário aos usos honestos em matéria industrial ou comercial".

A tipologia das condutas proscritas vem declinada pelo item (3) deste mesmo artigo, *verbis*

> Art. 10o bis (3)
> 1º Todos os atos suscetíveis de, por qualquer meio, estabelecer confusão com o estabelecimento, os produtos ou a atividade industrial ou comercial de um concorrente;
> 2º As falsas alegações no exercício do comércio, suscetíveis de desacreditar o estabelecimento, os produtos ou a atividade industrial ou comercial de um concorrente;
> 3º As indicações ou alegações cuja utilização no exercício do comércio seja suscetível de induzir o público em erro sobre a natureza, modo de fabricação, características, possibilidades de utilização ou quantidade das mercadorias.

2.2.1.2. Agreement on Trade-Related Aspects of Intellectual Property Rights (TRIPS)

Assegurando maior efetividade à concedida pelo Acordo da União de Paris, o Acordo sobre Aspectos dos Direitos de Propriedade Intelectual Relacionados ao Comércio, na rodada do Uruguai de negociações multilaterais do GATT[4], incorporou a proteção da propriedade intelectual nas normas de comércio internacional.

A promulgação do Tratado por meio do Decreto Rodada Uruguai de Negociações Comerciais Multilaterais do GATT deu-se por meio do Decreto nº 1.355/94, que recebeu sucessivas emendas, a última promulgada pelo Decreto nº 9.289/2018 que trata da alteração adotada pelo

3 Art. 1º (2) A proteção da propriedade industrial tem por objeto as patentes de invenção, os modelos de utilidade, os desenhos ou modelos industriais, as marcas de serviço, o nome comercial e as indicações de procedência ou denominações de origem, bem como a repressão da concorrência desleal.

4 General Agreement on Tariffs and Trade

Conselho-Geral da Organização Mundial do Comércio, em 6 de dezembro de 2005.

A seção 7 do Documento convencional trata da proteção de informação confidencial. Em seu artigo 39, § 1º, reportando-se ao artigo 10bis da Convenção de Paris, prescreve a forma pela qual a salvaguarda deve ser garantida.

O parágrafo 2º do mesmo artigo o titular do segredo, pessoa física ou jurídica, poderá evitar que haja quebra da confidencialidade da informação, mediante divulgação, aquisição ou uso "por terceiros, sem seu consentimento, de maneira contrária a práticas comerciais honestas".

As condicionantes da proteção vem elencadas nas alíneas "a", "b" e "c" do artigo 39, parágrafo 2º, sendo exigível que a informação

> a) seja secreta, no sentido de que não seja conhecida em geral nem facilmente acessível a pessoas de círculos que normalmente lidam com o tipo de informação em questão, seja como um todo, seja na configuração e montagem específicas de seus componentes;
>
> b) tenha valor comercial por ser secreta; e
>
> c) tenha sido objeto de precauções razoáveis, nas circunstâncias, pela pessoa legalmente em controle da informação, para mantê-la secreta.

A Convenção em tela salienta, ainda no corpo do artigo 39, que se o Estado-membro exigir a exigência de apresentação de resultados de testes ou outros dados confidenciais como condição para aprovar a comercialização de produtos farmacêuticos ou de produtos agrícolas químicos, devem proteger essas informações contra a concorrência desleal, zelando pela sua não divulgação.

2.2.1.3. Uniform Trade Secrets Act 8 (UTSA)

No contexto, americano, segredo é definido no parágrafo 1º, item 4, do Uniform Trade Secrets Act 8 (UTSA)[5], verbis:

5 Disponível em http://euro.ecom.cmu.edu/program/law/08-732/TradeSecrets/utsa.pdf, acesso em 13/07/2022

> informações, incluindo uma fórmula, padrão, compilação, dispositivo de programa, método, técnica ou processo, que: (i) deriva valor econômico independente, real ou potencial, de não ser geralmente conhecido e não ser prontamente determinável por meios apropriados por , outras pessoas que possam obter valor econômico de sua divulgação ou uso, e (ii) seja objeto de esforços razoáveis nas circunstâncias para manter seu sigilo.[6]

Flores (2006) salienta que o Restatement of the Law Third (1994), que compila a jurisprudência estadunidense, trouxe à baila uma ampliação do conceito do segredo comercial, que passa a ser compreendido como

> qualquer informação que possa ser usada dentro de uma operação de negócio por outra sociedade empresaria e que é suficientemente valiosa e secreta para fornecer uma atual ou potencial vantagem econômica frente aos outros

1.2.1.4. Convenção Europeia de Patentes

Na União Europeia, a propriedade industrial é objeto da Convenção Europeia sobre Patentes (EPC, acrônimo em inglês).

Conforme guia informativo do Instituto Europeu de Patentes (EPO[7]) de 2022, as diretrizes substantivas para a os requerimentos de patentes estão previstas na parte G, capítulos I a IV. Os requisitos são os seguintes: patenteabilidade, invenções, aplicação industrial, primeira arte, cláusula de não-prejudicialidade, novidade, estágio inventivo.

A proteção ao segredo vem declinada no artigo 12 da EPC, que dita o dever de confidencialidade dos funcionários do EPO, mesmo após o

6 Tradução livre. Texto original em inglês: "information, including a formula, pattern, compilation, program device, method, technique, or process, that: (i) derives independent economic value, actual or potential, from no being generally known to, and not being readily ascertainable by proper means by, other persons who can obtain economic value from its disclosure or use, and (ii) is the subject of efforts that are reasonable under the circumstances to maintain its secrecy."

7 Sigla em inglês

término do emprego[8], bem como no artigo 18[9], que estabelece o sigilo como regra para o julgamento de recursos (artigo 112) e ou para as interlocutórias previstas na regra 109, §2º, (a) da EPC. Esta confidencialidade é ínsita às decisões do EPO, cujos integrantes gozam de independência funcional, na forma do artigo no artigo 23 da EPC.

O artigo 134ª, item 1, alínea (d), prescreve que o Conselho de Administração do EPO será competente para regulamentar disposições relativas à "obrigação de confidencialidade do profissional representante e o privilégio de divulgação em processo perante a União Europeia Escritório de Patentes."[10]

---

8 Eis o inteiro teor do artigo, em inglês: "Article 12. Duties of office. Employees of the European Patent Office shall be bound, even after the termination of their employment, neither to disclose nor to make use of information which by its nature is a professional secret."

9 Redação integral do artigo: "Article 18. Reasons for the decision or opinion. (1) Subject to Rule 109, paragraph 2(a), EPC the decision or opinion of the Board shall be in accordance with the votes of the majority of its members. (2) In proceedings under Article 23, paragraph 1, first sentence, EPC or Article 112 EPC, the reasons for such decision or opinion may also indicate the opinions held by a minority of the members if a majority of the members of the Board agrees. Neither the names of the members forming any such minority nor the size of such minority may be indicated. (3) The final decision of the Enlarged Board of Appeal in proceedings under Article 23, paragraph 1, first sentence, EPC may be published, due regard being taken of the confidentiality of the proceedings.". Tradução livre: Artigo 18. Razões para a decisão ou opinião. (1) Sujeito à Regra 109, parágrafo 2(a), EPC a decisão ou parecer do Conselho será em de acordo com os votos da maioria de seus membros. (2) Nos processos nos termos do Artigo 23, parágrafo 1, primeira frase, EPC ou Artigo 112 EPC, as razões para tal decisão ou opinião também podem indicar as opiniões de uma minoria de membros se a maioria dos membros da diretoria concorda. Nem os nomes dos membros que formam tal minoria nem o tamanho dessa minoria pode ser indicado. (3) A decisão final do Conselho Alargado de Recurso em processos nos termos do artigo 23, parágrafo 1, primeira frase, EPC pode ser publicado, tendo em conta o sigilo do processo;

10 Tradução livre, texto original em inglês: "d) the obligation of confidentiality on the professional representative and the privilege from disclosure in proceedings before the European Patent Office in respect of communications between a professional representative and his client or any other person."

2.2.1.5. Diretiva (UE) 2016/943 do Parlamento Europeu e do Conselho

Na União Europeia, o conceito de segredo[11] comercial vem definido no artigo 2º, 1, da Diretiva (UE) 2016/943 do Parlamento Europeu e do Conselho:

> «Segredo comercial», as informações que cumprem cumulativamente os requisitos seguintes: a) serem secretas, no sentido de, na sua globalidade ou na configuração e ligação exatas dos seus elementos constitutivos, não serem geralmente conhecidas pelas pessoas dos círculos que lidam normalmente com o tipo de informações em questão, ou não serem facilmente acessíveis a essas pessoas; b) terem valor comercial pelo facto de serem secretas; c) terem sido objeto de diligências razoáveis, atendendo às circunstâncias, para serem mantidas secretas pela pessoa que exerce legalmente o seu controlo;

2.2.2. Evolução da proteção do segredo industrial no Brasil

2.2.2.1. Lei de Propriedade Industrial (LPI)

A disciplina protetiva do segredo situa-se no âmbito da repressão à concorrência desleal, consoante dispõe o artigo 2º, V, da Lei nº 9.279/96, que regula direitos e obrigações relativos à propriedade industrial (LPI).

O artigo 195, incisos XI e XII da LPI estabelece a tipicidade objetivo-subjetiva do crime de concorrência desleal, por violação de segredo utilizável na indústria, comércio ou prestação de serviços.

Incorre nas penas correlatas previstas aquele que procede à divulgação, exploração ou utilização desautorizada de conhecimentos, informações ou dados acedidos na constância de relação empregatícia ou por força de contrato com cláusula de confidencialidade, bem como a eles teve acesso por meios ilícitos ou mediante fraude.

O segredo acessado na vigência de vínculo de emprego também é objeto de disciplina específica pela CLT, artigo 482, "g"[12]; a violação do

---

11 Que não se confunde com know how, definido no artigo 1º, "i" do Regulamento(CE) Nº 2004/772 da Comissão. Sobre a diferenciação em testilha, vide SANTOS (2016).

12 Sobre o tema, vale referir que há projeto de lei (PL nº 4030/2019) em fase inicial de tramitação na Câmara dos Deputados, que pretende incluir o artigo 444-A na

segredo é causa justificada para o encerramento do contrato por iniciativa do empregador.

A Lei de Propriedade Intelectual, em seu artigo 206, prevê que as causas que envolvam segredos de indústria ou de comércio deverão ser processadas em segredo de justiça; outrossim, à parte adversa também fica vedada a utilização do segredo para qualquer outra finalidade, que não o contraditório e a ampla defesa, no processo em que o segredo foi revelado.

2.2.2.2. *Lei de Direitos Autorais (LDA)*

A Lei nº 9.610/98 altera, atualiza e consolida a legislação sobre direitos autorais. Seu artigo 7º prescreve que são obras intelectuais protegidas as criações do espírito, expressas por qualquer meio ou fixadas em qualquer suporte, tangível ou intangível, conhecido ou que se invente no futuro.

Dentre as categorias protegidas, estão os programas de computador, sem prejuízo das disposições da Lei nº 9.609/98, que será abordada a seguir.

Outrossim, elenca as hipóteses de exclusão da incidência da lei, nos termos do artigo 8º. Neste acervo, encontram-se as ideias, procedimentos normativos, sistemas, métodos, projetos ou conceitos matemáticos como tais (inciso I) e o aproveitamento industrial ou comercial das ideias contidas nas obras (inciso VII).

A LDA dispõe, em seu artigo 19, a faculdade do titular em registrar sua obra intelectual, conforme sua natureza, na Biblioteca Nacional, na Escola de Música, na Escola de Belas Artes da Universidade Federal do Rio de Janeiro, no Instituto Nacional do Cinema, ou no Conselho Federal de Engenharia, Arquitetura e Agronomia, nos termos do artigo 17, caput, seu § 1º, nos termos da Lei nº 5.988/73.

CLT, sob o argumento da necessidade de maior especificação sobre o tema, instituindo a cláusula de não-concorrência, pela qual o empregado que teve acesso ao sigilo recebe valor indenizatório pelo período de até dois anos, em compensação por sua não-empregabilidade nas empresas concorrentes. A íntegra da proposição e sua tramitação podem sem consultadas em https://www.camara.leg.br/proposicoesWeb/prop_mostrarintegra?codteor=1777840, acesso em 13/07/2022.

Os direitos patrimoniais do autor perdurarão pelo prazo de setenta anos, contados a partir de 1º de janeiro do ano subsequente de seu falecimento, obedecida a ordem sucessória da lei civil (artigo 41).

Insta gizar que o artigo 31 da Lei nº 12.965 2014, que estabelece princípios, garantias, direitos e deveres para o uso da Internet no Brasil, prevê a responsabilidade do provedor de aplicações de internet por danos de conteúdo gerado por terceiros, quando se tratar de infringência a direitos autorais e conexos.

Em contrapartida, protege o sigilo dos segredos industriais do provedor, mesmo na hipótese da transparência de que trata o artigo 10, §4º.

2.2.2.3. Lei dos Softwares

A Lei nº 9.609/98 disciplina a proteção da propriedade intelectual de programa de computador e sua comercialização no Brasil.

Programa de computador, para os efeitos da lei em testilha, é

> a expressão de um conjunto organizado de instruções em linguagem natural ou codificada, contida em suporte físico de qualquer natureza, de emprego necessário em máquinas automáticas de tratamento da informação, dispositivos, instrumentos ou equipamentos periféricos, baseados em técnica digital ou análoga, para fazê-los funcionar de modo e para fins determinados (artigo 1º).

O regime protetivo em epígrafe é o mesmo conferido às obras literárias pela legislação de direitos autorais e conexos vigentes no País (artigo 2º), salvo no tocante aos direitos morais (artigo 2º, §1º).

O autor da obra intelectual pode a reivindicar a autoria do programa de computador, bem como opor-se a alterações não-autorizadas que prejudiquem a sua honra ou a sua reputação (artigo 2º, §1º, in fine).

A tutela dar-se-á pelo prazo de cinquenta anos, contados a partir de 1º de janeiro do ano subsequente ao da sua publicação ou, na ausência desta, da sua criação (artigo 2º, §2º).

2.2.2.4. Termo ou contrato de confidencialidade

Informações confidenciais não abrangidas pela proteção conferida pelas leis de direito autoral, de propriedade intelectual de programas de computador ou pela lei de propriedade industrial poderão ser objeto de termo ou contrato de confidencialidade, também designado pela sigla NDA, que remete ao acrônimo em inglês (NDA, do inglês Non-Disclosure-Agreements).

Outrossim, o termo ou contrato de confidencialidade pode ser um instrumento de governança para atendimento da Lei Geral de Proteção de Dados, evitando que empresas parceiras divulguem dados pessoais em desacordo com as disposições legais, o que leva à responsabilidade do operador e do controlador do tratamento destas informações.

O NDA pode ser unilateral, bi ou multilateral, dependendo do número de interessados em manter o segredo, que pode envolver análises, estudos, memorandos, fluxos de trabalho, clientes, exemplificativamente.

O NDA também poderá ser utilizado para proteger o direito autoral, os segredos industrial e comercial e obra intelectual dos programadores em si, concomitante ou sucessivamente à proteção conferida pela lei, inclusive com previsão de sigilo perpétuo.

Mas o principal foco dos termos ou acordos de confidencialidade são mesmo o conhecimento e as informações sobre as quais não incide a proteção legal.

No que tange à propriedade industrial, importante mencionar o que é patenteável, para que se possa traçar uma linha divisória entre patente e segredo.

As técnicas em inteligência artificial (IA), como o aprendizado de máquinas, a programação lógica, a lógica Fuzzy, as aplicações funcionais (visão computacional, métodos de controle, processamento de linguagem natural, processamento da fala) são patenteáveis, em diversos campos de aplicação, como transporte, ciências médicas, telecomunicações, Física e Engenharia, v.g.

Os critérios de patenteabilidade deverão observar a aplicação industrial, a novidade e a atividade inventiva, bem como as exclusões do artigo 10 da Lei nº 9.279/1996.

Então, o objeto do termo ou acordo de confidencialidade contemplará, a priori[13], todos os conhecimentos, informações, pesquisas, fluxos

13 Como vimos neste capítulo, o NDA também por ser utilizado para a proteção da propriedade industrial, dos direitos autorais e da propriedade intelectual do autor de programa de computador, em si, exclusiva ou concorrentemente com a proteção legal, concomitante ou superveniente a ela.

operacionais, carteira de clientes, dados pessoais da clientela, bases de dados, etc., ou seja, toda a documentação não patenteável que instruiu o procedimento administrativo da patente.

Conforme o relatório do Instituto Nacional da Propriedade Industrial (WEID, 2020), houve

> 1.356 pedidos de patentes relacionados à tecnologias core (núcleo), onde o aprendizado de máquina foi a técnica que mais se destacou com 1.299 pedidos de patente identificados. O aprendizado de máquina (machine learning) é um método de análise de dados que automatiza a criação de modelos analíticos. Usando algoritmos que aprendem iterativamente com dados, o aprendizado de máquina permite que os computadores encontrem informações ocultas sem serem explicitamente programados para onde procurar.

No interregno de 2013 a 2016, o aprendizado de máquina representa 40% das patentes à inteligência artificial (IA), conforme estudo realizado pela OMPI (2019b). O mesmo relatório revela que as patentes nesta área cresceram 26%, sendo as

> técnicas de aprendizado profundo (deep learning) e redes neurais (neural networks) as que aparecem com maior frequência relacionadas a aprendizado de máquina, apresentando taxas médias de crescimento anual de 175% e 46%, respectivamente.

Detalha a OMPI que dentre as patentes depositadas, foram identificados, quanto "às técnicas core, 67 pedidos relacionados com programação lógica e 7 relacionados à Lógica Fuzzy."

No tocante às aplicações funcionais da Inteligência Artificial, a pesquisa revela 1.711 pedidos de patente,

> sendo a visão computacional, métodos de controle, Processamento de Linguagem Natural (PLN) e processamento da fala as principais aplicações identificadas, com 1270, 216, 196 e 69 pedidos de patentes relacionados, respectivamente. Estes resultados estão alinhados com o observado no estudo da OMPI que identificou que a visão computacional (que inclui o reconhecimento de imagens) é a categoria com maior número de depósitos de pedidos de patente.

Quanto às técnicas *core*, foram depositados 67 pedidos relacionados com programação lógica e 7, à Lógica Fuzzy.

No tocante às diferentes aplicações funcionais da Inteligência Artificial, foram identificados 1.711 pedidos de patente - visão computacional (1270), métodos de controle (216), Processamento de Linguagem Natural (PLN), 196; e processamento da fala (69) pedidos de patentes relacionados.

Os dados referidos podem ser visualizados graficamente:

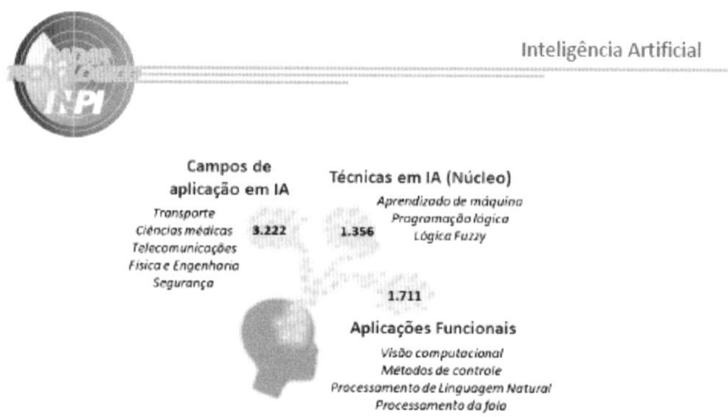

Figura 5. Número de pedidos de patente distribuídos nas principais categorias relacionadas às tecnologias envolvendo Inteligência Artificial

Fonte: INPI[14]

3. Limites da proteção ao caráter sigiloso do segredo industrial em IA no Brasil

3.1. Diretiva Instituto Nacional do Patrimônio Industrial (INPI)

As diretrizes para exame de pedidos de patente envolvendo invenções implementadas em computador (IIC – INPI/DIRPA/2021) esclarecem que as técnicas em inteligência artificial (IA), por si só, não são consideradas invenção. Para ser patenteável, a técnica de IA deve ser aplicada a problemas técnicos.

14 Relatório citado, p. 16

Ainda no campo conceitual, imperativa a definição terminológica de algoritmo e software embarcado.

Algoritmo, na dicção da normativa em revista, a qual adotamos no contexto deste capítulo, é

> uma sequência de passos lógicos a serem seguidos para a resolução de determinado problema. De acordo com essa definição, um algoritmo consiste em um método ou processo e, portanto, deve ser reivindicado como tal.

Software embarcado, a seu turno, consistem "[n]um programa de computador que determina o comportamento de um dispositivo dedicado".

O programa de computador em si não é patenteável (artigo 10, III, LPI), a proteção do patrimônio intelectual do autor da obra é objeto da Lei dos Softwares (Lei 9.609/98).

Mas seria possível a patenteabilidade, como processo, da "funcionalidade associada ao comportamento deste dispositivo", bem como o "dispositivo dedicado à referida funcionalidade pode ser patenteável na forma de produto".

No entanto, há que ser observada a exceção do artigo 10, III da LPI: programas de computador relativos a método de auditoria, aplicados a problemas técnicos e produzindo resultados aferíveis serão considerados invenção.

Métodos matemáticos implementados em computador não são igualmente patenteáveis, posto que incide a exclusão do artigo 10, I, da LPI está presente.

O texto também esclarece que criações guarnecidas por conceitos matemáticos "podem ser consideradas invenções quando aplicadas a problemas técnicos e manipularem informações associadas a grandezas físicas ou dados abstratos, com resultado real ou virtual."

Dizer que o programa de computador, em si, não é patenteável, apenas aponta que a matéria é objeto de regime protetivo diverso, tal qual previsto na Lei dos Softwares; e, não, que estaria sem nenhuma salvaguarda.

Pelo contrário, há duas esferas de proteção: o direito autoral, para o programa de computador em si, e a patente para os processos ou produtos dele decorrentes.

Conhecimento ou informações não patenteáveis poderão ser objeto de termo ou contrato de confidencialidade. O recurso convencional pode ser utilizado inclusive na constância do pedido de patente. Não concedido o pedido, o segredo industrial estará guardado pelo sigilo, sob as penas postas no pacto. Concedida a patente, o titular poderá manter o acordo de segredo, ou até aditá-lo. Assim, terá proteção legal e convencional aos seus direitos de autor, proprietário ou autor de programa de computador.

3.2. Resolução do Parlamento Europeu nº 2021/2015 no espectro em estudo

A Resolução nº 2020/2015 do Parlamento Resolução do Parlamento Europeu, de 20 de outubro de 2020, sobre os direitos de propriedade intelectual para o desenvolvimento de tecnologias ligadas à inteligência artificial, declina o estado da arte da proteção do direito autoral e do direito de propriedade industrial no âmbito da IA e traz à baila inúmeras questões técnicas, sociais, econômicas, éticas e jurídicas a exigirem resposta, bem como pontua que se faz necessária a avaliação de impacto, em caráter multidimensional, da aplicação da inteligência artificial, em todo o seu ciclo de vida.

Dentre estas questões está a complexa interrelação entre direito da propriedade intelectual e inteligência artificial:

> é necessário continuar a refletir sobre as interações entre a IA e os DPI, tanto do ponto de vista dos institutos de propriedade intelectual, como dos utilizadores; considera que o desafio associado à avaliação das aplicações de IA dá azo à necessidade de prever alguns requisitos de transparência e de desenvolver novos métodos, como, por exemplo, sistemas de aprendizagem adaptáveis que se podem recalibrar após cada entrada, tornando assim ineficazes certas divulgações ex ante

Outrossim, traça importantes diretrizes para futura legislação da União Europeia sobre o tema, alicerçada num princípio básico: o desenvolvimento do potencial da inteligência artificial deve estar centrada no ser humano.

A estratégia europeia para a IA e o plano coordenado tornam claro que a confiança é um pré-requisito para garantir uma abordagem da IA centrada no ser humano.

Densificando o conteúdo da expressão mencionada no parágrafo anterior, excerto da Comunicação nº 218/2019 da Comissão ao Parlamento Europeu[15]:

> A IA não é um fim em si mesmo, mas sim um instrumento que tem de servir as pessoas com o objetivo último de aumentar o bem-estar humano. (...) Os valores em que as nossas sociedades se baseiam devem ser plenamente integrados na forma como a IA evolui.
>
> A União baseia-se nos valores do respeito pela dignidade humana, liberdade, democracia, igualdade, Estado de direito e respeito pelos direitos humanos, nomeadamente os direitos das minorias.
>
> Estes valores são comuns às sociedades de todos os Estados-Membros em que prevalecem o pluralismo, a não discriminação, a tolerância, a justiça, a solidariedade e a igualdade. Além disso, a Carta dos Direitos Fundamentais da UE reúne num único texto todos os direitos individuais, cívicos, políticos, económicos e sociais reconhecidos aos povos da UE.

Específica, em seu considerando nº 10, que a avaliação do impacto da tecnologia de IA deverá considerar o

> direito das patentes, da proteção de marcas e desenhos ou modelos, dos direitos de autor e dos direitos conexos, incluindo a aplicabilidade da proteção jurídica de bases de dados e programas informáticos, bem como a proteção de know-how e de informações comerciais confidenciais (segredos comerciais) contra a sua aquisição, utilização e divulgação ilegais

Atualmente, tramita perante o Parlamento europeu, uma proposta de regulamento que pretende instituir o marco da inteligência artificial no âmbito da União Europeia[16].

15 Disponível em https://eur-lex.europa.eu/legal-content/PT/TXT/PDF/?uri=CELEX:52019DC0168, acesso em 20/07/2022

16 A íntegra da proposição pode ser consultada em https://eur-lex.europa.eu/legal-content/PT/TXT/HTML/?uri=CELEX:52021PC0206&from=EN, acesso em 20/07/2022

3.3. Comunicação nº 218/2019 da Comissão ao Parlamento Europeu

Assinada em Bruxelas, a 8 de abril de 2019, a Comunicação nº 168/2019, da lavra do Comissão ao Parlamento Europeu ao Conselho, ao Comitê econômico e social europeu e ao comitê das regiões, teve por escopo "Aumentar a confiança numa inteligência artificial centrada no ser humano".

O documento é uma carta principiológica que serve de referencial à legislação e à exegese das leis sobre inteligência artificial no âmbito da União Europeia; para além disso, constitui-se em importante paradigma para o espectro deste capítulo, relativo à proteção dos segredos em IA.

Nesta toada, passaremos em revista as sete premissas essenciais que a Comunicação elenca.

A primeira diz com a iniciativa e controle da IA por humanos, numa tríplice acepção (intervenção, supervisão e detenção do controle por humanos).

A segunda, toca à robustez e segurança. Os sistemas de IA devem ser "fiáveis, resilientes contra os ataques não dissimulados e tentativas mais subtis de manipular dados ou os próprios algoritmos". As decisões tomadas através da IA devem ser guarnecidas pela exatidão, precisas e com resultados reprodutíveis. Deverá primar pela segurança "segurança física e mental de todas as partes envolvidas".

A terceira premissa é relativa à privacidade e governança dos dados "em todas as fases do ciclo de vida do sistema de IA".

A transparência é o quarto pressuposto. Subdivide-se em dois focos: a rastreabilidade, para "registrar e documentar as decisões tomadas pelos sistemas, bem como todo o processo (incluindo uma descrição da recolha e rotulagem de dados e uma descrição do algoritmo utilizado) que deu origem às decisões"; e a explicabilidade.

O quinto destaque é a observância da diversidade e da igualdade e do dever de não-discriminação:

> Os conjuntos de dados utilizados pelos sistemas de IA (tanto para a aprendizagem como para o funcionamento) podem ser afetados pela inclusão inadvertida de modelos de má conduta, incompletos e de má governação. A subsistirem, tais enviesamentos poderiam conduzir à discriminação (in)direta. Podem resultar danos também da exploração intencional de

> preconceitos (dos consumidores) ou da concorrência desleal. Além disso, o modo de desenvolvimento dos sistemas de IA (por exemplo, a forma de escrita do código de programação de um algoritmo) também pode ser tendencioso. Estas preocupações devem ser abordadas desde o início do desenvolvimento do sistema.
>
> A constituição de equipas de conceção diversas e a criação de mecanismos que garantam a participação, em especial dos cidadãos, no desenvolvimento da IA também podem ajudar a dar resposta a estas preocupações. É aconselhável consultar as partes interessadas que possam ser direta ou indiretamente afetadas pelo sistema ao longo de todo o seu ciclo de vida. Os sistemas de IA devem ter em conta toda a gama de capacidades, competências e requisitos humanos, bem como garantir a acessibilidade através de uma abordagem de concepção universal, a fim de assegurar a igualdade de acesso das pessoas com deficiência.

A sexta declinação para a confiança da IA atine ao "bem-estar societal e ambiental", numa acepção de sustentabilidade fundada nos 17 Objetivos de Desenvolvimento Sustentável das Nações Unidas. Outrossim, a IA deve ser considerada em sua função operativa do "processo democrático, incluindo a tomada de decisões políticas e os contextos eleitorais", bem assim como no reforço das competências sociais.

A responsabilização dos operadores e controladores dos sistemas de IA exsurge como último elemento deste complexo conceito da confiabilidade de uma inteligência artificial centrada no ser humano.

Neste contexto, assume importante caráter instrumental a auditabilidade interna e externa destes sistemas e a divulgação dos relatórios de avaliação. A importância da auditabilidade externa vem destacada na Comunicação epigrafada, *verbis*:

> A auditabilidade externa deve ser assegurada, em especial, nas aplicações que afetam os direitos fundamentais, incluindo as aplicações críticas para a segurança. s potenciais impactos negativos dos sistemas de IA devem ser identificados, avaliados, documentados e minimizados.

No mesmo diapasão, a identificação, avaliação, documentação e minimização dos "potenciais impactos negativos dos sistemas de IA", por meio de avaliações "proporcionais à dimensão dos riscos", devendo ser objeto de abordagem "racional e metodológica".

Ainda no campo da responsabilização, há necessidade da previsão de "mecanismos acessíveis, que garantam uma reparação adequada, para as ocorrências de impactos adversos e injustos."

Pelo exposto, fica claro que há um caleidoscópio de bens jurídicos importantes, que devem ser sopesados quando da exegese do sentido e do alcance da proteção da propriedade intelectual e dos segredos comercial e industrial em IA.

O movimento dialético orientação por um contínuo juízo de proporcionalidade tridimensional (necessidade, adequação e proporcionalidade em sentido restrito), caso a caso.

Deste universo, analisaremos, no caso brasileiro, o segredo industrial à luz da Lei nº 13.709/2018.

3.4. Segredo industrial à luz da LGPD

3.4.1. Topografia

No artigo 6º,VI, a LGPD explicita que a transparência integra a principiologia da LGPD, devendo os operadores e controladores garantir aos titulares de dados pessoais, a prestação de informações claras, precisas e facilmente acessíveis sobre a realização do tratamento e dos respectivos agentes de tratamento, observados os segredos comercial e industrial.

O artigo 9º prescreve que as informações sobre o tratamento de dados pessoais deverão ser claras e adequadas, explicitando, entre outros comemorativos, a forma e duração do tratamento, observados os segredos comercial e industrial (inciso II).

O artigo 10, §3º ao indicar o relatório de impacto como uma das ferramentas do poder de polícia da autoridade nacional sobre as finalidades legítimas para o tratamento dos dados pessoais pelo controlador, salvaguarda expressamente a reserva de dos segredos comercial e industrial.

O artigo 18, V, ao abordar um dos direitos do titular dos dados pessoais em relação ao controlador, menciona expressamente que a portabilidade dar-se-á mediante com a observância dos segredos comerciais e industriais.

A seu turno, o artigo 19, II preceitua que a confirmação de existência ou o acesso a dados pessoais serão providenciados, mediante requisição do titular, devendo ser instrumentalizada de forma clara e completa, indicando a origem dos dados, a inexistência de registro, os critérios utilizados e a finalidade do tratamento, mas observados os segredos comercial e industrial. A mesma cautela é adotada na previsão do §3º do mesmo artigo.

O artigo 20 trata da revisão de decisões exclusivamente automatizadas. Prevê, em seu § 1º, que o controlador tem o direito de proteger os segredos industrial e comercial sob sua titularidade, na hipótese de prestar informações do controlador, quando provocado, claras e adequadas sobre os critérios e procedimentos utilizados para a decisão automatizada.

O artigo 38 da mencionada Lei excepciona os segredos comercial e industrial na elaboração do relatório de impacto à proteção de dados pessoais. Na mesma senda, o artigo 48, que cuida da responsabilidade do controlador em comunicar à autoridade nacional a ocorrência de incidente de segurança que acarrete risco em potencial ou dano relevante aos titulares de dados pessoais. O parágrafo único traz à lume o conteúdo mínimo desta comunicação, estabelecendo seu inciso III a necessidade de indicação das medidas técnicas e de segurança utilizadas para a proteção dos dados, observados os segredos comercial e industrial.

O zelo pela observância dos segredos comercial e industrial é uma das competências da Agência Nacional de Proteção de Dados (ANPD), conforme previsão contida no artigo 55-J, II e § 5º.

A normatização das formas de publicidade das operações de tratamento de dados pessoais, respeitados os segredos comercial e industrial, também consta no elenco competencial da ANPD (artigo 55-J, X e § 5º).

3.4.2. Critérios de avaliação de conformidade dos sistemas de inteligência artificial

3.4.2.1. Boa-fé e transparência algorítmica

A boa-fé permeia toda a atividade de tratamento dos dados pessoais. É pressuposto, regra geral, a partir do qual deverão ser observados os princípios especificados no artigo 6º.

A boa-fé conjuga três deveres fundamentais: coerência, informação e cooperação (Tomasevicius Filho, 2020) [17].

17 TOMASEVICIUS FILHO, Eduardo. O princípio da boa-fé na Lei Geral de Proteção de Dados. **Conjur**. Publicado em 9 de março de 2020. Disponível em https://www.conjur.com.br/2020-mar-09/direito-civil-atual-principio-boa-fe-lgpd, acesso em 20/07/2022.

A transparência no tratamento de dados pessoais deverá ser o bastante para os fins da sociedade 5.0, na qual a inteligência artificial está a serviço do ser humano. Uma IA centrada na dignidade da pessoa humana é a pedra de toque da regulamentação da União Europeia, paradigma da Lei Geral de Proteção de Dados.

Na ambiência da sociedade 5.0[18] projeta-se que a tecnologia estará a serviço da sustentabilidade, em sua multidimensional complexidade, transpondo o paradigma da sociedade da informação, constituindo-se em organização do conhecimento aplicado, cujas diretrizes devem ser transparentes e auditáveis.

São algumas das diretrizes que deverão ser sopesadas na interpretação e aplicação do direito da propriedade intelectual e dos segredos comercial e industrial no âmbito da IA.

3.4.2.2. Finalidade, adequação e necessidade do tratamento de dados

Trata-se de analisar os três estamentos de controle da fundamentação da decisão administrativa ou judicial: adequação, necessidade, proporcionalidade em sentido restrito, associados a uma finalidade legítima para o tratamento de dados pessoais.

Então, o primeiro critério de sindicabilidade, é a legitimidade da atividade. Atendido este pressuposto, analisar-se-á em concreto a ponderação entre a propriedade intelectual e do segredo comercial (segredo industrial e comercial, stricto sensu) e a proteção de dados pessoais, ambos direitos constitucionais de igual estatura.

A finalidade está prevista no artigo 6º, I, da LGPD; este indicador de conformidade será atendido quando a tratamento for dirigido a "propósitos legítimos, específicos, explícitos e informados ao titular, sem possibilidade de tratamento posterior de forma incompatível com essas finalidades".

O inciso II do mesmo artigo preceitua que a adequação consiste "compatibilidade do tratamento com as finalidades informadas ao titular, de acordo com o contexto do tratamento".

18 Sobre o tema, vide FUKUYAMA, Mayumi. Society 5.0: Aiming for a New Human-Centered Society. **Japan SPOTLIGHT,** 2018. Disponível em https://www.jef.or.jp/journal/pdf/220th_Special_Article_02.pdf, acesso em 20/08/2022.

A necessidade vem descrita no inciso III do artigo 6º da LGPD, circunscrevendo a "limitação do tratamento ao mínimo necessário para a realização de suas finalidades, com abrangência dos dados pertinentes, proporcionais e não excessivos em relação às finalidades do tratamento de dados".

3.4.2.3. Clareza, exatidão, atualização e auditabilidade dos algoritmos

Os parâmetros em liça estão no escopo do que a Lei Geral de Proteção de Dados denominou qualidade dos dados (artigo 6º, V), que seria a "garantia, aos titulares, de exatidão, clareza, relevância e atualização dos dados, de acordo com a necessidade e para o cumprimento da finalidade de seu tratamento".

A auditabilidade dos algoritmos é corolário do princípio da transparência e vem elencada como uma das competências da Agência Nacional de Proteção de Dados (ANPD), conforme artigo 55-J, inciso XVI.

3.4.2.4. Efetividade da autodeterminação informativa

A autodeterminação informativa é fundamento da disciplina da proteção de dados pessoais, *ex vi* do artigo 2º, II da Lei Geral de Proteção de Dados (LGPD).

Mendes (2020), ao estudar os *leading cases* que deram suporte ao conceito cunhado pelo Tribunal Constitucional Alemão, assevera:

> A relevância da autodeterminação informativa reside na flexibilidade oportunizada por uma concepção abstrata de proteção, pois se reporta ao poder de decisão do indivíduo, oferecendo grande flexibilidade (ALBERS, 2005, p. 236). Por não possuir um conteúdo fixo de garantia, o direito à autodeterminação informativa pode ser aplicado a uma multiplicidade de casos envolvendo a coleta, processamento ou transmissão de dados pessoais. Adicionalmente, o direito à autodeterminação informativa representa uma proteção mais ampla, porque não está mais limitado às informações pertencentes à esfera privada (ALBERS, 2005, p. 236).
>
> Por fim, a autodeterminação informativa dá uma resposta convincente à abordagem crítica da relatividade da esfera

> privada, pois se trata exclusivamente do poder do titular do direito, e não mais da atribuição de dados à esfera privada[19].

O papel do consentimento, objeto do artigo 8º da LGPD no tratamento de dados pessoais, preside as discussões sobre autodeterminação informativa, sendo condição sine qua non para o tratamento, *ex vi* do artigo 11, I, observada a exceção do inciso II do mesmo artigo.

Neste sentido Rabelo e Garcia, 2011:

> O titular das informações pessoais, ao dispor de parte de sua esfera privada, concordando em ceder seus dados a terceiro, legitima a atividade de coleta e tratamento dos dados. Isso porque o titular é o único que poderá avaliar os efeitos da circulação de suas informações. O consentimento prévio, assim, mostra-se como um requisito de validade à atividade de coleta de dados privados[20].

Em complemento, às Diretrizes da OCDE[21] para Proteção da Privacidade e dos Fluxos Transfronteiriços de Dados Pessoais:

> Parte II : Princípios básicos de aplicação nacional
>
> Princípio de limitação da coleta
>
> 7. A coleta de dados pessoais deveria ser limitada e qualquer desses dados deveria ser obtido através de meios legais e justos e, caso houver, informando e pedindo o consentimento do sujeito dos dados.
>
> Princípio de limitação de utilização

19 MENDES, Laura Schertel Ferreira. Autodeterminação informativa: a história de um conceito. Pensar: Revista de Ciências Jurídicas, v. v. 25 n. 4 (2020), disponível em https://doi.org/10.5020/2317-2150.2020.10828, acesso em 22/07/2022

20 RABELO, Iglesias Fernanda de Azevedo e GARCIA, Filipe Rodrigues. O direito à autodeterminação informativa. Disponível em https://ambitojuridico.com.br/cadernos/direito-civil/o-direito-a-autodeterminacao-informativa/ , acesso em 20/07/2022

21 Síntese Diretrizes da OCDE para a Proteção da Privacidade e dos Fluxos Transfronteiriços de Dados Pessoais. Disponível em http://www.oecd.org/dataoecd/16/50/15590254.pdf, acesso em 22/07/2022.

> 10. Dados pessoais não deveriam ser divulgados, comunicados ou utilizados com finalidades outras das que foram especificadas de acordo com o Parágrafo 9, salvo :
>
> 1. com o consentimento do sujeito dos dados; ou
>
> 2. por força de lei

Contrariam o postulado em destaque as tecnologias de IA que atuem em nível subliminar, condicionando ou modificando comportamentos.

Neste sentido, irretocável a orientação contida no item 5.2.2. da proposta de marco da inteligência artificial no cenário da União Europeia, *verbis*:

> 5.2.2. Práticas de inteligência artificial proibidas (título II)
>
> O título II estabelece uma lista de práticas de IA proibidas. O regulamento segue uma abordagem baseada no risco e diferencia entre as utilizações de IA que criam: i) um risco inaceitável, ii) um risco elevado, iii) um risco baixo ou mínimo. A lista de práticas proibidas do título II inclui todos os sistemas de IA cuja utilização seja considerada inaceitável por violar os valores da União, por exemplo, por violar os direitos fundamentais. As proibições abrangem práticas com potencial significativo para manipular as pessoas por meio de técnicas subliminares que lhes passam despercebidas ou explorar as vulnerabilidades de grupos específicos, como as crianças ou as pessoas com deficiência, para distorcer substancialmente o seu comportamento de uma forma que seja suscetível de causar danos psicológicos ou físicos a essa ou a outra pessoa. Outras práticas manipuladoras ou exploratórias que são possibilitadas pelos sistemas de IA e que afetam os adultos podem ser abrangidas pela legislação em matéria de proteção de dados, de defesa dos consumidores e de serviços digitais, que garante que as pessoas singulares sejam devidamente informadas e tenham a liberdade de decidir não se sujeitar a uma definição de perfis ou a outras práticas que possam afetar o seu comportamento. A proposta também proíbe a classificação social assente na IA para uso geral por parte das autoridades públicas. Por último, é igualmente proibida a utilização de sistemas de identificação biométrica à distância «em tempo real» em espaços acessíveis ao público para efeitos de manu-

tenção da ordem pública, a não ser que se apliquem determinadas exceções limitadas.

3.4.2.5. Vedação da discriminação algorítmica

A Magna Carta insculpiu a vedação à discriminação dentre os objetivos da República Federativa do Brasil, *ex vi* do seu artigo 3º, IV.

O Brasil é signatário de vários documentos convencionais que proscrevem todas as formas de discriminação, podendo ser citadas a Convenção sobre a Eliminação de Todas as Formas de Discriminação contra a Mulher[22], a Convenção Internacional sobre a Eliminação de todas as Formas de Discriminação Racial[23] e a Convenção Internacional sobre os Direitos das Pessoas com Deficiência e seu Protocolo Facultativo, assinados em Nova York, em 30 de março de 2007[24].

A fenomenologia da discriminação algorítmica é extensa. A título exemplificativo, podemos citar quatro tipologias: discriminação por erro estatístico, por generalização, uso de informações sensíveis, limitadora do exercício de direitos.

Sobre o tema (Mua, 2021):

> O plexo semântico da discriminação é amplo, orbitando, mas não exaurientemente, em torno dos verbos nucleares distinguir, excluir, restringir ou preferir, sempre que seu campo de incidência tenha por consequência a inibição ilícita do pleno exercício de direitos por indivíduos ou grupos.
>
> As discriminações negativas são violações ao princípio da isonomia, podendo ser direta ou intencional, também conhecida como *disparate treatment*; ou consistir na em prática aparentemente neutra, mas que acaba por incidir desproporcionalmente sobre um indivíduo, à mingua de justificação bastante e idônea para tanto - a discriminação indireta ou *disparate impact*[25].

---

22 Promulgada pelo Decreto nº 4.377/2002

23 Promulgada pelo Decreto nº 65.810/1969

24 Promulgada pelo Decreto nº 6.949/2009

25 MUA, Cíntia Teresinha Burhalde Mua. Extrafiscalidade como Instrumento de Antidiscriminação sob a perspectiva da Pessoa com Deficiência ou com Doença

A não discriminação é um dos princípios do tratamento dos dados pessoais, conforme artigo 6º, IX, da Lei nº 13.709/2018, impossibilitando a realização do tratamento para fins discriminatórios ilícitos ou abusivos.

A matéria vem revisitada no artigo 20 da LGPD, que aborda o direito do titular de dados em obter a revisão de decisões automatizadas (*caput*), devendo o controlador fornecer informações claras e precisas, preservado os os segredos comercial e industrial (§1º), ressalvada à ANPD a realização de auditoria para verificação de aspectos discriminatórios em tratamento automatizado de dados pessoais (§2º).

Mais que a proscrição da discriminação, são cabíveis medidas antidiscriminatórias[26], tanto sob o viés da antidiferenciação quanto da anti-subordinação, tema que transborda estas linhas.

3.4.2.6. Segurança, prevenção das técnicas de manejo, responsabilização de controladores e operadores

A segurança também compõe a carta de princípios do tratamento de dados pessoais, conforme previsto no artigo 6º, VII da LGPD. Consiste na "utilização de medidas técnicas e administrativas aptas a proteger os dados pessoais de acessos não autorizados e de situações acidentais ou ilícitas de destruição, perda, alteração, comunicação ou difusão".

O artigo 11 da mesma norma legal prescreve as hipóteses para o tratamento de dados pessoais sensíveis, trazendo à baila, expressamente, "a garantia da prevenção à fraude e à segurança do titular, nos processos de identificação e autenticação de cadastro em sistemas eletrônicos".

A norma ainda exige a observância do princípio do livre acesso (artigo 9º), "exceto no caso de prevalecer em direitos e liberdades fundamentais do titular que exijam a proteção dos dados pessoais".

A segurança é tratada nos artigos 12 (dados pseudonimizados) e 13 (pesquisa em saúde pública) da LGPD.

Grave: Estudo de Caso. In: CALIENDO, Paulo; CAVALCANTE, Denise Lucena; BITTENCOURT, Luiz Antonio da Silva (Orgs). **Tributação, Tecnologia e Direitos Fundamentais**. Porto Alegre, RS: Editora Fundação Fênix, 2021. Disponível em https://doi.org/10.36592/9786581110284-08, acesso em 20/07/2022

26 Sobre o tema: RIOS, Roger Raupp. **Direito da antidiscriminação: discriminação direta, indireta e ações afirmativas**. Porto Alegre: Livraria do Advogado, 2008, 295p.

O parágrafo 3º do artigo 12 preceitua que a autoridade nacional poderá dispor sobre " padrões e técnicas utilizados em processos de anonimização e realizar verificações acerca de sua segurança, ouvido o Conselho Nacional de Proteção de Dados Pessoais".

O artigo 13, *caput*, determina os parâmetros de segurança para a realização de estudos em saúde pública, envolvendo dados pessoais. Seu §2º preconiza que a responsabilidade pela segurança da informação prevista no *caput* é exclusivamente do órgão de pesquisa, "não sendo permitida, em circunstância alguma, a transferência dos dados a terceiro".

Outrossim, o artigo 26 prevê que o compartilhamento das informações "pelo Poder Público deve atender a finalidades específicas de execução de políticas públicas e atribuição legal pelos órgãos e pelas entidades públicas", sempre atendida a principiologia do artigo 6º da LGPD.

Seu § 1º estabelece, a um só turno, a regra geral da vedação da transferência de dados do Poder Público a entidades privadas, bem como as exceções a esta assertiva, dentre as quais à hipótese da "transferência dos dados objetivar a prevenção de fraudes e irregularidades, ou proteger e resguardar a segurança e a integridade do titular dos dados" (inciso V).

A segurança também aparece como condicionante da transferência internacional de dados (artigo 33, I), sendo objeto do artigo 34 a declinação dos elementos que serão considerados na avaliação de conformidade do nível de proteção de dados do país estrangeiro ou do organismo internacional destinatário da transferência.

A segurança é requisito do relatório de impacto à proteção de dados pessoais a ser prestado pelo controlador, mediante determinação da ANPD (artigo 38, *caput*, seu parágrafo único).

O artigo 40 prevê que a autoridade nacional tem a prerrogativa de dispor sobre "os padrões de interoperabilidade para fins de portabilidade, livre acesso aos dados e segurança, assim como sobre o tempo de guarda dos registros, tendo em vista especialmente a necessidade e a transparência".

O artigo 44 prescreve que a inobservância dos padrões de segurança torna irregular o tratamento de dados. Os incisos I a III deste dispositivo enumeram algumas das circunstâncias relevantes sobre a qual a segurança é esperada: modo, resultado, técnicas de manejo.

O parágrafo único explicita a responsabilidade do controlador e do operador que deixar de cumprir as medidas previstas no artigo 46, pelos danos advindos da violação da segurança dos dados.

O artigo 46 determina a adoção, pelos agentes de tratamento, de "medidas de segurança, técnicas e administrativas aptas a proteger os dados pessoais de acessos não autorizados e de situações acidentais ou ilícitas de destruição, perda, alteração, comunicação ou qualquer forma de tratamento inadequado ou ilícito."

O artigo 47 explicita que a obrigação de garantia da segurança atinge tanto os agentes de tratamento quanto qualquer outra pessoa que intervenha em qualquer fase deste procedimento.

Havendo um incidente de segurança, é peremptória a comunicação do fato, pelo controlador à autoridade nacional (artigo 48, *caput*). O § 1º do mesmo artigo explicita o conteúdo mínimo dessa mesma comunicação.

O artigo 49 preconiza que os sistemas de tratamento de dados deverão ser estruturados para atender os requisitos de segurança.

Dentre as competências da ANPD está a promoção junto à população do conhecimento necessário sobre a proteção de dados pessoais e das medidas de segurança (Art. 55-J, VI, LGPD).

4. Propostas legislativas

4.1. Proposta Europeia de Regulamentação da Inteligência artificial

Desde 2018, tramita no Parlamento europeu uma proposta de regulamento para a instituição de regras harmonizadas em matéria de inteligência artificial (regulamento inteligência artificial) e altera determinados atos legislativos da União.

A proposição verbaliza seu objeto, em cinco diferentes especificações (artigo 1º):

a) Regras harmonizadas para a colocação no mercado, a colocação em serviço e a utilização de sistemas de inteligência artificial («sistemas de IA») na União;

b) Proibições de certas práticas de inteligência artificial;

c) Requisitos específicos para sistemas de IA de risco elevado e obrigações para os operadores desses sistemas;

d) Regras de transparência harmonizadas para sistemas de IA concebidos para interagir com pessoas singulares, sistemas de reconhecimento de emoções e sistemas de categorização biométrica, bem como para sistemas de IA usados para gerar ou manipular conteúdos de imagem, áudio ou vídeo;

e) Regras relativas à fiscalização e vigilância do mercado.

A proposta regulamentar atinge (artigo 2º, item 1):

a) Fornecedores que coloquem no mercado ou coloquem em serviço sistemas de IA no território da União, independentemente de estarem estabelecidos na União ou num país terceiro;

b) Utilizadores de sistemas de IA localizados na União;

c) Fornecedores e utilizadores de sistemas de IA localizados num país terceiro, se o resultado produzido pelo sistema for utilizado na União.

O artigo 2º, item 2 trata dos sistemas de IA de alto risco, enumerando as Diretivas e Regulamentos a eles aplicáveis, em combinação com o artigo 84 da proposta, exclusivamente.

Os itens 3 a 5 do mesmo artigo trata das exclusões: IA para fins militares; IA para cooperação judiciária e policial regidas por acordos internacionais; responsabilidade dos prestadores intermediários de serviços, objeto da Diretiva nº 2000/31/CE do Parlamento Europeu e do Conselho (Diretiva sobre o comércio eletrônico) e, quando sobrevier, da Diretiva sobre o mercado único de serviços digitais[27].

O artigo 5º, item 1, alíneas "a" a "d" prescreve a proscrição de determinadas "práticas de inteligência artificial". Dentre elas, as técnicas subliminares que distorcem substancialmente o comportamento de uma pessoa e os sistemas que explorem quaisquer vulnerabilidades específicas de pessoas.

Especificamente sobre os segredos industrial e comercial, vem a lume o artigo 70, que trata da "proteção de *know-how* e de informações comerciais confidenciais (segredos comerciais)"; ademais, o artigo 72, item 5 prescreve que fica ressalvada a proteção à confidencialidade na matéria de defesa das partes.

27 Cujo inteiro teor pode ser consultado em https://eur-lex.europa.eu/legal-content/PT/TXT/PDF/?uri=CELEX:52020PC0825&from=LT, acesso em 20/07/2022.

Artigo 70.º
Confidencialidade

1. As autoridades nacionais competentes e os organismos notificados envolvidos na aplicação do presente regulamento devem respeitar a confidencialidade das informações e dos dados obtidos no exercício das suas funções e atividades de modo que protejam, em especial:

a) Os direitos de propriedade intelectual e as informações comerciais confidenciais ou segredos comerciais de uma pessoa singular ou coletiva, incluindo o código-fonte, exceto nos casos a que se refere o artigo 5.º da Diretiva 2016/943 relativa à proteção de know-how e de informações comerciais confidenciais (segredos comerciais) contra a sua aquisição, utilização e divulgação ilegais;

b) A execução efetiva do presente regulamento, em especial no que diz respeito à realização de inspeções, investigações ou auditorias; c) Interesses públicos e nacionais em matéria de segurança;

c) A integridade de processos penais ou administrativos.

2. Sem prejuízo do n.º 1, no caso de sistemas de IA de risco elevado referidos no anexo III, pontos 1, 6 e 7, utilizados por autoridades competentes em matéria de manutenção da ordem pública, de imigração ou de asilo, as informações trocadas numa base confidencial entre as autoridades nacionais competentes e entre as autoridades nacionais competentes e a Comissão não podem ser divulgadas sem consultar previamente a autoridade nacional competente de origem e o utilizador, quando tal divulgação prejudicar interesses públicos e nacionais em matéria de segurança.

Se as autoridades competentes em matéria de manutenção da ordem pública, de imigração ou de asilo forem os fornecedores de sistemas de IA de risco elevado referidos no anexo III, pontos 1, 6 e 7, a documentação técnica referida no anexo IV deve permanecer nas instalações dessas autoridades. As referidas autoridades devem assegurar que as autoridades de fiscalização do mercado referidas no artigo 63º, números 5 e 6, consoante o caso, possam, mediante pedido, aceder imediatamente à documentação ou obter uma cópia da mesma. O acesso à referida documentação ou a qualquer cópia da mesma só

> pode ser concedido ao pessoal da autoridade de fiscalização do mercado que detenha o nível apropriado de credenciação de segurança.
>
> 3. O disposto nos números 1 e 2 não afeta os direitos e obrigações da Comissão, dos Estados-Membros e dos organismos notificados no que se refere ao intercâmbio de informações e à divulgação de avisos, nem o dever de informação que incumbe às partes em causa no âmbito do direito penal dos Estados-Membros.
>
> 4. A Comissão e os Estados-Membros podem, quando necessário, trocar informações confidenciais com autoridades reguladoras de países terceiros com as quais tenham celebrado acordos de confidencialidade bilaterais ou multilaterais desde que garantam um nível adequado de confidencialidade.

A seu turno, a propriedade intelectual, ressalvado o disposto na Resolução do Parlamento Europeu nº 2020/2015[28], é abordada no considerando nº 68 e no artigo 17 da proposição, bem assim como no seu artigo 70, item 1, alínea "a".

O considerando nº 68 trata das situações excepcionais da colocação no mercado de sistema de IA que não tenha completado o procedimento de avaliação de conformidade. A excepcionalidade circunscreve-se a questões de saúde e segurança públicas.

O artigo 17 aduz que o direito da propriedade intelectual será relativizado na exata medida da necessidade de atendimento do direito de ação das pessoas singulares e do princípio da transparência, à luz da proporcionalidade, aplicada caso a caso.

Mesmo nestes lindes,

> Qualquer divulgação de informações será realizada de acordo com a legislação aplicável, incluindo a Diretiva (UE) 2016/943 relativa à proteção de know-how e de informações comerciais confidenciais (segredos comerciais) contra a sua aquisição, utilização e divulgação ilegais. Quando precisam de obter acesso a informações confidenciais ou a código-fonte

28 Que cuida dos direitos de propriedade intelectual para o desenvolvimento de tecnologias ligadas à inteligência artificial

para analisarem o cumprimento das obrigações substanciais, as autoridades públicas e os organismos notificados ficam sujeitos a obrigações de confidencialidade vinculativas.

4.2. Diretrizes do Projeto de Lei nº 21/2020- Marco Legal da Inteligência Artificial

A proteção do segredo no âmbito da inteligência artificial é objeto do projeto de lei nº Projeto de Lei n° 21/2020 do Senado Federal, que estabelece fundamentos, princípios e diretrizes para o desenvolvimento e a aplicação da inteligência artificial no Brasil; e dá outras providências[29].

A proteção aos segredos comercial e industrial é preocupação constante no Projeto de Lei em testilha. Destacamos três pontos

O texto propositivo estabelece a transparência com um dos fundamentos do desenvolvimento e a aplicação da inteligência artificial no Brasil, assegurado o direito de informação qualificada, guarnecida pelos predicados da clareza, acessibilidade e precisão. Mas ressalva a proteção aos segredos comercial e industrial (artigo 4º, V, e sua alínea "c").

Retoma o tema no contexto da responsabilidade dos agentes que atuam na cadeia de desenvolvimento e operação de sistemas de inteligência artificial, que será subjetiva, salvo previsão legislativa em contrário (artigo 5º, V).

Estabelece diretrizes para a gestão do alto risco (artigo 5º, V, "c") "oriundos da operação de sistemas de inteligência artificial durante todo o seu ciclo de vida e o seu contínuo funcionamento" (artigo 5º, VI), pela administração pública, que poderá requerer informações sobre os protocolos preventivos e de segurança adotados por estes agentes econômicos, nos lindes da transparência, observados os segredos comercial e industrial (artigo 5º, §2º).

5. Breves considerações sobre o controle de constitucionalidade e de convencionalidade dos segredos industriais em inteligência artificial: difusão do conhecimento e a proteção de dados pessoais

No Brasil, a elevação do direito à proteção de dados ao *status* de direito fundamental explícito (artigo 5º, LXXIX, *in fine*),

29 A proposta tem tramitação bicameral e já foi aprovado na Câmara dos Deputados

por meio da Emenda Constitucional nº 115/2022[30], assume assaz relevância.

Insta referir que, antes da vigência da EC nº 115/2022, o Supremo Tribunal Federal, seguindo a mesma senda do Tribunal Constitucional alemão, já considerava a proteção de dados e a autodeterminação informativa como direitos fundamentais autônomos (Medida Cautelar na ADI 6393 MC[31], sob a relatoria da Ministra ROSA WEBER[32]).

Nesta conjuntura, muito embora o direito à propriedade intelectual também tenha assento constitucional[33], a proteção dos segredos comercial e industrial – cujo conceito foi explicitado no item 1.1 deste capítulo, dar-se-á em sintonia com a proteção dos dados pessoais, num processo dialético constante, à luz da aplicação tópico sistemática da Constituição.

Neste contexto, a proteção aos segredos comercial e industrial - com suporte nos paradigmas explicitados no item 1.2 deste capítulo - terá vazão, mas nos limites da proteção dos dados pessoais, observados os fundamentos, princípios e condicionantes do tratamento, em suas múltiplas etapas (item 2.4).

Assim, o sentido e do alcance da proteção dos segredos em inteligência artificial está sujeita ao controle de constitucionalidade, devendo atender sua função social, impondo-se limites ao caráter sigiloso que, como qualquer direito fundamental, não é absoluto.

Abordamos sete condicionantes funcionais do segredo industrial: (a) iniciativa e controle da IA por humanos (intervenção, supervisão e controlabilidade); (b) robustez e segurança; (c) privacidade e governança dos dados; (d) transparência (rastreabilidade e a explicabilidade); (e) diversidade e igualdade e dever de não-discriminação; (f) sustentabilidade multidimensional (17 ODS da ONU); (g) responsabilização dos operadores e controladores dos sistemas de IA.

No que toca ao segredo industrial à luz da LGPD (item 2.4. deste capítulo) transparentes na proporção da adequação, necessidade e proporcionalidade em sentido estrito para a proteção do titular de dados

30 Que também introduz o inciso XXVI ao *caput* do art. 21 e o inciso XXX ao *caput* do art. 22 ambos da Constituição Federal.

31 Que foi julgada conjuntamente com as ADIs 6.387, 6.388, 6.389, 6.390

32 BRASIL, Supremo Tribunal Federal. ADI-MC 6393, Relatora: Ministra Rosa Weber. Tribunal Pleno, julgado em 07/05/2020, DJU-e 12/11/2020.

33 artigo 5º XXXVII, XXXVIII, XXIX

de operações abusivas e ilícitas. E garantir o direito à explicabilidade, subsidiar o consentimento não meramente ficcional e, ao fim e ao cabo, da autodeterminação informativa.

De outra banda, os segredos industrial e comercial sujeitam-se ao controle de convencionalidade, sendo aplicável todos os tratados de direito humanos ratificados pelo Brasil, independentemente da ratificação ter-se dado sob o rito do artigo 5º, §3º da Constituição de 1988 ou não[34] (ADI 3.357/RS, Rel. Ministro Ayres Britto).

O Supremo Tribunal Federal já tinha jurisprudência assentando a supralegalidade dos tratados de direitos humanos, sendo emblemático o caso da Ação Direta de Inconstitucionalidade 3.470- RJ (caso do AMIANTO), relatoria da Ministra Rosa Weber, cujo excerto da ementa segue:

> AÇÃO DIRETA DE INCONSTITUCIONALIDADE. LEI Nº 3.579/2001 DO ESTADO DO RIO DE JANEIRO. SUBSTITUIÇÃO PROGRESSIVA DA PRODUÇÃO E DA COMERCIALIZAÇÃO DE PRODUTOS CONTENDO ASBESTO/AMIANTO. LEGITIMIDADE ATIVA AD CAUSAM. PERTINÊNCIA TEMÁTICA. ART. 103, IX, DA CONSTITUIÇÃO DA REPÚBLICA. ALEGAÇÃO DE INCONSTITUCIONALIDADE FORMAL POR USURPAÇÃO DA COMPETÊNCIA DA UNIÃO. INOCORRÊNCIA. COMPETÊNCIA LEGISLATIVA CONCORRENTE. ART. 24, V, VI E XII, E §§ 1º A 4º, DA CONSTITUIÇÃO DA REPÚBLICA. CONVENÇÕES NºS 139 E 162 DA OIT. CONVENÇÃO DE BASILEIA SOBRE O CONTROLE DE MOVIMENTOS TRANSFRONTEIRIÇOS DE RESÍDUOS PERIGOSOS E SEU DEPÓSITO. REGIMES PROTETIVOS DE DIREITOS FUNDAMENTAIS. INOBSERVÂNCIA. ART. 2º DA LEI Nº 9.055/1995. PROTEÇÃO INSUFICIENTE. ARTS. 6º, 7º, XXII, 196 E 225 DA CONSTITUIÇÃO DA REPÚBLICA. CONSTITUCIONALIDADE MATERIAL DA LEI FLUMINENSE Nº 3.579/2001. IMPROCEDÊNCIA. DECLARAÇÃO INCIDENTAL DE INCONSTITUCIONALIDADE DO ART. 2º DA LEI Nº 9.055/1995. EFEITO VINCULANTE E ERGA OMNES.
>
> (...)

34 A diferença entre a aprovação qualificada e a ordinária de um tratado que versa sobre direitos humanos é que, no primeiro caso, equivale à emenda constitucional e, no segundo, o documento convencional assume o caráter supralegal. Em ambos os casos, estão imunes a alterações supervenientes da legislação infraconstitucional.

> 7. Constitucionalidade material da Lei fluminense nº 3.579/2001. À luz do conhecimento científico acumulado sobre a extensão dos efeitos nocivos do amianto para a saúde e o meio ambiente e à evidência da ineficácia das medidas de controle nela contempladas, a tolerância ao uso do amianto crisotila, tal como positivada no art. 2º da Lei nº 9.055/1995, não protege adequada e suficientemente os direitos fundamentais à saúde e ao meio ambiente equilibrado (arts. 6º, 7º, XXII, 196, e 225 da CF), tampouco se alinha aos compromissos internacionais de caráter supralegal assumidos pelo Brasil e que moldaram o conteúdo desses direitos, especialmente as Convenções nºs 139 e 162 da OIT e a Convenção de Basileia. Inconstitucionalidade da proteção insuficiente. Validade das iniciativas legislativas relativas à sua regulação, em qualquer nível federativo, ainda que resultem no banimento de todo e qualquer uso do amianto.
>
> 8. Ação direta de inconstitucionalidade julgada improcedente, com declaração incidental de inconstitucionalidade do art. 2º da Lei nº 9.055/1995 a que se atribui efeitos vinculante e erga omnes.

Do contexto do voto da Relatora, insta reproduzir o seguinte trecho (grifamos):

> Noutro giro, **resíduos que tenham o** amianto (pó ou fibra) de qualquer tipo como um de seus constituintes estão incluídos, sob o código Y 36, no Anexo I **(resíduos controlados) da Convenção de Basileia** sobre o Controle de Movimentos Transfronteiriços de Resíduos Perigosos e seu Depósito, de 1989, aprovada no Brasil pelo Decreto Legislativo nº 34/1992 e promulgada pelo Decreto nº 875/1993.
>
> **Tais resíduos** inserem-se, ainda, pelas suas propriedades, no **Anexo III** (**lista de características perigosas**) da Convenção, a teor dos itens H11 e H12, que se referem, respectivamente, aos resíduos com **características tóxicas** (substâncias ou resíduos que, se inalados ou ingeridos, ou se penetrarem na pele, podem implicar efeitos retardados ou crônicos, inclusive carcinogênese) e **ecotóxicas** (substâncias ou resíduos que, se liberados, apresentem ou possam apresentar impactos adversos retardados sobre o meio ambiente por bioacumulação e/ou efeitos tóxicos sobre os sistemas bióticos).

Não obstante disciplinar, essencialmente, os movimentos transfronteiriços (exportação, trânsito e importação) dos resíduos nela definidos como perigosos (artigo 1, § 1, "a"), a **Convenção impõe** aos Estados-membros (artigo 4, § 2, "a") a **obrigação de adotar medidas voltadas a assegurar que a geração de resíduos perigosos,** considerados aspectos sociais, tecnológicos e econômicos, seja reduzida ao mínimo possível.

Ao dispor sobre a substituição progressiva da produção e da comercialização do amianto, a Lei nº 3.579/2001 do Estado do Rio de Janeiro está alinhada às obrigações assumidas pelo Estado brasileiro ao adotar as Convenções nºs 139 e 162 da OIT e a Convenção de Basileia.

Porque veiculadoras de **regimes protetivos de direitos fundamentais, as Convenções nº 139 e 162 da OIT, bem como a Convenção de Basileia, assumem, no nosso ordenamento jurídico, status de supralegalidade**, tal como já fora observado pelo Ministro Ayres Britto, no voto que proferiu ao julgamento da ADI 3.357/RS e do qual peço licença para transcrever fragmento:

Ora bem, este Supremo Tribunal Federal já firmou a tese de que essa convenção da OIT, pelo menos quando dispõe sobre a proteção da saúde dos trabalhadores (direitos humanos), tem status de norma supralegal. Norma supralegal – é o que penso – não porque a lei retire dela mesma seu fundamento mais qualificado de validade, mas porque a própria Constituição Federal lhe deu primazia. Explico: o art. 59 da Constituição Federal lista os atos que inovam primariamente a ordem jurídica. Inovam primariamente porque o fazem logo abaixo da Constituição; isto é, colocam-se imediatamente entre a Magna Carta e a população que constitui seu público-alvo. Acontece que o rol do mencionado art. 59 não é exauriente. Como demonstram os §§ 2º e 3º do art. 5º da Constituição Federal, os tratados internacionais são também veículos primários de direitos e deveres. Veículos que têm força, ora de emenda constitucional (§ 3º do art. 5º da CF), ora de lei ordinária (demais casos). Repetindo o juízo: **os tratados internacionais não são lei ou os que versam sobre direitos humanos têm primazia na ordem jurídica interna, mesmo os não aprovados "em cada Casa do Congresso Nacional, em dois tur-**

> **nos, por três quintos dos votos dos respectivos membros**". Neste caso, a supralegalidade decorre da prevalência que o inciso II do art. 4º da Constituição Federal confere aos direitos humanos ("prevalência dos direitos humanos" é a dicção do inciso II do art. 4º da nossa Constituição Federal)."

Este entendimento foi consagrado no Projeto de Lei nº 21/2020, em seu artigo 6º, parágrafo único, *verbis*:

> Art. 6º São princípios para o uso responsável de inteligência artificial no Brasil:
>
> (...)
>
> Parágrafo único. Os princípios expressos nesta Lei não excluem outros previstos no ordenamento jurídico pátrio relacionados à matéria ou nos Tratados Internacionais em que a República Federativa do Brasil seja parte.

Assim, considerando que a Declaração Universal dos Direitos do Homem considera a propriedade intelectual direito humano[35], *ex vi* do seu artigo 27, 2[36], receberão a chancela de supralegalidade os tratados que versem sobre o tema.

Segundo Accioly (2020)[37], a Organização Mundial da Propriedade Intelectual gere quatro acordos de classificação, relativos à taxinomia dos direitos da propriedade intelectual: Acordo de Locarno (desenhos industriais); Tratado de Nice (marcas); Tratado de Estrasburgo (patentes) e o Acordo de Viena (elementos figurativos de marcas).

---

35 ACCIOLY, João Pedro. A Supralegalidade Parcial dos Tratados de Propriedade Intelectual. **RIL**, Brasília, v. 57 n. 226 p. 93-112, publicado em abr./jun. 2020. Disponível em https://www12.senado.leg.br/ril/edicoes/57/226/ril_v57_n226_p93.pdf, acesso em 20/07/2022 pondera: *"Parece oportuno sublinhar que apenas os direitos de propriedade intelectual decorrentes de atividades humanas com nítidas dimensões criativas devem ser considerados como dotados de fundamentalidade material e, quando consagrados em documentos internacionais, dotados da natureza de direitos humanos."*

36 Artigo 27. (...) 2. Todos têm direito à proteção dos interesses morais e materiais ligados a qualquer produção científica, literária ou artística da sua autoria.

37 ACCIOLY, ob. cit.

O mesmo autor refere ainda que a OMPI administra seis acordos de cooperação: os Tratados de Budapeste, Lisboa, Haia, o Acordo de Madri e o Protocolo de Madri e o Tratado de Cooperação em Matéria de Patentes (PCT).

Em complemento, especificamente quanto aos segredos comercial e industrial, vimos no item 1.2.1 deste capítulo os paradigmas internacionais aplicáveis, que também assumem o *status* supralegal. No item 3, trouxemos à baila, em contraponto, as limitações à proteção do segredo, igualmente com base em documentos convencionais e, portanto, também dotados de supralegalidade.

Nesta conjuntura, o sentido e o alcance do segredo industrial em inteligência artificial igualmente se submete ao controle de convencionalidade, quando a propriedade intelectual, sopesada com outros direitos humanos - como a proteção dos dados pessoais, enquanto declinação da privacidade – confirmará a tessitura da exegese aplicável ao caso concreto.

6. Conclusão

A tensão entre segredo industrial em IA e proteção de dados pessoais está bem delineada, despontando inarredável estabelecer limites claros ao caráter sigiloso do segredo industrial em IA (inteligência artificial) no Brasil.

Neste contexto, as questões litigiosas envolvendo a difusão do conhecimento, a proteção dos dados pessoais em contraposição à confidencialidade dos segredos serão dirimidas sob o crivo da (in) constitucionalidade e da (in)convencionalidade, à luz dos paradigmas compilados neste capítulo e os que lhe forem convergentes ou supervenientes e, especialmente, nos critérios de avaliação de conformidade dos sistemas de inteligência artificial trazidos em revista, tendo por parâmetro a LGPD: (1) boa-fé e transparência algorítmica - pressuposto, regra geral, a partir do qual deverão ser observados os princípios especificados no artigo 6º; (2) finalidade, adequação e necessidade do tratamento de dados - que são estamentos de controle da fundamentação da decisão administrativa ou judicial; (3) clareza, exatidão, atualização e auditabilidade dos algoritmos, como corolário do princípio da transparência; (4) efetividade da autodeterminação informativa enquanto fundamento da disciplina da proteção de dados pessoais, ex vi do artigo 2º, II da Lei Geral de Proteção de Dados (LGPD); (5) vedação da discriminação algorítmica, *ex vi* do artigo 3º, IV, da Carta de1988, bem como dos documentos convencionais que proscrevem todas as formas de discriminação dos quais o Brasil seja signatário; (6) segurança, prevenção das técnicas de manejo, responsabilização de controladores e operadores.

7. Referências

ACCIOLY, João Pedro. A Supralegalidade Parcial dos Tratados de Propriedade Intelectual. RIL, Brasília, v. 57 n. 226 p. 93-112, publicado em abr./jun. 2020. Disponível em https://www12.senado.leg.br/ril/edicoes/57/226/ril_v57_n226_p93.pdf, acesso em 20/07/2022

BARONE, Daniela Marcos. A proteção internacional do segredo industrial. 2009. 134f. Dissertação (Mestrado em Direito) – Faculdade de Direito – Universidade de São Paulo. São Paulo, SP, 2009.

FLORES, Milton César da Silva. Da Cláusula de Sigilo nos Contratos Internacionais de Transferência de Tecnologia – Know-How. 2006. 342p. Tese (Doutorado em Direito). Universidade Federal de Santa Catarina, Centro de Ciências Jurídicas. Florianópolis, SC. 2006.

FUKUYAMA, Mayumi. Society 5.0: Aiming for a New Human-Centered Society. Japan SPOTLIGHT, 2018. Disponível em https://www.jef.or.jp/journal/pdf/220th_Special_Article_02.pdf, acesso em 20/08/2022.

MENDES, Laura Schertel Ferreira. Autodeterminação informativa: a história de um conceito. Pensar: Revista de Ciências Jurídicas, v. v. 25 n. 4 (2020), disponível em https://doi.org/10.5020/2317-2150.2020.10828, acesso em 22/07/2022

MUA, Cíntia Teresinha Burhalde Mua. Extrafiscalidade como Instrumento de Antidiscriminação sob a perspectiva da Pessoa com Deficiência ou com Doença Grave: Estudo de Caso. In: CALIENDO, Paulo; CAVALCANTE, Denise Lucena; BITTENCOURT, Luiz Antonio da Silva (Orgs). Tributação, Tecnologia e Direitos Fundamentais. Porto Alegre, RS: Editora Fundação Fênix, 2021. Disponível em https://doi.org/10.36592/9786581110284-08, acesso em 20/07/2022

RABELO, Iglesias Fernanda de Azevedo e GARCIA, Filipe Rodrigues. O direito à autodeterminação informativa. Âmbito Jurídico. Disponível em https://ambitojuridico.com.br/cadernos/direito-civil/o-direito-a-autodeterminacao-informativa/, acesso em 20/07/2022

RIOS, Roger Raupp. Direito da antidiscriminação: discriminação direta, indireta e ações afirmativas. Porto Alegre: Livraria do Advogado, 2008, 295p.

SANTOS, Maria Isabel Araújo Silva dos. A Segurança do Segredo: Proposta de Framework de Aplicação dos Instrumentos de Proteção do Segredo no Ambiente de Inovação da Base Industrial de Defesa. Tese (Doutorado), UFSC, 2016

TOMASEVICIUS FILHO, Eduardo. O princípio da boa-fé na Lei Geral de Proteção de Dados. Conjur. Publicado em 9 de março de 2020. Conjur. Disponível em https://www.conjur.com.br/2020-mar-09/direito-civil-atual-principio-boa-fe-lgpd, acesso em 20/07/2022.

VIEGAS, Cláudia Mara de Almeida Rabelo; MARTINS, RODRIGUES, David; ALMEIDA, João Carlos de. O segredo industrial como proteção à concorrência desleal. JusBrasil. Disponível em https://jus.com.br/artigos/85941/o-segredo-industrial-como-protecao-a-concorrencia-desleal, publicado em 09/10/2020, acesso em 17/07/2022

WEID, Irene von der. VILLA, Flávia Romano. Inteligência Artificial: análise do mapeamento tecnológico do setor através das patentes depositadas no Brasil. Verde. Rio de Janeiro: Instituto Nacional da Propriedade Industrial (Brasil) – INPI, Diretoria de Patentes, Programas de Computador e Topografia de Circuitos Integrados - DIRPA, Coordenação Geral de Estudos, Projetos e Disseminação da Informação Tecnológica - CEPIT e Divisão de Estudos e Projetos - DIESP, 2020.

ZIBETTI, Fabíola Wüst. A titularidade de direitos de propriedade intelectual. In: CORAL, Eliza; PEREIRA, Valéria Arriero; BIZZOTTO, Carlos Eduardo N.. (Org.). PLATIC - Arranjo produtivo catarinense: Tecnologia da informação e comunicação. Florianópolis: Instituto Euvaldo Lodi-SC

Os segredos comercial e industrial e sua (in) compatibilidade com o princípio da transparência na LGPD

Carina Gassen Martins Clemes

1. Introdução

Em 18 de setembro de 2020[1] entrou em vigor a Lei Geral de Proteção de Dados, conhecida pela sigla LGPD (Lei 13.709/2018), que dispõe "sobre o tratamento de dados pessoais, inclusive nos meios digitais, por pessoa natural ou por pessoa jurídica de direito público ou privado, com o objetivo de proteger os direitos fundamentais de liberdade e de privacidade e o livre desenvolvimento da personalidade da pessoa natural".

A LGPD foi inspirada na GDPR - *General Data Protection Regulation,* (2016/679), vigente na Europa desde maio de 2018 e conhecida globalmente por ter um regramento rígido e imperativo, que em razão da proibição contida no ordenamento Europeu de que uma empresa celebre contratos com empresas internacionais temerárias, o que obrigou outros países a estabelecerem regras correlatas ao tratamento de dados. (COTS; OLIVEIRA, 2019, p. 23).

Tais legislação surgem no contexto da sociedade de informação[2], onde as economias de mercados estão voltadas à modelos de negócio baseados nas vantagens competitivas das automatizações, decorrentes da aplicação de fórmulas algorítmicas, para o processamento dos dados, obtendo a transformação do dado em informação, o que guarda grande valor comercial.

---

1 Informação disponível em: https://www12.senado.leg.br/noticias/materias/2020/09/18/lei-geral-de-protecao-de-dados-entra-em-vigor. É oportuno esclarecer, que nem todos os dispositivos da LGPD estão em vigor, permanece em *vacatio legis* os artigos 52, 53 e 54, que tratam das sanções administrativas eu poderão ser aplicadas pela Autoridade Nacional de Proteção de Dados (ANPD), que estão previstas. Para entrar em vigor no dia 1º de agosto de 2021.

2 Sociedade e economia em que a produção, o armazenamento, processamento, intercâmbio, distribuição e uso de informação e conhecimento são originados por meio de Tecnologias de Informação e Comunicação (TICs) - Conceito disponibilizado pela Profª Marcia Santana Fernandes, no disciplina de Propriedade Intelectual e a Sociedade Da Informação, no Doutorado em Direito pela Pontifícia Universidade Católica do Rio Grande do Sul – PUCRS.

Sobre a sociedade da informação:

> No estágio atual, a sociedade está encravada por uma nova forma de organização em que a informação é o elemento nuclear para o desenvolvimento da economia, substituindo os recursos que outrora estruturavam as sociedades agrícola, industrial e pós-industrial. Essa nova forma de organização social foi sedimentada em razão da evolução tecnológica recente, que criou mecanismos capazes de processar e transmitir informações em uma quantidade e velocidade jamais imaginável. Os relacionamentos sociais foram energizados por um fluxo informacional que não encontram mais obstáculos físicos e distâncias. Há uma nova compreensão (mais abreviada) da relação entre tempo-espaço, o que outrora acarretava maior cadência às interações sociais.
>
> [...]
>
> Por isso, a informação avoca um papel central e adjetivante da sociedade: sociedade da informação. A informação é o (novo) elemento estruturante que (re)organiza a sociedade, tal como o fizeram a terra, as máquinas a vapor e a eletricidade, bem como os serviços, respectivamente, nas sociedades agrícola, industrial e pós-industrial. (BIONI, 2019, p. 33-34)

Em vários dispositivos[3], em congruência com um de seus fundamentos[4], a Lei de Proteção de Dados brasileira busca proteger o agente de tratamento, no que tange aos segredos comerciais e industriais. Ao mesmo tempo prevê o princípio da transparência[5] e o direito de revisão[6], em conformidade também com outros de seus fundamentos[7], vi-

3 Artigos 6º, IV; 9º, II; 10, §3º; 18, V; 19, II e §3º; 20, §1º; 38; 48, §1º, III; 55-J, II e X da LGPD

4 O artigo 2º, V e VI da LGPD prevê como dentre os seus fundamentos: a proteção ao desenvolvimento econômico e tecnológico, a inovação, a livre iniciativa e a livre concorrência.

5 Previsão no artigo 6º, VI da. LGPD, que tem previsão correlata no artigo 5º, part.1, alínea "a" da GDPR

6 Artigo 20 da LGPD

7 O artigo 2º, I, II, III, IV, VI e. VII da LGPD prevê como um de seus fundamentos, no tange ao titular dos dados respectivamente: o respeito à privacidade; à autodeter-

sando garantir ao titular a proteção direta contra o uso indiscriminado e maléfico de seus dados.

Surge neste contexto uma problemática em termos de aplicabilidade da LGPD e GDPR, no que tange a uma possível (in)compatibilidade entre os segredos industriais e o princípio da transparência - principalmente em sua correlação com direito à revisão das decisões automatizadas.

Assim o presente estudo, trata desta problemática objetivando trazer uma interpretação que viabilize a proteção ao desenvolvimento econômico e tecnológico, a inovação, a livre iniciativa e a livre concorrência de produtos e serviços que utilizam-se de dados, por meio da proteção ao segredo industrial, tendo em vista a importância dos modelos de negócios baseados no acesso e processamento de dados, por fórmulas algorítmicas e ao mesmo tempo, uma interpretação, que acolha a efetividade do direito à autodeterminação informacional.

2. Segredos comercial e industrial, o princípio da transparência e o direito de revisão das decisões automatizadas na LGPD

O segredo empresarial, do qual são espécies o segredo comercial e o segredo industrial[8], corresponde ao conhecimento técnico[9], que pelo seu valor comercial, o seu titular/empresário deseja manter desconhecido. Tal conhecimento técnico (modus operandi / *Know-how*) é capaz de conferir a um determinado produto uma característica que o torna exclusivo, e, portanto, diferenciável de seu similar ou concorrente (Silva, 2015).

No entanto, diferentemente das marcas e patentes, o segredo industrial não dá direito à propriedade intelectual, ficando garantida tão somente a exclusividade enquanto o segredo industrial for mantido secreto ou sigiloso. Deste modo a vigência do segredo industrial está ads-

minação informativa; a liberdade de expressão, de informação, de comunicação e de opinião; a inviolabilidade da intimidade, da honra e da imagem; a defesa do consumidor; e os direitos humanos, o livre desenvolvimento da personalidade, a dignidade e o exercício da cidadania pelas pessoas naturais.

8 O segredo empresarial é o gênero, que se tiver uso na produção industrial, será chamado de segredo industrial, e, se tiver uso no comércio ou na prestação de serviços, será chamado segredo comercial.

9 Costuma ser objeto de proteção de segredo industrial os métodos de fabricação, receitas para bebidas e perfumes, ferramentas utilizadas internamente na indústria, dados confidenciais, algoritmos, códigos de programação, dentre outros.

trita à condição de sigilo ao qual ele for mantido, devendo a empresa conhecer ferramentas, mecanismo, políticas internas, contratos de confidencialidade e não concorrências que garantam que o conhecimento técnico seja mantido em segredo (Barbosa, 2003).

Dentre as principais vantagens de se optar pelo segredo empresarial, pode-se relacionar que não há custos de registros, não há necessidade de tornar a tecnologia pública, a duração da exclusividade é ilimitada, a comercialização pode ser imediata, e há proteção legal pelo instituto jurídico da concorrência desleal[10].

10 Não há uma proteção legal direta, mas a violação é protegida pela questão da concorrência desleal prevista na Lei de Propriedade Industrial (Lei 9.279/96) - art. 195, incisos XI, XII e XIV e art. 209.
Art. 195. Comete crime de concorrência desleal quem
XI - divulga, explora ou utiliza-se, sem autorização, de conhecimentos, informações ou dados confidenciais, utilizáveis na indústria, comércio ou prestação de serviços, excluídos aqueles que sejam de conhecimento público ou que sejam evidentes para um técnico no assunto, a que teve acesso mediante relação contratual ou empregatícia, mesmo após o término do contrato;
XII - divulga, explora ou utiliza-se, sem autorização, de conhecimentos ou informações a que se refere o inciso anterior, obtidos por meios ilícitos ou a que teve acesso mediante fraude; ou
[...]
XIV – divulga, explora ou utiliza-se, sem autorização, de resultados de testes ou outros dados não divulgados, cuja elaboração envolva esforço considerável e que tenham sido apresentados a entidades governamentais como condição para aprovar a comercialização de produtos.
Pena – detenção, de 3 (três) meses a 1 (um) ano, ou multa.
§ 1º Inclui-se nas hipóteses a que se referem os incisos XI e XII o empregador, sócio ou administrador da empresa, que incorrer nas tipificações estabelecidas nos mencionados dispositivos.
Art. 209. Fica ressalvado ao prejudicado o direito de haver perdas e danos em ressarcimento de prejuízos causados por atos de violação de direitos de propriedade industrial e atos de concorrência desleal não previstos nesta Lei, tendentes a prejudicar a reputação ou os negócios alheios, a criar confusão entre estabelecimentos comerciais, industriais ou prestadores de serviço, ou entre os produtos e serviços postos no comércio.
§ 1º Poderá o juiz, nos autos da própria ação, para evitar dano irreparável ou de difícil reparação, determinar liminarmente a sustação da violação ou de ato que a enseje, antes da citação do réu, mediante, caso julgue necessário, caução em dinheiro ou garantia fidejussória.
§ 2º Nos casos de reprodução ou de imitação flagrante de marca registrada, o juiz poderá determinar a apreensão de todas as mercadorias, produtos, objetos, embalagens, etiquetas e outros que contenham a marca falsificada ou imitada.

Desta forma, depreende-se que o segredo empresarial se refere a uma vantagem competitiva no modelo de negócio da empresa, cujo segredo e a confidencialidade é justamente aquilo que irá garantir a proteção contra seus concorrentes. Nas economias baseadas no mercado digital, várias empresas decidem proteger seus códigos de programação, fonte de dados e algoritmos por meio do segredo comercial ou industrial, sendo garantido proteção ao segredo industrial em diversos trechos na LGPD[11].

A proteção dos segredos comercial e industrial, tem guarida na Lei 9.279/1996, que trata da Propriedade Industrial, ao estabelecer, no artigo 195 como crime de concorrência desleal o ato de divulgar, explorar ou utilizar o segredo, sem autorização do seu titular, seja por acesso mediante relação contratual ou empregatícia, mesmo após o término do contrato, seja por fraude. Bem como no artigo 209, que estabelece o direito à indenização pelos prejuízos gerados pela violação.

No que tange à sua aplicação em relação à LGPD, pode-se vislumbrar que os segredos empresariais, voltados aos negócios digitais, são mais relevantes em dois momentos de tratamentos de dados: o primeiro seria a origem dos dados coletados e o segundo os algoritmos utilizados no seu tratamento/processamento.

Quanto a origem de dados aponta BIONI (2019), poderão extraídos pelos mais diversificados meios, a título de exemplo pode-se citar os *cookies*[12], históricos de navegação, sites parceiros, dentre outros. A *expertise* relacionada a origem desses dados é fundamental para as empresas de *big data* e que realizam o tratamento dos dados.

De igual modo pode-se ponderar acerca da aplicação algorítmica sob os dados coletados, para a obtenção da informação. Haja vista que a forma da aplicação do algoritmo para o processamento e processo decisório está o maior valor para as empresas[13]. Sendo que é a partir desses

11 Artigos 6º, IV; 9º, II; 10, §3º; 18, V; 19, II e §3º; 20, §1º; 38; 48, §1º, III; 55-J, II e X da LGPD

12 Informações armazenadas pelos sites como localização, idioma, preferências, permitindo uma melhor experiência em navegações futuras.

13 "Os Algoritmos devem ser destacados, pois o Big data é um novo produto econômico e os algoritmos são um novo método de extrair valores econômicos e sociais do Big Data, conforme afirmam Koonin e Holland." FERNANDES, M. S. Privacidade, sociedade da informação e Big Data, 2019 – extraído do material de aula disponibilizado pela Profª Marcia Santana Fernandes, no disciplina de Propriedade Intelectual e a Sociedade Da Informação, no curso de Doutorado em Direito pela Pontifícia Universidade Católica do Rio Grande do Sul – PUCRS.

algoritmos, que será possível conhecer melhor o usuário, classificá-lo em um perfil, prever seus interesses e descobrir preferências.

Com o escopo de garantir a transparência e responsabilização das empresas que utilizam o processamento automatizado de dados pessoais, a LGPD e a GDPR preveem instrumentos de controle mínimo desses processos decisórios implementados pelas empresas da economia digital.

Na GDPR, os usuários têm direito a informações transparentes, acesso aos dados pessoais que as empresas utilizam, portabilidade de dados, objeção a determinados perfilamentos, entre outras prerrogativas, e o direito de intervenção humana na tomada de decisões. [14]

Na LGPD, na mesma direção da GDPR, prevê em seu artigo 6º, VI[15] o princípio da transparência, com a diferença da ressalva quanto a observação dos segredos comercial e industrial.

Uma aplicação prática do princípio da transparência, é a prevista no artigo 20 da LGPD, que dispõe o titular dos dados, tem direito a revisão das decisões tomadas com base no tratamento automatizado de dados pessoais, desde que afetem seus interesses, no que tange ao seu perfil pessoal, profissional, de consumo, de crédito ou outros relativos à sua personalidade.

Entretanto, o mesmo artigo em seu § 1º[16] traz a ressalva de que o dever do controlador de esclarecer a respeito dos critérios e dos proce-

---

14 Artigo 5. Princípios relativos ao tratamento de dados pessoais
1. Os dados pessoais são:
a) Objeto de um tratamento lícito, leal e transparente em relação ao titular dos dados (licitude, lealdade e transparência);
Artigo 22 - veda que a decisão seja tomada exclusivamente em um tratamento automatizado, incluindo definição de perfis que produza efeitos na sua esfera jurídica ou que o afete significativamente de forma similar.

15 Art. 6º As atividades de tratamento de dados pessoais deverão observar a boa-fé e os seguintes princípios:
[...]
VI - transparência: garantia, aos titulares, de informações claras, precisas e facilmente acessíveis sobre a realização do tratamento e os respectivos agentes de tratamento, observados os segredos comercial e industrial;

16 Art. 20. O titular dos dados tem direito a solicitar a revisão de decisões tomadas unicamente com base em tratamento automatizado de dados pessoais que afetem seus interesses, incluídas as decisões destinadas a definir o seu perfil pessoal, profissional, de consumo e de crédito ou os aspectos de sua personalidade.
§ 1º O controlador deverá fornecer, sempre que solicitadas, informações claras e adequadas a respeito dos critérios e dos procedimentos utilizados para a decisão automatizada, observados os segredos comercial e industrial.

dimentos utilizados para a decisão automatizada, observará os segredos comercial e industrial, podendo o controlador inclusive, sob a alegação de preservação do segredo comercial ou industrial, se negar a prestar informações, ficando sujeito, neste caso, a auditoria da Autoridade Nacional de Proteção de Dados (ANPD), que deverá averiguar a ocorrência de aspectos discriminatórios.

Desta forma, pode-se afirmar que os Algoritmos quando protegidos pelo segredo empresarial, admitem ao controlador, único autorizado a ter acesso à sequência de instruções, poderá invocar a necessidade de exclusividade e sigilo para proteger seu negócio.

A *prima facie* este argumento deve ser respeitado por terceiros, inclusive os titulares de dados processados, haja vista que em sendo obrigado a informar a origem dos dados poderá impactar diretamente sobre a inteligência de controladores/operadores, tornando público suas estratégias, o que importaria em violação aos segredos industrial e comercial.

Ao analisar o texto constitucional, mormente em seus artigos 1º, IV e 170, é possível justificar a exceção trazida pela LGPD quanto ao segredo comercial e industrial, posto que visa proteger o agente de tratamento de dados, como um agente econômico criador e impulsionador da circulação de riquezas, e não apenas em benefício próprio, mas da própria livre-iniciativa.

Neste diapasão, é nítido que a legislação de proteção de dados brasileira se preocupa com dois interesses particulares, de um lado, preza pela transparência e garante o acesso ao titular dos dados a informação sobre o tratamento dos dados e, de outro, resguarda os segredos comercial e industrial do operador/controlador dos dados.

Obviamente que a aplicação da LGPD deverá ser ponderada caso a caso quando os interesses do titular de dados e do operador/controlador estiverem em conflito. Tendo em vista, que o operador/controlador de dados, a princípio, pode abusar da justificativa do segredo empresarial (que muitas vezes não existe) quando questionado pelos titulares e/ou por entes de fiscalização para prestar explicações e informações sobre as decisões automatizadas que é responsável.

---

§ 2º Em caso de não oferecimento de informações de que trata o § 1º deste artigo baseado na observância de segredo comercial e industrial, a autoridade nacional poderá realizar auditoria para verificação de aspectos discriminatórios em tratamento automatizado de dados pessoais.

Sobre esta análise casuística, como retro citado, o §2º do artigo 6º da LGPD, dispõe que essa decisão de prestar ou não as informações, e assim poder violar o princípio da transparência, não ficaria adstrito tão somente ao crivo da empresa controladora dos dados, já que em caso de negativa por parte do controlador em fornecer a informação, poderá a Autoridade (ANPD) averiguar os desvios discriminatórios na aplicação algorítmica, tendo assim acesso ao segredo, com a finalidade precípua de averiguação da conformidade e não violação de regras de não discriminação.

A LGPD, no entanto, não adentra nas consequências, ou nos passos seguintes a esta verificação.

Assim, na averiguação pela Autoridade (ANPD), de que trata o §2º, artigo 20 da LGPG, sendo possível vislumbrar a ocorrência de três situações distintas, sugere-se: (i) a primeira é que se constate a inexistência de segredo empresarial a ser preservado, e neste caso o mais lógico seria que a informação seja liberada ao titular de dados; (ii) a segunda é constatar-se a existência de segredo empresarial, mas com aplicação que não atue de forma discriminatória em relação ao titular de dados, e nesta hipótese não haveria razões para fornecer as informações e o direito de revisão ao titular dos dados; e por fim (iii) a terceira é constatar-se a existência de segredo empresarial, com aplicação que atue de forma discriminatória em relação ao titular de dados, sendo neste caso razoável que Autoridade atue determinando ao agente controlador que corrija o ilícito, afastando os enviesamentos discriminatórios na aplicação algorítmica, com a revisão de resultado, mas preservando-se os segredos comercial e industrial.

Bem em que pese as ponderações acima que tratam de uma análise administrativa, não é de se olvidar que tais ocorrências chegarão ao judiciário, sob diversas bases legais como por exemplo o Código de Defesa do Consumidor, o Marco Civil da Internet e da própria LGPD, oportunidade em que ter-se-á respostas mais concretas acerca da problemática que envolve este estudo, isto é, se é possível compatibilizar o princípio da transparência e os segredos comercial e industrial.

3. Considerações Finais

Este estudo tratou dos desafios interpretativos no que tange à possibilidade de se compatibilizar o segredo empresarial e o princípio da transparência elencado no artigo 6º, VI da LGPD.

Buscou-se uma interpretação que viabilize o desenvolvimento e inovação de produtos e serviços que utilizam-se de dados, por meio da proteção ao segredo industrial, tendo em vista a importância dos modelos de negócios baseados no acesso e processamento de dados, por fórmulas algorítmicas e ao mesmo tempo, uma interpretação, que acolha a efetividade do princípio da transparência, garantindo-se assim a compatibilização do direito fundamental à autodeterminação informacional com o princípio constitucional da livre iniciativa.

Pela análise do artigo 20 da LGPD, que trata do direito à revisão das decisões automatizadas, ao titular de dados, vislumbrou-se que a legislação de proteção de dados brasileira resguarda dois interesses particulares, de um lado, preza pela transparência e garante o acesso ao titular dos dados a informação sobre o tratamento dos dados e, de outro, resguarda os segredos comercial e industrial do operador/controlador dos dados.

Por fim, contemplando uma solução de compatibilização entre o segredo empresarial e o princípio da transparência, quando tais institutos se chocarem, hipoteticamente lançou-se três situações possíveis, na auditoria pela Autoridade Nacional de Proteção de Dados (ANPD), de que trata o §2º do artigo 20 da LGPD, as quais sejam: (i) a primeira é a hipótese de que se constate a inexistência de segredo empresarial a ser preservado, e neste caso o mais lógico seria que a informação seja liberada ao titular de dados; (ii) a segunda é constatar-se a existência de segredo empresarial, mas com aplicação que não atue de forma discriminatória em relação ao titular de dados, e nesta hipótese não haveria razões para fornecer as informações e o direito de revisão ao titular dos dados; e por fim (iii) a terceira é constatar-se a existência de segredo empresarial, com aplicação que atue de forma discriminatória em relação ao titular de dados, sendo neste caso razoável que Autoridade atue determinando ao agente controlador que corrija o ilícito, afastando os enviesamentos discriminatórios na aplicação algorítmica, com a revisão de resultado, mas preservando-se os segredos comercial e industrial.

4. Referências

BARBOSA, Denis Borges. Uma introdução à propriedade intelectual. 2. ed. Rio de Janeiro: Lumen Iuris, 2003.

BIONI, Bruno Ricardo. Proteção de dados pessoais: a função e os limites do consentimento. Rio de Janeiro: Forense, 2019.

BRASIL. Constituição da República Federativa do Brasil (1988). Brasília: Senado Federal, 1988. Disponível em: https://www.senado.leg.br/atividade/const/con1988/CON1988_05.10.1988/CON1988.asp. Acesso em: 15 abr. 2021.

_____. Formação e consulta a banco de dados (lei 12.414/2011). Brasília: Senado Federal, 1988. Disponível em: http://www.planalto.gov.br/ccivil_03/_ato2011-2014/2011/lei/l12414.html.Acesso em: 15 abr. 2021.

_____. Lei de acesso à informação (lei 12.527/2011). Brasília: Senado Federal, 2011. Disponível em: http://www.planalto.gov.br/ccivil_03/_ato2011-2014/2011/lei/ l12527.htm. Acesso em: 15 abr. 2021.

_____.Lei de Propriedade Industrial (lei 9.279/1996). http://www.planalto.gov.br/ccivil_03/leis/l9279.htm. Acesso em: 15 abr. 2021.

_____. Marco civil da internet (lei 12.965/2014). Brasília: Senado Federal, 2014. Disponível em: http://www.planalto.gov.br/ccivil_03/_ato20 11-2014/2014/lei/l12965. htm. Acesso em: 15 abr. 2021

_____. Ministério Da Justiça E Segurança Pública. Ministério da justiça multa Oi por monitorar navegação de consumidores na internet. Brasília, DF: Governo Federal, 2014. Disponível em: https://www.justica.gov.br/news/ministerio-da-justica-multa-oi-por-monitorar-navegacao-de-consumidores-na-internet. Acesso em: 15 abr. 2021

_____. Proteção de dados pessoais (lei 13.709/2018). Brasília: Senado Federal, 2018. Disponível em: http://www.planalto.gov.br/ccivil_03/_Ato2015-2018/2018/Lei/ L13709.htm. Acesso em: 15 abr. 2021

COTS, Márcio; OLIVEIRA, Ricardo. Lei Geral De Proteção De Dados Pessoais Comentada. 2ª Edição Revista, atualizada e ampliada. 2019.

DONEDA, Danilo e Mario Viola. Risco e Informação Pessoal: o Princípio da Finalidade e a Proteção de Dados no Ordenamento Brasileiro. R. Bras. Risco e Seg., Rio de Janeiro, v. 5, n. 10, p. 85-102, out. 2009/mar. 2010. Disponível em: http://www.rbrs.com.br/arquivos/RBRS10-4%20Danilo%20Doneda.pdf. Acesso em 02 jun. 2020

FACCHINI NETO, Eugênio; DEMOLINE, Karine Silva. Direito à privacidade na era digital: uma releitura do art. XII da Declaração Universal dos Direitos Humanos (DUDH) na sociedade do espetáculo. Revista Internacional Consinter de Direito, Curitiba, v. 5, n. 9, p. 119-140, jul./dez. 2019. Disponível em: https://revistaconsinter.com/revistas/ano-v-numero-ix/direitos-difusos-coletivos-e-individuais-homogeneos/direito-a-privacidade-na-era-digital-uma-releitura-do-art-xii-da-declaracao-universal-dos-direitos-humanos-dudh-na-sociedade-do-espetaculo/. Acesso em 02 jun. 2020

FERNANDES, Márcia Santana. Privacidade, sociedade da informação e Big Data. In: Giovana Benetti; André Rodrigues Corrêa; Márcia Santana Fernandes; Guilherme Monteiro Nitschke; Mariana Pargendler; Laura Beck Varela. (Org.). Direito, Cultura e Método - Leituras da obra de Judith Martins-Costa. 1ed.Rio de Janeiro: GZ Editora, 2019, v. 1, p. 182-210.

SILVA, Clarisse Gomes da. Patente e segredo Industrial: similitudes e distinções entre os institutos, 2015. Disponível em: institutoshttps://www.migalhas.com.br/depeso/230674/patente-e-segredo-industrial--similitudes-e--distincoes-entre-os-institutos

VERONESE, Alexandre. Os direitos de explicação e de oposição frente às decisões totalmente automatizadas: comparando o RGPD da União Europeia com a LGPD brasileira. In: FRAZÃO, Ana; TEPEDINO, Gustavo; OLIVA, Milena Donato (Coords.). Lei Geral de Proteção de Dados Pessoais e suas Repercussões no Direito Brasileiro. São Paulo: Thomson Reuters Brasil, 2019

Patentes e inteligência artificial: desafios (inteligentes) transponíveis

Milton Lucídio Leão Barcellos

Intellectual property can provide a source of empowerment. It empowers individuals by providing them with the tools necessary to be self-reliant, yet also effective participants in their community. It empowers the society by providing the resources that helps society to become more just and humane.[1]

1. Introdução

O sistema de patentes sofreu poucas alterações substanciais nas últimas décadas. Do ponto de vista brasileiro, tivemos a nova Lei da Propriedade Industrial de 1996, alinhando-se com os compromissos internacionais assumidos pelo Brasil no âmbito do ADPIC/TRIPS, trazendo maiores prazos de vigência, ampliação das criações tecnológicas suscetíveis de proteção via sistema de patentes, entre outras modificações em sentido ampliativo e não discriminatório, harmonizando o sistema brasileiro ao disposto no ADPIC/TRIPS e, ao mesmo tempo, gerando inclusão de tecnologias antes não patenteáveis no Brasil.

Fato é que o sistema de patentes possui esse caráter inclusivo, ou seja, a evolução tecnológica é inegável, gerando desafios para um sistema que é constantemente testado em sua capacidade de lidar com essas novas tecnologias sem perder a sua essência.

Assim o foi (e segue sendo) com as novas tecnologias, como biotecnologia, soluções implementadas por programas de computador, nanotecnologia, entre outras que surgem e surgirão colocando o sistema de patentes à prova sobre a sua capacidade inclusiva sem perda de sua essência.

Mas qual é a essência do sistema de patentes? Quais as suas razões de existir e seus objetivos a cumprir?

---

1 MATSUURA, Jeffrey H. Jefferson vs. the Patent Trolls: A populist vision of the intellectual property rights. Virginia/EUA: University of Virginia Press, 2008, p. 137.

E mais, o quão diferentes são os desafios impostos pela inteligência artificial aplicada a soluções técnicas[2] quando comparados com os desafios históricos que o sistema de patentes enfrentou e ainda enfrenta?

Após uma melhor compreensão a respeito do sistema de patentes[3], deve-se manter sempre viva a pergunta a respeito da sua adequação às novas tecnologias e seus desafios.

Historicamente, o sistema de patentes passou por perspectivas nacionais e regionais diferentes. A harmonização internacional do prazo de vigência de patentes, por exemplo, veio a ocorrer em momento relativamente recente através do ADPIC/TRIPS de 1994, o que definitivamente tornou mais fácil prever e calcular globalmente os investimentos em soluções e produtos/serviços que estejam relacionados a invenções protegidas por patentes, entre outros benefícios.

Com base na análise histórica, conclui-se que o sistema de patentes efetivamente não estava e não está preparado para lidar com diferentes e desafiadoras tecnologias[4], sendo que a constante e inevitável adesão de novas tecnologias ao sistema de patentes tem relação direta com o ser e não com o dever ser.

2. Criador e criatura

De um lado temos uma visão histórica global do sistema de patentes como uma imposição dos países desenvolvidos[5], enquanto de outro

2 Assim como o software em si, a inteligência artificial em si não é suscetível de proteção via sistema de patentes. Para que exista a possibilidade de proteção o software deve corresponder a uma solução de problema técnico, através de processo(s)/método(s) ou ainda sistema, não resolvido até então pela técnica existente, além de ter que preencher os demais requisitos de patenteabilidade previstos na Lei 9279/96.

3 Aqui pode-se referir a cláusula finalística do inciso XXIX do art. 5º da Carta Magna de 1988, assim como os arts. 7º e 8º do ADPIC/TRIPS, entre outros diplomas legais em vigor.

4 Ver: BARCELLOS, Milton Lucídio Leão. *Patent claim interpretation and new technologies: re-thinking the problem/solution approach in* PISTORIUS, Tana (Ed.). Intellectual Property Perspectives on the Regulation of New Technologies. Ed. Edward Elgar, 2018, p. 93.

5 Veja, por exemplo, a afirmação de Andréa Koury Menescal "Dentro da União de Paris, países em desenvolvimento não tiveram sucesso em defender e fortalecer as salvaguardas que visavam impedir e/ou controlar os abusos por monopólios de patentes" (MENESCAL, Andréa Koury. Mudando os Tortos Caminhos da OMPI? A agenda para o desenvolvimento em perspectiva histórica, in RODRIGUES, Edson

temos uma visão da sua relevância como estratégia para o desenvolvimento, desde que equilibrada[6]. Interessante notar que as visões, considerando as suas premissas de interesses diversos, não são excludentes.

No entanto, devemos ter a consciência de que todo o sistema de patentes parte da premissa histórica e moderna do criador sendo uma pessoa física, não prevendo qualquer possibilidade, seja no Brasil ou no exterior, da aplicação da ficção jurídica de inventor que não seja uma pessoa física, ou, como consta em algumas legislações, um indivíduo.

A pergunta relevante é: onde está o elo entre a pessoa física e a sua criação? Sobre esse tópico já tivemos oportunidade de escrever extenso trabalho abarcando as teorias da propriedade industrial[7], fixando a percepção de que o sistema brasileiro de patentes é regido por uma preponderância harmônica das teorias utilitarista e do plano social, em detrimento de menor incidência das teorias da personalidade e do trabalho.

Tal percepção, considerando criador/inventor de um lado e a sua conexão necessária com a criatura/invenção/modelo de utilidade de outro lado, torna, em um primeiro e açodado olhar, dispensável, na lógica constitucional funcional prevista no art. 5º, XXIX da Constituição Federal de 1988, a existência de pessoa física criadora. Ora, se há uma preponderância harmônica das teorias utilitarista e do plano social, não centradas no ser humano, conclusão direta seria que o fato do criador ser um não humano, pouca influência traria para a lógica do sistema de incentivos e corretivo de falhas mercadológicas existentes na ausência de atribuição de propriedade para criações intelectuais aderentes à área de patentes.

Beas e POLIDO, Fabrício (orgs.). Propriedade Intelectual: novos paradigmas internacionais, conflitos e desafios. Rio de Janeiro, Elsevier, 2007, p. 467).

6 Por exemplo, Christopher Heath é contundente ao destacar que "(...) a extensão dos direitos patentários deve ser determinada pela lógica que permeia o regime patentário, e pela função das patentes de assegurar um monopólio de caráter comercial. Estes resultados podem ser alcançados pela interpretação da lei, e não pela sua reforma" (HEATH, Christopher. Os limites dos direitos patentários em termos temporais, geográficos e de conteúdo, in RODRIGUES, Edson Beas e POLIDO, Fabrício (orgs.). Propriedade Intelectual: novos paradigmas internacionais, conflitos e desafios. Rio de Janeiro, Elsevier, 2007, p. 36).

7 BARCELLOS, Milton Lucídio Leão. Propriedade Industrial e Constituição: as teorias preponderantes e sua interpretação na realidade brasileira. Porto Alegre: Editora Livraria do Advogado, 2007.

Mas, frisamos, esse é o olhar açodado porque em nenhum momento da história de construção do sistema de patentes foi sequer cogitada a possibilidade de uma invenção ou modelo de utilidade ser gerado por um não humano, sendo inerentemente claro que a definição de criador ou indivíduo no sistema de patentes sempre partiu da premissa de que esse indivíduo é um ser humano.

Nas palavras de Einstein[8], devemos "Ver com os próprios olhos, sentir e julgar sem sucumbir à fascinação da moda, poder dizer o que se viu, o que se sentiu, com um estilo preciso ou por uma expressão artisticamente cinzelada, que maravilha. Será preciso ainda felicitá-lo?"

3. Sistema de patentes: razão de existir e objetivos a cumprir

Interessante notar a variação de premissas nos discursos que buscam explicar a razão de existir do sistema de patentes[9].

O comando constitucional é claríssimo ao determinar (e não possibilitar) que a lei ordinária atenda ao requisito essencial de funcionalidade imposto pela parte final do inciso XXIX[10] do art. 5º da Carta Magna de 1988. Ignorar tal comando ou torná-lo meramente como uma carta de intenções nada mais é do que distorcer a essência do sistema de patentes.

Totalmente explicável a distorção quando compreendemos tanto as convicções individuais de interesses (nesses incluídos os legítimos e os ilegítimos interesses), quanto como o inconsciente influencia nossa forma

8 EINSTEIN, Albert. *Como vejo o mundo*. Tradução de H. P. de Andrade do original "Mein Weltbild". Europa Verlag, 1953, p. 52.

9 Dentre as razões existentes que são embasadas em teorias da personalidade, do trabalho, utilitarista e do plano social, entendo que a razão de existir do sistema de patentes corresponde à correta compreensão de uma preponderância harmônica das teorias utilitarista e do plano social (teoria do útil-social), focada em solucionar uma falha consistente no insuficiente estímulo natural para a pesquisa aplicada, compartilhamento, revelação e efetiva inovação de modo sistêmico ótimo e contínuo. Ou seja, discordo, respeitosamente, das justificativas embasadas em um direito natural como razão de existir do sistema de patentes. Sobre o assunto e para aprofundamento ver BARCELLOS, Milton Lucídio Leão. Propriedade industrial e Constituição: as teorias preponderantes e sua interpretação na realidade brasileira. Porto Alegre: Livraria do Advogado, 2007.

10 "XXIX - a lei assegurará aos autores de inventos industriais privilégio temporário para sua utilização, bem como proteção às criações industriais, à propriedade das marcas, aos nomes de empresas e a outros signos distintivos, tendo em vista o interesse social e o desenvolvimento tecnológico e econômico do País".

de pensar[11] e, portanto, como nossas pré-compreensões traem a que seria a mais adequada percepção do mundo ideal concretamente considerado.

Importante destacar que os acordos internacionais usualmente pressupõem intensas negociações e acomodação de interesses nacionais, regionais e/ou grupais alinhados e não alinhados. Na área de patentes não é diferente, tendo em vista as claras dissintonias de percepção de como deve ser o sistema ideal.

Um exemplo de harmonização prática necessária (apesar de indesejada), é a de que até o advento do ADPIC (TRIPS), em vigor desde 1995, os países eram independentes para estabelecer o prazo de vigência de patentes que entendessem como o ideal para o seu país e, no caso do Brasil, devendo estar em sintonia com a já mencionada cláusula finalística do já citado art. 5º, inc. XXIX da Carta Magna de 1988.

Todas as soluções e regras em âmbito de definição democrática obedecem a jogos de interesses convergentes e divergentes em busca de harmonia representativa, o que não é diferente no sistema de patentes. Nessa busca constante e que deve ser fraterna, erros e acertos ocorrem, assim como o sempre impossível atingimento da perfeição. Em um sistema de patentes perfeito teríamos uma modulação de prazo de vigência e de amplitude de proteção de acordo com o setor tecnológico e o grau inventivo, de modo que o estímulo ao desenvolvimento econômico e tecnológico fosse otimizado ao extremo. Mas o fato é que temos prazos de proteção uniformes e amplitude protetiva homogênea independentemente do mérito inventivo e/ou do setor tecnológico específico[12].

11 Leonard Mlodinow é extremamente feliz em afirmar que "a sutileza de nossos mecanismos de raciocínio nos permite manter nossas ilusões de objetividade mesmo quando enxergamos o mundo através de lentes parciais. Nossos processos de tomada de decisão vergam mas não quebram as regras habituais". (MLODINOW, Leonard. Subliminar - como o inconsciente influencia nossas vidas. Tradução Cláudio Carina. 1ª Edição. Rio de Janeiro: Zahar, 2014, p. 291.

12 Para maior aprofundamento nas patologias e méritos do sistema de patentes, ver: BARCELLOS, Milton Lucídio Leão. *Patent claim interpretation and new technologies: re-thinking the problem/solution approach in* PISTORIUS, Tana (Ed.). *Intellectual Property Perspectives on the Regulation of New Technologies.* Ed. Edward Elgar, 2018. BARCELLOS, Milton Lucídio Leão. Limites e possibilidades hermenêuticas do princípio da igualdade no sistema de patentes brasileiro. Tese de Doutorado defendida e aprovada na PUCRS com nota máxima e voto de louvor unânime da banca como requisito parcial para a obtenção do título de Doutor em Direito pela PUCRS (2010), disponível em: https://www.academia.edu/3264495/LIMITES_E_POSSIBILIDADES_HERMEN%C3%8AUTICAS_DO_PRINC%C3%8DPIO_DA_IGUAL-

Na realidade atual e quando a tecnologia desafia o sistema de patentes (o que ocorre sistemática e continuamente), relevante o ensinamento de Juarez Freitas sobre a interpretação constitucional, de modo que deve o intérprete guardar pleno vínculo com a Constituição, dentro do que esta possui de eticamente superior e universalizável com eficácia jurídica e social[13].

4. A inteligência Artificial

Como uma evolução (ou ruptura) das tecnologias desenvolvidas utilizando-se programas de computador, a inteligência artificial trouxe novos desafios específicos. Para que ela se configure, essencial que haja a definição de um problema e de outro lado um tripé esteja presente, harmonizado e interrelacionado para resolvê-lo: dados, algoritmo(s) e plataforma.

Sem esse tripé coeso não teremos inteligência artificial. É dizer, na acepção de Pedram Mokrian[14], um sistema de inteligência artificial possui as seguintes bases estruturantes essenciais:

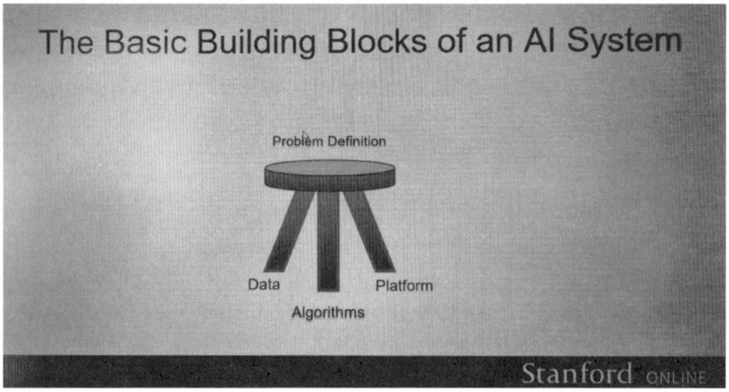

DADE_NO_DIREITO_DE_PATENTES_BRASILEIRO; BESSEN, James; MEURER, Michael. Patent Failure: How Judges, bureaucrats, and lawyers put innovators at risk. Princeton: Princeton University Press, 2008, entre outros.

13 FREITAS, Juarez. A interpretação sistemática do direito. São Paulo: Malheiros Editores, 4ª Edição, 2002, p. 223.

14 MOKRIAN, Pedram. Artificial Intelligence for Business Leaders. Palestra: Stanford Online, 26 de julho de 2022, disponível em www.stanford.edu.

Interessante notar a simetria entre um sistema de IA e o sistema de patentes no que tange à necessária clareza de definição do problema técnico que guiará a construção ou utilização dos dados, algoritmos e a necessária plataforma para o endereçamento da efetiva solução do problema técnico.

De acordo com a IBM Cloud Education[15], "em sua forma mais simples, a inteligência artificial é um campo que combina a ciência da computação a conjuntos de dados robustos para permitir a resolução de problemas. Ela também engloba os campos secundários de machine learning e deep learning, que são frequentemente mencionados com ela". E, indo além na compreensão da inteligência artificial, o mesmo texto da IBM menciona as aplicações reais da inteligência artificial, tais como reconhecimento de voz, atendimento ao cliente, visão computacional, mecanismos de recomendação e negociação de ações automatizadas.

A questão a ser respondida neste texto é refletir como o sistema de patentes recepciona soluções técnicas envolvendo ou implementadas por inteligência artificial.

5. (Dis)sintonia do sistema de patentes com as tecnologias envolvendo ou geradas por IA

Os desafios são crescentes, mas de certa forma já conhecidos. Quando abordamos as patentes envolvendo inteligência artificial, por exemplo em caso recentemente decidido pela segunda instância do INPI[16], lidamos

15 IBM. O que é inteligência artificial. Texto de 03.06.2022. Disponível em https://www.ibm.com/br-pt/cloud/learn/what-is-artificial-intelligence.

16 Ver, por exemplo, o caso TBR1046/21 (Decisões de segunda instância, INPI, vol. 5, Agosto de 2022, p. 351/352, disponível em www.inpi.gov.br), no qual a segunda e final instância administrativa do INPI decidiu que o *processo de identificação e caracterização de indivíduos através da extração de medidas biométricas em imagens in vivo da retina humana, caracterizado por consistir nas seguintes etapas: a. análise de estruturas tubulares por meio de imagem digitalizada da retina humana in vivo por algoritmo traçador para identificação da estrutura dos vasos; b. extração de características dos pontos de interesse por biometria e análise de imagens, sendo os dados digitais transformados em informações geométricas; c. aferição das medidas dos vasos sanguíneos por meio de triângulos, cujos vértices são constituídos pelos pontos de interesse e d.* ***identificação da retina por inteligência artificial e redes neurais artificiais*** (grifamos) apresenta características que *evidenciam atividade inventiva em relação às técnicas conhecidas de processamento de imagens da retina usadas em biometria no estado da técnica e em relação a D1 ou D2.*

essencialmente com a lógica das invenções implementadas em computador, nas quais o processo/método, assim como, dependendo da tecnologia, o sistema, possuem mérito inventivo e são claramente albergadas pelo sistema de patentes apresentando solução para problema técnico[17].

Interessante notar que por mais que o sistema de patentes seja difundido, por mais que as regras sejam claras, por mais que haja previsão legal histórica estável, diversos mitos, como por exemplo, de que não é possível obter patente envolvendo software, ou, mais especificamente, inteligência artificial ainda existem e são intensos não apenas no Brasil, mas também em países desenvolvidos.

Nesse aspecto, a recente pesquisa realizada pelo Escritório de Propriedade Intelectual do Reino Unido e publicada em julho de 2022[18] que aborda a questão da inteligência artificial, as patentes e dados mundiais sobre o crescente volume de investimentos feitos na área, assim como o crescimento exponencial de pedidos de patentes que são internacionalizados. Nesta, resta claro o desnível de conhecimento do sistema, demonstrando que o inventor individual, as pequenas e médias empresas acham que a proteção de inovações via IA se dá essencialmente por segredos de negócio e direitos autorais, sendo que as grandes empresas e os investidores em sentido amplo buscam a proteção via patentes. Nesse sentido expõe a pesquisa:

> "the majority of micro and SME companies interviewed perceived that they could not get patents for their software developments. **Technology sector participants had a generally perceived misconception that 'core AI software is not patentable'**. A similar observation was made in a recently published DCMS and OAI commissioned report on AI (Westgarth, et al., 2022). This report also notes that the value of AI is derived from its application to solve an existing problem.

17 Ver as Diretrizes de Exame de Pedidos de Patente envolvendo Invenções Implementadas em Computador – Diretrizes IIC – INPI/DIRPA/2021. Disponível em www.inpi.gov.br.

18 Ver: Intellectual Property and Investment in Artificial Intelligence, Pesquisa realizada e publicada pelo Escritório de Propriedade Intelectual do Reino Unido (IPO/UK) em 04.07.2022. Disponível em: https://www.gov.uk/government/publications/intellectual-property-and-investment-in-artificial-intelligence/intellectual-property-and-investment-in-artificial-intelligence#how-we-define-ai-for-the-purpose-of-this-study

> Yet, patent protection for AI-related inventions is available across all technology areas. Patent inventions embodying algorithms or software are allowable if they make a technical contribution. **The UKIPO, like the** EPO, **grants many thousands of patents for computer and software implemented inventions including in the field of** AI (UKIPO, 2019). Thus, they do provide protection for innovators in this field. The UKIPO's Manual of Patent Practice provides extensive guidance on the patenting of software and computer implemented invention" (Grifamos).

Com efeito, fundamental dissociar os mitos absurdos que carecem de base técnica e minam todo o sistema de patentes na sua acolhida geral de quaisquer áreas tecnológicas, conforme claramente delineado no artigo 27.1 do ADPIC/TRIPS[19].

Claro que a pretensão de utilizar constantemente um sistema secular de patentes para abarcar toda e qualquer tecnologia representa um enorme desafio, assim como demanda ajustes constantes e mente jurídica aberta para que o sistema de patentes desempenhe as suas funções e gere a concretude dele esperada pela sociedade[20].

---

19 Artigo 27.1 do ADPIC/TRIPS: *Sem prejuízo do disposto nos parágrafos 2 e 3 abaixo, qualquer invenção, de produto ou de processo, em todos os setores tecnológicos, será patenteável, desde que seja nova, envolva um passo inventivo e seja passível de aplicação industrial. Sem prejuízo do disposto no parágrafo 4 do Artigo 65, no parágrafo 8 do Artigo 70 e no parágrafo 3 deste Artigo, as patentes serão disponíveis e os direitos patentários serão usufruíveis sem discriminação quanto ao local de invenção, quanto a seu setor tecnológico e quanto ao fato de os bens serem importados ou produzidos localmente.*

20 Diversas são as críticas ao sistema de patentes quanto à sua capacidade de efetivamente desempenhar as funções da cláusula finalística condicional e de eficácia imediata prevista no art. 5, XXIX da CRFB de 1988 e relacionada ao interesse social, desenvolvimento econômico e tecnológico. Tais críticas não desautorizam o sistema como um todo, mas demonstram os sintomas de uma forma de proteção que elege fatores de *discrímen* em dissintonia com as atuais tecnologias, igualando o que não pode ser igualado e, portanto, gerando eficácia contida (e até mesmo desestímulos) em algumas áreas tecnológicas. Para maior aprofundamento a respeito das peculiaridades do sistema de patentes ver: BARCELLOS, Milton Lucídio Leão. Limites e possibilidades hermenêuticas do princípio da igualdade no sistema de patentes brasileiro. Tese de Doutorado defendida e aprovada na PUCRS com nota máxima e voto de louvor unânime da banca como requisito parcial para a obtenção do título de Doutor em Direito pela PUCRS (2010), disponível em: https://www.

Por outro lado, o sistema de patentes não está preparado para aceitar que um não humano seja autor de inventos, ou seja, no Brasil o caso DABUS deverá ter o mesmo desfecho que teve na Europa[21] e EUA[22] até o presente momento: inteligência artificial não pode ser considerada como inventora para efeitos de proteção pelo sistema de patentes, devendo sempre ser apontado um inventor humano, sob pena de indeferimento do pedido de patente que assim não o faça[23].

Importante notar que não se trata apenas de uma questão de previsibilidade legal, mas sim de uma variante para o qual o sistema de patentes definitivamente não está preparado e definitivamente não foi desenvolvido para abarcar. Ou seja, além da própria essência do sistema de patentes ter como figura central a figura do inventor como pessoa física, apesar de todo o sistema ser baseado em uma preponderância harmônica das teorias utilitarista e do plano social em detrimento das teorias de direito natural[24], também temerário será pretender uma interpretação "extensiva" contra a lei.

Por mais que em determinados sistemas, como nos EUA, exista uma ficção jurídica estabelecida para considerar uma pessoa jurídica como

academia.edu/3264495/LIMITES_E_POSSIBILIDADES_HERMEN%C3%8AUTICAS_DO_PRINC%C3%8DPIO_DA_IGUALDADE_NO_DIREITO_DE_PATENTES_BRASILEIRO; BESSEN, James; MEURER, Michael. Patent Failure: How Judges, bureaucrats, and lawyers put innovators at risk. Princeton: Princeton University Press, 2008, entre outros.

21 O caso DABUS na **Europa** foi decidido pela segunda instância do European Patent Office - EPO em dezembro de 2021 (caso J0008/20 referente ao pedido 18275163.6) no sentido de confirmar a decisão de indeferir o pedido de patente que nomeou DABUS como inventor por violar o artigo 81 da EPC, o qual determina que o pedido de patente deve nomear um inventor, sendo que os dicionários definem inventor como uma "pessoa" que deve ter capacidade legal.

22 A Corte Federal de Apelações dos **EUA** (US Court of Appeals for the Federal Circuit) decidiu o caso DABUS (N. 21-2347 - decidido em 05.08.2022): "The patent act requires that inventors must be natural persons; that is, human beings".

23 No **Brasil** o desfecho deverá ser similar ao dos EUA e Europa na análise do pedido de patente (fase nacional do PCT) n. BR 11 2021 008931 4, de modo que deverá ser indeferido por indicar uma inteligência artificial como inventor, com a correta aplicação do artigo 6º e seus parágrafos da Lei 9279/96.

24 BARCELLOS, Milton Lucídio Leão. Propriedade Industrial e Constituição: As teorias preponderantes e sua interpretação na realidade brasileira. Porto Alegre: Editora Livraria do Advogado, 2007.

criadora de obras intelectuais[25], para que essa ficção jurídica relacionada à IA exista é imprescindível a atuação legislativa em sintonia com a Constituição Federal de 1988, a qual, insistimos, não deverá/poderá simplesmente permitir um não humano como inventor, mas sim, e se for o caso, criar um sistema de incentivos para criações geradas por inteligência artificial.

A diferença aqui, quando falamos em inteligência artificial e sua condição enquanto criadora e, portanto, supostamente titular de direitos enquanto tal, é a sua ausência total de personalidade e um desenho de sistema de patentes que em absolutamente nenhum momento teve oportunidade de prever esse tipo de situação a qual, portanto, merece profunda atenção.

Recentemente tivemos mais uma "batalha" na área de patentes relacionada às milhares de tecnologias aplicadas a smartphones e como o volume exacerbado de patentes correlacionadas (conflitantes, dependentes e não dependentes) poderia prejudicar toda a evolutiva lógica do sistema de patentes. Em lúcido texto, Jeffrey Lewis e Ryan Mot desmistificam essa situação extrema supostamente de difícil solução, comparando-a à "guerra de patentes" que ocorreu quando das tecnologias sobrepostas aplicadas às máquinas de costura[26]. Ou seja, tanto no caso das tecnologias na área dos smartphones quanto no caso da inteligência artificial, "o céu não está caindo" e soluções no campo dos incentivos suficientes através da propriedade intelectual deverão ser endereçadas pela sociedade.

25 Nesse sentido a concepção adotada no Copyright estadunidense a respeito do *work made for hire* e bem abordada na dissertação de mestrado da Taís Bigarella Lemos, no qual é criada a ficção jurídica na qual uma pessoa jurídica, quando a relação existente fosse de trabalhos realizados diretamente através de vínculo de emprego/contratação, atribuindo-se todos os direitos autorais diretamente para a pessoa jurídica, sem que haja necessária relação direta entre criador pessoa física e criatura (obra intelectual). Para maior aprofundamento ver: LEMOS, Taís Bigarella. Autoria, emprego e criação intelectual: uma análise comparada da tutela dos direitos do autor empregado nos Estados Unidos da América e no Brasil. Dissertação (Mestrado). UFRGS, Faculdade de Direito, Programa de Pós-Graduação em Direito. Porto Alegre, BR-RS, 2022, 180f.

26 LEWIS, Jeffrey e MOTT, Ryan. The sky is not falling: Navigating the smartphone patent thicket. Wipo Magazine – Fevereiro de 2013. Disponível em: https://www.wipo.int/wipo_magazine/en/2013/01/article_0002.html.

Destaca Abrams[27] que "Understanding the incentive effects of patent protection is a core issue in intellectual property scholarship, about which almost nothing is currently known".

Como bem lembrado por Pedro Marcos Nunes Barbosa[28], ao utilizar o clássico Guerra nas Estrelas como exemplo sobre relações humanas em ambiente abrasivo, no âmbito das relações necessárias entre o sistema de patentes e a inteligência artificial, relevante atentar para o estabelecimento de diálogo fraterno que observe o âmbito das "pré-compreensões, da ideologia, das premissas implícitas e explícitas sobre o que seria bom, correto e utópico".

6. Conclusões

Por outro lado, afirma Fábio Ulhoa Coelho[29], quando trata da astúcia, que "A Grande Astúcia do Direito contemporâneo é fazer parecer que há força na lei, ciência nos raciocínios, lógica nos julgamentos e justiça no mundo. A Grande Astúcia é um obstáculo ao desenvolvimento da inteligência artificial no tratamento dos conflitos de interesses".

Quando pensamos na evolução e corporificação tecnológica envolvendo a inteligência artificial de um lado e sua relação com o sistema de patentes em um ambiente concorrencial, reforçam-se as afirmações de Christopher Heath[30] no sentido de que "filho da livre concorrência, porém excluindo-a, o sistema patentário é um clássico exemplo de tensão entre os monopólios e o livre-mercado: um escopo de proteção muito restrito ofereceria incentivos insuficientes para fomentar a inovação, enquanto, ao revés, um escopo muito amplo obstaculizaria inovação e levaria a um alocação ineficiente de recursos".

---

27 ABRAMS, David S. Did TRIPS spur innovation? An analysis of patent duration and incentives to innovate. University of Pennsylvania Law Review. 2009. Vol. 157, p. 1613/1647.

28 BARBOSA, Pedro Marcos Nunes. Curso de Concorrência Desleal. Rio de Janeiro: Editora Lumen Juris, 2022, p. 21.

29 COELHO, Fábio Ulhoa. Biografia não autorizada do direito. 1. Ed. São Paulo: Editora WMF Martins Fontes, 2021, p. 364/365.

30 HEATH, Christopher. Os limites dos direitos patentários em termos temporais, geográficos e de conteúdo. In RODRIGUES JR, Edson Beas e POLIDO, Fabrício (Org.). Propriedade Intelectual: novos paradigmas internacionais, conflitos e desafios. Rio de Janeiro: Elsevier, 2007, p. 20.

Pois bem, o sistema de patentes criou uma espécie de resiliência para lidar com os desafios de novas tecnologias dentro de um universo do "possível", limitando-se e de certa forma limitando as possibilidades de evolução de um sistema de incentivos para correção de falhas oriundas da livre concorrência.

Tal fato (limitação intrínseca do sistema de patentes) em nada obsta a transposição do desafio atual envolvendo tecnologias que englobam a inteligência artificial para a solução de problemas técnicos, desde que, nas palavras de Abrantes a matéria seja operável pelos meios descritos pelo inventor, de modo que o resultado descrito inevitavelmente seja alcançado quando colocado em prática, ou seja, a invenção deve ser controlável e seus resultados reproduzíveis em sintonia com o que foi descrito no pedido de patente[31].

7. Referências

ABRAMS, David S. Did TRIPS spur innovation? An analysis of patent duration and incentives to innovate. University of Pennsylvania Law Review. 2009. Vol. 157, p. 1613/1647.

ABRANTES, Antônio Carlos Souza de. Fundamentos do exame de patente. Rio de Janeiro: Lumen Juris, p. 408, 2017.

BARBOSA, Pedro Marcos Nunes. Curso de Concorrência Desleal. Rio de Janeiro: Editora Lumen Juris, 2022, p. 21.

BARCELLOS, Milton Lucídio Leão. Limites e possibilidades hermenêuticas do princípio da igualdade no sistema de patentes brasileiro. Tese de Doutorado defendida e aprovada na PUCRS com nota máxima e voto de louvor unânime da banca como requisito parcial para a obtenção do título de Doutor em Direito pela PUCRS (2010), disponível em: https://www.academia.edu/3264495/LIMITES_E_POSSIBILIDADES_HERMEN%C3%8AUTICAS_DO_PRINC%C3%8DPIO_DA_IGUALDADE_NO_DIREITO_DE_PATENTES_BRASILEIRO;

BARCELLOS, Milton Lucídio Leão. *Patent claim interpretation and new technologies: re-thinking the problem/solution approach in* PISTORIUS, Tana (Ed.). *Intellectual Property Perspectives on the Regulation of New Technologies.* Ed. Edward Elgar, 2018.

31 ABRANTES, Antônio Carlos Souza de. Fundamentos do exame de patente. Rio de Janeiro: Lumen Juris, 2017, p. 408.

BARCELLOS, Milton Lucídio Leão. Propriedade Industrial e Constituição: as teorias preponderantes e sua interpretação na realidade brasileira. Porto Alegre: Editora Livraria do Advogado, 2007.

BESSEN, James; MEURER, Michael. Patent Failure: How Judges, bureaucrats, and lawyers put innovators at risk. Princeton: Princeton University Press, 2008.

COELHO, Fábio Ulhoa. Biografia não autorizada do direito. 1. Ed. São Paulo: Editora WMF Martins Fontes, 2021, p. 364/365.

CORTE FEDERAL DE APELAÇÕES DOS EUA (US Court of Appeals for the Federal Circuit). Caso DABUS (N. 21-2347 – decidido em 05 de agosto de 2022.

DIRETRIZES DE EXAME DE PEDIDOS DE PATENTE ENVOLVENDO INVENÇÕES IMPLEMENTADAS EM COMPUTADOR – Diretrizes IIC – INPI/DIRPA/2021. Disponível em www.inpi.gov.br.

EINSTEIN, Albert. *Como vejo o mundo*. Tradução de H. P. de Andrade do original "Mein Weltbild". Europa Verlag, 1953, p. 52.

FREITAS, Juarez. A interpretação sistemática do direito. São Paulo: Malheiros Editores, 4ª Edição, 2002, p. 223.

HEATH, Christopher. Os limites dos direitos patentários em termos temporais, geográficos e de conteúdo, in RODRIGUES, Edson Beas e POLIDO, Fabrício (orgs.). Propriedade Intelectual: novos paradigmas internacionais, conflitos e desafios. Rio de Janeiro, Elsevier, p. 36, 2007.

IBM. O que é inteligência artificial. Texto de 03.06.2022. Disponível em https://www.ibm.com/br-pt/cloud/learn/what-is-artificial-intelligence.

INTELLECTUAL PROPERTY AND INVESTMENT IN ARTIFICIAL INTELLIGENCE, Pesquisa realizada e publicada pelo Escritório de Propriedade Intelectual do Reino Unido (IPO/UK) em 04.07.2022. Disponível em: https://www.gov.uk/government/publications/intellectual-property-and-investment-in-artificial-intelligence/intellectual-property-and-investment-in-artificial-intelligence#how-we-define-ai-for-the-purpose-of-this-study

LEMOS, Taís Bigarella. Autoria, emprego e criação intelectual: uma análise comparada da tutela dos direitos do autor empregado nos Estados Unidos da América e no Brasil. Dissertação (Mestrado). UFRGS, Faculdade de Direito, Programa de Pós-Graduação em Direito. Porto Alegre, BR-RS, 2022, 180f.

LEWIS, Jeffrey e MOTT, Ryan. The sky is not falling: Navigating the smartphone patent thicket. Wipo Magazine – Fevereiro de 2013. Disponível em: https://www.wipo.int/wipo_magazine/en/2013/01/article_0002.html.

MATSUURA, Jeffrey H. Jefferson vs. the Patent Trolls: A populist vision of the intellectual property rights. Virginia/EUA: University of Virginia Press, p. 137, 2008.

MENESCAL, Andréa Koury. Mudando os Tortos Caminhos da OMPI? A agenda para o desenvolvimento em perspectiva histórica, in RODRIGUES, Edson Beas e POLIDO, Fabrício (orgs.). Propriedade Intelectual: novos paradigmas internacionais, conflitos e desafios. Rio de Janeiro, Elsevier, p. 467, 2007.

MLODINOW, Leonard. Subliminar – como o inconsciente influencia nossas vidas. Tradução Cláudio Carina. 1ª Edição. Rio de Janeiro: Zaharp, p. 291, 2014.

MOKRIAN, Pedram. Artificial Intelligence for Business Leaders. Palestra: Stanford Online, 26 de julho de 2022, disponível em www.stanford.edu.

IA e o licenciamento de patentes essenciais (SEPs): condições FRAND e o exemplo da tecnologia 5G

Márcia Santana Fernandes

1. Introdução

IA, tal como recentemente definida pela Comissão Europeia caracteriza-se por ser um campo da ciência computacional que estuda o "comportamento inteligente" e "agentes inteligentes" que possam exibir tais comportamentos. Os sistemas podem exibir comportamento inteligente por meio da análise do seu ambiente e da tomada de decisões – com algum grau de autonomia – para atingir objetivos específicos. (European Parlament, 2022)

Há um significativo crescimento nos investimentos e no uso de sistemas de IA em muitos setores como o automobilístico, saúde e aeronáutico, criando novos desafios tanto para a indústria quanto para a sociedade, potencializados pela tecnologia 5G. O sistema 5G, é uma tecnologia padronizada que potencializa a velocidade, a capacidade e o volume da comunicabilidade de dados pela internet para conjuntamente conectar máquinas, objetos e dispositivos.

O desenvolvimento de Sistemas de Informação Inteligentes, conforme destacam Silveira e Delepiane de Vit, podem ser conceituados considerando diferentes perspectivas. Na perspectiva do observador, estes sistemas realizem funções que pareçam "inteligentes", assim como na perspectiva dos cientistas de sistemas, a IA envolve vários procedimentos de computação programado para realizar funções que na perspectiva de um ser humano seriam inteligente e/ou realizaria funções antes só realizadas por seres humanos. Ainda, a IA é estudada e pesquisada em diferentes áreas: *Sistemas Especialistas (Sistemas Baseados em Conhecimento), Robótica, Redes Neurais Artificiais, Vida Artificial, Sistemas Multiagentes, Raciocínio Baseado em Casos* e *Algoritmos Genéticos*, os quais são objeto de estudo pelos autores, nesta obra, Capítulo 1. (Silveira, S.R.; Delepiane De Vit, A. R..; 2023)[1]

1 SILVEIRA, S.R.; DELEPIANE DE VIT, A. R.. Inteligência Artificial: os computadores podem ser criativos, Capítulo I, Inteligência Artificial e Propriedade Intelectual; org. FERNANDES, M.S e CALDEIRA, C. G, Rio de Janeiro: GZ Editora, no prelo, 2023.

A Inteligência Artificial (IA), conjugada com a potencialidade da tecnologia 5G, considerando estas diferentes áreas de pesquisa em IA, integram práticas para prestação de serviços e estão embarcados em inumeráveis produtos, especialmente aqueles envolvendo as TDICs (Tecnologias Digitais da Informação e da Comunicação); referimos a título de exemplo: a) estão integrados em tecnologias de imagem e tratamento de sinais; b) estão presentes na área de comunicação para realizar interações de bases de dados robustas e big data; c) potencializam o acesso de dados e informações, em especial facilitados pelas redes de computadores (internet), por tecnologias como 4G e 5G e pelo acesso de dados e informações processados por satélites potentes e d) estão incorporados nas áreas de planejamento, conhecimento e raciocínio, associando-se diretamente ao processo de tomada de decisão. Fernandes; Goldim, no prelo para publicação 2023)[2]

Produtos envolvendo TDICs são compostos por várias tecnologias, sistemas, peças, conexões, muitos devem ser padronizados, como são exemplo a tecnologia de celulares; indústria automobilística, de energia, de internet das coisas e a tecnologia e licenças 5G. A tecnologia 5G, especificamente, necessita para funcionar de componentes comuns, padronizados e harmonizados que, por sua vez, são protegidos por patentes e por "patentes essenciais" (standards-essential patente), conhecidas pela sigla inglesa SEPs. As SEPs são reconhecidas ou podem ser declaradas pelas empresas que participam do processo de desenvolvimento de padrões e harmonização de tecnologia; isso é, os participantes de atividades de desenvolvimento de padrões declaram que as patentes «podem ser» ou «podem se tornar a ser» SEPs e, consequentemente, comprometem-se em licenciar seus SEPs em termos justos, razoáveis e não discriminatórios, características conhecidas pela sigla inglesa FRAND.

A padronização (*standard*) em geral não tem uma definição universal. Como explica Wu, a padronização é "um documento publicado que estabelece especificações técnicas, diretrizes ou regras para uso comum e repetido a fim de assegurar a qualidade, segurança e interoperabilidade dos produtos". Em um mercado globalizado e tecnicamente

2 FERNANDES, Márcia e GOLDIM, José Roberto. Artificial Intelligence and Decision Making in Health: risks and opportunities; *in Artificial Intelligence, Law and Beyond;* Edited by Antunes, Henrique Sousa; Oliveira, Arlindo. Editora Spring. No prelo, previsão de lançamento 2022/2023.

interdependente é importante a padronização de tecnologias para reduzir custos de adaptação e avaliação de conformidade (*compliance*) de produtos, promovendo a disseminação do conhecimento; assim como promover o comércio internacional, facilitar o acesso de empresas aos mercados estrangeiros e assegurar qualidade, segurança e interoperabilidade aos consumidores. (Wu, X, 2017)

Ainda, a padronização de tecnologias em setores globalizados, como é o caso das TDICs e AI, é essencial atingir níveis de sustentabilidade e controle na emissão de carbono, para minimizar custos de produção e redução nos preços comercializados. Conforme dados da OCDE, a área da TDICs e a inteligência artificial tem potencial para revolucionar as economias e contribuir para enfrentar os desafios globais relacionados à saúde, ao transporte e ao meio ambiente, entre outros. (OCDE, 2017)

A padronização de produtos em nível global, igualmente, é objeto de estudo e discussões pelo Comitê que integra os objetivos do Acordo sobre Barreiras Técnicas para o Comércio (Technical Barriers to Trade (TBT)), no âmbito da Organização Mundial do Comércio (OMC/WTO). O Comitê (Commitee on Tecnical Barriers to Trade[3]) estimula os membros da OMC buscar a padronização técnica internacional a fim de facilitar e desenvolver um ambiente favorável ao comércio internacional, assim como para promover discussões sobre boas práticas e regulação para padronização técnica e elaborar diretrizes para atingir este objetivo. A OMC realiza revisões sobre políticas de comércio (WTO *trade policy review process (TPR))*, as quais recebem informações sobre patentes e padronização dos Estados membros, considerados líderes mundiais de comércio, como os Estados Unidos; China, União Europeia e Japão. (Wu, X.., 2017)

Os padrões são desenvolvidos e reconhecidos por organizações acreditadas, como são denominadas as SSO (Standard Setting Organizations) compostas por representantes da indústria, técnicos, acadêmicos e governos. As SSOs devem estabelecer procedimentos para promover uma atmosfera de confiança e abertura para que empresas concorrentes possam desenvolver ou acordar normas técnicas conjun-

3 OMC (WTO) - Technical Barriers to Trade. Informações gerais na página oficial da OMC. Disponível em https://www.wto.org/english/tratop_e/tbt_e/tbt_e.htm#:~:text=The%20Technical%20Barriers%20to%20Trade,create%20unnecessary%20obstacles%20to%20trade; https://www.wto.org/english/news_e/news22_e/tbt_16nov22_e.htm , acessado em 12 de fevereiro de 2023.

tamente, em vista do interesse público. As empresas participam do processo de desenvolvimento de padrões e harmonização de tecnologia a partir da troca de informações, discussões e acordos técnicos. Patentes ou depósito de patentes decorrentes destas invenções, diante do reconhecimento da essencialidade da invenção ou do aprimoramento tecnológico, "podem ser" ou "poderão se tornar" uma SEPs.

A título de exemplo, são SSOs: International Organization for Standardization (ISO) e as três organizações europeias de padronização, reconhecidas pelo European Standards Organization (ESO) – o European Telecommunications Standards Institute (ETSI)[4], o European Committee for Electrotechnical Standardization (CENELEC)[5], o European Committee for Standardization (CEN).

No caso da padronização em razão da tecnologia 5G, justifica o ETSI:

> A tecnologia 5G destina-se a fornecer velocidades de dados de pico multi-Gbps (acesso de 2.3 gigabytes por segundo) mais altas, latência ultra baixa, maior confiabilidade, capacidade de rede massiva, maior disponibilidade, melhor desempenho e uma experiência uniforme para mais usuários e com isso possibilitar novas experiências de usuário e conectar novos setores.[6]

Neste contexto, o licenciamento e as negociações de SEPs (*standards-essential patente*) são centrais para a deliberação de valores de pagamento de royalties, sendo centrais os termos, conhecidos como RAND (reasonable, and non-discriminatory) e FRAND (fair, reasonable, and non-discriminatory), que serão objeto de estudo na Parte II deste Capítulo.

4 EUROPEAN TELECOMMUNICATIONS STANDARDS INSTITUTE (ETSI) -. https://www.etsi.org/about/find-us
"O ETSI é uma peça-chave no cenário internacional. ETSI publica entre 2.000 e 2.500 normas, a cada ano, de padrões de tecnologias-chave globais como GSMTM, 3G, 4G, 5G, DECTTM, cartões inteligentes e muitas outras histórias de sucesso de padrões." https://www.etsi.org/e-brochure/CorporateBrochure/mobile/index.html#p=1

5 CENELEC – European Committee for Electrotechnical Standardization https://www.cencenelec.eu/

6 EUROPEAN TELECOMMUNICATIONS STANDARDS INSTITUTE (ETSI), disponível em https://www.etsi.org/standards/types-of-standards; acessado em 23 de janeiro de 2023.

A importância do tema relacionado ao uso de IA e 5G são prementes e necessárias, pois estão na fronteira de áreas estratégicas para o desenvolvimento econômico social, por exemplo na comunicação para a automação industrial - máquinas, celulares e linhas de produção. O sistema 5G funciona como uma ponte, por exemplo potencializando o modelo *Time-Sensitive Networking* (TSN), que é um conjunto de padrões que possibilitam conectividade e confiabilidade determinísticas em redes locais.[7]

A tecnologia 5G possibilitará uma mudança de modelo industrial, saindo de um modelo fragmentado; não padronizado e de uso individual em tempo real para um modelo padronizado, automatizado, colaborativo; sincronizado; interoperável, permitindo uso universal em tempo real.[8]

Os países da América Latina são minoria em discussões internacionais, sejam técnicas ou normativas e jurídicas envolvendo a tecnologia 5G[9]; a partir das questões geopolíticas, há pouca representação (seja por agentes da indústria ou de governos) em organizações para padronização, aproximadamente 1%, em comparação a representação europeia, de países asiáticos (exemplo do Japão e China) e norte-américa, que perfazem 80%, aproximadamente, da representação. (Wu, X, 2017)

---

7 Harmatos, J.; Maliosz, M. Architecture Integration of 5G Networks and Time-Sensitive Networking with Edge Computing for Smart Manufacturing. Electronics 2021, 10, 3085. https://doi.org/10.3390/electronics10243085 https://www.mdpi.com/journal/electronics
"A rede de contatos sensíveis ao tempo (TSN) foi desenvolvida pelo Institute of Electrical and Electronics Engineers (IEEE) para permitir a comunicação determinística em Ethernet padrão. Antes das normas TSN, a comunicação determinística era baseada em tecnologias ou Ethernet não padronizadas. A tecnologia TSN é gerenciada de forma centralizada e fornece garantias de entrega e minimiza o tremor utilizando programação de tempo para as aplicações que exigem determinismo. (...) A computação de ponta se move potência de computação perto dos locais de fábrica, reduzindo a latência das aplicações de borda. Tornar os processos de produção mais flexíveis, mais robustos e resilientes induz um grande desafio para a integração estas tecnologias." Tradução livre da autora.

8 5G-ACIA White Paper (2021): "Integration of 5G with Time-Sensitive Networking for Industrial Communications", published by 5G-ACIA. https://5g-acia.org/whitepapers/integration-of-5g-with-time-sensitive-networking-for-industrial-communications/

9 5G-ACIA White Paper (2021): "Integration of 5G with Time-Sensitive Networking for Industrial Communications", published by 5G-ACIA. https://5g-acia.org/whitepapers/integration-of-5g-with-time-sensitive-networking-for-industrial-communications/ .

O Brasil não é distinto, não está discutindo amplamente em nível internacional sobre as SEPs, as condições de licenciamento, entre elas as FRAND, e 5G; por exemplo no âmbito da OMC, nas revisões de processos para o comércio ((WTO *trade policy review process (TPR))*; ou mesmo em nível nacional, nas discussões jurídicas – doutrinárias, legislativas e jurisprudenciais –, como apontam Campos e Blasi.[10] Entretanto, esta situação deverá ser alterada a medida em que o governo projeta que o sistema de 5G esteja implementado em quase todo o país, para uso em muitos setores da economia, da saúde, da educação e do agronegócio. (Campos, P.A.M.e Blasi, G. Di., 2022)

Nas últimas décadas, é fato que os debates têm sido intensos, envolvendo o setor de tecnologia da informação e comunicação (TDICs), no que concerne as linhas e limites para padronização e, consequentemente, para licenciar patentes ou pool de patentes e/ou SEPs.[11] As dificuldades também aparecem na comprovação das SEPs, autodeclaradas por alguns setores; assim como nas questões envolvidas no licenciamento, para evitar infrações ou a exploração ilícita destas patentes. (Iam, 2022)[12]

Em vista da necessária discussão acadêmica, considerando o contexto desafiador da tecnologia 5G e AI, este Capítulo tem o objetivo central de analisar como às normas nacionais se ajustam aos contratos de licenciamento de SEPs e o termo FRAND, tomando como ponto de partida a interpretação internacional. O método será de revisão narrativa de literatura. O capítulo trata das características gerais das patentes e das patentes essenciais – SEPs (*standards-essential patente*); considerando a sua função social; os contratos de licenciamento de patentes essenciais (SEPs) e a importância do termo FRAND, considerando a tecnologia 5G.

10 CAMPOS, P.A.M. e BLASI, G. Di. O Brasil não se preparou para lidar com as patentes do 5G. Migalhas, publicado em 27 de abril de 2022. Disponível em https://www.migalhas.com.br/depeso/364680/o-brasil-nao-se-preparou-para-lidar-com-as-patentes-do-5g

11 WU, X..Interplay between Patents and Standards in the Information and Communication Technology (ICT) Sector and its Relevance to the Implementation of the WTO Agreements. Intellectual Property, Government Procurement and Competition Division World Trade Organization -WTO – *Manuscript date: 3 April 2017*

12 IAM. A year in review: key SEP/FRAND discussions in 2022. Publicada em 18 de janeiro de 2023; acessada em 30 de janeiro de 2023. Disponível em https://www.iam-media.com/article/year-in-review-key-sepfrand-discussions-in-2022

2. As patentes e as patentes essenciais: requisitos e função social as SEPs

2.1. As patentes e seus requisitos

As legislações nacionais relacionadas às patentes, na maioria dos países do mundo, aderem à Convenção da União de Paris para a proteção da propriedade industrial - CUP, ao Tratado de Cooperação em Matéria de Patentes - PCT, ambos administrados pela OMPI (WIPO)[13], e ao Acordo Multilateral relacionado à Propriedade Intelectual - *Agreement on Trade Related Aspects of Intellectual Property Rights* (TRIPS)[14]. Ambas instituções têm papel crucial na regulamentação e impactos dos direitos de propriedade intelectual dos Estados-membros.

O TRIPS, por sua vez, é o instrumento jurídico abrangente na área do comércio internacional relacionado à propriedade intelectual. O acordo é precursor entre os tratados multilaterais que envolvem as relações comerciais na área da propriedade intelectual, sendo obrigatória a sua implementação pelos Estados-membros, em razão da estrutura da OMC (WTO). (LAFER, C., 1998)

Neste contexto, devem ser considerados os Objetivos de Desenvolvimento Sustentável (ODS), no contexto da Agenda 2030, estabelecidos pela Organização das Nações Unidas (ONU), especificamente em seu objetivo 17 – fortalecer os meios de implementação e revitalizar a parceria global para o desenvolvimento sustentável. Esta meta e prioridade a serem buscadas para promover práticas, políticas, planos estratégicos e cooperação entre as nações.[15]

---

13 A Organização Mundial da Propriedade Intelectual - OMPI é uma organização especializada da Organização das Nações Unidas - ONU, estabelecida pelo Convênio firmado em Estocolmo em 14 de julho em 1967 e emendado em 28 de setembro de 1979 (ORGANIZACIÓN MUNDIAL DE LA PROPRIEDAD INTELECTUAL -OMPI. **Convenio que estabelece la Organización Mundial de la** Propriedad Inteletual. Estocolmo, 1967). O Brasil aderiu ao Convênio da OMPI em 20 de Dezembro de 1975 e promulgou este através do Decreto n.75.541, de 31 de Março de 1975, publicado no D.O.U de 02 de Abril de 1975.

14 O Tratado foi introduzido no país via o Decreto 1.355/1994. Acessível em chrome-extension://efaidnbmnnnibpcajpcglclefindmkaj/https://www.gov.br/inpi/pt-br/backup/legislacao-1/27-trips-portugues1.pdf. Versão em inglês do TRIPs ver na página oficial da OMC: https://www.wto.org/english/docs_e/legal_e/31bis_trips_04c_e.htm#5

15 ONU. Organização das Nações Unidas - Brasil. Agenda 2030 para o Desenvolvimento Sustentável (ODS). Disponível em https://brasil.un.org/pt-br/91863-agenda-2030-para-o-desenvolvimento-sustentavel ; acessado em 20 de fevereiro de 2023.

No âmbito do direito privado internacional, a patente possibilita ao titular, por meio de um *monopólio técnico, a exploração* econômica, tecnológica e social. A exploração é estabelecida legalmente, por período determinado, normalmente de vinte anos, no caso de patentes de invenção, ou de quinze anos, no caso de modelos de utilidade, para os países que adotam esta modalidade, como é o caso do Brasil, Lei 9.279/1996.[16]

O invento é uma solução técnica para um problema técnico, este conectado ao conceito indeterminado de invenção. A natureza técnica do invento é algo fundamental para a sua caracterização; sendo necessário a descrição técnica de forma suficiente para comprovar a sua aplicação industrial e possível reprodução. Deve haver uma transformação técnica específica do existente na natureza, que tenha forma e concepção não geradas intuitivamente a partir do *estado da técnica* e que, efetivamente, seja nova. (Markl, H., 2002). Já a mera descoberta, diferente da invenção, se caracterizam pela prévia existência, pela obviedade ou pela possibilidade lógica de existir (Barbosa, D. B., 2003; Peuscet, J., 2006). No Brasil, o patenteamento de meras descobertas não são admitidas, pois a atividade inventiva confunde-se com as noções de "invenção".[17]

A exclusividade está limitada por lei e a exploração está jungida a descrição suficiente da inovação ou modelo de utilidade patenteado[18], o monopólio tem caráter *instrumental* (Barbosa, D. B., 2001) e não econômico. Assim, terceiros poderão, por outros meios e soluções técnicas, explorar a mesma oportunidade de mercado, por meio de cobrança de *royalties*[19], li-

16 BRASIL. Lei 9.279/1996, art. 2º, inciso I; art. 6º, § 3º; art.7º e art. 8º e seguintes. https://www.planalto.gov.br/ccivil_03/leis/l9279.htm

17 Contraria é a posição norte-americana, pioneiros em admitir descobertas como objeto de patenteamento – mesmo aquelas existentes previamente na natureza, matéria viva ou não. Com isso abandonaram a adoção da chamada da *"product-of-nature doctrine"*. O caso *Diamond v. Chakrabarty* foi paradigmático para determinar para estabelecer a posição norte-americana. A utilidade é o critério em substituição da atividade inventiva de outras legislações – por isso ambos critérios são expressos no TRIPs, no artigo 27, utilidade ou atividade inventiva. O critério da "utilidade" tem reflexos práticos na interpretação dos inventos e descobertas à medida que o relevante, na legislação americana, é a utilidade que a patente terá na indústria, e não necessariamente a inventividade.

18 Lei 9.279/1996, artigo 41: A extensão da proteção conferida pela patente será determinada pelo teor das reivindicações, interpretado com base no relatório descritivo e nos desenhos.

19 A noção de royalties, é construída na legislação tributária. Segundo a Lei 4.506/64, art. 22, são royalties "os rendimentos de qualquer espécie decorrentes do uso,

cenciamento e cessão, em busca de impedir o *free riding* e estimular uma concorrência legal de mercado, permitindo o acesso e a escolha dos consumidores a melhor tecnologia disponível. (Salomão Filho, C. , 2021, p. 255)

No contexto do direito privado brasileiro, o *free riding* está a semelhança do sentido da teoria do enriquecimento sem causa por intervenção (*o enriquecimento obtido com a intromissão do direito alheio*), pois causa o empobrecimento do credor, compõe o suporte fático do art. 884 do CCB[20], como explica Cláudio Michelon:

> O enriquecimento por intervenção se funda, como ademais todo o enriquecimento sem causa, no princípio da conservação estática dos patrimônios que, no caso dessa modalidade específica de enriquecimento sem causa, se combina com a tese de que "as atribuições patrimoniais efetuadas por meio da concessão de posições jurídicas ativas (p. ex., de direitos subjetivos) possuem um conteúdo que inclui o monopólio da exploração do objeto desses direitos subjetivos." Nem todas as posições jurídicas, porém, geram esse monopólio de exploração e, mais importante, a extensão desse monopólio pode variar entre os diversos tipos de posição jurídica ativa.
>
> Em relação a que tipos de posição jurídica ativa vem acompanhados de monopólio de exploração, os casos mais controvertidos durante o século XX (notadamente o direito à marca ou patente, o direito de livre concorrência, e os direitos de personalidade) são hoje pacificamente capazes de justificar o enriquecimento por intromissão.(Michelon, C. , 2011, p. 872-901)

O monopólio de exploração e os direitos decorrentes de uma patente estão moldados por sua finalidade e utilidade. Por isso, o pedido de uma patente deve ser descritivo, de forma suficiente, sobre qual é objeto

fruição ou exploração de direitos, tais como: a) direitos de colher ou extrair recursos vegetais, inclusive florestais; b) direito de pesquisar e extrair recursos minerais; **c) uso ou exploração de invenções, processos e fórmulas de fabricação e de marcas de indústria e comércio**; d) exploração de direitos autorais, salvo quando percebidos pelo autor ou criador do bem ou obra"(...).

20 BRASIL. Código Civil Brasileiro, Lei 10.104/2002. Art. 884. Aquele que, sem justa causa, se enriquecer à custa de outrem, será obrigado a restituir o indevidamente auferido, feita a atualização dos valores monetários.

do invento, que na maioria das legislações nacionais e no TRIPs[21], pode ser de um produto ou um processo. (Cerqueira, J. D. G., 1992, p. 301-303; Barbosa, D. B.; 2003. p. 388-392). Por sua vez, o invento a ser patenteado deve ter correlação direta com a respectiva descrição e suas correspondentes reivindicações.[22].

O conceito jurídico de propriedade está centralizado na sua função *econômico-social*, característica que se aplica às patentes, conforme mencionado. O titular de uma patente pode impedir o uso de terceiros não autorizados de invenção ou modelo de utilidade patenteado, entretanto não de forma absoluta, mas sim deve estar jungido a sua função econômica e social.

A função social legitima o sistema de patentes desde que a teoria da divulgação do conhecimento (Carvalho, N. P., 2004, p.735)[23], estruturante de seu suporte fático, se concretize; isso é, descrever suficientemente a invenção e verificar se o conceito de unidade inventiva está presente, permitindo assim à sociedade medir o seu valor e a adequação de recursos para promover novas tecnologias, para o qual o conceito de unidade inventiva é central.

O sistema internacional de propriedade intelectual, em particular influenciado pelo TRIPs, está intimamente ligado aos sistemas nacionais e comunitários em vista de estabelecer um consenso no que concerne ao conceito de unidade inventiva central às patentes.

O conceito de "unidade inventiva" é composto por três requisitos de validade: atividade inventiva, novidade e aplicação industrial. A invenção deve ser nova, isto é, ela deve promover estágio inovador ao estado da técnica e ser capaz de uma aplicação industrial. No entanto, a interpretação de cada um dos requisitos, em especial o de atividade inventiva, apresenta distintas conceituações nas legislações nacionais.

---

21 O TRIPs menciona, expressamente no seu artigo 27, apenas que "as patentes estarão acessíveis às patentes de produtos e processos"..

22 O Brasil trata a matéria da seguinte forma: a Lei de propriedade industrial brasileira, Lei 9.279/1996, determina a exigência da suficiência descritiva, nos artigos 24 e 25, como um requisito indispensável.

23 A teoria da divulgação ou da expansão do conhecimento, também chamada de primeiro princípio do sistema de patentes, assume a comunidade como o foco primordial, visando o desenvolvimento tecnológico, econômico e social por meio do acesso dos conhecimentos existentes no estado da técnica e da descrição suficiente dos inventos.

As diferenças frequentemente, podem implementar regras próprias, expandindo ou restringindo novos interesses mercadológicos e que poderão ser legitimados pelo direito internacional na área de patentes. (Jacobs, A. G, 2001)

O direito de propriedade do inventor ou do detentor de uma patente, perdura o tempo legalmente determinado, para a exploração econômica, impondo limitações ao seu exercício, evitando-se a caracterização do abuso de direito.

No caso brasileiro, em que a propriedade intelectual tem natureza de direito real, o inventor, antes da concessão do pedido de patente, tem um direito de propriedade precário e imperfeito. Este direito se tornará completo e perfeito somente após concessão do título da patente pelo INPI. A partir deste momento, nasce para o inventor, conforme diz Gama Cerqueira, o direito de realizar a invenção para auferir proveitos de sua exploração; de obter a respectiva patente e de dispor da invenção, transferindo a terceiros, por ato *inter vivos* ou *causa mortis*, a título oneroso ou gratuito. (Cerqueira, J. D. G., 2010, p. 155)

Ainda, há limitações ao seu exercício, evitando-se a caracterização do abuso de direito. As patentes, por exemplo na área da saúde permite claramente verificar esta perspectiva, assim como na área da tecnologia, as patentes essenciais-padrão (SEPs) exigem a concretização de contratos de licenciamento e de cessão para permitir o funcionamento de diferentes equipamentos, processos e sistemas - como é o caso da tecnologia 5G.

(Organização Mundial do Comércio, 2006, P. 19-22); (Nozaradan, C., 2007. P. 441-481); (Lenk, C.Hoppe, N.; Andorno, R., 2007)

2.2. SEPs e suas características centrais

As patentes essenciais-padrão (SEPs) são compostas por duas características centrais, a primeira diz respeito à função e a segunda ao reconhecimento pelo titular de sua essencialidade e possibilidade de padronização.

A primeira característica, a função das SEPs em um ambiente de tecnologia de ponta é padronizar, interconectar, compartilhar e possibilitar a interoperabilidade de uma tecnologia, como por exemplo o sistema de 5G. O sistema 5G opera pela composição integrada e padronizada de diversas tecnologias, invenções de diferentes fabricantes, empresas ou marcas, as quais em sua maioria, senão a totalidade, são patenteadas. Portanto, as patentes devem ser licenciadas para uso de terceiro, por isso, as SEPs e as famílias de patentes estão no cerne das discussões deste sistema, além das questões geopolíticas, para possibilitar o melhor aproveitamento de suas potencialidades.

A padronização de equipamento e de sistemas, para o funcionamento de determinadas tecnologias, é chave para que possam interoperar e compartilhar. Por isso, as SEPs devem ter a essencialidade reconhecida pelos titulares destas patentes, assim como pelas SSOs. A interoperabilidade normalmente é atingida por um trabalho colaborativo entre os participantes de um mercado, em conjunto com a SSOs e muitas pesquisas e investimentos são exigidos pelos interessados (Contrateras, Jorge L.. 2015, pp. 39–120)

A padronização técnica pode refletir o estado da arte, considerando as melhores tecnologias disponíveis, ou mesmo pode ser acordado para favorecer diferentes tecnologias que garantam a base, a longo prazo, de um determinado mercado. Como destaca o ITU, os interesses e a competitividade para o desenvolvimento de padrões são diversos, mas o ponto ideal é que a padronização possa beneficiar todos os agentes do mercado e garantir um compartilhamento global.[24]

As organizações que estabelecem os padrões (*Standard Setting Organizations* – SSOs) responsáveis pela padronização e elaboração de normas, são muitas e estão relacionadas a especialidade das tecnologias padronizadas. O mundo moderno se baseia em padrões técnicos, como bem já colocou, há 11 anos, Goold:

> Dispositivos devem usar os mesmos produtos e processos padronizados para permitir a comunicação; muito da mesma forma que a conversa humana requer que os participantes concordem em que idioma falar. As *standard setting organizations* (SSOs) existem como uma forma de os atores do mercado concordarem sobre quais produtos e processos se tornarão padronizados. (Goolp, P., 2012)

A segunda característica diz respeito ao reconhecimento pelo titular de que a sua patente é essencial ou poderá se tornar a ser para possibilitar o funcionamento ou o melhor funcionamento de uma tecnologia.

24 ITU Telecommunication Standardization Bureau. Understanding Patents, Competition and Standardization in an Interconnected World. ITU, p. 3, 2014.

Mas qual é o significado de essencialidade neste contexto? A essencialidade significa que não é possível, por motivos técnicos, considerando o estado da arte, disponível no momento da padronização, fazer, ceder, licenciar, dispor, reparar, usar ou operar equipamentos, produtos ou métodos que não atendam a uma tecnologia padronizada, considerada essencial - como é a 5G.[25]

As SEPs devem ser licenciadas para não infringir o direito de propriedade intelectual de alguém, por esta razão os contratos de licenciamento devem ser estabelecidos com condições justas, razoáveis e não discriminatórias, as chamadas cláusulas FRAND (fair, reasonable, and non-discriminatory).

No entanto, os problemas se apresentam, justamente, quando não alcançadas as condições e/ou termos FRAND propostos entre o detentor da patente e os usuários das SEPs, tema que será objeto de desenvolvimento no item 2.2.

3. Os contratos de licenciamento de SEPs e o termo FRAND: o impacto na tecnologia 5G

3.1. Os contratos de licenciamento de SEPs

O contrato de licença é uma das formas legais disponíveis ao titular de patente para autorizar a exploração de seu direito - uso e gozo do objeto patenteado, que poderá ser a título exclusivo ou não, sob contrapartida de ganho de *royalties,* entre outras possibilidades.

No TRIPs o contrato de licença voluntária está previsto em seu Artigo 28 (2)[26]. E a Lei 9.279/1996 (Lei de Propriedade Industrial - LPI), regula os contratos de licença voluntária no Capítulo VIII, Seção I, Artigo 61 e 62[27]. O licenciamento voluntário, foco deste texto, é consensual, fruto da negociação das partes, formalizado via contrato de licenciamento

25 ETSI - European Telecommunications Standards Institute. https://www.etsi.org/about/find-us

26 Decreto 1.355/1994. Acessível em chrome-extension://efaidnbmnnnibpcajpcglclefindmkaj/https://www.gov.br/inpi/pt-br/backup/legislacao-1/27-trips-portugues1.pdf. Versão em inglês do TRIPs ver na página oficial da OMC: https://www.wto.org/english/docs_e/legal_e/31bis_trips_04c_e.htm#5

27 Brasil. Lei de Propriedade Industrial (LPI). Disponível em https://www.planalto.gov.br/ccivil_03/leis/l9279.htm . A LPI também prevê a licença compulsória (artigos 68 a 74) e licença por interesse nacional (artigo 75).

de exploração de patente, negócio jurídico de direito privado sustentado pelo princípio da autonomia privada e pelos princípios gerais de contratos e regras de interpretação previstos no Código Civil Brasileiro (CCB), Lei 10.104/2002, importante destacar artigos 112, 113, 421, 422 e 425[28]

Denis Barbosa, quando trata do contrato de licença voluntária no ordenamento jurídico brasileiro diz a *licença é precisamente uma autorização, dada por quem tem o direito sobre a patente, para que uma pessoa faça uso do objeto do privilégio. Esta autorização tem um aspecto puramente negativo: o titular da patente promete não empregar os seus poderes legais para proibir a pessoa autorizada do uso do objeto da patente. (*Barbosa, D., acessado 2023)

O contrato de licença voluntária, muitas vezes equiparado ao contrato de locação (art. 565 CCB) por parte da doutrina, tem caráter mais complexo, pois ele abrange *uma relação de repartição de benefícios que se aproxima de uma sociedade,* isso é o licenciador poderá disputar ou não um mercado com o licenciado e compartilhar conhecimento e tecnologia – *quando o contrato prevê a transmissão de conhecimentos técnicos complementares, know how ou assistência técnica. (*Barbosa, D., acessado 2023)

Diz Denis Barbosa:

> Na verdade, as diferentes perspectivas enfatizam modos diversos de explorar a patente, em contextos empresariais distintos. Num quadro de concorrência tecnológica perfeita, com os participantes do mercado aptos a extrair toda tecnologia necessária de sua própria experiência, somada aos documentos publicados da patente, a licença pode funcionar como uma simples promessa de não processar o licenciado em juízo por violação de direitos. No caso de o licenciado e o licenciador terem capacitação tecnológica diversa, a licença deve ser substantiva para ser útil. Se licenciado e licenciador repartem, atual ou potencialmente, um mercado, a licença se configura como associação ou como um método de concentração industrial. *(*BARBOSA, D., acessado 2023)

28 Lei 10.104/2002, artigo 421. A liberdade contratual será exercida nos limites da função social do contrato. Parágrafo único. Nas relações contratuais privadas, prevalecerão o princípio da intervenção mínima e a excepcionalidade da revisão contratual.

O aspecto econômico, o direito de propriedade de bens intangíveis, entre eles as patentes, deriva de um conceito dinâmico de propriedade. A concepção do conceito dinâmico de propriedade, como aponta Grau, incorpora um *direito-poder, devendo ser entendida como função social impulsiva.* O *direito-poder* está fundado no momento estático de propriedade, quando da concessão da patente pelo Estado; no entanto há de se considerar o momento dinâmico, ligado a utilização, a exploração, ao licenciamento ou a cessão, sendo a patente *instrumento de uma função.* (Grau, E. R., 1981, p.121).

No que tange a função dos contratos, como coloca Gerson Branco, o Brasil foi pioneiro em introduzir uma cláusula geral, prevista no Código Civil Brasileiro (art. 421 CCB) contendo o princípio da função social dos contratos. O autor destaca que as discussões sobre a funcionalização da liberdade contratual é uma constante em países de *civil law* e em países de *common law,* no entanto o precedente de previsão legal do princípio da função social dos contratos é brasileiro. Em estudo comparado, comenta que a função social dos contratos é tratada de forma distinta nestes dois sistemas; no sistema de *civil law* a função social dos contratos tem sido utilizada pela dogmática e jurisprudência para resolver conflitos relativos à execução dos contratos ou relacionados à sua interpretação e, por sua vez, na *common law* o sentido está relacionado a eficácia econômica e a redução de custos de transação.

A liberdade de contratar e a dimensão social do contrato, na tradição do direito privado brasileiro, estão conectadas por sua função social, como aponta Branco ao referir Miguel Reale. Portanto, as partes contratantes tem a liberdade de direcionar suas manifestações e interesses a um objetivo específico e determinado (*causa subjetiva)* e a adequação de suas manifestações de vontade devem atender à função social típica, expectada a partir do contrato (*causa objetiva*). (Branco, G. 2021)

A função social dos contratos de licenciamento voluntário de patentes tem como alicerce geral a teoria da disseminação do conhecimento, em uma perspectiva voltada para o interesse das partes contratantes e a outra voltada para a sociedade. A situação e contexto dos contratos de licenciamento voluntário de patentes essenciais, no caso da tecnologia 5G, devem, como qualquer contrato, ser analisados considerando esta dupla perspectiva: o interesse das partes contratantes, que mesmo em disputa de mercado e concorrência, devem ter o propósito de desenvolver produtos padronizáveis para permitir o funcionamento da tecnologia 5G e possibilitar, em tempo real, o compartilhamento em rede, a interoperabilidade e o uso universal. Por sua vez, a expectativa social decorrente do potencial desta tecnologia, em nível global, impacta larga parcela das atividades econômicas e setores da economia, assim como o uso individual de milhares de indivíduos.

A aplicação industrial no sistema de patentes, como sabido, é ampla, abrangendo todo o conjunto de atividades econômicas que têm por fim a exploração econômica lícita de bens de produção, de serviço e de consumo, como determina o artigo 27(1) do TRIPs - que permite a concessão de patentes para quaisquer invenções em todos os domínios da tecnologia e, atualmente das TDICs, IA, 5G, etc..

Cabe destacar que há possibilidade de países excluírem de suas legislações aquelas indústrias que possam ser ofensivas à sociedade e que afetem a moralidade ou a ordem pública - as chamadas cláusulas gerais excludentes de patenteabilidade.[29, 30] A vedação se justifica, também, quando o objeto patenteado não se submete à produção industrial no sentido de executabilidade ou realizabilidade da solução técnica descrita e reivindicada com resultados constantes, tantas vezes quantas necessárias, por qualquer perito da especialidade. (Marques, J. P. R., 2008, p. 241); (Fernandes, M. S., 2014)

Dito isso, o momento dinâmico da propriedade fruto da concessão de uma patente pelo Estado deve permitir não o estabelecimento de monopólios econômicos, mas sim possibilitar caminhos lícitos para o seu uso. As patentes, sejam utilizadas por seus titulares ou por terceiros, mediante o pagamento de *royalties* - o que será possibilitado por meio da cessão ou licenciamento em *sentido lato* - dinamiza e justifica o sistema de PI. Não é demais ressaltar, que a patente concede ao titular um *monopólio técnico, para a exploração* econômica, tecnológica e social.

29 As leis nacionais podem restringir o patenteamento por razões relacionadas à moralidade e à ordem pública, além de expressamente vedar a concessão de patentes a determinadas áreas. É o caso brasileiro que veda nos artigos 10, inciso IX e 18, inciso III, na Lei de Propriedade Intelectual brasileira, Lei nº 9.279 de 14 de maio de 1996, as patentes relacionadas a partes do corpo humano.

30 Para estudar sobre cláusulas-gerais em geral ver: MARTINS-COSTA, J. **A boa-fé no direito privado**. São Paulo: Revista dos Tribunais, 2000. Ver também: A Boa-Fé no Direito Privado: critérios para a sua aplicação. São Paulo: Marcial Pons, 2015 (1ª edição); Saraiva, 2018 (2ª edição).

Como bem coloca Wu:

> A proteção da PI deve contribuir não apenas para a promoção da inovação tecnológica, mas também para a transferência e disseminação da tecnologia de forma a beneficiar tanto os produtores quanto os usuários do conhecimento tecnológico; e a proteção da PI deve atingir um equilíbrio correto de direitos e obrigações WU, X.2017).[31]

3.2. Contratos de licenciamento voluntário e os termos FRAND: o impacto na tecnologia 5G

Os contratos de licença envolvendo as patentes essenciais (SEPs), devem, como princípio, ser elaborados em condições equilibradas, razoáveis e não discriminatórias, isso é, observando os termos FRAND (=*fair, reasonable, and non-discriminatory*). Na verdade, não há como se desvincular o reconhecimento de uma SEP sem FRAND. (Rechtsanwälte, K. A., 2023); (Contreras, Jorge L., 2015, pp. 39–120)

Os termos FRAND não são novidades na área de propriedade intelectual; conforme dados apresentados por Contreas, aparecem nos Estados Unidos, em meados do Século XX, entre 1942 a 1970, em ações judiciais relacionadas ao licenciamento de patentes, concorrência desleal e uso abusivo de patentes. Posteriormente, em meados dos anos 1990, início de 2000, momento marcado pelo desenvolvimento intenso de tecnologias de comunicação e informação, os termos FRAND reaparecem no cenário das SEPs de semicondutores. O autor destaca que as interpretações dos termos FRAND, fruto de interpretações jurisdicionais no período inicial de seu uso, colaboram na interpretação em situações envolvendo as SEPs. Na atualidade, os termos FRAND são voluntariamente estabelecidos pelos proprietários de SEPs em contratos de licenciamento e são também expectados pelos participantes de setores correspondentes, em conformidade com as políticas das *Standard Setting Organizations* (SSOs). (Contreras, Jorge L., 2015, pp. 39–120)

31 Tradução livre, texto no original: "IP protection should contribute not only to the promotion of technological innovation but also to the transfer and dissemination of technology in a way that benefits both producers and users of technological knowledge; and that IP protection should strike a right balance of rights and obligations."

O licenciamento voluntário de SEPs e sua associação aos termos FRAND traduz pelo menos duas consequências desejáveis: 1) o licenciamento de patentes SEPs serão oportunizadas pelo proprietário da patente, estimulado pelas regras e determinações das SSOs; 2) os percentuais cobrados pelos royalties de SEPs sejam razoáveis, especificados e justificados, em consonância as políticas das SSOs e com ajuste de preços também favoráveis aos consumidores e 3) a não-discriminação envolvendo as condições de licenciamento de SEPs entre os interessados.

Entretanto, desde sempre os termos FRAND provocam divergências interpretativas. No concerne a tecnologia 5G muitos são os exemplos de casos judicializados, em diversas partes do mundo, entre as empresas proprietárias de SEPs e os usuários destas patentes, tais como Sony Mobile, Apple Inc.; Samsung, Motorola, Ericsson, Google, Microsoft, entre outras.[32]

As disputas normalmente giram em torno do valor de *royalties* e sobre as condições de licenciamento, destacamos as seguintes situações:

a) quando os titulares de SEPs usam seu poder de mercado para cobrar *royalties* excessivos ou termos de licenciamento em desrespeito ao termo FRAND, isso é, injustos, não razoáveis ou discriminatórios – situação denominada de "patente *hold-up*";

b) quando, ao contrário, os implementadores de SEPs atrasam a conclusão da contratualização de uma licença pelo maior prazo possível para pressionar os titulares destas patentes em aceitar condições e valores desfavoráveis, inferiores ao que seria considerado um retorno justo ou razoável – situação denominada de "patente *hold-out*";

c) quando diferentes práticas de cobrança de *royalties são* estabelecidas, envolvendo as mesmas SEPs, para diferentes implementadores ou licenciados, podendo caracterizar desequilíbrio, discriminação ou medidas concorrenciais desleais, em vista de controle de mercado;

d) quando há controvérsia sobre a extensão e limite do uso lícito de SEPs.

32 Wikipedia. Smartphone patent wars. https://en.wikipedia.org/wiki/Smartphone_patent_wars. Acessado em 19 de fevereiro de 2023.

Destacamos, a título de exemplo, o caso envolvendo a Ericsson v. Apple Inc.., pois espelha os conflitos envolvendo o pagamento de *royalties*, no que concerne SEPs e a interpretação das condições FRAND: A Ericsson é detentora de SEPs para tecnologia de redes móveis de internet em 3G, 4G e 5G e, por isso, havia licenciado, em 2015, o uso de suas patentes a Apple Inc., as quais expiraram em janeiro de 2022. A continuidade de uso das SEPs da Ericsson pela Apple Inc., após a data de sua expiração, deu causa a diversas ações e disputas concomitantes, movidas pela Ericsson contra a Apple, em âmbito global, nos diversos países que havia registro de patentes, para cobrança de *royalties* referente ao uso indevido de seu portfólio de patentes. (Reuters, 2023)[33]

No Brasil, o caso envolvendo Ericsson v. Apple Inc. teve decisão em dezembro de 2022, pelo Superior Tribunal de Justiça (STJ), no AgInt n. 15.420-RJ; em outras palavras, a Apple estava obrigada a pagar 3 dólares por cada celular comercializado no país (aproximadamente 240 milhões de celulares), aproximadamente, 7,2 milhões de dólares, envolvendo três patentes da Ericsson, registradas no Brasil. Esta decisão marcou posição e reforçou a posição brasileira em conformidade à LPI e ao TRIPs no sentido de que as patentes registradas e validadas estão protegidas contra o uso ilícito. Após três dias da decisão do STJ, as empresas anunciaram acordo global para o licenciamento da tecnologia 5G, encerrando todas as ações judiciais em âmbito global.[34]

33 REUTERS. Ericsson and Apple end patented-related legal row with licence deal. Disponível em https://www.reuters.com/legal/ericsson-apple-end-patent-related-legal-disputes-with-patent-license-deal-2022-12-09/ ; acessado em 31 de janeiro de 2023. Ver também: Ericsson. Ericsson and Apple sign global patent license agreement. Disponível em https://www.ericsson.com/en/press-releases/2022/12/ericsson-and-apple-sign-global-patent-license-agreement ; acessado em 20 de fevereiro de 2023.

34 Superior Tribunal de Justiça. AgInt na PETIÇÃO Nº 15420 – RJ (2022/0314895-0). Acessível em chrome-extension://efaidnbmnnnibpcajpcglclefindmkaj/https://www.conjur.com.br/dl/disputa-entre-apple-ericsson-stj.pdf. Ver também em CONJUR – Em guerra de liminares entre Apple e Ericsson, STJ reforça proteção de patentes. Disponível em https://www.conjur.com.br/2022-dez-16/disputa-apple-ericsson-stj-reforca-protecao-patente ; acessado em 31 de janeiro de 2023. alterou a decisão do TJRJ, proferida em sede liminar, que determinava que o pagamento deveria ser correspondente ao valor total do contrato global de licenciamento, do portfólio de patentes, da Ericsson.

3.2.1. Condições equilibradas (fair)

Encontrar o balanço adequado e o equilíbrio entre o licenciador e o licenciado é fundamental para que o ecossistema envolvendo as SEPs seja efetivo. Os termos FRAND, central nas discussões envolvendo SEPs para atingir estes propósitos, apresentam dificuldades quanto a sua interpretação, muitas vezes em razão de como foram "desenhadas" e no contexto e sistema normativo que são aplicadas. Igualmente, a interpretação das condições FRAND deve considerar o conhecimento da tecnologia licenciada e a posição de poder entre o proprietário das SEPs e o licenciado.

É exemplo o caso decidido pela Federal Suprema Corte alemã, utilizando os guias do Corte de Justiça da União Europeia (Court of Justice of the European Union -CJEU), na decisão do caso C-170/13, Huawei Technologies Co. Ltd v. ZTE Corp., ZTE Deutschland GmbH, julgado em 16 de julho de 2015. Este caso tinha como mérito a discussão referente ao licenciamento da patente europeia (EP 2.090.050 B1) de propriedade da Huawei Technologies. [35]

Por um lado, a Huawei Technologies demandava que a ZTE Corp., ZTE Deutschland GmbH interrompesse o uso de sua SEP e exigia a retirada dos produtos do mercado, a realização de prestação de contas e o ressarcimento de danos. A patente (EP 2.090.050 B1) da Huawei Technologies, havia sido registrada como SEP junto ao ELSI, em 2009; consequentemente, pelas regras estabelecidas pelo ELSI[36], a Huawei Technologies teria três meses, a contar do reconhecimento da SEP, para estabelecer termos justos, razoáveis e não-discriminatórios (termos FRAND) para o licenciamento a terceiros.

---

35 Case C-170/13, Huawei Technologies Co. Ltd v. ZTE Corp., ZTE Deutschland GmbH. Disponível em chrome-extension://efaidnbmnnnibpcajpcglclefindmkaj/https://eur-lex.europa.eu/legal-content/EN/TXT/PDF/?uri=CELEX:62013CJ0170&-from=EM

36 ELSI – Intellectual Property Rights Policy (Clause 6.1 of Annex 6 to the ETSI Rules of Procedure- Availability of LicencesETSI Intellectual Property Rights Policy) When an ESSENTIAL IPR relating to a particular STANDARD or TECHNICAL SPECIFICATION is brought to the attention of ETSI, the Director-General of ETSI shall immediately request the owner to give within three months an irrevocable undertaking in writing that it is prepared to grant irrevocable licences on fair, reasonable and non-discriminatory ("FRAND") terms and conditions under such IPR to at least the following extent (...). Disponível em chrome-extension://efaidnbmnnnibpcajpcglclefindmkaj/https://www.etsi.org/images/files/ipr/etsi-ipr-policy.pdf

As SEPs, conforme descrito no item 1.2, são consideradas essenciais por que são indispensáveis para a produção de produtos de um mesmo nicho de mercado, isso é de produtos similares de empresas competidoras, em que também atua o proprietário da SEP. Neste sentido, os termos FRAND são inerentes às negociações e aos contratos de licenciamento de SEPs. Esta situação também cria expectativas legítimas em terceiros no licenciamento de SEPs, em termos justos, razoáveis e não-discriminatórios (termos FRAND).

Huawei Technologies e ZTE Corp., ZTE Deutschland, entre 2010 e 2011, iniciaram discussões envolvendo o uso da SEP em questão por parte da ZTE Corp., ZTE Deutschland e as condições de licenciamento, considerando os termos FRAND. O acordo entre as partes não foi concluído, dando assim origem a disputa judicial.[37]

Diante do caso, a Corte ponderou sobre a legitimidade da ação propriamente dita, em razão da posição dominante no mercado e o poder econômico pela Huawei Technologies, em particular por se tratar de uma SEP e por isso ter que observar os termos FRAND. A Corte justifica a ponderação com base as regras do Tratado para o Funcionamento da União Europeia, Artigo 102[38]; GWB, lei alemã de 26 de junho de 2013 contra restrições de concorrência, parágrafo 20(1)[39] e BGB, código ci-

37 Case C-170/13, Huawei Technologies Co. Ltd v. ZTE Corp., ZTE Deutschland GmbH.(ver nota 62)

38 Treaty on the Functioning of the European Union (TFEU). Article 102 – Any abuse by one or more undertakings of a dominant position within the internal market or in a substantial part of it shall be prohibited as incompatible with the internal market in so far as it may affect trade between Member States. Such abuse may, in particular, consist in:
(a) directly or indirectly imposing unfair purchase or selling prices or other unfair trading conditions;
(b) limiting production, markets or technical development to the prejudice of consumers;
(c) applying dissimilar conditions to equivalent transactions with other trading parties, thereby placing them at a competitive disadvantage;
(d) making the conclusion of contracts subject to acceptance by the other parties of supplementary obligations which, by their nature or according to commercial usage, have no connection with the subject of such contracts.
Texto disponível em https://eur-lex.europa.eu/legal-content/EN/TXT/HTML/?uri=CELEX%3A12008E102

39 Competition Act (GWB) – Section 20- Prohibited Conduct of Undertakings with Relative or Superior Market Power. Disponível versão em inglês em https://www.gesetze-im-internet.de/englisch_gwb/englisch_gwb.html

vil alemão, paragrafo 242, referente ao agir em conformidade com a boa-fé[40].

Assim, considerando estes aspectos, a Corte marcou posição no caso, considerando os seguintes aspectos:

1) toda e qualquer demanda deve iniciar pela notificação do titular da patente ao usuário ou implementador de uma patente e/ou de SEPs sobre suas possíveis ofensas ou ilicitudes;

2) a notificação possibilitará que o usuário/implementador manifeste o seu interesse em licenciar de forma objetiva e expressa;

3) a partir de tais manifestações as condições de licenciamento devem ser apresentadas pelo proprietário da patente, considerando os termos FRAND concretamente, assegurando o equilíbrio justo entre os interesses em questão, para evitar que as condições propostas possam ser consideradas abusivas ou mesmos, ações para proibir o uso da patente ou para demandar recall de produtos já produzidos, sejam consideradas ilegítimas.

4) por fim, o implementador deve responder ao proprietário da SEP, sem delongas ou sem fazer uso de medidas procrastinatórias. Caso este não concorde com os termos propostos, deve, proativamente, demonstrar seu interesse objetivo em negociar, apresentando contraproposta e evidenciando sua intenção em não agir contrário aos direitos do proprietário da SEP ou fazer uso ilícito da SEP ou mesmo, agir em concorrência desleal.

As ações devem estar alicerçadas e reconhecidas em práticas comerciais da área, tais como a apresentação de garantias bancárias ou pela oferta de caução referente a valores (ou percentuais) calculados sobre o "valor razoável" de royalties para a SEP. O valor razoável deve incluir, se este for o caso, a exploração prévia ao licenciamento da SEP, a quantidade de uso e percentual de ganhos percebidos durante a exploração da SEP.

Em março de 2023, a Suprema Corte do Reino Unido (High Court) e o Escritório de Propriedade Intelectual do Reino Unido (Intellectual

40 BGB – Section 242 – Performance in good faith – An obligor has a duty to perform according to the requirements of good faith, taking customary practice into consideration. Disponível versão em inglês em https://www.gesetze-im-internet.de/englisch_bgb/englisch_bgb.html#p0731

Property Office UK – UKIPO) decidiram um , envolvendo InterDigital e Lenovo, decidiu que a Lenovo deveria pagar 138,7 milhões de dólares a título de FRAND a InterDigital, com base em uma taxa FRAND global para os SEPs da Interdigital para 3G, 4G e 5G, de 0,175 dólares por unidade, para cobrir vendas passadas e futuras até o final de 2023.[41] Também foi muito interessante neste caso foi a iniciativa do UKIPO de abrir questionamento as pequenas empresas sobre o ecossistema envolvendo as SEPs, pois tem interesse que estas patentes sejam licenciadas em condições FRAND para permitir o desenvolvimento econômico e tecnológico. Destaco duas questões, pois entendo centrais a aplicabilidade da FRAND:

> "Se você usar uma licença, esta foi oferecida em termos justos, razoáveis e não discriminatórios (FRAND)?
>
> Você tem informações suficientes sobre os preços dos SEPs que você licencia ou poderá licenciar no futuro?" [42]

Portanto, a dinâmica deve traduzir a boa prática comercial e empresarial de determinado setor, em respeito ao princípio da boa-fé objetiva, demonstrada por ações concretas por parte do usuário ou implementador e do proprietário de SEPs. As condições de licenciamento equilibradas e razoáveis, passam necessariamente pelos percentuais e valores cobrados a título de royalties.

3.2-2. Condições razoáveis (reasonable)

A razoabilidade está relacionada diretamente com o valor de *royalties* – um *valor razoável* para uma SEP. WU destaca que os critérios previstos no TRIPs e o Tratado de Barreiras Técnicas para o Comércio

---

41 UK High Court – Interdigital Technology Corporation & ors (applicants) v Lenovo Group Ltd & ors (respondents). Decisão em video https://www.youtube.com/watch?v=yn34jCpQlNw e em texto https://caselaw.nationalarchives.gov.uk/ewhc/pat/2023/539#start-of-document

42 Tradução livre, ver original: If you use a licence, were you offered it on fair, reasonable and non-discriminatory (FRAND) terms? Do you have enough information on the pricing of SEPs that you licence or may licence in future? UKIPO – https://www.gov.uk/government/news/seps-questionnaire-for-sme-small-cap-and-mid-cap-businesses.

(*Technical Barriers to Trade* – TBT), interpretação de condições FRAND, considerando que ambos os tratados têm como objetivo harmonizar práticas e normas entre os estados-membros; assim como manter uma coerência e consistência na interpretação de normas.

O TRIPS, artigo 31, b; h e k, estabelece alguns critérios para os casos de licenciamento compulsório que podem auxiliar como referência para estabelecer as condições de licenciamento voluntário, no que concerne o "valor razoável" para o cálculo de *royalties*, assim como o artigo 45.2 pode ser uma referência nos casos de indenização ou reparação de danos. Destaco os critérios centrais postos nestes artigos:

> TRIPs, artigo 31, b – (...) esse uso só poderá ser permitido se o **usuário proposto tiver previamente buscado obter autorização do titular**, **em termos e condições comerciais razoáveis**, e que esses esforços não tenham sido bem sucedidos num prazo razoável. (...);

O extrato referido destaca dos elementos centrais, a *tentativa de negociação* e a negociação em *condições comerciais razoáveis*; que devem considerar prospecção de mercado; duração da patente; benefícios sociais e públicos, e capacidade dos consumidores em pagar os produtos.

> TRIPs, artigo 31, h – o titular será **adequadamente remunerado nas circunstâncias de cada uso**, levando-se em conta o valor econômico da autorização;

Adequação da remuneração em cada uso deve considerar o custo normal, o grau de inventividade, o tamanho do mercado, as condições econômicas e circunstâncias especiais dos países em que o mercado está relacionado; às condições do mercado regional e global; a previsão de ganhos e lucros do usuário em relação ao percentual pago de royalties.

> TRIPs, artigo 31, k – os Membros não estão obrigados a aplicar as condições estabelecidas nos subparágrafos (b) e (f) quando esse **uso for permitido para remediar um procedimento determinado como sendo anticompetitivo ou desleal após um processo administrativo ou judicial**. A necessidade **de corrigir práticas anticompetitivas ou desleais** pode ser levada em conta na determinação da remuneração em tais casos.(...)

Evitar práticas anticompetitivas, contrárias à concorrência desleal, deve ser um dos pontos centrais na formulação de condições de licenciamento, no caso da tecnologia 5G, o titular da patente ou da SEPs é frequentemente participante do mesmo mercado dos licenciados. Portanto, negociar e formular cláusulas claras e regras de interpretação, assim como de dissolução de conflitos devem ser observadas nestes contratos para evitar disputas judiciais ou arbitrais.

Da mesma forma, as previsões de reparações ou indenizações tendo ou não o usuário a ciência da infração pelo uso da patente, considerando os ganhos ou lucros adquiridos pelo usuário de uma patente deverão ser estabelecidas nas condições de licenciamento pelas partes, para evitar possíveis discussões referentes aos valores ou a judicialização quanto aos critérios de razoabilidade que devem ser praticados e/ou reparados.

> TRIPs, artigo 45. 2. **As autoridades judiciais terão também o poder de determinar que o infrator pague as despesas do titular do direito, que poderão incluir os honorários apropriados de advogado.** Em casos apropriados, os Membros poderão autorizar **as autoridades judiciais a determinar a reparação e/ou o pagamento de indenizações previamente estabelecidas, mesmo quando o infrator não tenha efetuado a atividade infratora com ciência, ou com base razoável para ter ciência.**

Por sua vez, o Tratado de Barreiras Técnicas para o Comércio (*Technical Barriers to Trade* – TBT), em particular o artigo 10, itens 10.1.2 e 10.1.4, busca harmonizar padrões técnicos internacionais para atingir padrões de segurança; proteção à saúde humana e ao meio ambiente comuns entre os Estados Membros. Ainda, tem como objetivo encorajar as empresas a adotarem padrões técnicos internacionais e com isso estimular a cooperação e reduzir tarifas alfandegárias e de comércio.

A adoção de padrões técnicos internacionais em determinados setores da tecnologia são fundamentais e permitem o desenvolvimento, a transferência de tecnologia, a cooperação e a redução de custos financeiros, alfandegários e ambientais. Assim, ao contrário de desestimular a inovação e possíveis melhoramentos tecnológicos em nível nacional, potencializa e dinamiza o comércio internacional e os acordos e políticas multilaterais de comércio.

Nesta linha, Wu defende que SSOs que respeitem o Código de Boas Práticas do TBT (artigo 4) deveriam ser reconhecidas pela OMC. O autor refere três critérios para interpretar o sentido de "valor razoável" para um SEPs, tomando como base a Política de Patentes da IEEE SA (*Standards Association*), sistematizadas a partir de decisões judiciais ocorridas em 2015: Primeiro, o "valor razoável" não deve incluir o custo resultante da incorporação de uma SEP a determinado padrão. Segundo, o "valor razoável" deve ser determinado considerando o valor que o SEP contribui para o menor componente vendável do produto; considerando também todas as contribuições feitas por todos os SEPs para o mesmo padrão. Terceiro, outras licenças existentes de uma SEP podem ser levadas em consideração, desde que tenham sido obtidas sob as mesmas circunstâncias e não por meio de ameaça explícita ou implícita ações judiciais.[43]

3.2.3. Condições não discriminatórias (non-discriminatory)

No caso do licenciamento SEPs, não discriminar significa, em tese, que todos os interessados e possíveis implementadores destas patentes podem fazê-lo, isso é, não podem ser excluídos pelo proprietário da possibilidade de licenciar. A inclusão de todos os interessados, a princípio, rompe com as barreiras à livre competição impostas pelas patentes, sendo como uma "política de portas abertas" (*open-door policy*) para promover a igualdade de oportunidades a todos que desejarem utilizar invenções patenteadas. (Contreras, J. L., 2015, pp. 39–120)

Outro aspecto relacionado a condição de não discriminar diz respeito a variabilidade no que concerne ao percentual de royalties cobrados de diferentes licenciados, pois nem todas as licenças de SEPs devem ser estabelecidas pelo mesmo valor. Os critérios que afetam a variabilidade podem ser de natureza distinta, tais como existir licenças cruzadas entre titular da patente e licenciado; contexto de mercado, capacidade dos consumidores e complexidade do produto que incorporará a SEP, entre outras razões situacionais.

Contudo, a variabilidade não pode ser injustificada, sem atender critérios determinados, determináveis e/ou uniformizados, pois do contrário a discriminação poderá ser "evidenciada" pela cobrança de royal-

43 IEEE SA. https://standards.ieee.org/about/policies/bylaws/sect6-7/; acessado em 07 de março de 2023. A IEEE SA IEEE é a maior organização profissional técnica mundial dedicada ao avanço da tecnologia para o benefício da humanidade. IEEE e seus membros influenciam a comunidade global por meio de suas publicações, conferências, padrões tecnológicos e atividades profissionais e educacionais.

ties em patamares diversos daqueles praticados no mercado, como uma forma de concorrência desleal ou de abuso de poder econômico. O uso do verbo evidenciar é proposital, na medida em a concorrência desleal *não tutela um resultado econômico* ou *mesmo um direito subjetivo*, mas sim poderá gerar expectativas ao licenciado, pautadas por regras gerais e *standards* praticados no mercado, de que *atos considerados* ilegítimos não serão praticados pelo titular de SEPs.

Como afirma José de Oliveira Ascensão:

> Não há um direito de lealdade da concorrência, há uma sujeição a sofrê-la. O empresário está sujeito à concorrência, sendo a imposição da lealdade uma restrição de todo o concorrente, não um direito próprio outorgado a cada participante do mercado. (Ascensão, J. de O., 2000. p. 257)

3.3. Contrato de licenciamento voluntário e o direito privado nacional e internacional

Os contratos de licenciamento de SEPs, contendo os termos FRAND, tem pontos de aproximação e/ou harmonização no direito de patentário brasileiro, além de convergir com regras gerais de direito privado nacional e internacional.

O TRIPs como, busca o alinhamento e harmonização com normas de direito privado internacional na área de propriedade intelectual e é aderente aos princípios regentes do comércio internacional. Conforme previsão de seu artigo 7, os objetivos são promover e ampliar os direitos de propriedade intelectual como forma de promover a inovação tecnológica e a transferência e disseminação da tecnologia, para favor de produtores e de usuários de conhecimento tecnológico, em vista de alcançar o equilíbrio de direitos e obrigações, o bem-estar social e econômico.

Estes objetivos do TRIPs devem ser interpretados com base em seus princípios, previstos no artigo 8.1 e 2, isso é para proteger a saúde pública e a nutrição e para promover o interesse público em setores de vital importância para o desenvolvimento socioeconômico e tecnológico dos estados-membros e para evitar o abuso dos direitos de propriedade intelectual pelos titulares de direitos ou o recurso a práticas que restrinjam desarrazoadamente o comércio ou afetem negativamente a transferência internacional de tecnologia.

Podemos observar que os objetivos e princípios do TRIPs, em geral, também valorizam os requisitos das condições FRAND (=*fair, reaso-*

nable, and non-discriminatory). Portanto, o licenciamento voluntário de patente, sejam elas SEP ou não, como previsto no artigo 28.2 do TRIPs, deverá observar o **equilíbrio de direitos e obrigações; evitar o abuso de direito de titulares de propriedade intelectual, promover a transferência de tecnologia e de conhecimento de forma não discriminatória** entre os estados-membros. (grifamos)

Neste sentido, conforme previsão do artigo 27.1 do TRIPs, indica que que os titulares de patentes de produtos como de processos ao celebrar contratos de licenciamento, não devem discriminar estados/membros com relação ao gozo dos direitos de patente com base (a) no local da invenção, (b) no campo da tecnologia e (c) se os produtos são importados ou produzidos localmente.

O Brasil como signatário do TRIPs, assim como Estado das Nações Unidas e membro Unionista, deve considerar também para análise e interpretação de contratos de licenciamento de patentes e SEPs, regras, princípios de direito internacional privado. Portanto, deve-se buscar regras uniformes e harmonizadas para a elaboração dos contratos, os quais serão utilizados *no plano interno, mas cuja o modelo é de origem externa*, como bem pontua Vera Fradera, quando trata da internacionalização do Direito Civil. (Fradera, V., 2019)

Os princípios da UNIDROIT (International Institute for the Unification of Private Law)[44]; UNICITRAL (United Nations Commission On International Trade Law)[45] e CISG (United Nations Convetion on Contracts for the International Sale of Goods)[46], são exemplos de iniciativas com o objetivo de harmonizar normas, regras de interpretação; conceitos e princípios, relacionados aos negócios e aos contratos internacionais, para ampliar a segurança jurídica em âmbito internacional.

A internacionalização do Direito Civil, igualmente deve considerar outras normas a título de direito comparado, como as *soft laws*, tais como o Código Europeu dos Contratos, que tem como propósito atingir modelos normativos que possam ser incorporados como direito comunitário da União Européia, formulados a partir das leis e regras de direito interno. A aproximação de certas áreas específicas do direito contratual em

---

44 UNIDROIT- https://www.unidroit.org/

45 UNITED NATIONS – UNCITRAL – https://uncitral.un.org/en/about

46 UNITED NATIONS – CISG – https://uncitral.un.org/en/texts/salegoods#:~:text=The%20CISG%2C%20which%20deals%20with,in%20case%20of%20non%-2Dperformance.

nível da União Europeia tem coberto um número crescente de questões e também está interessada em saber se diferentes legislações nacionais sobre contratos desencorajam ou aumentam os custos de transações transfronteiriças.[47]

No âmbito do direito privado interno, a Lei 9.279/1996, artigos 61 a 63, não detalha normas sobre os contratos de licenciamento voluntário, entretanto o Código Civil Brasileiro, Lei 10.406/2002 prevê cláusulas gerais de interpretação (artigos 112 e 113); cláusula geral de ilicitude (artigo 187) e de teoria geral dos contratos (artigos 421 e 422), que contemplam o princípio da boa-fé, que sem dúvida, são transversais na análise de contratos empresariais em âmbito interno.

A internacionalização e estandardização da tecnologia 5G é essencial para o seu funcionamento e os contratos de licenciamento voluntário de patentes envolvendo SEPs nesta área são instrumentos essenciais.

Neste sentido, é importante mencionar o posicionamento da OMPI (WIPO) quanto aos mecanismos alternativos para resolução de disputas [Alternative Dispute Resolution (ADR)] – como a mediação, arbitragem e posicionamento de experts: Os mecanismos de ADR podem ser dinâmicos e flexíveis para a resolução disputas sobre contratos envolvendo SEPs/FRAND.[48] No Brasil o arbitramento para remuneração de royalties também está previsto no artigo 65 da LPI

Por fim, a negociação é a melhor forma de disputas envolvendo SEPs e a implementação dos termos FRAND, pois as partes (titular da patente e licenciado) e terceiros interessados em razão da atuação no mercado estão em melhor posição para decidir e deliberar.

4. Considerações finais

As características gerais das patentes e das patentes essenciais – SEPs (*standards-essential patente*) e sua função social. As duas características das patentes essenciais-padrão (SEPs a função e o reconhecimento

---

47 EUROPEAN UNION. Communication from the Commission to the Council and the European Parliament on european contract law. Acessível em https://eur-lex.europa.eu/legal-content/EN/ALL/?uri=CELEX%3A52001DC0398 , acessado em 20 de março de 2023.

48 WIPO/ADR – Arbitration and Mediation Center. WIPO ADR Options for FRAND Dispute Management and Resolution. Geneve, 2022.

pelo titular de sua essencialidade e possibilidade de padronização, são centrais nesta discussão.

Ainda, a padronização de tecnologias em setores globalizados, como é o caso das TDICs e AI, é essencial atingir níveis de sustentabilidade e controle na emissão de carbono, para minimizar custos de produção e redução nos preços comercializados.

Assim, a função do monopólio de exploração e os direitos decorrentes de uma patente moldados por sua finalidade e utilidade, assim como pelo o conceito de unidade inventiva, deve atender a sua função social legítima e a divulgação e compartilhamento do conhecimento. Em particular, a busca pela padronização de tecnologias e a sua internacionalização das SEPs, a fim de possibilitar o funcionamento de determinadas tecnologias, como a 5G, é uma realidade que deve ser observada e normatizada.

As SEPs são indispensáveis para a produção de produtos de um mesmo nicho de mercado e tecnologia, como o 5G, onde produtos similares são produzidos por titulares das SEPs e por empresas competidoras. Neste contexto, os termos FRAND (=*fair, reasonable, and non-discriminatory*) são inerentes às negociações e aos contratos de licenciamento de SEPs, assim como muito destas tecnologias são usuais e formadas por sistemas de AI.

Por fim, as os contratos de licenciamento de patentes essenciais (SEPs) devem observar o equilíbrio de direitos e obrigações; evitar o abuso de direito de titulares de propriedade intelectual, promover a transferência de tecnologia e a difusão do conhecimento, de forma não discriminar, sendo os termos FRAND essenciais para atingir estes propósitos. Da mesma forma, devem observar princípios e regras do Direito Internacional Privado, assim como técnicas de negociação e de resolução de disputas.

5. Referências

5G-ACIA White Paper (2021): "Integration of 5G with Time-Sensitive Networking for Industrial Communications", published by 5G-ACIA. https://5g-acia.org/whitepapers/integration-of-5g-with-time-sensitive-networking-for-industrial-communications/

ASCENSÃO, José de Oliveira. Concorrência desleal – Parte Geral. Associação Acadêmica da Faculdade de Direito de Lisboa, Lisboa, 2000.

BARBOSA, D. B. Nota sobre as noções de exclusividade e monopólio em propriedade intelectual. Rio de Janeiro, 2001. Acessado em 2023, disponível em https://www.dbba.com.br/wp-content/uploads/introducao_pi.

BARBOSA, D. B. Uma introdução à propriedade intelectual. Rio de Janeiro: Lumen Juris, 2003. p. 339; BIOETHICS and patent law. WIPO Magazine, Geneva, v. 3, 2006 Disponível em: <http://www.wipo.int/ wipo_magazine/en/2006. Acesso em: 20 ago. 2007.

BARBOSA, Denis. Contratos em Propriedade Intelectual. Disponível em chrome-extension://efaidnbmnnnibpcajpcglclefindmkaj/https://www.dbba.com.br/wp-content/uploads/contratos_pi.pdf ; acessado em 20 de fevereiro de 2023.

BARBOSA, Denis. Uma introdução à propriedade intelectual. Rio de Janeiro: Lumen Juris, 2003.

BGB – Section 242 – Performance in good faith – An obligor has a duty to perform according to the requirements of good faith, taking customary practice into consideration. Disponível versão em inglês em https://www.gesetze-im-internet.de/englisch_bgb/englisch_bgb.html#p0731

BRANCO, G. Função Social do Contrato, 279. In A Evolução do Direito Empresarial e Obrigacional – 18 anos do Código Civil, Obrigações & Contratos, V. 2, Coord Barbosa, H. e Ferreira da Silva, J.C.. Editora Quartier Latin do Brasil: São Paulo, 2021.

BRASIL. Código Civil Brasileiro, Lei 10.104/2002. http://www.planalto.gov.br/ccivil_03/leis/2002/l10406compilada.htm

BRASIL. Convergência Digital. https://www.convergenciadigital.com.br/Telecom/Novo-ministro-das-Comunicacoes-reforca-5G%2C-Anatel%2C-Telebras-e-Correios-62228.html?UserActiveTemplate=mobile acessado em 07 de março de 2023.

BRASIL. Lei de Propriedade Industrial. Lei 9.279/1996. https://www.planalto.gov.br/ccivil_03/leis/l9279.htm

CAMPOS, P.A.M. e BLASI, G. Di. O Brasil não se preparou para lidar com as patentes do 5G. Migalhas, publicado em 27 de abril de 2022. Disponível em https://www.migalhas.com.br/depeso/364680/o-brasil-nao-se-preparou-para-lidar-com-as-patentes-do-5g

CARVALHO, N. P. The problem of gene patents. Washington University Global Studies Law Review, Washington, v. 3, n. 3, p. 701-753, 2004. p. 735).

CASE -Reuters. Ericsson and Apple end patented-related legal row with licence deal. Disponível em https://www.reuters.com/legal/ericsson-apple-end-patent-related-legal-disputes-with-patent-license-deal-2022-12-09/ ; acessado em 31 de janeiro de 2023. Ver também: Ericsson. Ericsson and Apple sign global patent license agreement. Disponível em https://www.ericsson.com/en/press-releases/2022/12/ericsson-and-apple-sign-global-patent-license-agreement ; acessado em 20 de fevereiro de 2023.

CASE C-170/13, Huawei Technologies Co. Ltd v. ZTE Corp., ZTE Deutschland GmbH. Disponível em chrome-extension://efaidnbmnnnibpcajpcglclefindmkaj/https://eur-lex.europa.eu/legal-content/EN/TXT/PDF/?uri=CELEX:62013CJ0170&from=EM

CENELEC – European Committee for Electrotechnical Standardization https://www.cencenelec.eu/

CERQUEIRA, J. D. G. Tratado da Propriedade Industrial; atualizado por Silveira, Newton e Brasbosa, Denis; Rio de Janeiro: Editora Lumen Juris, 2010. v. II, Tomo I.

CERQUEIRA, J. D. G. Tratado da propriedade industrial. São Paulo: Revista dos Tribunais, 1982. v. 1.

Competition Act (GWB) – Section 20- Prohibited Conduct of Undertakings with Relative or Superior Market Power. Disponível versão em inglês em https://www.gesetze-im-internet.de/englisch_gwb/englisch_gwb.html

CONTRERAS, Jorge L. "A BRIEF HISTORY OF FRAND: ANALYZING CURRENT DEBATES IN STANDARD SETTING AND ANTITRUST THROUGH A HISTORICAL LENS." *Antitrust Law Journal*, vol. 80, no. 1, 2015, pp. 39–120. *JSTOR*, https://www.jstor.org/stable/26411521. Accessed 28 Feb. 2023.

DECRETO 1.355/1994. Acessível em chrome-extension://efaidnbmnnnibpcajpcglclefindmkaj/https://www.gov.br/inpi/pt-br/backup/legislacao-1/27-trips-portugues1.pdf. Versão em inglês do TRIPs ver na página oficial da OMC: https://www.wto.org/english/docs_e/legal_e/31bis_trips_04c_e.htm#5

ELSI – Intellectual Property Rights Policy (Clause 6.1 of Annex 6 to the ETSI Rules of Procedure- Availability of LicencesETSI Intellectual Property Rights Policy) When an ESSENTIAL IPR relating to a particular STANDARD or TECHNICAL SPECIFICATION is brought to the attention of ETSI, the Director-General of ETSI shall immediately request the owner to give within three months an irrevocable undertaking in writing that it is prepared to grant irrevocable licences on fair, reasonable and non-discriminatory ("FRAND") terms and conditions under such IPR to at least the following extent (...). Disponível em chrome-extension://efaidnbmnnnibpcajpcglclefindmkaj/https://www.etsi.org/images/files/ipr/etsi-ipr-policy.pdf

ETSI – European Telecommunications Standards Institute. https://www.etsi.org/about/find-us

ETSI – European Telecommunications Standards Institute. https://www.etsi.org/about/find-us

EUROPEAN PARLAMENT. P9_TA(2022)0140 Artificial intelligence in a digital age European Parliament resolution of 3 May 2022 on artificial intelligence in a digital age (2020/2266(INI)). chrome-extension://efaidnbmnnnibpcajpcglclefindmkaj/https://www.europarl.europa.eu/doceo/document/TA-9-2022-0140_EN.pdf

European Telecommunications Standards Institute (ETSI), disponível em https://www.etsi.org/standards/types-of-standards; acessado em 23 de janeiro de 2023.

EUROPEAN UNION. Communication from the Commission to the Council and the European Parliament on european contract law. Acessível em https://eur-lex.europa.eu/legal-content/EN/ALL/?uri=CELEX%3A52001DC0398 , acessado em 20 de março de 2023.

FERNANDES, M. S. As patentes envolvendo partes do corpo humano e a atividade de biobancos. In Modelos de Direito Privado. 1. ed. São Paulo: Editora Marcial Pons, Brasil. 2014.

FERNANDES, Márcia e GOLDIM, José Roberto. Artificial Intelligence and Decision Making in Health: risks and opportunities; *in Artificial Intelligence, Law and Beyond; E*dited by Antunes, Henrique Sousa; Oliveira, Arlindo. Editora Spring. No prelo, previsão de lançamento 2022/2023.

FRADERA, Vera. Teoria Geral dos Contratos após 18 anos de vigência do Código Civil brasileiro: um retrospecto e algumas previsões para o futuro. *In*: BENETTI, Giovana; CORRÊA, André Rodrigues; FERNANDES, Márcia Santana; NITSCHKE, Guilherme Monteiro; PARGENDLER, Mariana; VARELA, Laura Beck (Org.). *Direito, cultura e método*: leituras da obra de Judith Martins-Costa. Rio de Janeiro: GZ, 2019, v. 1. p.922-939

GOOLD, P. New Developments in RAND and Standard-Essential Patents – A Conference Recap. By TAP Guest Blogger. Posted on November 8, 2012. Acessível em https://www.techpolicy.com/Blog/November-2012/New-Developments-in-RAND-and-Standard-Essential-Pa.aspx; acessado em 24 de janeiro de 2023.

GRAU, E. R. **Elementos de direito econômico**. São Paulo: Revista dos Tribunais, 1981.

HARMATOS, J.; MALIOSZ, M. Architecture Integration of 5G Networks and Time-Sensitive Networking with Edge Computing for Smart Manufacturing. Electronics 2021, 10, 3085. https://doi.org/10.3390/electronics10243085 https://www.mdpi.com/journal/electronics

https://en.wikipedia.org/wiki/Smartphone_patent_wars. Acessado em 19 de fevereiro de 2023.

IAM. A year in review: key SEP/FRAND discussions in 2022. Publicada em 18 de janeiro de 2023; acessada em 30 de janeiro de 2023. Disponível em https://www.iam-media.com/article/year-in-review-key-sepfrand-discussions-in-2022

ITU Telecommunication Standardization Bureau. Understanding Patents, Competition and Standardization in an Interconnected World. ITU, p. 3, 2014.

JACOBS, A. G. Kingdom of the Netherlands v European Parliament and Council of the European Union: opinion of advocate general Jacobs. Brussels: Council of the European Union, 2001.

LAFER, C. **A OMC e a regulamentação do comércio internacional**: uma visão brasileira. Porto Alegre: Livraria do Advogado, 1998.

LENK, C.; HOPPE, N.; ANDORNO, R. **Ethics and Law of Intellectual Property**: current problems in politics, science and thechnology. Aldershot: Ashgate, 2007.

MARKL, H. Who Owns the Human Genome? What Can Ownwership Mean with Respect to Genes? IIC – International Review of Intelectual Property and Copyright Law, Munique, v. 33, n.1, p. 1-5, 2002. p. 2-3.

MARQUES, J. P. R. A patenteabilidade dos métodos de diagnóstico, terapêuticos e cirúrgicos: questão bio(ética) ou questões técnica? O actual estado do problema. In: ASCENSÃO, J. D. O. (Ed.). Estudos de direito da bioética. Coimbra: Almedina, 2008. v. 2, p. 241.

MICHELON, C. O enriquecimento sem causa no Código Civil Brasileiro. In R. Lotufo, & G. E. Nanni (Eds.), *Obrigações* (pp. 872-901). Atlas: São Paulo. 2011

NOZARADAN, C. Brevet et intérêt général. In: REMICHE, B. (Ed.). Brevet, innovation et intérêt général: le brevet: pourquoi et pour faire quoi? Bruxelles: Larcier, 2007. p. 441-481.

OCDE. World Corporate Top R&D Investors: Shaping the Future of Technologies and of AI. European Union/OCDE Publishing, Paris, 2019. doi:10.2760/472704. Ver ainda: OECD – OECD Science, Technology and Industry Scoreboard: The digital transformation, OECD Publishing, Paris, 2017, doi: 10.1787/9789264268821-en.

OMC (WTO) – Technical Barriers to Trade. Informações gerais na página oficial da OMC. Disponível em https://www.wto.org/english/tratop_e/tbt_e/tbt_e.htm#:~:text=The%20Technical%20Barriers%20to%20Trade,create%20unnecessary%20obstacles%20to%20trade; https://www.wto.org/english/news_e/news22_e/tbt_16nov22_e.htm , acessado em 12 de fevereiro de 2023.

ONU. Organização das Nações Unidas – Brasil. Agenda 2030 para o Desenvolvimento Sustentável (ODS). Disponível em https://brasil.un.org/pt-br/91863-agenda-2030-para-o-desenvolvimento-sustentavel ; acessado em 20 de fevereiro de 2023.

ORGANIZAÇÃO MUNDIAL DO COMÉRCIO. Public heath, innovation and intelectual property rights: report of the Comission on Intellectual Property Rights, Innovation, and Public Heath. Geneva, 2006.

PEUSCET, J. Brevetabilité de la biologie en France en 2006. Paris: Lexis Nexis Litec, 2006. v. 54.

RECHTSANWÄLTE, Kather Augenstein. Case I-2 U 31/16. Decision of 22 March 2019. Higher Regional Düsseldorf. Disponível em https://www.katheraugenstein.com/wp-content/uploads/2019/05/2019-03-22-I-2-U-31_16-EN-pdf-2.pdf. Acessado em 28 de fevereiro de 2023.

SALOMÃO FILHO, C. Direito Concorrencial. São Paulo: Editora Forense. 2021.

SILVEIRA, S.R.; DELEPIANE DE VIT, A. R.. Inteligência Artificial: os computadores podem ser criativos, Capítulo I, Inteligência Artificial e Propriedade Intelectual; org. FERNANDES, M.S e CALDEIRA, C. G. Rio de Janeiro: GZ Editora, no prelo, 2023.

SUPERIOR TRIBUNAL DE JUSTIÇA. AgInt na PETIÇÃO Nº 15420 – RJ (2022/0314895-0). Acessível em chrome-extension://efaidnbmnnnibpcajpcglclefindmkaj/https://www.conjur.com.br/dl/disputa-entre-apple-ericsson-stj.pdf. Ver também em CONJUR – Em guerra de liminares entre Apple e Ericsson, STJ reforça proteção de patentes. Disponível em https://www.conjur.com.br/2022-dez-16/disputa-apple-ericsson-stj-reforca-protecao-patente ; acessado em 31 de janeiro de 2023.

UNIDROIT- https://www.unidroit.org/

UNITED NATIONS – CISG – https://uncitral.un.org/en/texts/salegoods#:~:text=The%20CISG%2C%20which%20deals%20with,in%20case%20of%20non%2Dperformance.

UNITED NATIONS – UNCITRAL – https://uncitral.un.org/en/about

WIPO/ADR – Arbitration and Mediation Center. WIPO ADR Options for FRAND Dispute Management and Resolution. Geneve, 2022.

WU, X..Interplay between Patents and Standards in the Information and Communication Technology (ICT) Sector and its Relevance to the Implementation of the WTO Agreements. Intellectual Property, Government Procurement and Competition Division World Trade Organization -WTO – *Manuscript date: 3 April 2017*

La promoción de la justicia social: las potencialidades de la propiedad intelectual y las tecnologías de la información y la comunicación (tics) y la inteligencia artificial (IA)

Lucas Reckziegel Weschenfelder
Luiz Gonzaga Silva Adolfo

> *Some people would say that the existence of a right calls for weighing the service compliance with the duty will render to the right-holder with the detriment that it will, or that it may, bring to the person subject to the duty. Only if the service is greater than the (possible) detriment does the right exist. I think myself that this way of putting the matter is unsatisfactory for various reasons, one of which will emerge below. But the grain of truth in it is that rights are based on evaluating the interest not only of their beneficiaries, but also of others who may be affected by respect for them. Thus, the interpersonal aspect of rights shows them to be the result of an evaluation of the well-being of people affected.*
>
> *Joseph Raz (2001, p. 35-36)*

1. Introducción

Hablar de justicia social representa, más bien, el dictado de un cruce normativo en lo que se puede observar en y con nuestros instrumentos cognitivos, en cuanto a su mediación con (y su constitución del) el mundo, y en sus subsistemas sociales. "Lo que está ahí" no basta, prima facie, para la satisfacción concreta de lo que se impone como principio político-moral-jurídico, en cuanto a la igualdad entre "nosotros", los humanos, en una determinada comunidad política histórica.

Desde un punto de vista epistemológico, el llamado cruce normativo está íntimamente relacionado con la "crítica". La crítica, como parada epistemológica, pretende poder trabajar con la pragmática del lenguaje, y su constitución de real-verdad, en un sentido "teórico" y "práctico". La crítica, por tanto, "significa, antes de mais nada, dizer o que é em vista do que ainda não é mas pode ser" (Nobre, 2004, p. 10).

La justicia social y la crítica reclaman del "es", la posibilidad de transformación. Esta posibilidad, a su vez, vuelve como una carga "epistemológica", pero que, en su interior, inscribe un presupuesto: la existencia de hechos morales. Decir a favor de la justicia social, como punto normativo sobre una determinada situación o sociedad, requiere entender (o tener como presupuesto) que la justicia social es un "algo" moral--político-jurídico "correcto"/"verdadero"" (o, "bueno" - no entrará en esta discusión filosófica).

¿Se puede ser incrédulo sobre la existencia de hechos morales y al mismo tiempo defender la justicia social? Sí, sin duda. Una condición epistemológica no impide la existencia de una contradicción activa entre lo que afirman los supuestos teóricos, y lo que se hace "con ellos", en una concepción teórico-práctica (somos humanos y estamos arrojados a un mundo complejo lleno de aparentes contradicciones).

Esta digresión introductoria pueda parecer indispensable, para un capítulo que pretende traer reflexiones sobre el potencial de las llamadas Propiedad Intelectual, y Tecnologías de la Información y la Comunicación (TICS), e Inteligencia Artificial (IA), para la satisfacción de parámetros involucraba la noción de justicia social. Sin embargo, se cree, de hecho, que es esencial.

La esencialidad mencionada vuelve a ser obvia (Ribeiro, 2019), sin embargo, hay que decirlo: Tecnología y Derecho se comunican como estructuras de la sociedad, que crean, regulan y escriben realidades - morales, jurídicas, políticas, tecnológicas, sociales. No hay realidades duales. De hecho es complejo, pero uno.

Tratar de propiedad intelectual y tecnología, en pleno siglo XXI, con una sociedad cada vez más "tecnológica" (que importa tecnología para las circunstancias más delicadas), impone cautela, pues sus paradigmas, nacionalizados, incorporados como política legislativa o pública/económica, nacional e internacionales, determinarán no sólo el presente, sino el futuro de las sociedades, y de las personas individualmente consideradas.

Una estructura normativa, ya sea explícitamente existente, o permeada por una omisión (la omisión es una forma de consolidar una estructura: una omisión, por lo tanto, nunca es sólo "una omisión"), cuando no está pensada o ajustada a los parámetros de los derechos humanos y fundamental, y la democracia, tiende a orientarse en contra de lo que se considera justicia social.

Con el presente, pretendemos presentar reflexiones, preguntas más que respuestas, con fundamentos "epistemológicos - normativos", relacionadas con la crítica, la justicia social, la democracia y los derechos humanos y fundamentales. El problema que guía el trabajo, si es posible llamarlo así, está relacionado con las dimensiones normativas de nuestro mundo práctico común, y un polílogo que se considera necesario entre ellos, para que la "propiedad" pueda ajustarse a la(s)) parámetro(s) normativo(s) de la justicia (social) (lo que antecede a este cuestionamiento es la respuesta de que, además de necesario, es posible el mencionado polílogo), cuando se operativiza con el ordenamiento jurídico, respecto a un banco de datos e Inteligencia Artificial.

En un primer momento, se discutirá la percepción normativa de la propiedad, con una mirada jusfundamental y, al mismo tiempo, indicando que la "propiedad" no está sola, sino condicionada por elementos históricos, morales, políticos, económicos, técnicos y jurídicos socializados. En la segunda parte, se realizará una aproximación, de orden teórico constitucional, con una pretendida apertura comunicativa entre el subsistema del Derecho y el de la Tecnología. El estructuralismo no será adoptado de manera "metodológica", sino incorporado al texto para representar, en síntesis, lo que se cree puntualmente relevante para el desarrollo del tema. Con la tercera etapa, se agregarán preguntas, reorientando el texto a un paseo dogmático, parametrizado por la discusión de justicia social, propiedad (intelectual) y base de datos impulsada por Inteligencia Artificial (*data justice* - justicia de datos).

La interpretación del primer autor de estas líneas respecto a la inadecuación de la expresión Propiedad Intelectual, optando por los Derechos Intelectuales (Adolfo, 2022), no se profundizará -por no ser objeto de este análisis-.

Se harán ciertos saltos durante el texto, de modo que sea posible presentar las ideas principales, en un espacio adecuado.

El método de abordaje utilizado fue el hermenéutico, mientras que el método procedimental, el monográfico, estableciéndose, en vista de la técnica de investigación, la bibliografía.

El presente trabajo se realizó con el apoyo de la PUCRS a través del Programa de Excelencia Académica - PROEX - CAPES.

2. Un espacio para la existencia del diálogo entre Propiedad (Intelectual) y justicia (social)

Inicialmente, se pretende recuperar una noción jusfundamental sobre el derecho de propiedad. Esta recuperación servirá para viabilizar el establecimiento de una conexión, aunque aparentemente nebulosa, entre los derechos de propiedad y la justicia social, en un sentido de tradición estructural-institucional observada sobre el tema.

No entrará, profunda y exhaustivamente, en los más variados acontecimientos históricos mundiales, ni relativos a determinados países. Optamos, arbitrariamente, por aludir a un estrato normativo de derechos de propiedad que, en su nacimiento moderno, "predominó", aunque, al mismo tiempo, pareciera estar en el olvido.

Esta digresión también estará de acuerdo con una noción de justicia, en la que el plexo normativo de la propiedad es válido, deseable, "bueno". Es evidente: un parámetro de justicia, que acepta el derecho de propiedad, condiciona la noción misma de propiedad a sus términos.

Por lo tanto: la orientación de la justicia, y la percepción de (el derecho a) la propiedad que se adopta, y sobre la cual se busca escribir, parecen co-originarse de un "mundo común", que, en este espacio, será , sucintamente (y, se podría decir, crudamente), recortada, sin olvidar que, en el centro del discurso, está la adscripción (generalmente antepuesta) a teorías políticas (de organización del Estado y de la sociedad) basadas en derechos.[1]

2.1. Propriedad, justicia y protección del humano

Hablar de propiedad significa presuponer la existencia de propietarios. Por otro lado, hablar de propietarios, en nuestro sistema social, y otros subsistemas, equivale a registrar la existencia de no propietarios. Esta observación, en su simplicidad binaria, es crucial, para que sea posible entrar en detalles normativos vinculados al tema aquí discutido.

En términos anglosajones, en una perspectiva jurídico-constitucional de la propiedad, se muestra que, ante los numerosos desarrollos que alcanzó la "propiedad", durante los siglos XVIII, XIX, XX y XXI, su "marco" se vinculó primordialmente con la protección de la persona-propietario. La institución de la "propiedad", en el sistema jurídico-político de esta

1 Es imposible dictar cada suposición que precede a las articulaciones discutidas en el texto. Sin embargo, debe quedar establecido que la noción de teoría política basada en los derechos está adscrita, no sólo a un orden "liberal" (que, se puede decir, inaugura el constitucionalismo moderno), sino a aquellos que se mezclan con los cuales, después de la Segunda Guerra Mundial, se llama Constitucionalismo Contemporáneo.

tradición constitucional, se ocupaba, pues, no necesariamente, del control del propietario sobre sus bienes.

El enfoque sobre el derecho de propiedad, en efecto, se preocupaba por las externalidades de las que la persona-propietario estaba a merced y, en consecuencia, por los demás moldes ontológicos que garantizaban su estado de vida, y su propia concepción (del bien) de vida sobre ella.

Bendich (1966, p. 408-9) explora bien esta noción, escribiendo que la propiedad y la privacidad (connotaciones normativas hermanas), en terreno anglosajón, surgieron como protección contra la persecución, la arbitrariedad y el despojo sin debido proceso, ejercida por el Estado, o por quienes tienen poder sobre "el otro". En el proceso civilizatorio de conquista de derechos, la propiedad (y otros derechos) se erigió como un derecho

> *"[...] as a part of the ongoing struggle for the freedom and dignity of the individual, his right to determine his own destiny, to think and choose for himself, and to join in association with free and equal fellow citizen in shaping and working to reach common social and political ends". Early in the process of these struggles, it was discovered that freedom from intrusion, security of one's person, house, papers, and effects from uninvited scrutiny, from unreasonable searches and seizures, was basic to freedom and dignity: that if the people were to be masters, they must not be treated as servants; that free men were independente men – not suppliants, and not beggars; but indeed rulers and choosers.*

Como dimensión normativa "objetiva", en la dogmática constitucional, la propiedad ha modificado la estructura del Estado y del Poder, frente a la persona. La propiedad, por tanto, fue elevada a una condición de "libertad pública" y garantía institucional.[2] El Estado, y los "podero-

---

2 Se hace referencia al lenguaje tradicional de la dogmática constitucional (de origen alemán) que distingue derechos de garantías, para agregar convenientemente contenidos importantes y controvertidos al trabajo. De tierras portuguesas, se puede citar (y aún ampliamente aceptada en la dogmática) la idealización realizada por Miranda (1988, p. 88-9): "los derechos en sí mismos representan ciertos bienes, las garantías tienen por objeto asegurar el goce de esos bienes; los derechos son principales, las garantías accesorias y, muchas de ellas, adjetivas (aunque pueden ser objeto de un régimen constitucional sustantivo); los derechos permiten la rea-

sos", a partir de la consolidación normativo-estructural de la propiedad como Derecho (y garantía), comenzaron a tener difusamente limitada su voluntad y, concretamente, "proceduralizada".

La persona-ente-ahí, protegida por esta estructura, comenzó a incorporar protecciones legales a su ser-ahí ético-moral, entendiendo la propiedad como parte y eventualmente necesaria para la concepción de una buena vida humanamente constitutiva (y, se repite, no sólo como un derecho subjetivo - facultades, sino como parte de la organización misma del Estado y la sociedad, y sus "funcionalizaciones" socializadas).

El binomio estructural de Luhmann (1996), de Derecho y Política, de entonces, evoluciona comunicativamente, y está marcado por el movimiento de las grandes declaraciones constituyentes, representativas de lo que se está hablando. *Bill of Rights*, en 1689, Constitución de los Estados Unidos, 1787, y Declaración de los Derechos del Hombre y del Ciudadano, 1789, por nombrar solo estos. Todos ellos potencian la propiedad como estructura de la sociedad y del Estado, preocupado por la persona.[34]

Es interesante notar que, aun siendo progresivamente "revocada", la Declaración francesa, de 1789, se presenta como un símbolo histórico-constitucional de Occidente, sin otro equivalente. La fuerza de su

lización de las personas y se insertan directa e inmediatamente, por tanto, en los respectivos ámbitos jurídicos, las garantías sólo se proyectan en ellos por el nexo que tienen con los derechos; en el sentido legalista inicial, se declaran derechos, se establecen garantías. Las libertades se basan en la persona, independientemente del Estado; las garantías se refieren al Estado en relación con la persona; las libertades son formas de actuar de la persona, garantizan modos de organización o de acción del Estado".

3 En una mirada profunda al asunto, se debe distinguir cada tradición - comunicativa - constitucional. En este pasaje, las declaraciones antes mencionadas se citan generalmente. La diferenciación a considerar es importante, dada la "historia jurídica comunicativa" de cada instituto, y su inserción funcionalizada-socializada en una determinada comunidad política. En otras palabras, en la tradición inglesa, los derechos de propiedad ya proporcionaban una fuerza legal-moral-normativa estructurante, incluso antes de la *Bill of Rights*. En otra observación, y, en suma, "causal": La *Bill of Rights* no empezó a darle "fuerza comunicativa" y "reconocimiento" político, sino que, más bien, ratificó la concreción que existía desde hacía tiempo (innovaba, sólo, en un ámbito de derecho, pero no social y políticamente, con respecto a la propiedad).

4 Se recuerda, a saber, que, para Locke y Grotius, no había distinción (sustancial) entre las concepciones de propiedad y libertad.

texto, y de lo que representó para la modernidad, y para la historia constitucional, y, específicamente, para el tema que ahora se refleja, es única. Ver, en los artículos 12, 16 y 17:

> Artigo 12º – a garantia dos direitos do Homem e do Cidadão carece de uma força pública; esta força é, pois, instituída para vantagem de todos, e não para utilidade particular daqueles a quem é confiada.
>
> Artigo 16º – Qualquer sociedade em que não esteja assegurada a garantia dos direitos, nem estabelecida a separação dos poderes não tem Constituição.
>
> Artigo 17º – Como a propriedade é um direito inviolável e sagrado, ninguém dela pode ser privado, a não ser quando a necessidade pública legalmente comprovada o exigir evidentemente e sob condição de justa e prévia indenização.

Esto, desde una perspectiva kantiana-rawlsiniana, muestra los mundos del Derecho y la Política, preocupados por la justicia en las relaciones que se dan en nuestro(s) mundo(s) común(es), aunque, condicionados por supuestos epistemológicos, morales e históricos políticos que, con su particular violencia, difusamente orientada, o mejor, reorientada, dicha preocupación, a otros niveles, del entonces capitalismo -y de la burguesía- en ascenso.[5]

El desnivel socialmente programado, por el subsistema de Política y Economía, de la "era del industrialismo y del capitalismo clásico", modificó temporal y creativamente la noción de propiedad primigenia (moderna). El Derecho, así "instrumentizado", reorientó su funcionalidad hacia otros contenidos comunicativo-cognitivo-normativo seleccionables y seleccionados.

La propiedad no se limitaba a la protección de la persona. Diferente, pasó a estructurar la sociedad, y el Estado, para protegerse. La propiedad también presentó su mayor "contradicción kantiana", cuando seleccionó la posibilidad de apropiación de las personas sobre las personas (esclavitud), y la exclusión de los no propietarios del código "ciudadano" (ya

5 No se está diciendo que la noción de propiedad, y la noción de propiedad como Derecho, fueran los únicos factores que forjaron el desarrollo del Estado y la sociedad, a los que nos estamos refiriendo.

sea "aceptando" la esclavitud, o bien, excluyendo otras personas del sistema político-jurídico-social, por ejemplo, vía voto censal, o con trabas sociales, como el aumento exponencial de la desigualdad y la miseria).[6]

Este ingenio histórico-creativo se trae al texto, sólo, como se aludió al principio, para señalar lo obvio: la concepción de la propiedad, en la calidad de Derecho, registra un cuidado con el mundo práctico común, en sus elementos que están vinculados a los otros mundos (o subsistemas), de la moral, la política, la economía y la justicia. Cuando es apropiada por el poder, y cuando aparece tiránica, en su violencia comunicativa, la propiedad, a veces porosa y atómica, se vuelve peligrosa, un riesgo para otras percepciones normativas relacionadas con los presupuestos humanos, morales/éticos y de justicia.

La autoridad de la violencia comunicativa y simbólica, que históricamente "predomina", debe ser puesta en evidencia del estructuralismo de la dogmática jurídica, que es permeada por comunicaciones de otros subsistemas, y que, sin un filtro fijado intersubjetivamente, puede fácilmente, siendo colonizada por otros y sus propios intereses.

En una sociedad en la que no se cuida la democracia y los derechos humanos y fundamentales, es decir, con la justicia (social) y la igualdad, el Derecho no logra cumplir con su potencial emancipador. Aceptada moralmente, con parámetros de justicia, la concepción de la propiedad puede muy bien ser subvertida y cooptada arbitrariamente por funcionalidades infames (moral y, en este caso, legal).

La propiedad (construida moral y jurídicamente) sufre de disonancias histórico-sociales que determinan su contenido, tanto de manera difusa como concreta. Una mirada moral/ética y de justicia a la propie-

6 Es curiosa la lectura que hace Mill (1996, p. 291), un liberal clásico, de una orden de filosofía política/economía política, sobre las "concepciones de propiedad" y sus "objetos". "§ 7. Além da propriedade sobre o produto do trabalho e da propriedade fundiária, há outras coisas que são ou já foram objeto de propriedade e nas quais não deveria nunca existir tal direito. [...] À testa delas está a propriedade sobre seres humanos. É quase supérfluo observar que essa instituição não pode ter lugar em nenhuma sociedade que tenha sequer pretensão de fundar-se na justiça ou na fraternidade característica das criaturas humanas. Todavia, a despeito de ser iníqua, quando o Estado a legalizou expressamente, e durante gerações inteiras seres humanos foram objeto de compra, venda e herança sob a égide da lei, comter-se-ia outro erro se, ao abolir tal propriedade, não desse aos interessados a devida compensação. Essa injustiça foi evitada pela grande medida de justiça adotada em 1833, um dos atos mais virtuosos e, além disso, praticamente o mais benéfico ato já praticado coletivamente por uma nação [...]".

dad es ampliamente posible y deseable y/o imprescindible, al pensar los paradigmas del Constitucionalismo Contemporáneo (democracia constitucional y derechos humanos y fundamentales, con sus dimensiones) que pueblan el Derecho con significados preocupados por la dignidad de la persona (parámetros de validad y unidad del subsistema del Derecho, cuando se informa por los ideales de la Constitución).

Se muestra que la percepción de la propiedad, como Derecho, se encuentra históricamente (moral, social, política, cultural y económicamente, etc.) afectada. Hay creación y reproducción de percepciones normativas. Adelantando, un poco, las observaciones que se enumerarán en los apartados siguientes, es plausible señalar que, en materia de propiedad (intelectual) e Inteligencia Artificial, se están reivindicando nuevos "paradigmas" normativo-moral-jurídicos de la propiedad, para cumplir criterios de democracia, derechos humanos y fundamentales y, en consecuencia, de justicia (social). El presente texto no pretende aportar una (o más) solución(es) a este embrollo que, colectivamente, debe resolverse.

Reinterpretando la afirmación de Waldron (1989), se argumenta que, tal vez, nunca lleguemos a una percepción normativa de la propiedad que cumpla con parámetros óptimos de justicia, pero el intento, el trabajo de pensar-crear, al menos, puede proporcionarnos "*some guidance as to how we wish to move from the point at which we find ourselves*".

Se cree que un punto de partida, un indicio para ello, está en la reconstrucción (comunicativo-normativa) de la propiedad, en sus elementos "clásicos", de protección de la persona y su coparticipación en el mundo moral-social-jurídico-político-económico, un mundo práctico que, si así valida la propiedad, será, por lo menos, propenso a la justicia.[7]

7 Una noción de propiedad, por sí misma, no se impone como medida normativa única, al pensar en directivas tendientes a la justicia. Una creación normativa (moral, jurídica, política, económica, etc.) sobre la propiedad, sin embargo, es decisiva en nuestra permanencia histórico-temporal. De hecho, es de sentido común en las teorías económicas (ético-moral-constitucional) que los fundamentos estructurantes de una política económica se basen en i) un sistema de propiedad privada; ii) régimen de propiedad estatal (e intervención estatal, en sentido amplio; garantías, competencia, función social); y iii) protección amplia al proceso de expropiación (sentido amplio) por parte del Estado. Estos elementos incluso están siendo ampliamente debatidos en la Constitución chilena, que en 2022 determinará el texto constitucional a promulgar, de esta gran (supuesta) reforma del Estado y la sociedad chilena. Véanse, sobre este último punto, las observaciones de José Luis Guerrero Becar.

3. Derecho, tecnología y justicia – apertura de la comunicación constitucional

En la primera sección de este texto aparecen especulaciones de varios sectores que se entienden "influyen" en nuestra praxis. Incluso se alude al carácter "estructuralista" de la dogmática jurídica, y esto no puede entenderse sólo como una supuesta "filiación" a esta corriente teórica. En la introducción, se menciona la crítica y, en el texto, se agregan palabras sobre el estructuralismo. ¿Hay una contradicción? ¿Ausencia de rigor epistemológico?

La propuesta, se alerta, en lo que parece disonante, en "forma", se plantea de forma deliberada. Se desea la extrañeza, y se continúa al mismo ritmo.

Se postula que una concepción de la propiedad, condicionada por parámetros morales-éticos-justicieros, es imperativa, al pasar a los derechos humanos y fundamentales, a la noción de democracia y justicia. Se postula además que el concepto de propiedad, al pensar en el desarrollo tecnológico del siglo XXI, demanda transformación.

Es imprescindible la construcción de muchas otras preguntas, con la aspiración de que, en el camino, buscando las respuestas, se pueda, aunque, involuntariamente, encontrar un "algo", contribuyendo a esta necesaria producción colectiva -en las unicidades intersubjetivas que condicionan nosotros, y que nos alimentan, hacia el no saber y el posible del desvelamiento.

Algunas de las preguntas se resumen: ¿qué propiedad? ¿Qué actores, comunicativamente, deben ser escuchados para alimentar esta concepción de propiedad reclamada? ¿Cómo encaja la propiedad (intelectual) en este escenario? ¿Cuáles son las potencialidades de la digitalización, y los límites que impone para la normatividad del Derecho (derechos humanos y fundamentales), y para sus especulaciones de transformación relacionadas con la justicia? Propiedad (Intelectual), Base de Datos e Inteligencia Artificial, ¿existe la necesaria convergencia internacional para establecer regímenes de propiedad adaptados a cada contexto? ¿Cuáles son las condiciones de posibilidad que median lo a) subjetivo – b) lo hermenéutico – c) y lo objetivo para esta construcción?

Las próximas líneas estarán animadas a partir de estas preguntas.

3.1. Conceptos de propiedad y tecnología y sus contextos constitucionales

En la primera parte del texto se señaló que existen condiciones estructurales e históricas que determinaron, y determinan, en la dogmática jurídica, los "conceptos" que prevalecen, en una determinada circunstancia comunicativa. En las ramificaciones de cada tiempo se suman percepciones de moral, justicia, política, economía, cultura, técnica, todo lo cual influye en nuestro mundo práctico común, y lo que tenemos, en consecuencia, como Derecho (y los límites de su alcance).

Se informó que, en una orientación primigenia moderna, la propiedad no estaba ligada a su carácter "patrimonial", sino a su carácter "despatrimonial", pensando en la persona, la protección de su vida y sus aspiraciones (la buena vida) en una determinada sociedad, siendo influida por debates legitimadores/justificadores, provenientes de la filosofía moral, se podría decir, contraria al absolutismo.[8]

El origen "moderno/constitucional" de la propiedad como derecho, en su dimensión subjetiva y objetiva, puede encontrarse en estas discusiones históricas, en Grotius, Pufendorf y Locke, por ejemplo. Con Buckle (1987, p. 3), se puede entender la filosofía moral - de la ley natural respecto a la propiedad, de Grotius y Pufendorf,

> *as a science of morals grounded in human nature [...] and it is shown how this results in an understanding of property relations as a natural response to the changes in human circumstances wrought by increasing sophistication in human life. It is a natural response because it reflets the requeriments of human nature, such reflection being shown by the fact that it arises necessarily, through peaceful processes, from the recognition of the elemental moral realm of what is "one's own".*

Para estos autores, la teoría de la propiedad es un tema que no puede desarrollarse independientemente de temas afines de la filosofía moral. Por el contrario, la propiedad es el elemento primero y esencial cuando se trata de justicia, y la justicia "*is the pillar on wich society rests;*

8 Es interesante notar que este debate, en diferentes formatos e influenciado por otras percepciones, hasta el día de hoy, se refleja en la dogmática jurídica de los derechos intelectuales/propiedad intelectual. Gonzaga (2008) sistematiza las posiciones jurídicas que se caracterizan por la "patrimonialidad" de estos derechos, teniendo en cuenta una noción de propiedad, aún reducida por espectros clásico-liberales, ejerciendo un ingenio como contrapunto, con las posiciones doctrinales que afirman la despatrimonialidad de las "creaciones humanas", considerándolas derechos afines a la persona del creador (expresión de la libertad y derechos de su personalidad), más que, necesariamente, "patrimoniales".

and society, in its turn, is necessitated by the essential features of human nature. The theory of property is thus inextricably linked with conceptions of human nature and society, of psychology and history, of action and obligation" (Buckle, 1987, p. 9).

No pretende afiliarse a las nociones naturalistas sobre el ser humano y la propiedad al incluir estas ideas en el texto. Lo que se pretende, en efecto, es señalar lo que se ha encontrado en la filosofía moral de la propiedad durante mucho tiempo (no hay nada nuevo en esto): para encontrar nuevos parámetros normativos de la propiedad (y de la tecnología), es necesario acabar con los "aislacionismos" epistémicos.

Es fundamental conjugar elementos cognitivos de los más variados campos de nuestro mundo práctico, y de las personas/titulares que lo componen, tratándolos con igualdad, en los criterios comunicativos asignados, como constituyentes de lo intersubjetivo que alinea nuestros puentes de intersección humanamente comprobables. . La Política y el Derecho se alimentan de esta apertura, sin olvidar, sin embargo, que la Tecnología debe estar incluida en este polílogo.[9]

Por ejemplo, la vinculación de ciertas comunidades indígenas con la tierra no se presenta, en coherencia, con la selección del concepto legal de propiedad "occidental", de orientación financiera/patrimonial. El respeto por su territorio está ligado a lo sagrado, y en una relación intergeneracional entre los ancestros, y quienes legaron su patrimonio cultural, a las generaciones futuras. La "propiedad" no es excluyente, sino inclusiva. Es responsabilidad de todos, en un parámetro intergeneracional, e intransferible. Hay un "algo" normativo más, que los "occidentales y modernos", comúnmente entienden sobre la relación humana, su finitud en el mundo, y sus bienes e impactos en este mismo mundo.

Cuando se pretende hablar de propiedad (intelectual) y tecnología, en este caso base de datos e Inteligencia Artificial, hay que tomarse en serio esta apertura cognitivo-normativa, y no sólo por una recreación de la "propiedad forjada para la protección y desarrollo de la persona", sino, con firmeza, para que la propia tecnología sea tratada de ese modo, para que las comunicaciones entre ambos "subsistemas" puedan tocarse, dentro de la complejidad por la que, recíprocamente, están condicionados.

9 Específicamente, un tema caro a la percepción del derecho digital, en cuanto a las asimetrías del poder informacional, debe darse esta "apertura" y profundización.

En otras palabras, la tecnología no está fuera del ser humano, sino dentro de él, como lo está la (concepción de) la propiedad. Qué es Tecnología, y qué es propiedad (en un sentido moral y jurídico comunicativo), sino artefactos humanamente constitutivos y constituidos, que inciden en la creación de aspectos ontológico-existenciales (y cómo nos relacionamos con y "ahí"), en los que nos ¿Están todos insertados?

Con la Filosofía de la Tecnología se encuentran horizontes sobre el tema. Tripathi (2017, p. 142) resume la noción de hermenéutica tecnocultural de Coeckelbergh e Ihde:

> *[...] Coeckelberg argues "tecnology is not simply a matter of "artifacts" or "things", but shapes how we see reality (it shapes our wourld) and what technology "is" depend on how it is used in various contexts, argues inspired by the phenomenology of perception, as Idhe explains this variety of meaning the 'multistability' of technologies: They do not have meaning apart from the contexts and cultures in which they are used; there are technology-culture structures and hence there is diversity and ambiguity in technology [...]*

Como puede verse, las condiciones estructurales y normativas de lo que se considera "propiedad" y "tecnología", comunicativamente constituidas, resultan de fuerzas creativas, culturales, morales, económicas, etc., y, esencialmente, del poder –lo que prevalece no es lo hace por casualidad, pero por su violencia, por desarraigar otras posibilidades de sentido; teniendo el poder de decir, y la autoridad para que ese decir excluya otras voces y sus significados.

El punto es: los derechos humanos y fundamentales, la concepción de justicia y democracia, en el Constitucionalismo Contemporáneo, necesitan ser insertados en este polílogo, como criterios para la construcción de estas estructuras normativas, diseñadas como mandatos para la sociedad y el Estado. La noción de una sociedad preocupada por la justicia, y basada en los derechos, expone, sobre estos, que, "[...] *rights are based on evaluating the interest not only of their beneficiaries, but also of others who may be affected by respect for them.. [...] the interpersonal aspect of rights shows them to be the result of an evaluation of the well-being of people affected (RAZ, 2001, p. 35-36)* y esta percepción de derechos es imperativa, para que el desarrollo tecnológico (que se sustenta en la estructura de la Política y el Derecho) sea un desarrollo centrado en el ser humano (y en su bienestar) y en la justicia.[10]

Cerrando este apartado, se hace una observación final, referente a la Teoría del Derecho ya la Teoría Constitucional. El derecho, en el paradigma del Constitucionalismo Contemporáneo, enfatiza una normatividad distinta y compleja, preocupada por los principios político-morales-jurídicos de una determinada comunidad política. El problema, en este aspecto, es: ¿la normatividad del Derecho es capaz de influir en el subsistema Tecnología (que también se pretende normativo)? Se cree que sí. Sin embargo, es fundamental diferenciar qué ley se espera que influya en la estructura de la tecnología, y qué formato de tecnología protege una apertura (en su desarrollo y diseño) para que esto suceda, y en qué medida (no desde un punto de vista calculador, matemático, directo), pero complejamente normativo, curvo). [11]

---

10 En la Constitución de la República Federativa de Brasil (BRASIL, 1988), existe un marco textual-normativo prolijo para atender un desarrollo tecnológico basado en el ser humano y su bienestar. Por ejemplo, los objetivos fundamentales de la República Federativa de Brasil (art. 3, I, II, III, IV) y el Capítulo IV (De la Ciencia, Tecnología e Innovación), que programa una estructura federalizada y público-privada (art. 219-B), para el logro de sus "objetivos fundamentales", destacando que la investigación [...] recibirá un trato prioritario por parte del Estado, con miras al bien público y al progreso de la ciencia, la tecnología y la innovación (art. 218, § 1). En arte. 219, caput, incluye, "el mercado interno es patrimonio nacional y será fomentado para facilitar el desarrollo cultural y socioeconómico, el bienestar de la población y la autonomía tecnológica del país, en los términos de ley Federal. En la Ley núm. 10.973/2004, se combinan a nivel federal medidas sobre incentivos a la innovación ya la investigación científica y tecnológica en el ámbito productivo. En el Decreto N° 10.534/2020, la Unión instituyó la Política Nacional de Innovación, estableciendo lineamientos para la Estrategia Nacional de Innovación y los Planes de Acción Temáticos. Se recuerda, sobre la delicada e integral "innovación" en el área de la Salud, desde que se originó la ya veinteañera Política Nacional de Ciencia, Tecnología e Innovación en Salud (PNCTIS), parte de la Política Nacional de Salud. del Sistema Único de Salud (artículo 200, V, de la Constitución), que preserva como principios básicos el respeto por la vida y la dignidad de las personas, la mejora de la salud de la población brasileña, la búsqueda de la equidad en salud, la inclusión y la el control, el respeto a las normas filosóficas y metodológicas (ítem 44), siendo, entre otras, la protección de la propiedad intelectual (ítem 76, g) como fundamental, en este contexto (la protección de la propiedad intelectual se presenta como directriz fundamental en todos los citados políticas).

11 Se hace alusión a la "derecho (recto)" de Kant (2013, p. 38) "direito reto (*rectum*)" de Kant (2013, p. 38) "[...] que opõe-se em parte ao *curvo*, em parte ao *oblíquo [...]*", e na apreensão criativa-literária realizada por Calvo González (2013), que inicia

El derecho al secreto comercial, o a los derechos de propiedad intelectual, derivados del derecho de propiedad, en su concepción liberal, normalizan, en cierto modo, una tecnología, sin embargo, no exigen, de ella, una apertura comunicativa similar (claramente compleja), el saber, a lo que hacen los derechos de isonomía y no discriminación.[12] Esta contextualización dialoga con el cuestionamiento que realiza Teubner (2012, p. 5), "*[...] whether and how the constitution should also govern non-state areas of society. Are the economic, scientific, educational, medical, and other social activities to be subjected to the normative parameters of the state constitution? Or should social institutions develop their own constitutions autonomously? Since its very begining, modern constitutional práxis has oscillated between these two poles".*

Complementando el cuestionamiento de Teubner, hay otro que le precede: ¿qué son las "áreas no estatales de la sociedad"? La respuesta a esta pregunta representa la continuación espacio-temporal de la construcción del sentido de lo que se entiende por Constitución, y la expresión del Derecho que de ella emana (y del Derecho de los derechos humanos y fundamentales), y, en este caso, su propia (defendida) comunicación y apertura hacia el subsistema Tecnología.

El estructuralismo de Luhmann (1996) le da al Constitucionalismo la evolución del Derecho moderno/contemporáneo, su punto de inflexi-

seu texto, "Direito Curvo", com Nietzsche, em Zaratustra, "*todas las cosas derechas mienten... toda verdad es curva*".

12 La estructura comunicativa moderna (del siglo XIX) de Derecho y Tecnología, aclimata, de mejor manera, las comunicaciones de propiedad, en su concepción liberal-clásica, con pura libertad para el desarrollo tecnológico (libre empresa). En las lecturas de filosofía de la tecnología (FEENBERG, 2010), se afirma que, en el siglo XX, los movimientos ecologistas de la década de 1960 formaron un principio de ruido en esta comunicación uniforme, pavimentando lo que, contemporáneamente, se reivindica en los campos de la economia desarrollo.-social-ambiental; el derecho a la innovación responsable; al pensar en la digitalización centrada en el ser humano; protección de la privacidad y de los datos personales; protección del desarrollo de la personalidad, etc. Cabe señalar, sin embargo, que, en el sentido de imponer ruido al desarrollo tecnológico, no es posible olvidar los movimientos obreros del siglo XIX. La seguridad en el trabajo en la industria, y el derecho al trabajo, frente a la automatización, son elementos sintomáticos del "ruido" en la comunicación "uniforme" de la concepción liberal-clásica de la propiedad y la libre empresa. Estos ruidos están apareciendo con nuevas formas en esta tercera década del siglo XXI, cuando se trata de trabajo, privacidad, protección de datos personales y no personales, educación, industria, digitalización y automatización.

ón. La eterna búsqueda del fundamento del Derecho (Dios, Naturaleza, Razón) se acaba con la creación comunicativa del Constitucionalismo. El subsistema del Derecho encuentra su unidad en la percepción de la Constitución, y del Derecho, que se despliega como constitucional, o inconstitucional (el código Derecho/no Derecho se parametriza por la validez constitucional, o por la nulidad inconstitucional, y en ello radica su fundamento y unidad Operativa).

La idea comunicativa de Constitución, se cree, pasa por nuevos desafíos, con la inserción masiva de lo tecnológicamente desarrollado (y no sólo en la "digitalización"), en los detalles de las relaciones humanas. Lo que quedará –aquí se evita el estructuralismo– como imperante, y lo que se creará en el camino, de una forma u otra, y en los grados proporcionados de responsabilidad y posibilidades reales de acción, es responsabilidad de todos.

4. Base de datos desarrollada con inteligencia artificial y justicia social: algunas perspectivas sobre justicia de datos (data justice) y propiedad intelectual

La escritura en la primera y segunda parte del texto transita por caminos diferentes. Cada uno de ellos merece atención, mucho más de lo que se dispensó (aproximadamente, digamos) en este espacio. Sin embargo, se advierte que el núcleo de la defensa, puesto en palabras, remite al complejo de lo "normativo", que se vincula a las relaciones de nuestro mundo práctico común.

Con la crítica hermenéutica, o con el estructuralismo, precedido de una percepción de la filosofía moral, se hace evidente el tema sobre el que queremos llamar la atención: no se puede hablar de Derecho sin hablar de Moral, o de Política, o de lo Justo. Esta misma condición es necesaria al observar el subsistema Tecnología. En sus estructuras-lingüísticas particulares, cada uno conserva aún lo común, lo que, en lo (aparente) inobservable, subvenciona la socialización de sus funcionalidades.

El aislamiento de cada segmento epistémico ocurre para la formación de sus distinciones y operaciones (y creación de criterios, en la intersubjetividad de cada tiempo, que proclama la autonomía de cada subsistema), sin embargo, se debe prestar atención a lo necesario – y posible – apertura de canales de comunicación.

En este caso, el Derecho de los derechos humanos y fundamentales exige una comprensión de lo tecnológico. Por otro lado, la Tecnología, ensimismada, se encierra en sí misma, en un intento de mantener su conservación en la coherencia y unidad de su lenguaje. Lo Político y lo Moral, con lo Justo, reclaman espacio en esta disputa, dejando a la Economía equidistante, consciente de su fuerza normativa "subyacente y adyacente" a cada etapa, ya todas las interpretaciones que sobre ella se realizan. Lo que se busca, sin embargo, es el ideal, donde todos los subsistemas convergen hacia la concreción de la noción normativa de los derechos humanos y fundamentales, y lo social tiene lugar en lo justo. Para que eso suceda, necesitamos la buena y antigua Constitución.

Como estamos hablando de bases de datos, Inteligencia Artificial, propiedad (intelectual), y cómo se puede potenciar la justicia social con estos "instrumentos", se organizarán algunas líneas para exponer, en particular, las defensas (breve y groseramente) orientadas en la primera y segundas secciones, sobre el tema.

Se adelanta que, en el tema, se tratará de Tecnología que, consensualmente, se denomina digital (digitalización de la vida y del mundo), sin embargo, sin descartar lo dicho anteriormente, sobre la (necesaria) ampliación de la comunicación del Derecho. y el Tecnológico en el sentido más lato.

Propiedad y justicia integrarán el contenido, en base a lo desarrollado sobre justicia de datos (*data justice*), abarcando elementos sobre propiedad intelectual y base de datos, inteligencia artificial y tecnologías de la información y la comunicación.

El tema es amplio y, en ningún caso, se pretende agotar las paradas ya construidas, y las que están en construcción. Sólo se espera que presente una simple contribución.

4.1. Justicia de datos: ¿qué es?

La concepción comunicativa de la justicia de datos parte de una preocupación por el desarrollo de tecnologías vinculadas a la "digitalización" y/o "datificación" de la vida, en sus aspectos más esenciales, que están en constante cambio, y que presentan cada vez más importantes desafíos sociales para la Estado y sociedad para resolver, en sus auspicios constitucionales, con base en los derechos humanos y fundamentales, y, sobre todo, en la idea de justicia.

En una síntesis de la "historia de la literatura" vinculada a la justicia de datos, su alcance se puede dividir en tres grandes "momentos". Las implicaciones de la justicia social en la naturaleza y formación de los sistemas de comunicación, que van desde los debates sobre ética y derechos humanos, hasta la participación de movimientos activistas vinculados a agendas sociales. En otra etapa, hay un crecimiento dual de una preocupación centrada en el *Big Data* y sus interacciones con la inteligencia artificial, ya sea para la mejora de la eficiencia de los "sistemas", y/o relacionada con el uso de esta tecnología para la seguridad de los Estado, frente a una preocupación por la vigilancia y/o privacidad de los ciudadanos, desde lo *Snowden Leaks*, en 2013.

En una tercera vía, que ha ido obteniendo mayor representación en la esfera pública, para quienes desarrollan la idea de justicia de datos, se sensibiliza "*to understand how these sorting mechanism work and what their relationship is to historical context, social structures and dominant agendas as not just a question of individual privacy, but one of justice*" [...] *to speak of data justice is thus to recognise not only how data, its collection and use, increasingly impacts on society, but also that datafication is enabled by particular forms of political and economic organization that advance a normative vision of how social issues should be understood and resolved* (Dencik; Sanchez-Monedero, 2022, p. 3).

Lo que se sitúa en la última vertiente de la literatura sobre justicia de datos, encuentra sus raíces en los estudios sobre filosofía de la tecnología, que aspira a comprender el subsistema de la Tecnología, en su relación e influencia sobre otros subsistemas sociales (derecho, política, Economía, Moral, Educación, Salud, etc.).

La percepción de la justicia de los datos se encuentra, comunicativamente, en la tercera década del siglo XXI, con las comunicaciones de la filosofía de la tecnología, que se origina, en el siglo XX, podemos decir, en Heidegger, Marcuse, Adorno, Horkheimer, Habermas , y sus descendientes.

Esto no quiere decir que los estudios de justicia de datos no tengan su propia concepción particular, y su horizonte atento al desarrollo tecnológico procedido con la digitalización y dataificación de lo social, y sus impactos específicos. Pero, al pensar la estructura global que permite consolidar un paradigma tecnológico, y uniformar al Estado, la Sociedad y las personas individualmente consideradas, lo hace desde el mencionado encuentro con los clásicos comunicativos propagados por la Filosofía de la Tecnología.

Borgmann (1984, p. 3), en su actual, registra su elucidación:

> *the problem that beset technological societies are thought to be extrinsic to technology; they stem, supposedly, from political in-*

> *decision, social injustice, or environmental constraints. I consider this a serious misreading of our situation. I propose to show that there is a characteristic and constraining pattern to the entire fabric of our lives. This pattern is visible first and most of all in the countless inconspicuous objects and procedures of daily life in a technological society. It is concrete in its manifestations, closest to our existence, and pervasive in its extent. The rise and the rule of this pattern I consider the most consequential event of the modern period. Once the pattern is explicated and seen, it sheds light on the hopes that have shaped our times, on the confusions and frustations that we have suffered in our attempts to realize those hopes, and on the possibilities of clarifying our deepest aspirations and of acting constructively on our best insights.*

En la justicia de datos, la premisa comunicativa se volvió muy, similar y, hacia lo que se observa en Filosofía de la Tecnología (en ciertas corrientes), teniendo la percepción de "*developments in data cannot be considered separately from social justice concerns and agendas, but need to be integrated as part of them*", representando esto, "[...] *an approach is varied, and we have seen a range of different perspectives engage with data justice, often across disciplines and traditions* (Dencik; Sanchez-Monedero, 2022, p. 3-4).

Como explica Borgmann (1984, p. 112), al pensar en la justicia/injusticia y la tecnología, hay un cuestionamiento global que debe hacerse, y no necesariamente se encuentra en el "cómo se originó la injusticia/desigualdad", sino por qué persiste y precisamente, "*how technology has put its stamp on it. I believe that inequality favors advancement and stability of the reign of technology*".

La justicia de datos es un encuentro de cuidados amplios y multifacéticos con la (in)justicia y la tecnología, organizado, sin embargo, desde un punto arquimediano: la digitalización/datificación de la vida, y las consecuentes injusticias que este paradigma tecnológico provoca o promuove. En esta concepción ya se consolidan algunos problemas, "*in the gaze of violence*" que nos dice Foucault, utilizada en la obra de Bogard (1996, p. 61).

Entre los principales, existe, con las relaciones transnacionales iniciadas, construidas y estabilizadas con la datificación, un enorme conflicto sobre qué reclamar, para quién y qué procedimientos serán necesarios para que se haga "justicia". Este detalle está en el centro del problema estructural que debe enfrentar la concepción de la justicia de datos, ya que la praxis y el ordenamiento del procesamiento de datos, personales o no personales, desplazaron la noción de cualquier claridad entre *"the loci decision-making and the subject of such decision-making as well as any bounded polity of who can make claims to data justice"* (Dencik; Sanchez-Monedero, 2022, p. 4).

En este proceso de identificación de problemas y contextos, se muestra que el foco se orienta comúnmente hacia las "externalidades" del subsistema Tecnología, más que necesariamente hacia las interacciones que se dan en su desarrollo interno. La defensa que se promueve en este texto se vincula precisamente a señalar lo contrario, donde lo que se entiende por tecnología necesita, en primer lugar, aclararse, para hablar de sus "externalidades".

Para hacer un corte conclusivo de este inciso, y preparatorio del siguiente, se presentan algunas observaciones. Para que se produzca la datificación de la vida y del mundo, se deben tratar los más variados datos personales o no personales. Otro requisito es la concentración de estos datos en una base de datos (*Big Data*) con una estructura informacional particular, y que esté soportada por equipos adecuados (*hardware*).

Por otro lado, para que estas "herramientas" se desarrollen potencialmente, con consecuencias perjudiciales o beneficiosas, debe existir una estructura previa, como la capacidad real de poseer esta infraestructura, con equipamiento tecnológico, tiempo, empleados, ideas y relaciones, entre particulares y con entidades estatales. Surge, pues, lo obvio: debe haber una amplia, o considerable, concentración de poder y dinero en los espacios de lo posible, jurídicamente estructurados, a través del derecho de propiedad (y sus diversos despliegues normativos).

Un punto (entre muchos) al que debe dirigirse la noción de justicia de datos es, por tanto, en la orientación que el régimen jurídico de la propiedad proporciona sobre la justicia o la injusticia, como resultado de los impactos sociotécnicos de las tecnologías digitales (y qué se puede hacer para curarlos).

4.2. Propiedad Intelectual y *Big Data*: las posibilidades de la justicia social

El concepto de propiedad intelectual como Derecho se inserta en prácticamente todas las políticas económicas o públicas de los países occidentales, como directriz fundamental. Aspira a utilizar la estructura legal de la propiedad intelectual, nacional e internacional, para que se proteja lo desarrollado, en innovación tecnológica (en los más variados segmentos), incorporado al patrimonio del o de los titulares y, en su caso, constituido si en su cuna territorial y política (país nacional), beneficiando a sus creadores y promotores, y beneficiando a terceros, en el juego global y geopolítico de lo económico.

En el caso de Brasil, se mencionó, en la nota al pie n.10, que la Constitución, en el art. 219, *caput*, al normalizar la ciencia, la tecnología y la innovación, considera el mercado interior como patrimonio nacional, indicando que, "[...] se impulsará para viabilizar el desarrollo cultural y socioeconómico, el bienestar de la población y la autonomía tecnológica del país".

A partir de este dispositivo constitucional, se aprehende el papel del Estado en la dogmática constitucional, en algunas dimensiones, tales como: i) normativa; ii) intervención (fomento y límites) en la libre empresa; iii) el establecimiento de una estructura normativa que delimite sus áreas de actuación (en su función, en sentido amplio, de creación de políticas y fiscalización) y, también, las posibles alianzas con la sociedad, ya sea en actividades destinadas a la investigación, no condicionadas por la racionalidad del mercado (eficiencia y lucro), o para empresas cuya máxima esté en el desarrollo de productos y servicios, en mejora e innovación, en un parámetro de "responsabilidad", cuyo lema se conecta con pretensiones de mercado, siendo las tecnologías digitales, englobadas en este cuerpo normativo.[13]

---

13 Sólo para ilustrar el cuerpo normativo de nuestros hermanos sudamericanos, citamos, en síntesis, lo discutido en la Constituyente chilena, con interesantes iniciativas. En un primer momento, se espera borrar la historia normativa de la antigua constitución, que, sobre el tema, guarda silencio, y constitucionalizar e institucionalizar un programa de ciencia, tecnología, conocimiento e innovación, además de la Ley 21.105/2018. Se afirma, en la comisión, que la Ciencia, Tecnología e Innovación es un tema que recién (en el mundo y en América) ha sido constitucionalizado. Brasil y Ecuador se citan como ejemplos sudamericanos. Un elemento esencial, que también es objeto de este texto, está en la finalidad normativa constitucional, en prestar atención a la concepción de (in)justicia epistémica, que *"remite al reconocimento de una jerarquía social, política y cultural entre las distintas formas de conocer el mundo que conviven en la actualidad, lo que tiene consecuencias tanto simbólicas como materiales para quienes que se encuentran en una situación de injusticia epistémica [...]"*(iniciativa constitucional n. 835, p. 4). Com coerência normativa, pretende-se dar um olhar constitucional adequado, reconhecendo o *"derecho de pueblos originales a mantener, desarrollar*

Esta explicación es deliberadamente asignada en general, siendo consistente no sólo con las políticas brasileñas, sino con las de muchos otros países, con la funcionalidad de lo derecho, en este caso, de propiedad (intelectual), integrada en este paradigma.

Arbitrariamente, se vuelve hacia el tema, en su particularidad. Como se dijo al final de la última sección, hay una obvia que necesita ser considerada como un presupuesto: el porcentaje mínimo de personas y entidades que tienen una proporción de poder (capital, poder, conocimiento y relaciones) y dinero (estricta capital), para la construcción de la base de datos (personal o no personal) (Big Data) organizada y desarrollada mediante Inteligencia Artificial. Este esquema productivo se organiza con el entramado convencional, constitucional, legislativo y contractual, en un parámetro, comúnmente, transnacional, compitiendo con asignaciones e intereses regionalizados (y tiene como presupuesto, por supuesto, un sustento que crea y se fundamenta en la desigualdad).

En este punto, el derecho de propiedad (intelectual) proporciona un marco normativo-comunicativo particular, justificando y validando, jurídica y socialmente, estos diálogos normativos, entre los subsistemas de Derecho, Política y Tecnología. Por ejemplo, en la dogmática de los derechos digitales, específicamente, "datos personales y no personales", la comunicación se divide en dos grandes escuelas, aquella en la que los datos personales son considerados propiedad (anglosajona, con Schwartz (2004) por ex .), y otra, centrada en una "extrapatrimonialidad", caracterizando la fundamentalidad de la personalidad, y la protección de su libre desarrollo, junto a la privacidad, en favor de garantizar el bienestar de la persona, en la consecución de sus dignidad, en una determinada comunidad política (lenguaje de derechos humanos y fundamentales, europeo continental, adoptado en Brasil).

Estas proyecciones dogmáticas son determinantes en tres polos, para la factibilidad jurídica (coherente-dogmática, cabe recalcar, no tec-

y difundir sus conocimentos colectivos, ciências, tecnologias y saberes ancestrales", desde os Andes, ao Atacama, complementando-se com a *"garantiza la integridade física y psíquica y la protección de los derechos de las personas en el uso de neurotecnologías"* e o *"derecho a la protección contra los usos indebidos de la ciencia y la tecnologia en perjuicio de la vida, la salud o la integridad física o síquica de las personas"*, e estabelecendo-se uma proposta de *"Rol del estado en conocimentos, culturas, ciencia, tecnologia, comunicaciones, artes, patrimonios y humanidades"* (2022, CHILE CONVENCION, disponível em: <https://www.chileconvencion.cl/iniciativas-normas/>).

nológica) de la apropiación de las creaciones tecnológico-digitales, realizada a través de la coordinación de una base de datos (personal o no personal).), la inteligencia artificial y, en consecuencia, la noción de "datificación". Uno de los polos es la autorización legal para el tratamiento de datos personales, y la gama de alternativas de lo que se puede hacer con ellos. Por otra parte, es el tratamiento jurídico del servidor, basado en datos personales (cuando ya no sean personales, legalmente o no, y las consecuencias jurídicas de ello). Y, en el tercer polo, está la fugaz dinámica jurídica sobre este tratamiento de datos, que se da a velocidades y oscuridades sin posibilidad de control previo, ni a posteriori, ya sea por parte de los titulares, por cualquier ente regulador, o asociación privada interesada, o, también, por los propios agentes y socios del tratamiento, y también las "consecuencias jurídicas" de este problema (por regla general, en la dogmática de la protección de datos, personales o no personales, se habla de una base jurídica para el tratamiento En muchas de las correlaciones, desde el tratamiento de datos en Big Data con Inteligencia Artificial, hay un volumen de operaciones, en las que la "base jurídica del tratamiento", en su funcionalización dogmática, se convierte en una ficción absoluta, en vista del ciclo de vida de los datos, en su capilaridad).[14]

Continuando con la estructura comunicativa de la dogmática, en lo que se refiere a la propiedad (intelectual), se acepta en el subsistema del Derecho la apropiación (titularidad) de las creaciones realizadas por base de datos, con Inteligencia Artificial. En las grandes clasificaciones dogmático-jurídico-jurisprudenciales se visualizan las siguientes opciones comunicativas: i) *sui generis database right;* ii) *patent protection* (protege la aplicación técnica del software/algoritmo creado, cumpliendo con ciertos requisitos reglamentarios; por ejemplo, Google – caso MapReduce); iii) solo alternativas obligatorias (temas controvertidos); iv) *Trade secret protection;* v) *Data ownership*; vi) Contracts and technological protection measures (TPM) (such access control, passwords or encryption) (BENHAMOU, 2020, p. 414).[15]

---

14 No Brasil, a Lei Geral de Proteção de Dados, no art. 55-J, § 1º, estabelece que a Autoridade Nacional , ao impor condicionantes administrativas ao tratamento de dados pessoais por agente de tratamento privado, [...] "deve observar a exigência mínima de intervenção, assegurados os fundamentos, os princípios e os direitos dos titulares previstos no art. 170 da Constituição Federal e nesta Lei".

15 En otra región dogmática, se discute si la Inteligencia Artificial puede ser considerada, jurídicamente, "inventora/autora" y, conjuntamente, autor-propietario-pro-

De esta estructura básica, de políticas nacionales e internacionales, de desarrollo tecnológico y, en el eje discutido, de propiedad intelectual, resulta la datificación de la vida, configurada de determinada manera y, en consonancia con determinados paradigmas e intereses tecnológicos.

Con la percepción de la justicia de los datos, la condición de exclusividad, organizada por la estructura de los derechos de propiedad (intelectual), respecto al Big Data, orquestado por la Inteligencia Artificial, es altamente problemática, porque hay un efecto normalizador, un control técnico sobre ciertas esferas de lo social, que "aparece" como relevante, o problemático, a veces es solo el resultado, o consecuencia, de una base de datos y el empleo de Inteligencia Artificial, sobre un determinado tema o relación. Hay un control sobre lo comunicativo y lo conocido, que en el lenguaje de la computación, en este contexto, dictado por Yeung (2017), puede llamarse hypernudge, o un configurado "evidencialismo datificado, 4 ou 5.0".[16]

Internamente, las bases de datos se concatenan a través de las estructuras simbólicas de *inputs* y *outputs*. Las entradas son minucias ontológicamente digitalizadas sobre personas, cosas o situaciones, en correlación o no (datos e información). A partir de su matematización y compleja organización, se presentan salidas, que son varias, y utilizadas para una infinidad de propósitos, con una particular cognición contable-informática-empirista.[17]

---

pietario de sus propias invenciones. Se cita el reciente caso DABUS, en el que existen diferencias entre las posiciones jurídicas y retóricas sostenidas en Australia y el Reino Unido. En Australia, el eje fundacional fue: "*Turning to section 15(1)(c), he said that first impressions suggested that Dr. Thaller fell within this section, because he has derived title to the invention from DABUS. Despite the fact that DABUS is not a legal person that cannot legally assign the invention, title can still be derived from DABUS by reason of possession of DABUS, his ownership of the copyright in the source code of DABUS, and his ownership and possession of the computer on which resides".* "The application was referred to the Australian courts and the judge held that, on a review of Australia's Patent Act 1990, an inventor could be an AI system or device but it could not be an applicant or a grantee of a patent." (WIPO, 2021, disponível em: < https://www.wipo.int/wipo_magazine/en/2021/03/article_0006.html>).

---

16 El evidencialismo es una postura epistemológica un tanto problemática, que tiene su base en justificaciones epistémicas, basadas en razones "causales" – "empíricas" (existen una miríada de variantes teóricas). El término se usa generalmente. Para una introducción – disponible en: <https://iep.utm.edu/evidenti/>.

17 Los insumos pueden ser "obtenidos" y "procesados" directamente de la "fuente", o adquiridos, directa o indirectamente, a través del acceso a otras bases de datos,

La protección subjetiva y objetiva de los derechos fundamentales se preocupa por esta realidad, aunque de manera limitada, como refiere Hoffmann-Riem (2021, p. 94) - cuáles son los límites del derecho a producir datos; proporcionalidad del derecho a la innovación responsable, con la protección de la persona; condiciones materiales/reales para disfrutar de los derechos de oposición y exclusión; y derecho de acceso.

Existe, como se estudia en la justicia de datos, y, con la filosofía de la tecnología, una condición estructural que antecede al alcance normativo (hasta ahora restringido) de las protecciones y garantías vinculadas a los derechos humanos y fundamentales (y, a la funcionalización de la el derecho a la propiedad intelectual, en cierta medida, lo compone).

El subsistema Derecho y Tecnología necesita comunicarse con mayores aperturas epistemológicas, para que se reorienten, en sus respectivos núcleos, con la compleja normatividad que produce la concepción de Constitución, en relación con los derechos humanos y fundamentales. Las (in)justicias promovidas por procedimientos guiados por Big Data son a veces sutiles, o, aparentemente, más cuando se instituyen con interseccionalidad. Taylor (2017, p. 3) ordena elementos normativos que exigen una mirada atenta:

> *Jiwani's (2015) work on citizenship and conformity also demonstrates the ways in which surveillance as an 'active social process' reinforces structural and social boundaries. Moreover, these problems intersect and multiply at the boundaries created by the linking and merging of datasets. This intersectionality (Cho et al., 2013) in the effects of datafication is an important component of the argument for a social justice perspective. A range of interacting characteristics - race, ethnicity, religion, gender, location, nationality, socio-economic status - determine how individuals become administrative and legal subjects through their data and, consequently, how those data can be used to act upon them by policymakers, commercial firms and*

adquisición de empresas con base de datos, y muchas otras modalidades. Los derechos de los titulares de datos personales, en su dimensión subjetiva y objetiva, se presentan, en esta dinámica "comercial", sumamente debilitados, debido a la fluidez, y a la misma falta de información sobre los tratamientos de datos existentes (y el derecho de oposición ?¿y el derecho a saber sobre la existencia de tratamientos de datos?).

> *both in combination. In turn, the possibility of being identified as a target of surveillance multiplies depending on the number of categories of interest one belongs to.*

En otros dos (y contundentes) elementos, que se aclimatan con el concepto jurídico de propiedad intelectual (que no se desvinculan de los demás), y las inquietudes surgidas de los estudios de justicia de datos, cuando se trata de Big Data e Inteligencia Artificial, se refieren a injusticia epistémica, y una reducción global de las posibilidades de desarrollo tecnológico.

La injusticia epistémica puede producirse cuando se produce la absolutización de lo real, por el uso de la datificación, en oposición y, en desprecio, a la complejidad de la realidad, y de las personas que, intersubjetivamente, la componen (ver nota 13, en el que se hace referencia a las propuestas ventiladas sobre el tema en la constituinte de chilena de 2022).

La propiedad intelectual, y su funcionalización, carece de alcance normativo para evitar este orden comunicativo limitante y excluyente (el simple incremento cuantitativo o cualitativo de datos, se presenta como una solución insuficiente). Es decir, se debe desarrollar la imposibilidad de imponer un régimen de exclusión, a la "propiedad intelectual" con vínculos culturales, y las políticas de Estado, en ciencia, tecnología, conocimiento e innovación, deben tener ese mismo cuidado, incluyendo el fomento de la recuperación de la memoria y su preservación (con un alcance transnacional, abreviado por el régimen de propiedad intelectual -utilizando el régimen de propiedad, en su funcionalidad, para garantizar a estos pueblos el "derecho" a sus tecnologías e invenciones culturales).

La formación de cosmovisiones fechadas, provenientes de prácticas estatales, o de empresas privadas, o de ambas, en sociedad, en segmentos de subsistemas sociales humana y constitucionalmente relevantes, requiere de una formación normativa particular, para el desarrollo, implementación y evaluaciones periódicas, adaptadas a las especificidades de cada segmento. Base de datos desarrollada con Inteligencia Artificial, cuyos contenidos estén relacionados con datos personales, o no, relevantes a lo socialmente deseado por lo justo, o incluso una estructura algorítmica proporcionalmente suficiente para ser integrada a las políticas públicas, de igual manera, reclama un tratamiento diferenciado, de aquellos clásicos derivados de la normatividad del derecho de propiedad intelectual (y sus consecuencias).

Hoffmann-Riem (2021, p. 93-94), presenta sus reflexiones, en el lenguaje de los derechos fundamentales, cuando el considerable llenado social, por el Big Data y la Inteligencia Artificial, en distintos segmentos, de la justicia (dimensiones subjetivas y objetivas de los derechos fundamentales) y también sobre la estructuración del mercado ante los auspicios competitivos, argumentando que,

> [...] há discussões sobre um direito de acesso de terceiros não apenas a dados disponibilizados pelo Estado, mas também aos dados de máquinas, ou melhor, de indústrias, e outros dados não considerados pessoais, que foram coletados ou adquiridos por indivíduos privados. Tal direito geral ainda não existe, mas pode ser justificado por lei, sujeito a uma ponderação constitucional dos interesses envolvidos. Os direitos de acesso podem ser importantes como um contrapeso aos detentores do poder, tendo em vista a monopolização e oligopolização. Sem direitos de acesso (também na hipótese de pagamento) a dados e a sua utilização, como, por exemplo, no âmbito de *Big Data* e do uso de IA, as inovações, assim como o desenvolvimento de novos modelos de negócios e serviços alternativos, podem se tornar difíceis ou impossíveis para os atores.

El derecho de propiedad (intelectual) puede registrar una funcionalización normativa para impedir el desarrollo de alternativas tecnológicas innovadoras y responsables, así como preocupadas por la justicia. Los impedimentos, en un principio, se presentan como técnicos, pero se consolidan en la clausura legal que permite el régimen de propiedad intelectual. El esquema productivo e de innovación, en el paradigma de la datificación, es desigual en la base, en cuanto a quién detenta realmente los medios para crear, o modificar, sistemas que propagan la desigualdad.

Los interrogantes planteados, en torno al Big Data y la Inteligencia Artificial, no desmerecen una unidad estructural, que rige al Estado y la sociedad. Las preocupaciones de justicia de datos (y Filosofía de la Tecnología) se alían con círculos normativos ajenos al mercado, pero también cuidan la estructura que mantiene un formato de mercado que captura un determinado paradigma tecnológico (evitando innovaciones responsables, por ejemplo) y legal, condicionando los flujos de conocimiento e información, y ocultando alternativas socialmente relevantes, y manteniéndose, en ocasiones, en contra de los auspicios de la justicia.

Es cierto que la justicia y la injusticia son manifestaciones del "cómo" que colectiva e individualmente proyectamos el Estado, la sociedad, las expectativas y pretensiones subjetivas, incrustadas en las estructuras de los subsistemas sociales. La tecnología en desarrollo, en el paradigma "digital", está relacionada en mucho, incluyendo el cambio, la percepción ontológica sobre el "mundo físico", y las experiencias existenciales-cognitivas del ser humano. El Derecho de los Derechos Humanos y Fundamentales, construido en el lenguaje de la Constitución, necesita estar atento a estas condiciones estructural-existenciales de la tecnología, que también es normativa.

Poner en diálogo los subsistemas del Derecho, la Tecnología y la Política, filtrarlos a las máximas de lo Justo (de la normativa de los derechos humanos y fundamentales), es el desafío primordial de nuestro período histórico, con la lucidez de que la complejidad del mundo es inserta, más bien, en lo humano, que se proyecta en todas las líneas normativas de sus "subsistemas sociales".

5. Consideraciones Finales

En un intento de traer líneas conclusivas al texto, es pertinente señalar que, antes de que esto represente un cierre al contenido abordado, es, en realidad, una apertura, establecida para lo inconcluso.

La propiedad merece ser cuidadosamente observada, en sus aspectos normativos, que se encuentran con diversos subsistemas sociales. En su historia comunicativa, su funcionalización social aspiraba a proteger a la persona, y la concepción (del buen vivir) de vida que pretendía construir, en su particularidad, y en la sociedad y sus estructuras.

Como derecho, la propiedad tiene esta capa normativa primigenia-moderna, y esto se puede ver en los escritos de filosofía moral de la época, por ejemplo, en Grotius, Pufendorf y Locke, quienes no distinguieron sustancialmente la concepción moral de la propiedad de la de la libertad.

En la tradición constitucional, esta significación normativa se ve, en la construcción del comunicativo de propiedad acostumbrado al carácter jurídico, ya sea en estela anglosajona, francesa o americana (respetando las distinciones), con lo cual las dimensiones, subjetiva y objetiva, del referido derecho, emergen, incluso alterando la estructura del Poder, emanado de la figura del Estado. La estructuración, por tanto, de la sociedad, y del Estado, está fuertemente impactada por la noción de propiedad, en su carácter constitucional, con un enfoque reajustado para la protección de la persona, y su bienestar, siendo la noción social-funcional de la propiedad relacionada, com la garantía misma de la libertad, para el logro de una buena vida humanamente deseable.

Se argumenta en el texto que es necesario recuperar la mencionada funcionalización de los derechos de propiedad, en el sentido de adaptarse a diversos contextos, en los que la estructura del Derecho, la Tecnología y la Política, se han ido alejando de la construcción normativa, y la social, guiada por el Justo. El derecho de propiedad tiene este potencial emancipador, pero, antes, se hace necesario esclarecer qué es la Tecnología, y su alcance normativo, para tener lucidez, en los espacios donde se reivindica la Justicia, y, por la Moral, y, en este caso, con lo Derecho, que se fomente, teniendo en cuenta los auspicios de los derechos humanos y fundamentales.

En el desarrollo de la tecnología, denominada digital, existe una gama de complejidades que determinan cómo la sociedad, y las personas individualmente consideradas, viven y se relacionan entre sí. La datificación de la vida presenta problemas preocupantes, cuando se visualiza el potencial absolutizador, discriminador y, por tanto, consolidador de las injusticias, al excluir significados y saberes (o la posibilidad de conocerlos), teniendo, como consecuencia, una particular influencia en la forma de organizarse el Estado, la sociedad y lo Derecho. La noción de justicia de datos, con sus indagaciones, que tienen sus raíces en ciertas corrientes de la Filosofía de la Tecnología, aparece como un instrumento teórico-práctico necesario para la lucidez de nuevas percepciones involucradas en la justicia (social).

Los derechos humanos y fundamentales necesitan ser conscientes de este escenario, que es incluso un nuevo desafío para la continuación histórica de la maduración de lo que se entiende, comunicativamente, como Constitución.

La noción de propiedad (intelectual), como derecho, es vista como parte elemental de esta estructura política, tecnológica y jurídica. En la fundación de una base de datos, mediante el uso de la Inteligencia Artificial, existe un mundo de posibilidades, que como se mencionó, son potencialmente beneficiosas o dañinas, aunque, al mismo tiempo, se dan en espacios ocultos, limitados, en los que pocas personas tienen participación. Cuando se piensa que la datificación de la vida impacta directamente en los derechos humanos y fundamentales, en sus dimensiones subjetivas y objetivas, sus consecuencias, con potencialidades favorables o desfavorables, para el logro de la justicia social, requieren ser diferenciadas y tratadas con responsabilidades particulares.

Con una noción de propiedad intelectual ligada a un cuidado con estas dimensiones normativas, legales y tecnológicas, hay una apertura para que estas directivas sean estructuradas, a través de la construcción de políticas públicas/económicas delimitadas con esta preocupación, con también nuevas comunicaciones y cambios básicos en la estructura de la dogmática jurídica de la propiedad (intelectual). Estas pretendidas transformaciones normativas sobre la percepción de la propiedad intelectual, por cierto, son también resultado de nuevas creaciones y desarrollos de otros derechos ya reconocidos en la dogmática jurídica, que inciden en los paradigmas societarios fusionados tecnológicamente.

El derecho a la protección de datos personales y no personales, acceso, oposición, seguridad, no discriminación, no ser objeto de injusticia epistémica e incluso inserción en el mercado (competencia, alternativa, para los excluidos), y la innovación responsable, son ejemplos de cómo el subsistema del Derecho ya viene ampliando su estructura comunicativa, para una apertura, y para un polílogo con lo tecnológico, considerando la complejidad de sus efectos sociotécnicos.

Muchas dimensiones normativas, que determinan nuestro mundo práctico común, deben ser tenidas en cuenta al analizar el tema, sin embargo, teniendo la justicia como principio político-moral-jurídico, de modo que el resultado de las convergencias y diferencias no sea la voluntad de una sola voz.

> *Cada descoberta, cada progresso, cada aumento da riqueza da humanidade tem o seu princípio no conjunto do trabalho manual e cerebral do passado e do presente. Logo, com que direito poderia alguém apossar-se da menor parcela desse imenso patrimônio e dizer: "Isto é meu, não é vosso?".*
>
> *Pedro Kropotkine (2011, p. 22).*

6. Referências

ADOLFO, Luiz Gonzaga Silva. Obras privadas, benefícios coletivos: a dimensão pública do direito autoral na sociedade da informação. Porto Alegre: safE, 2008.

___. Em busca da reforma "perdida": percursos para os Direitos Autorais na sociedade da informação. Porto Alegre: Dialogar, 2022.

BENDICH, M. Albert. Privacy, Poverty, and the Constitution. *California Law Review*, vol. 54, 1966, p. 407-442.

BUCKLE, Stephan. The natural history of property: natural law theories from Grotius to Hume. Tese. 297 fls. Doutorado em Filosofia. Australian National University. 1987.

BENHAMOU, Yaniv. Big data and the law: a holistic analysis based on a three--step approach – mapping property-like rights, their exceptions and licensing practices. Revue Suisse de droit des affaires et du marché financier, 2020, n. 4, p. 393-418.

BOGARD, William. The simulation of surveillance: hypercontrol in telematic societies. Cambridge: Cambridge University Press, 1996.

BORGMANN, Albert. Technology and the character of contemporary life. Chicago: The University of Chicago Press, 1984.

BRASIL. Constituição (1988). Constituição da República Federativa do Brasil. Brasília, DF: Presidência da República. Disponível em: <http://www.planalto.gov.br/ccivil_03/constituicao/constituicao.htm>. Acesso em: 2 abr. 2022.

____. Lei nº 13.709, de 19 de agosto de 2018. Lei Geral de Proteção de Dados. Brasília, DF: Presidência da República, 2022. Disponível em: < http://www.planalto.gov.br/ccivil_03/_ato2015-2018/2018/lei/l13709.htm>. Acesso em: 2 abr. 2022.

DECLARAÇÃO DE DIREITOS DO HOMEM E DO CIDADÃO (1789). Biblioteca Virtual de Direitos Humanos da USP. Disponível em: < https://abres.org.br/wp-content/uploads/2019/11/declaracao_dos_direitos_do_homem_e_do_cidadao_de_26_08_1789.pdf> Acesso em: 3 abr. 2022.

DENCIK, Lina; SANCHEZ-MONEDERO, Javier. Data justice. Internet Policy Review: Journal on internet regulation, vol 11, n. 1, 2022, p. 1-16.

FEENBERG, Andrew. Between reason and experience: essays in technology and modernity. Cambridge: MIT Press, 2010.

GONZÁLES, José Calvo. Direito curvo. Porto Alegre: Livraria do Advogado, 2013.

HOFFMANN-RIEM, Wolfgang. Teoria geral do direito digital: transformação digital, desafios para o direito. Rio de Janeiro: Forense, 2021.

LUHMANN, Niklas. La constituzione come acquisizione evolutive. In: ZAGREBELSKY, G.; PORTINARO, P.P.; LUTHER, J. Il Futuro della Constituzione. Torino: Einaudi, 1996.

FERNANDES, M. S., SILLA, L., GOLDIM, J.R., & MARTINS-COSTA, J. Brazilian legal and bioethical approach about donation for research and patents of human body parts. Journal of Community Genetics, n. 8 (3), p. 199-208, 2017.

MIRANDA, Jorge. Manual de direito constitucional IV. Coimbra: Coimbra, 1988.

NOBRE, Marcos. A teoria crítica. Rio de Janeiro: Zahar, 2004.

RAZ, Joseph. Ethics in the public domain: essays in the morality of law and politics. Oxford: Oxford, 2001.

RIBEIRO, Darcy. Sobre o óbvio. Marília: Lutas Anticapital, 2019.

SARLET, Gabrielle Bezerra Sales. O consentimento informado e a proteção de dados pessoais de saúde na internet: uma análise das experiências legislativas de Portugal e do Brasil para a proteção integral da pessoa humana. Civilistica.com, v.8, n. 1, p. 1-27, abr. 2019.

SCHWARTZ, Paul M. Property, privacy, and personal data. Harvard Law Review, v. 117, n. 7, p. 2056-2128, 2004.

TAYLOR, Linnet. What is data justice? The case for connecting digital rights and freedoms globally. Big Data & Society. jul/dez., 2017, p. 1-14.

TEUBNER, Gunther. Constitutional fragments: societal constitucionalism in globalization. Oxford: Oxford University Press, 2012.

TRIPATHI, Arun Kumar. Hermeneutics of technological culture. AI & Soc, n. 32, april, p. 137-148, 2017.

UNITED KINGDOM. The digital, data and technology playbook: government guidance on sourcing and contracting for digital, data and technology projects and programmes. OGL: 2022. Disponível em: < https://www.gov.uk/government/publications/the-digital-data-and-technology-playbook>. Acesso em: 2 abr. 2022.

KANT, Immanuel. Metafísica dos costumes. Petrópolis: Vozes, 2013.

KROPOTKINE, Pedro. A conquista do pão. Rio de Janeiro: Achiamé, 2011.

WALDRON, Jeremy. The right to private property. New York: Oxford University Press, 1989.

WIPO MAGAZINE. In the Courts: Australian Court finds AI system can be "inventors". CURREY, R.; OWEN; J. set. 2021. Disponível em: < https://www.wipo.int/wipo_magazine/en/2021/03/article_0006.html>. Acesso em: abr. 2022.

CHILE.COMISSÃO CHILENA. Disponível em: <https://www.chileconvencion.cl/wp-content/uploads/2022/02/835-Iniciativa-Convencional-Constituyente-de-la-cc-Cristina-Dorador-sobre-Sistemas-de-Conocimientos.pdf>. Acesso em: abr. 2022.

____. CHILNE CONVENCION. Disponível em: <https://www.chileconvencion.cl/iniciativas-normas/>. Acesso em: abr. 2022.

Yeung, K. Hypernudge: big data as a mode of regulation by design. Information, Communication & Society, n. 20, p. 118-136, 2017.

POSFÁCIO

Normatizar a Inteligência Artificial: Notas gerais sobre o Projeto de Lei brasileiro Projeto de Lei n° 2338/2023 e da Proposta de Regulamento do Parlamento Europeu e do Conselho

Márcia Santana Fernandes
José Roberto Goldim

1. Introdução

A regulação do uso da Inteligência Artificial (IA) em bens e serviços é um dos tópicos sensíveis para estabelecer parâmetros e critérios adequados, universalizáveis e passíveis de harmonização em todo o mundo. A busca de limites, contornos de uso e de compartilhamento de sistemas de IA tem colocado na pauta de muito governos e organizações internacionais a legiferação de normas voltadas para garantir os direitos dos cidadãos, responder aos aspectos relacionados à complexidade e à opacidade característicos destes sistemas.

Recentemente, o Parlamento Europeu e o Conselho aprovaram proposta de Regulamento que estabelece Regras Harmonizadas em Matéria de Inteligência Artificial (Regulamento Inteligência Artificial) e altera determinados atos legislativos da união)[1]. No Brasil, o Projeto de Lei n° 2338, de 2023[2], que dispõe sobre o uso da Inteligência Artificial, está tramitando no Senado Federal.

Ambas iniciativas normativas são relevantes, a primeira, no âmbito internacional e a segunda, no âmbito nacional; por esta razão e pelo tópico central desta obra, teceremos alguns comentários sobre as características destas propostas, em particular no que concerne a lacuna, em

---

1 Parlamento Europeu e Conselho. Proposta de Regulamento que estabelece regras harmonizadas em matéria de Inteligência Artificial (regulamento Inteligência Artificial), Bruxelas, 2021 https://eur-lex.europa.eu/resource.html?uri=cellar:e0649735-a372-11eb-9585-01aa75ed71a1.0004.02/DOC_1&format=PDF

2 Brasil. Senado Federal. Projeto de Lei nº 2338, de 2023. Brasília, 2023. https://www25.senado.leg.br/web/atividade/materias/-/materia/157233

ambos, no trato da propriedade intelectual, já sabedores que o estudo deve ser aprofundado.

A interface da inteligência artificial com a propriedade intelectual é problemática, com afetação direta em diferentes espécies de PI, especialmente para os direitos autorais, segredo industrial e patentes, como apontado em muitos dos textos apresentados nesta obra e reconhecido em comentários, em relatórios específicos (como o *Report on Intelectual Property Rights for the development of Artificial Intelligence Technologies*[3]); na exposição de motivos da Proposta europeia e na justificativa do PL brasileira. Por isso, é estranho o fato de nenhuma das normas ter tratado explicitamente do impacto (positivo ou negativo) para PI do uso de sistemas de IA.

Diante desta realidade, o objetivo deste posfácio é demonstrar, ainda que de forma incipiente, a carência no tratamento normativo e no estudo sobre possível impacto (positivo ou negativo) de sistemas de IA para o sistema de PI. A análise do universo vocabular da Proposta de Regulamento sobre Inteligência Artificial europeu e do PL n° 2338, de 2023, com as anotações de frequências e de associações entre palavras foi o caminho utilizado, com o apoio da ferramenta NVivo?, versão 12, neste texto.

O texto está organizado nos seguintes tópicos: i) apresentar as características da Proposta do Parlamento Europeu e Conselho; ii) Características da Projeto de Lei sobre Inteligência Artificial brasileiro e iii) por fim tecer comentários comparativos de ambas as propostas normativas.

2.2. Características da Proposta do Parlamento Europeu e o Conselho da Europa sobre Inteligência Artificial

A proposta Regulamento Inteligência Artificial da União Europeia é complexa e visa assegurar o bom funcionamento do mercado interno de sistemas de inteligência artificial (sistemas de IA). A Proposta está organizada em Exposição de Motivos; 89 Considerandos; XII Títulos e 85 artigos, vejamos a sua estrutura.

3 Parlamento Europeu. Report on Intelectual Property Rights for the development of Artificial Intelligence Technologies. Committee on Legal Affairs. Bruxelas. 2020. https://www.europarl.europa.eu/doceo/document/A-9-2020-0176_EN.html

Exposição de Motivos da Proposta de Regulamento Inteligência Artificial da União Europeia

1. Contexto da Proposta

1.1. Razões e objetivos da proposta

Alerta aos desafios e aos riscos da AI, reconhecendo o seu potencial econômico, tecnológico e social e aos desafios da opacidade, complexidade e enviesamentos.

1.2. Coerência com as disposições existentes da mesma política setorial

Este cuidado é fundamental para manter a unidade normativa, em especial as matérias de proteção de dados, consumidores, não discriminação e igualdade de gênero.

1.3. Coerência com outras políticas da União

A norma deve estar inserida em um conjunto de ações e políticas para garantir a sua efetividade.

2. Base jurídica, Subsidiariedade e proporcionalidade

2.1. Base Jurídica

A Proposta está sustenta na estrutura normativa que mantém a unidade da União Europeia.

2.2. Subsidiariedade (no caso de competência não exclusiva)

Integrar, harmonizar e eliminar contradições entre normas nacionais para possibilitar a eficácia da regulação.

2.3. Proporcionalidade

Estudar as situações de risco para que a norma seja pautada por normas harmonizadas e equilibradas.

2.4. Escolha do Instrumento

A escolha da natureza normativa ser um Regulamento está relacionada a sua aplicabilidade direta em todos os Estados da UE

3. Resultados das Avaliações Ex Post, das consultas das partes interessadas e das avaliações de impacto

3.1. Consulta das partes interessadas

A comunidade e todos os interessados foram consultados e ouvidos previamente a elaboração da Proposta, desde 2020.

3.2. Obtenção e utilização de competências especializadas

"A proposta tem como base dois anos de análise e estreita cooperação das partes interessadas, incluindo académicos, empresas, parceiros sociais, organizações não governamentais, Estados-Membros e cidadãos. O trabalho preparatório foi iniciado em 2018 com a criação de um grupo de peritos de alto nível (GPAN) sobre a IA com uma composição inclusiva e ampla de 52 peritos bem conhecidos incumbidos de prestar aconselhamento à Comissão sobre a aplicação da estratégia da Comissão para a inteligência artificial." (Após este inicio outras medidas foram tomadas – ver no texto).

3.3. Avaliação de impacto

"Em consonância com a sua política «Legislar melhor», a Comissão realizou uma avaliação de impacto para a presente proposta, que foi analisada pelo Comité de Controlo da Regulamentação da Comissão. Foi realizada uma reunião com o Comité de Controlo da Regulamentação, em 16 de dezembro de 2020, à qual se seguiu um parecer negativo. Após uma revisão substancial da avaliação de impacto para ter em conta as observações e uma nova apresentação da avaliação de impacto, o Comité de Controlo da Regulamentação emitiu um parecer positivo em 21 de março de 2021."

3.4. Adequação e simplificação da regulamentação

A presente proposta estabelece obrigações que serão aplicáveis aos fornecedores e aos utilizadores de sistemas de IA de risco elevado. No caso dos fornecedores que desenvolvem e colocam esses sistemas no mercado da União, a proposta criará segurança jurídica e assegurará a ausência de obstáculos ao fornecimento transfronteiras de produtos e serviços baseados na IA. No caso das empresas que utilizam a IA, promoverá a confiança entre os seus clientes. No caso das administrações públicas nacionais, esta opção promoverá a confiança pública na utilização da IA e reforçará os mecanismos de execução (mediante a introdução de um mecanismo de coordenação europeu, do fornecimento das capacidades adequadas e da facilitação das auditorias dos sistemas de IA com a aplicação de novos requisitos relacionados com a documentação, a rastreabilidade e a transparência). Além disso, o quadro estipulará medidas específicas para apoiar a inovação, incluindo ambientes de testagem da regulamentação e medidas específicas para ajudar os utilizadores e os fornecedores de pequena dimensão de sistemas de IA de risco elevado a cumprirem as novas regras.

3.5. Direitos Fundamentais

"Dadas as suas características específicas (por exemplo, a opacidade, a complexidade, a dependência dos dados, o comportamento autónomo), a utilização da inteligência artificial pode afetar negativamente um conjunto de direitos fundamentais consagrados na Carta dos Direitos Fundamentais da UE (a seguir designada por «Carta»). A presente proposta procura assegurar um nível elevado de proteção desses direitos fundamentais e visa fazer face aos vários riscos mediante uma abordagem baseada no risco claramente definida. Graças a um conjunto de requisitos relativos a uma IA de confiança e obrigações proporcionadas para todos os participantes da cadeia de valor, a proposta melhorará e promoverá a proteção dos direitos consagrados na Carta (...)"

4. Incidência Orçamental

"Os Estados-Membros serão obrigados a designar autoridades de controlo responsáveis pela aplicação dos requisitos legislativos. A sua função de controlo pode ter como base mecanismos existentes, por exemplo, relativos aos organismos de avaliação da conformidade ou à fiscalização do mercado, mas exigirá conhecimentos tecnológicos e recursos humanos e financeiros suficientes. Em função da estrutura preexistente em cada Estado-Membro, este valor pode variar entre 1 e 25 equivalentes a tempo completo por Estado-Membro."

5. Outros elementos

5.1. Planos de execução e acompanhamento, avaliação e prestação de informações

"A criação de um mecanismo de acompanhamento e avaliação sólido é crucial para garantir que a proposta seja eficaz para alcançar os seus objetivos específicos."

5.2. Explicação pormenorizada das disposições específicas da proposta

5.2.1. Âmbito e definições (Título I)

O título I define o objeto do regulamento e o âmbito das novas regras que abrangem a colocação no mercado, a colocação em serviço e a utilização de sistemas de IA. Também estabelece as definições utilizadas no instrumento.

5.2.2. Práticas de Inteligência Artificial Proibidas (Título II)

"O título II estabelece uma lista de práticas de IA proibidas. O regulamento segue uma abordagem baseada no risco e diferencia entre as utilizações de IA que criam: i) um risco inaceitável, ii) um risco elevado, iii) um risco baixo ou mínimo. A lista de práticas proibidas do título II inclui todos os sistemas de IA cuja utilização seja considerada inaceitável por violar os valores da União, por exemplo, por violar os direitos fundamentais. As proibições abrangem práticas com potencial significativo para manipular as pessoas por meio de técnicas subliminares que lhes passam despercebidas ou explorar as vulnerabilidades de grupos específicos, como as crianças ou as pessoas com deficiência, para distorcer substancialmente o seu comportamento de uma forma que seja suscetível de causar danos psicológicos ou físicos a essa ou a outra pessoa."

5.2.3. Sistema de Inteligência Artificial de Risco Elevado (Título III)

"O título III inclui regras específicas relativas aos sistemas de IA que criam um risco elevado para a saúde e a segurança ou para os direitos fundamentais de pessoas singulares. Em conformidade com uma abordagem baseada no risco, esses sistemas de IA de risco elevado são autorizados no mercado europeu, mas estão sujeitos ao cumprimento de determinados requisitos obrigatórios e a uma avaliação da conformidade ex ante. A classificação de um sistema de IA como de risco elevado tem como base a finalidade prevista desse sistema, em conformidade com a atual legislação relativa à segurança dos produtos."

5.2.4. Obrigações de transferência aplicáveis a determinados sistemas de inteligência artificial (Título IV)

"O título IV abrange determinados sistemas de IA para ter em conta os riscos específicos que a manipulação dos mesmos representa. Aplicar-se-ão obrigações de transparência aos sistemas que: i) interagem com seres humanos, ii) são utilizados para detetar emoções ou determinar a associação com categorias (sociais) com base em dados biométricos, iii) geram ou manipulam conteúdos («falsificações profundas»). As pessoas devem ser informadas quando interagem com um sistema de IA ou as suas emoções ou características são reconhecidas por meios automatizados. Se um sistema de IA for utilizado para gerar ou manipular conteúdos de imagem, áudio ou vídeo consideravelmente semelhantes a conteúdos autênticos, deve ser obrigatório divulgar que os conteúdos são gerados por meios automatizados, sob reserva de exceções para fins legítimos (manutenção da ordem pública, liberdade de expressão). Deste modo, as pessoas podem tomar decisões informadas ou distanciar-se de determinadas situações.

5.2.5. Medidas de apoio à inovação (Título V)

"O título V contribui para o objetivo de criar um quadro jurídico inovador, preparado para o futuro e resistente a perturbações. Para tal, as autoridades nacionais competentes são incentivadas a criar ambientes de testagem da regulamentação. Além disso, é criado um quadro básico no que diz respeito à governação, à supervisão e à responsabilidade."

5.2.6. Governação e execução (Títulos VI, VII e VIII)

O título VI cria os sistemas de governação a nível da União e nacional. A nível da União, a proposta cria um Comité Europeu para a Inteligência Artificial (a seguir designado por «Comité»), composto por representantes dos Estados-Membros e da Comissão. O Comité facilitará uma aplicação simples, eficaz e harmonizada do presente regulamento, contribuindo para a cooperação eficaz entre as autoridades nacionais de controlo e a Comissão e prestando aconselhamento e conhecimentos especializados à Comissão. O Comité irá ainda recolher e partilhar informações sobre boas práticas entre os Estados-Membros.

O título VII visa facilitar as atividades de controlo da Comissão e das autoridades nacionais mediante a criação de uma base de dados à escala da UE para os sistemas de IA de risco elevado autónomos com implicações em matéria de direitos fundamentais. A base de dados será gerida pela Comissão e receberá dados dos fornecedores de sistemas de IA, que serão obrigados a registar os seus sistemas antes de os colocar no mercado ou em serviço.

O título VIII estabelece as obrigações de controlo e de comunicação aplicáveis aos fornecedores de sistemas de IA no que diz respeito ao acompanhamento pós-comercialização e à comunicação e investigação de incidentes e anomalias relacionados com a IA. As autoridades de fiscalização do mercado também controlarão o mercado e investigarão o cumprimento das obrigações e dos requisitos aplicáveis a todos os sistemas de IA de risco elevado já colocados no mercado.

5.2.7. Códigos de Conduta (Título IX)

O título IX estabelece um quadro para a criação de códigos de conduta, que visa incentivar os fornecedores de sistemas de IA que não são de risco elevado a aplicar voluntariamente os requisitos obrigatórios aplicáveis aos sistemas de IA de risco elevado (conforme indicado no título III). Os fornecedores de sistemas de IA que não são de risco elevado podem criar e aplicar autonomamente os códigos de conduta. Esses códigos também podem incluir compromissos voluntários relacionados, por exemplo, com a sustentabilidade ambiental, a acessibilidade das pessoas com deficiência, a participação das partes interessadas na concepção e no desenvolvimento de sistemas de IA e a diversidade das equipas de desenvolvimento.

5.2.8. Disposições finais (Títulos X, XI e XII)

O título X salienta a obrigação de todas as partes respeitarem a confidencialidade das informações e dos dados e estabelece regras para o intercâmbio das informações obtidas durante a aplicação do regulamento. O título X também inclui medidas para assegurar a execução eficaz do regulamento por via de sanções efetivas, proporcionadas e dissuasivas aplicáveis a infrações às disposições. O título XI estabelece as regras para o exercício dos poderes delegados e de execução. A proposta habilita a Comissão a adotar, se for caso disso, atos de execução para garantir a aplicação uniforme do regulamento ou atos delegados para atualizar ou completar as listas constantes dos anexos I a VII. O título XII incumbe a Comissão de avaliar regularmente a necessidade de atualizar o anexo III e preparar relatórios regulares sobre a avaliação e o reexame do regulamento. Também estabelece disposições finais, incluindo um período de transição diferenciado para a data inicial da aplicação do regulamento, de maneira que facilite uma aplicação simples por todas as partes em causa.

Proposta de Regulamento Inteligência Artificial da União Europeia

Considerandos	**89**	
	Títulos e Artigos	
Títulos	**Artigos**	**Capítulo**
I - Disposições Gerais	1º ao 4º	
II - Práticas de Inteligência Artificial Proibidas	5º	
III - Sistemas de Inteligência Artificial de Risco Elevado	6º ao 7º	Capítulo 1 - Classificação de sistemas de inteligência artificial como sendo de risco elevado
	8º ao 15º	Capitulo 2 - Requisitos aplicáveis a sistemas de inteligência artificial de risco elevado
	16º ao 29	Capitulo 3 - Obrigações dos fornecedores e utilizadores de sistemas de inteligência artificial de risco elevado e de outras partes
	30º ao 39º	Capítulo 4 - Autoridades notificadoras e organizamos notificados
	40º ao 50º	Capitulo 5 - Normas, avaliação da conformidade, certificados e registro
IV - Obrigações de transferência aplicáveis a determinados sistemas de inteligência artificial	52º	
V - Medidas de apoio à inovação	53º ao 55º	

VI - Governação	56º ao 58º	Capitulo 1 - Comitê Europeu para a Inteligência Artificial
	59º	Capítulo 2 - Autoridades Nacionais
VII - Base de Dados da EU relativa a sistema de inteligência artificial de risco elevado autónomos	60º	
VIII - Acompanhamentos Pós-Comercialização, partilha de informações, fiscalização do mercado	61º	Capítulo 1 - Acompanhamento Pós-comercialização
	62º	Capítulo 2 - Partilha de informações sobre incidentes e anomalias
	63º ao 68º	Capítulo 2 - Partilha de informações sobre incidentes e anomalias
IX - Códigos de Conduta	69º	
X - Confidencialidade e sanções	70º ao 72º	
XI - Delegação de poderes e procedimento de Comitê	73º ao 74º	
XII - Disposições finais	75º ao 85º	

A Proposta de Regulamento da EU incorpora a complexidade que o tema merece, estabelecendo parâmetros claros em tópicos concretos como nível de risco, governança, responsabilidades e código de conduta. Dá mesma forma, a arquitetura da proposta, composta de exposição de motivos e considerandos, possibilita ampliar de forma mais certeira a interpretação normativa, pois como já há muito disse Miguel Reale: a necessidade essencial da intepretação das normas é uma consequência também da destinação prática dos preceitos.[4]

Entretanto, quanto ao tratamento da propriedade intelectual (PI) e particularmente os direitos autorais não houve menção explicita ou mesmo normas voltadas para regular aspectos relacionados a IA e que podem afetar a PI, muitos tratados nesta obra. Neste contexto, é importante mencionar que o Relatório sobre Propriedade Intelectual e

4 Reale, Miguel. O Direito como experiência (Introdução à Epistemologia Jurídica), p. 249, Edições Saraiva, São Paulo, 1968.

Inteligência artificial realizado pelo Parlamento Europeu em 2021[5] foi expressamente citado nas referências da Exposição de Motivos da Proposta o que poderá, e provavelmente assim será, incorporado na interpretação do futuro Regulamento. Apesar deste fato, os parâmetros do ponto de vista normativos são frágeis e mereceria um estudo e regulação específica.

Contudo, a Proposta apresenta em seu Título IV, artigo 52º (1), que as situações em que, conforme explicado na Exposição de Motivos, item 5.2.4., um sistema de IA for utilizado para gerar ou manipular conteúdos de imagem, áudio ou vídeo consideravelmente semelhantes a conteúdos autênticos, deve ser obrigatório divulgar que os conteúdos são gerados por meios automatizados, sob reserva de exceções para fins legítimos (manutenção da ordem pública, liberdade de expressão). Portanto, a raiz das obrigações previstas neste artigo envolvem Direitos Autorais, entre outras espécies de PI, apesar do texto não mencionar em nenhum momento explicitamente.

3. Características da Projeto de Lei sobre Inteligência Artificial brasileiro

O Projeto de Lei 2338/2023 está organizado em 45 artigos e é composto por uma nota de justificação, ao final. O seu histórico está moldado na junção e análise de Projetos de Lei que tramitaram na Câmara de Deputados entre 2019 a 2022: Projeto de Lei (PL) nº 5.051, de 2019; PL nº 872, de 2021 e o PL nº 21/2020. Os três projetos passaram a tramitar conjuntamente no Senado Federal e em 17 de fevereiro de 2022, por Ato do Presidente do Senado Federal nº 4, instituiu Comissão de Juristas[6] com o objetivo subsidiar a elaboração de substitutivo sobre o tema.

Os 45 artigos do Projeto de Lei 2338/2023 estão distribuídos em IX Sessões da seguinte forma:

5 Parlamento Europeu. Report on Intelectual Property Rights for the development of Artificial Intelligence Technologies. Committee on Legal Affairs. Bruxelas. 2020. https://www.europarl.europa.eu/doceo/document/A-9-2020-0176_EN.html

6 Parecer da Comissão de Juristas responsáveis por subsidiar elaboração de substituto sobre inteligência artificial, Brasilia, 2023. https://legis.senado.leg.br/comissoes/comissao?codcol=2504

Projeto de Lei 2338/2023			
Capítulos	**Seções**	**Artigos**	**Temas centrais**
I - Disposições preliminares		1º ao 4º	Destacamos o fundamento da centralidade da pessoa humana, além de outros direitos fundamentais e da personalidade referidos nestes artigos. Ainda, o art. 3º apresenta no caput o princípio da boa-fé (se determinar se subjetiva ou objetiva) e demais princípios, entre eles o da não maleficência e proporcionalidade. Destacamos também o direito a liberdade e a livre concorrência. Há apresentação de conceitos norteadores do texto do PL.
II - Dos direitos	I - Disposições Gerais	5º ao 6º	Direitos de "pessoas afetadas" Não esclarece o texto, se só pessoas naturais ou também jurídicas.
	II - Dos direitos associados a informação e compreensão das decisões tomadas por sistemas de inteligência artificial	7º ao 8º	O texto trata genericamente de "pessoas afetadas"; indicando ser pessoa natural em alguns momentos, mas o faz de forma confusa.
	III - Do direito de contestar decisões e de solicitar intervenção humana	9º ao 11	Organiza regras sobre o direito de contestação e mantém o tratamento de "pessoas afetadas", mas faz o detalhamento do princípio da boa-fé objetiva (art. 9o §2º).
	IV - Do direito à não-discriminação e à correção de vieses discriminatórios diretos, indiretos, ilegais ou abusivos	12	Aqui o texto parece tratar especificamente de "pessoas afetadas", como pessoas naturais.
III - Da categorização dos riscos	I - Avaliação preliminar	13	Fiscalização de "uma autoridade competente" dos sistemas de IA previamente a serem lançados ao mercado.
	II - Risco Excessivo	14 ao 16	Classificação de riscos
	III - Alto Risco	17 ao 18	

<table>
<tr><td rowspan="3">VI - Da governança dos sistemas de inteligência artificial</td><td>I - Disposições Gerais</td><td>19</td><td>"Os agentes de inteligência artificial estabelecerão estruturas de governança e processos internos aptos a garantir a segurança dos sistemas e o atendimento dos direitos de pessoas afetadas" (...).</td></tr>
<tr><td>II - Medidas de Governança para Sistemas de Inteligência Artificial de Alto Risco</td><td>20 ao 21</td><td>Documentação, uso de ferramentas de registro, realização de testes, medidas de gestão de dados; adoção de medidas técnicas; (...)
Define ações envolvidas na supervisão humana de sistemas de inteligência artificial de alto risco</td></tr>
<tr><td>III - Avaliação de Impacto Algorítmico</td><td>22 ao 26</td><td>Estabelece como obrigatório</td></tr>
<tr><td>V - Da responsabilidade civil</td><td></td><td>27 ao 29</td><td>O fornecedor ou operador de sistema de inteligência artificial que cause dano patrimonial, moral, individual ou coletivo é obrigado a repará-lo integralmente, independentemente do grau de autonomia do sistema.(Art. 27, caput)
Define as excludentes de responsabilidade (art. 28);
Responsabilidade no âmbito de consumo (art. 29)</td></tr>
<tr><td>VI - Códigos de boas práticas e de governança</td><td></td><td>30</td><td>Auto regulação e governança - Elaboração de documentos pelos próprios fornecedores</td></tr>
<tr><td>VII - Da comunicação de incidentes graves</td><td></td><td>31</td><td>Dever de comunicar dos agentes de IA</td></tr>
<tr><td rowspan="4">VIII - Da supervisão e fiscalização</td><td>I - Da Autoridade Competente</td><td>32 ao 35</td><td rowspan="4">Menciona a Autoridade Competente, sem definir quem esta Autoridade será ou qual será a sua natureza.
Estabelece as espécies de sanções administrativas e medidas para fomentar a inovação.
(art.43) é específico sobre base de dados públicos de IA</td></tr>
<tr><td>II - Das Sanções Administrativas</td><td>36 ao 37</td></tr>
<tr><td>II - Medidas para fomentar a inovação</td><td>38 ao 42</td></tr>
<tr><td>III - Base de dados pública de inteligência artificial</td><td>43</td></tr>
</table>

IX- Das disposições finais		44 ao 43	Faz a ressalva, desnecessária, de que os direitos e princípios expressos nesta Lei não excluem outros previstos no ordenamento jurídico pátrio ou nos tratados internacionais em que a República Federativa do Brasil seja parte.
Justificação	Apresenta aspectos generalistas relacionados ao histórico e ao tramite no Congresso Nacional; o texto não trata tecnicamente de nenhum aspecto ou mesmo explica ou motiva artigos ou o texto proposto.		

O parecer da Comissão de Juristas colaborou, certamente, para melhoria técnica do texto do PL 2338/2023, entretanto não foi suficiente para retirar o caráter excessivamente principiológico e generalista do texto, o que certamente dificultará, se aprovado, na sua análise operacional e sistemática, integrada as demais normas do ordenamento jurídico correlacionadas.

O PL 2338/2023 peca em não mencionar nenhum momento regras de interpretação ou de integração normativa, não apresenta exposição de motivos ou considerandos, que tem o objetivo de colaborar com a melhor interpretação da norma. Em particular, no que tange à propriedade intelectual nada refere. Aliás, o único local que a palavra propriedade intelectual está mencionada no texto legal é no último parágrafo da Justificativa, isso é ao apagar das luzes o tema é mencionado como algo que deve ser pensado. Citamos:

> "Ainda, em linha com o direito internacional, traça balizas para conformar direitos autorais e **de propriedade intelectual** à noção de que os dados devem ser um bem comum e, portanto, circularem para o treinamento de máquina e o desenvolvimento de sistema de inteligência artificial - sem, contudo, implicar em prejuízo aos titulares de tais direitos. Há, com isso, desdobramentos de como a regulação pode fomentar a inovação. Diante do exposto, e cientes do desafio que a matéria representa, contamos com a colaboração dos nobres colegas para o aperfeiçoamento dessa proposta."[7] (Grifo nosso)

7 Brasil. Senado Federal. Projeto de Lei nº 2338, de 2023. Brasília, 2023. https://www25.senado.leg.br/web/atividade/materias/-/materia/157233

Assim como a propriedade intelectual não foi mencionada no PL, também não o foram nenhuma de suas espécies, mesmo sendo muitas destas áreas flagrantemente relacionadas ao uso de sistemas de IA, como o são os Direitos Autorais, Segredo Industrial, Patentes, etc..

Os modelos normativos, ainda fazendo referência ao iminente jurista Miguel Reale, são "campos magnéticos" e devem ser capazes de reunir em uma estrutura "lógico-operacional" a "tensão fático-valorativa", isso é que compõe e vinculam elementos "fáticos e axiológicos". A norma quando editada e publicada pelo legislador dele se desprende(...)

> *(...)transcendendo a vontade subjetiva do órgão formalizador da norma: os propósitos dêsse querer individual passa a ser meros ingredientes, mas ingredientes indispensáveis à compreensão do "significação objetiva".* [8]

A PL 2338/2023 ainda não atingiu um patamar de fornecer aos interpretes ingredientes indispensáveis à compreensão da "significação objetiva"[9], a sua própria arquitetura assim demonstra (ver quadro 3, acima), não há exposição de motivos ou mesmo considerandos, ingredientes que poderiam servir de baliza ou de subsídio para interpretar a norma de forma mais integrada com outras normas, conceitos, princípios e aspectos fáticos.

4. Análise do universo vocabular das duas propostas: frequências e associações entre palavras

Os textos da Proposta de Regulamento de Inteligência Artificial da EU e o PL 2338/2023 foram analisados individualmente e de forma conjunta. Para análise e cruzamento dos textos, foi utilizada a ferramenta NVivo®, versão 12.

Os resultados encontrados, quanto ao uso das expressões: propriedade intelectual, direitos autorais, segredo industrial, patentes demonstraram a pouca presença destes conteúdos. Foram obtidos os seguintes resultados individuais:

---

8 Reale, Miguel. O Direito como experiência (Introdução à Epistemologia Jurídica), p. 249, Edições Saraiva, São Paulo, 1968.

9 Reale, Miguel. O Direito como experiência (Introdução à Epistemologia Jurídica), p. 249, Edições Saraiva, São Paulo, 1968.

- Patentes e Segredo Industrial: sem citação em ambos os documentos;
- Propriedade Intelectual: foram verificadas sete referências no documento da Europa, perfazendo 0,01% de participação no texto; e três referências no documento do Brasil, com 0,03% de participação no texto. Vale destacar que a utilização da expressão propriedade intelectual, não está associada com a qualquer tema relevante, aparecendo apenas como uma menção no texto;
- Direitos Autorais: no documento europeu esta expressão não foi localizada. Foram verificadas duas referências no documento do Brasil, com 0,03% de participação no texto. Esta referência está citada no Artigo 42 da PL 2338/2023.

Realizando uma análise conjunta das palavras utilizadas nos documentos do Brasil e Europa foi possível identificar que as sete palavras mais utilizadas em ambos os documentos foram: Risco, Regulamento, Autoridades, Artificial, Dados, Direitos e Conformidade (figura 1). Esta utilização permite identificar o foco dos referidos documentos.

Figura 1 - Nuvem de frequência de palavras na análise conjunta dos dois documentos.

No PL 2338/2023 as palavras mais utilizadas foram: Sistemas, Artificial, Inteligência, Lei, Risco e Direitos (figura 2).

Figura 2 - Nuvem de frequência de palavras na análise do Projeto de Lei 2338/2023 em tramitação no Brasil.

No Regulamento de Inteligência Artificial da EU tiveram destaque as palavras: Risco, Regulamento, Autoridades, Dados, Conformidade, União e Mercado (figura 3).

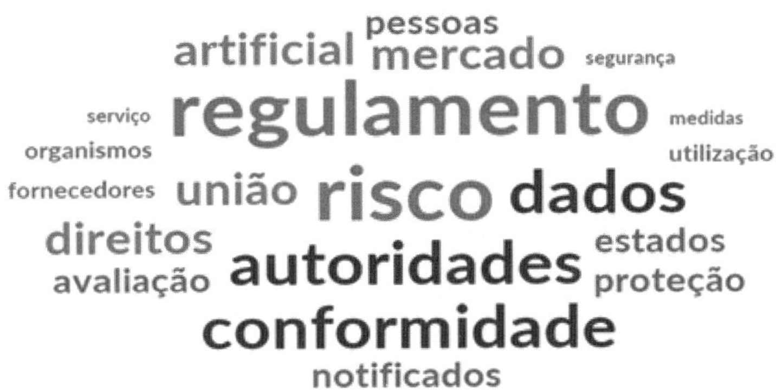

Figura 3 - Nuvem de frequência de palavras na análise do Projeto de Lei 2338/2023, em tramitação no Brasil, e do Regulamento de Inteligência Artificial da EU.

A análise de associação de palavras, considerando os dois documentos, permite identificar alguns pontos importantes de reflexão. As associações entre avaliação e mercado; utilização e fornecedores; organismos e segurança; e medidas e segurança constituem um primeiro aglomerado de palavras que expressam em muito o documento europeu. As associações entre proteção e legislação; risco e regulamento; autoridade e risco; dados e direitos; e conformidade e pessoas, constituem um outro aglomerado que permite identificar propostas mais vinculadas a ambos os documentos em termos de estabelecer algumas regras para esta atividade de importância crescente no cenário mundial (figura 4).

Figura 4 – Análise de Associações e Aglomerados das palavras utilizadas nos dois documentos avaliados: PL Regulamento de Inteligência Artificial da EU.

5. Notas conclusivas

Por fim, entendemos que a normatização para regular os sistemas de IA deverá ser capaz de incorporar a complexidade inerente a matéria, em particular a aparente ambiguidade: de ser uma tecnologia disruptiva e potencialmente ameaçadora que pode auxiliar inúmeras áreas assim como o seu caráter internacional, além fronteiras. A potencialidade dos sistemas de IA não contempla a limitação das fronteiras ou mesmo de princípios de soberania nacional.

Assim, a busca por elaborar um tratado internacional na matéria é essencial para viabilizar a harmonização normativa em âmbito nacional, como é exemplo o TRIPs. O tratado internacional na área da IA poderia orientar as legislações nacionais a formulas que sejam convergentes, pois o problema é o mesmo – regular o uso adequado da IA em várias áreas e situações da vida social no mundo – façanha que necessita de uma ação da comunidade internacional para que a sua adequação seja preservada.

As propostas de regulamentação normativa para IA, europeia e brasileira, apresentam visões não convergentes em muitos aspectos, a exemplo da convergência verificada entre o Regulamento Geral de Proteção de Dados europeu e a Lei Geral de Proteção de Dados brasileira.

Indiscutivelmente, a Proposta de Regulamento Europeu está mais robusta, documentada com estudos e relatórios preliminares e conta desde seu início de perspectiva internacional e sem fronteiras dos 27 países que integram União Europeia e, consequentemente, o Parlamento Europeu.

> *"Além disso, a emergência de um mosaico de regras nacionais potencialmente divergentes prejudicaria a circulação homogénea de produtos e serviços associados a sistemas de IA em toda a UE e seria ineficaz para garantir a segurança e a proteção dos direitos fundamentais e dos valores da União nos diferentes Estados-Membros."* [10]

Por fim, a normatização de sistemas de IA deve integrar uma discussão internacional, envolvendo representação social significativa, comunidades, indústria e empresas que comercializam estes sistemas, governos, organizações internacionais, etc. Estamos apenas no início desta trajetória e esperamos, sinceramente, contribuir para esta reflexão com esta obra.

10 Parlamento Europeu e Conselho. Proposta de Regulamento que estabelece regras harmonizadas em matéria de Inteligência Artificial (regulamento Inteligência Artificial), Exposição de Motivos, item 2.2, Bruxelas, 2021 https://eur-lex.europa.eu/resource.html?uri=cellar:e0649735-a372-11eb-9585-01aa75ed71a1.0004.02/DOC_1&format=PDF

Este livro foi impresso nas oficinas gráficas da Editora Vozes Ltda.,
Rua Frei Luís, 100 – Petrópolis, RJ.